utb 5015

Eine Arbeitsgemeinschaft der Verlage

Böhlau Verlag · Wien · Köln · Weimar
Verlag Barbara Budrich · Opladen · Toronto
facultas · Wien
Wilhelm Fink · Paderborn
Narr Francke Attempto Verlag · Tübingen
Haupt Verlag · Bern
Verlag Julius Klinkhardt · Bad Heilbrunn
Mohr Siebeck · Tübingen
Ernst Reinhardt Verlag · München
Ferdinand Schöningh · Paderborn
Eugen Ulmer Verlag · Stuttgart
UVK Verlag · München
Vandenhoeck & Ruprecht · Göttingen
Waxmann · Münster · New York
wbv Publikation · Bielefeld

ENRICO MÜLLER

NIETZSCHE-LEXIKON

WILHELM FINK

Der Autor:
Enrico Müller ist Koordinator eines internationalen Forschungsprojekts zur Philosophie Nietzsches an der Universität Freiburg. Zuvor war er als Forschungsgruppenleiter am Internationalen Zentrum für Philosophie NRW Bonn (IZPH), als Gastprofessor an der Universität von Campinas (UNICAMP) und als Dozent und wissenschaftlicher Mitarbeiter an der Universität von Greifswald tätig.
Er ist Mitherausgeber des Jahrbuchs der Nietzsche-Gesellschaft „Nietzscheforschung".
Zu seinen Forschungsgebieten zählen neben dem Denken Nietzsches die Philosophie der Antike, Fragen der Kulturphilosophie und Hermeneutik und die Formen philosophischer Schriftstellerei.

Umschlagabbildung:
Atelier Reichert, Stuttgart, unter Verwendung einer Fotografie von Friedrich Nietzsche aus dem Studio Gebrüder Siebe, Leipzig um 1869

Online-Angebote oder elektronische Ausgaben sind erhältlich unter **www.utb-shop.de**

Bibliografische Information Der Deutschen Nationalbibliothek

Die Deutsche Nationalbibliothek verzeichnet diese Publikation in der Deutschen Nationalbibliografie; detaillierte bibliografische Daten sind im Internet über http://dnb.d-nb.de abrufbar.

Internet: www.fink.de

Printed in Germany.
Herstellung: Brill Deutschland GmbH, Paderborn
Einbandgestaltung: Atelier Reichert, Stuttgart

UTB-Band-Nr: 5015
ISBN 978-3-8252-5015-7

Aber nicht die logischen Werthurtheile sind die untersten und gründlichsten, zu denen die Tapferkeit unsers Argwohns hinunterkann: das Vertrauen auf die Vernunft, mit dem die Gültigkeit dieser Urtheile steht und fällt, ist, als Vertrauen, ein moralisches Phänomen...

Friedrich Nietzsche, Morgenröthe, Vorrede 4

In der That, wir Philosophen und „freien Geister" fühlen uns bei der Nachricht, dass der „alte Gott todt" ist, wie von einer neuen Morgenröthe angestrahlt; unser Herz strömt dabei über von Dankbarkeit, Erstaunen, Ahnung, Erwartung, – endlich erscheint uns der Horizont wieder frei, gesetzt selbst, dass er nicht hell ist, endlich dürfen unsre Schiffe wieder auslaufen, auf jede Gefahr hin auslaufen, jedes Wagniss des Erkennenden ist wieder erlaubt, das Meer, unser Meer liegt wieder offen da, vielleicht gab es noch niemals ein so „offnes Meer". –

Friedrich Nietzsche, Die fröhliche Wissenschaft 343

Inhalt

Siglen

AC Der Antichrist. Fluch auf das Christenthum [1888], in: KSA 6, 165–254.
BAW Werke und Briefe. Historisch-kritische Gesamtausgabe. Werke, 5 Bde. [Jugendschriften 1854–1869], München 1933–1940. Photomechanischer Nachdruck mit einem Vorwort von Rüdiger Schmidt. München 1994.
DD Dionysos-Dithyramben [1888], in: KSA 6, 375–411.
DW Die dionysische Weltanschauung, in: KSA 1, 553–577.
EH Ecce homo. Wie man wird, was man ist [1888], in: KSA 6, 255–374.
FW Fröhliche Wissenschaft [1882/87], in: KSA 3, 343–651.
GD Götzen-Dämmerung oder Wie man mit dem Hammer philosophirt [1888], in: KSA 6, 55–161.
GDG Der Gottesdienst der Griechen (Vorlesung), in: KGW II 5, 355–520.
GM Zur Genealogie der Moral. Eine Streitschrift [1887], in: KSA 5, 245–412.
GT Die Geburt der Tragödie aus dem Geiste der Musik [1872], in: KSA 1, 9–156.
GS Der griechische Staat, in: KSA 1, 764–777.
HKP Homer und die klassische Philologie. Ein Vortrag [1869], in: KGW II 1: Philologische Schriften (1867–1873), 247–269.
HL Unzeitgemässe Betrachtungen. Zweites Stück: Vom Nutzen und Nachtheil der Historie für das Leben [1874], in: KSA 1, 243–334.
HW Homers Wettkampf, in: KSA 1, 783–792.
JGB Jenseits von Gut und Böse. Vorspiel einer Philosophie der Zukunft [1886], in: KSA 5, 9–243.
KGB Briefwechsel. Kritische Gesamtausgabe, hg. von Giorgio Colli und Mazzino Montinari (Berlin, New York 1975ff.).
KGW Werke. Kritische Gesamtausgabe, hg. von Giorgio Colli und Mazzino Montinari (Berlin, New York 1967ff.).
KSA Sämtliche Werke. Kritische Studienausgabe in 15 Bänden, hg. von Giorgio Colli und Mazzino Montinari (München, Berlin, New York [2]1988, [3]1999).
KSB Sämtliche Briefe. Kritische Studienausgabe in 8 Bänden, hg. von Giorgio Colli und Mazzino Montinari (München, Berlin, New York [2]1986).
M Morgenröthe. Gedanken über die moralischen Vorurtheile [1881], in: KSA 3, 9–331.
MA Menschliches, Allzumenschliches I–II. Ein Buch für freie Geister [1878/86] = KSA 2.

NL Nachlass, zitiert nach KSA, Bde. 7–13.

NW Nietzsche contra Wagner. Aktenstücke eines Psychologen [1888], in: KSA 6, 413–445.

PHG Die Philosophie im tragischen Zeitalter der Griechen [1873], in: KSA 1, 799–872.

ST Sokrates und die Tragödie, in: KSA 1, 533–549.

UB I [= DS] Unzeitgemässe Betrachtungen. Erstes Stück: David Strauss, der Bekenner und Schriftsteller [1873], in: KSA 1, 157–242.

UB II [= HL] Unzeitgemässe Betrachtungen. Zweites Stück: Vom Nutzen und Nachtheil der Historie für das Leben [1874], in: KSA 1, 243–334.

UB III [= SE] Unzeitgemässe Betrachtungen. Drittes Stück: Schopenhauer als Erzieher [1874], in: KSA 1, 335–427.

UB IV [= RW] Unzeitgemässe Betrachtungen. Viertes Stück: Richard Wagner in Bayreuth [1876], in: KSA 1, 429–510.

VM Anhang: Vermischte Meinungen und Sprüche [1879], in: MA II.

WA Der Fall Wagner. Ein Musikanten-Problem [1888], in: KSA 6, 9–53.

WL Ueber Wahrheit und Lüge im aussermoralischen Sinne [1873], in: KSA 1, 873–890.

WS Der Wanderer und sein Schatten [1880], in: MA II, KSA 2, 535–704.

Za Also sprach Zarathustra. Ein Buch für Alle und Keinen [1883/85] = KSA 4.

ZB Über die Zukunft unserer Bildungsanstalten. Sechs öffentliche Vorträge [1872], in: KSA 1, 641–752.

I. Nietzsches anhaltende Wirkungen – Zur Einführung

1. Nietzsche lesen

Auch wenn man Nietzsche mittlerweile zu den Klassikern der Philosophie zählt, wird er wohl noch lange Zeit der umstrittenste Denker im klassischen Kanon bleiben. Diese Sonderrolle ist keine zufällige, hat er sich selbst doch mit Nachdruck als schicksalhafte Alternative zur Tradition angesehen und dargestellt. Die Radikalität und Innovation seines Zugangs werden freilich erst dann vollständig sichtbar, wenn man auch die eigenwillige Form dieses Ansatzes in den Blick nimmt: Nietzsches Denken will keine Antworten auf die klassischen Fragen der europäischen Philosophie mehr geben – in ihm werden vielmehr die Fragen als solche neu gestellt. Vom hermeneutischen Vorrang eines in Form und Inhalt verschärften Nachfragens aus revidiert Nietzsche den Begriff der Philosophie selbst in umfassender Weise. Vor allem die textnahen Forschungen der letzten Jahrzehnte haben in dieser Hinsicht den Weg zu einer neuen Lesart bereitet. Zu verstehen, *was* Nietzsche denkt, heißt nach dieser Lesart, zu verstehen, *wie* Nietzsche schreibt. Seine Philosophie hat die Form einer in sich reflektierten Mitteilungskunst, die – ähnlich wie Platons Dialoge – ein neutrales Verständnis von vermeintlichen Lehren unmöglich macht.[1] Dem Leser wird dabei viel zugemutet. Immer wieder wird er in seiner Erwartungshaltung enttäuscht, in seiner Moral provoziert oder mit der eigenen, viel zu schnellen, Urteilsbildung konfrontiert. Der Weg zum Verstehen führt über zahlreiche und notwendige Missverständnisse. Jede neue Generation von Leserinnen und Lesern ist diesem Wechselbad von Faszination und Befremdung ausgesetzt. Erst allmählich entdeckt man den leisen Mitteilungstechniker Nietzsche hinter seinen großen, oft schrillen Pathosformeln: „Die stillsten Worte sind es, welche den Sturm bringen. Gedanken, die mit Taubenfüssen kommen, lenken die Welt." (Za II, Stunde, KSA 4, 189).[2] Nicht zufällig entsprechen die an-

1 Zum problematischen Charakter lehrbaren Wissens in der Philosophie insgesamt vgl. Michael Hampe, Die Lehren der Philosophie. Eine Kritik, Berlin 2014; im Fall Platons siehe Wolfgang Wieland, Platon und die Formen des Wissens, 2. Aufl., Göttingen 1999; sowie bei Nietzsche im Kontext seiner Vorgänger und Nachfolger siehe Werner Stegmaier, Philosophieren als Vermeiden einer Lehre. Inter-individuelle Orientierung bei Sokrates und Platon, Nietzsche und Derrida, in: Josef Simon (Hg.), Distanz im Verstehen. Zeichen und Interpretation II, Frankfurt a. M. 1995, 213-238.

2 Nietzsches Werk wird hier und im Folgenden innerhalb des Fließtextes zitiert nach KSA= Friedrich Nietzsche, Sämtliche Werke. Kritische Studienausgabe in 15 Bänden, hg. von Giorgio Colli und Mazzino Montinari (München, Berlin, New York ²1988, ³1999). Die Briefe Nietzsches werden zitiert nach KSB= Friedrich Nietzsche, Sämtliche Briefe. Kritische Studienausgabe in 8 Bänden, hg. von Giorgio Colli und Mazzino Montinari (München, Berlin, New York ²1986). Die Fragmente des späten Nachlasses (KSA 11–13) sind berichtigt nach KGW IX 1–11.

fänglichen Versuche, Nietzsche lesend zu bewältigen, bis heute auch den grundsätzlichen Formen der Nietzscherezeption selbst, und nicht zufällig führen sie zu ähnlichen Erfahrungen: Will man ihn systematisieren, reduziert man ihn. Will man aus dem Werk isolierte Argumente rekonstruieren, wird es widersprüchlich. Will man es ästhetisch affirmieren, gerät es zum hohlen Pathos. Vereinnahmt man seine vermeintlichen Positionen politisch, wird es hochideologisch.

Vieles spricht dafür, dass Nietzsche seinen Lesern keine Lehren, sondern eine philosophische Haltung vermitteln wollte. In einem ganz ähnlichen Sinn hat er selbst zur Zeit seiner philosophischen Anfänge in Schopenhauer, dessen Positionen er schon nicht mehr teilte, einen „Erzieher" gesehen: „Ich mache mir aus einem Philosophen gerade so viel als er im Stande ist ein Beispiel zu geben." (UB III, KSA 1, 350). Entsprechend eindringlich hat er sich in seinen Texten zu der Person stilisiert, in der die Grundfragen der Philosophie kulminieren und gleichsam exemplarisch ausgetragen werden mussten. Nietzsches philosophisches Pathos ist dabei weder das Produkt einer genieästhetischen Selbstinszenierung noch elitäres Gebaren. Es ist vielmehr Ausdruck eines hohen Anspruchs an die Philosophie selbst, den er von den Denkern der griechischen Antike übernimmt und unter den Bedingungen der aufkommenden Moderne verwirklichen will: dem Anspruch, dass von der Philosophie eine befreiende, eine das Leben transformierende Kraft ausgeht. Die philosophische Auseinandersetzung ist in Nietzsches Texten stets begleitet von dem versuchsweisen Eintritt in ein neues Selbstverhältnis – und nichts Geringeres scheint er von seinen Lesern zu erwarten.[3]

2. Nietzsches Gegenwärtigkeit

Nietzsches Kritik eines allgemeingültigen Begriffs der Vernunft ist keine Destruktion der Rationalität als solcher. Sie ist weder ihrer Verfahrensweise nach irrational, noch zielt sie auf Irrationalität ab. Mit ihr setzt er vielmehr das durch Kant eröffnete Programm philosophischer Selbstkritik fort und schafft im eigenen Verständnis erst damit die Möglichkeit für eine Philosophie der Zukunft. Insbesondere mit der Praxis der Genealogie etabliert er im Spätwerk eine gänzlich neue Form der kritischen Nachfrage. Die Freilegung verstreuter und heterogener Ursprünge eines scheinbar absoluten, als wahr geglaubten Werts oder Begriffs soll diesen wieder für das Denken verfügbar machen: Er wird damit zwar in seiner Allgemeingültigkeit entwertet, zugleich aber frei für alternative Deutungen. Eine Kritik also, die nicht nur Grenzen zieht, sondern bestehende Grenzen des Denkens überschreitet und

3 Zum Exemplarischen bei Nietzsche vgl. zuletzt die Diskussion zwischen James Conant, Philosophie als Lebenspraxis und Philosophie als Schreibpraxis. Enrico Müller und Christoph König zum Konzept des Perfektionismus bei Nietzsche, in: Geschichte der Germanistik (GG). Historische Zeitschrift für Philologien 49/50 (2016), 134-144, und Enrico Müller, Zwischen Elite und Exempel. Nietzsche als Erzieher, in: GG 47/48 (2015), 63-70, auf der Basis von James Conant, Friedrich Nietzsche. Perfektionismus & Perspektivismus. Konstanz 2014.

eben damit überhaupt erst als Grenzen erfahrbar macht. Und auch mit der Kultivierung perspektivischer Denkformen wird das traditionelle Theorieprogramm der Philosophie von Nietzsche eher neu formuliert als aufgegeben. An die Stelle des Subjekt-Objekt-Schemas tritt dabei das Verfahren einer wechselseitigen Perspektivierung von Phänomenen im Wissen um die relationale Angewiesenheit derselben. Dies wiederum ist kein alles der Beliebigkeit preisgebender Relativismus. Denn die Eröffnung eines neuen perspektivischen Zugangs vollzieht sich in einem spekulativen Zusammenhang, der zugleich auch die Gebundenheit der Perspektive an einen Standpunkt betont. Die zugehörige Kunstform einer interdisziplinär ausgerichteten, verdichteten Phänomenbeschreibung hat Nietzsche „fröhliche Wissenschaft" genannt und vor allem in seiner aphoristischen Schriftstellerei vorgeführt.

Nietzsches anhaltende und überragende Wirkungen auf die Gegenwart lassen sich grob anhand von fünf Gesichtspunkten verdeutlichen. Seine Philosophie weist über Moderne und Postmoderne hinaus in die Zukunft, weil sie eine Philosophie der Transformation (1.), der Machtbeziehungen (2.), der Moralkritik (3.) und der Ideologiekritik (4.) ist. Der literarischen Form nach ist sein Denken nicht nur Sprachkunstwerk, sondern zugleich das stilistische Produkt einer durchgeführten Sprachreflexion (5.).

1. Als Denker der Transformation ist Nietzsche für die Gegenwart von besonderem Interesse. Es ist durchaus bezeichnend, dass die Nietzscheforschung in den letzten Jahrzehnten insbesondere dort einen Aufschwung erfahren hat, wo sich Gesellschaften enormen Veränderungen ausgesetzt sahen und diesen Wandel philosophisch reflektieren wollten. Dies gilt etwa für die osteuropäischen Staaten nach dem Ende des Kalten Krieges, aber auch für China oder Brasilien. Nietzsche verabschiedet mit seinem philosophischen Zugang sowohl das substanzontologische als auch das subjekttheoretische Paradigma. Philosophie hat sich danach nicht mehr am Bleibenden innerhalb der Veränderung auszurichten, sondern die Veränderung selbst als den Ausgangspunkt für das Denken zu problematisieren. Dies gilt sowohl für das ‚Subjekt' wie für das ‚Objekt' der Reflexion. Ein ‚Sein' gibt es damit für Nietzsche nur noch in der Zeit bzw. nur noch auf bestimmte Zeit, ebenso wie das Denken selbst sich seiner eigenen Zeitlichkeit neu bewusst werden muss. Nietzsche zieht damit die Konsequenzen aus den beiden vielleicht bedeutendsten Herausforderungen für die Moderne, die im 19. Jahrhundert vollzogen wurden: der Auflösung des (aristotelischen) biologischen Artbegriffs durch Darwin und der Verflüssigung des logischen Artbegriffs durch die Dialektik Hegels. Über Hegel geht er hinaus, indem er dem Denken auch seinen Vermittlungscharakter und die es leitende Teleologie nimmt, während er gegenüber Darwin das Individuum aus dem Modus einer bloß reaktiven Anpassung an neue Umweltbedingungen befreit.
2. Dem Immer-Anders-Werden auf der Ebene der natürlichen und kulturellen Formationen entspricht Nietzsche mit seinem Konzept eines ‚flüssigen Sinns' (vgl. GM II 12 und 13). Damit erprobt er unter dem Schlüsselbegriff der „Umwerthung" eine umfassende Philosophie der Interpretation. In ihr werden

keine ‚Tatsachen' oder ‚Dinge' mehr interpretiert, denn diese selbst sind schon Interpretationen einer Welt, die sich ausschließlich in Interpretationsprozessen ereignet. Genealogisch reagiert Nietzsche auf eine Welt des Werdens, in der alle Phänomene nur noch als temporäre Sinnkonstellationen gegeben sind und dementsprechend nur noch als Zeichen oder Symptome gedeutet werden. In diesen interpretationsphilosophischen Horizont gehört auch die ‚Willen zur Macht'-Hypothese. Nietzsche denkt die Macht produktiv. Er löst sie nicht nur aus ihrer metaphysischen Verankerung (*dynamis*, *potentia*), sondern auch aus den moralischen und politischen Kontexten des 19. Jahrhunderts. Macht trifft bei ihm notwendig auf Gegenmacht, an der sie sich misst und von der sie jeweils begrenzt wird. Dabei operiert er mit einem Erklärungsschema, in dem alles Geschehen durch Machtbalancen, Machtbeziehungen und Machtspiele bedingt ist. Die lange Zeit als aggressive politische Theorie missverstandene These vom „Willen zur Macht" gibt sich dabei als differenzierte Denkfigur mit erheblichem Theoriepotential zu erkennen. Ein Notat des Nachlasses gibt die leitende Fragerichtung vor: „Ist nicht nothwendig Sinn aber Beziehungs-sinn und Perspektive? Aller Sinn ist Wille zur Macht (alle Beziehungs-Sinne lassen sich in ihn auflösen). Ein Ding = seine Eigenschaften = diese aber gleich allem, was uns an diesem Dinge angeht: eine Einheit, unter der wir die für uns in Betracht kommenden Relationen zusammenfassen." (NL 1885-86, 2[77], KSA 12, 97 f.).

3. Langsam, aber nachhaltig und mit zunehmender Schärfe des Tons entfaltet Nietzsche sein Denken bis hin zur wohl radikalsten Moralkritik in der Philosophie. Folgt man ihm, dann war er der erste Philosoph, der die Moral selbst als ein fundamentales Problem angesehen hat. Auch für Schopenhauer galt es als leicht, Moral zu predigen, aber als schwer, sie zu begründen. Nietzsches Misstrauen reicht gerade an diesem Punkt noch sehr viel weiter. Ebenso wie Moralen gegeneinander antreten, tun dies auch Moralbegründungen, und bisher ist es noch jeder moralischen Position gelungen, sich mit Gründen auszustatten. Dass Moral bereits geglaubt wird, bevor man sich an ihre Begründung macht, weist dagegen auf eine Form der Autorität, der bisher auch alle Philosophen erlegen seien. An diesem Punkt definiert Nietzsche das Verhältnis von Vernunft und Moral grundlegend um. Schon in den logischen Grundoperationen des Denkens, etwa in der Präferenz von Einheit gegenüber Vielheit, von Identität gegenüber Differenz oder durch die Subsumtion des Einzelnen unter ein Allgemeines, artikuliert sich demnach ein der Vereinfachung des Lebens dienendes und insofern bereits moralisches Weltverhältnis. Die Folgerung ist ebenso klar wie abgründig: „das Vertrauen auf die Vernunft, mit dem die Gültigkeit dieser Urtheile steht und fällt, ist, als Vertrauen, ein moralisches Phänomen …" (M, Vorrede 4, KSA 3, 15). Die Moral am Grunde des Denkens ist es mithin, die ein unabhängiges Nachdenken über die Moral unmöglich macht. Auch die kritische Selbstbegründung der Vernunft durch Kant gilt unter diesen radikalskeptischen Vorzeichen noch als eine „moralische Ontologie".

Seinen „Feldzug gegen die Moral" eröffnet Nietzsche mit einer Reihe von denkerischen Distanzierungsformen. Um die Einheit und Geschlossenheit der Moral zu bekämpfen, setzt er auf ihre Pluralisierung. An die Stelle der Begründung einer Moral treten dann die Beschreibung und der Vergleich der Moralen. Die kulturelle und historische Verschiedenartigkeit moralischer Ausprägungen ermöglicht es jetzt, Moralen aneinander zu perspektivieren. Infolgedessen wird deren jeweiliger Anspruch auf allgemeine Geltung relativiert. Wird die Moral wiederum auf eine „ Zeichensprache der Affekte" (JGB 187, KSA 5, 107) zurückgenommen, dann kann man sie auf ihre außermoralischen Ursprünge und ihre oftmals unmoralische, d.h. ausgrenzende Funktionsweise hin beobachten – in den fortlaufenden Entschlüsselungen solcher ‚Zeichensprachen' besteht die aufklärerische und befreiende Leistung der Moralkritik Nietzsches.
Doch die systemische Tiefe, in der er die Moral ansetzt, impliziert auch, dass man sich von ihr immer nur punktuell und temporär distanzieren kann. Für die herrschende und damit prägende Moral des Christentums gilt dies umso mehr. Folgerichtig fallen Nietzsches Distanzierungsbemühungen hier auch am aggressivsten aus. Mitunter werden sie selbst zum Ressentiment. Das Christentum war als Umwertung antiker Verhaltensmuster eine anfängliche Parteinahme für die Ohnmächtigen und Erniedrigten gegen die Mächtigen. Im Verlauf seiner Geschichte hat es sich gleichsam nach innen und außen generalisiert und dabei in Gestalt einer die Wahrnehmungs- und Denkmuster umformenden Moral zunehmend selbst absolut gesetzt. In der Unbedingtheit seiner Forderungen hat es sich selbst zu der gewaltsamen und normierenden Macht gewandelt, gegen die es einmal angetreten ist. In den Gestalten des ‚Immoralisten' und ‚Antichristen' hat Nietzsche vehement die lebensfeindlichen Konsequenzen der christlichen Moralität herausgearbeitet. Man sollte ihn gleichwohl nicht auf die Rolle des amoralischen Antipoden reduzieren. Als „Hauptgesichtspunkt" seiner moralgenealogischen Arbeit formulierte er bezeichnenderweise: „Distanzen aufreißen, aber keine Gegensätze schaffen." (NL 1887, 10[63], KSA 12, 494). Die späte Formel von der ‚Umwertung der Werte' gibt einen Hinweis auf seine Vorgehensweise. Sie macht deutlich, dass auch die von ihm etablierten Denkformen auf ein bestehendes Ensemble von Werten rekurrieren müssen. Auch Nietzsches ‚Immoralismus' hat also kein Standpunkt außerhalb der Moral sein können und sein wollen. Eher noch ist mit ihm seinerseits eine Moral für Individuen bezeichnet:[4] die ‚Vornehmheit'. Diese setzt die Ökonomie der goldenen Regel, mithin die Moral auf Gegenseitigkeit, außer Kraft. Sie distanziert und distinguiert – und wird damit zu einer spezifischen Haltung. Als „Pathos der Distanz" bezeichnet, steht sie für ein „Verlangen nach immer neuer Distanz-Erweiterung innerhalb der Seele selbst" (JGB 257, KSA 5, 205). Die seltene Fähigkeit zum

4 Siehe dazu Paul van Tongeren: Die Moral von Nietzsches Moralkritik. Bonn 1989.

Verzicht auf die Moral der Anderen einerseits und zum Verzicht auf die Ausübung der eigenen Moral im Umgang mit Anderen andererseits ist für Nietzsche „eine fortgesetzte ‚Selbst-Überwindung des Menschen', um eine moralische Formel in einem übermoralischen Sinne zu nehmen" (ebd.).

4. Wer in der Unbedingtheit moralischer Ansprüche eine Gefahr für das Leben erblickt, wird schwerlich für ideologische Mobilmachungen plädieren. Nietzsche hat den biologistischen Rassismus und den Antisemitismus seiner Zeit als pures Ressentiment verachtet, aber – wie die meisten Autoren des 19. Jahrhunderts – aktiv und vergleichsweise unbefangen mit dem Sprachspiel der Rasse operiert. Sich selbst und anderen erteilt er die unmissverständliche „Maxime: mit keinem Menschen umgehn, der an dem verlognen Rassen-Schwindel Antheil hat." (NL 1886-87, 5[52], KSA 12, 205). Mit wachsendem Argwohn konstatiert er zudem für seine Zeit die „krankhafte[] Entfremdung, welche der Nationalitäts-Wahnsinn zwischen die Völker Europa's gelegt hat" (JGB 256, KSA 5, 201). Die seit der Gründung des Deutschen Reichs sich formierende Verbindung von Antisemitismus, germanophiler Rassenmythologie und wachsenden hegemonialen Ansprüchen hat er mit spitzer Feder als Ausdruck eines kulturellen Minderwertigkeitskomplexes enttarnt. Was manchem weniger gefallen wird: Er hat genauso deutlich vor dem Sozialismus gewarnt, weil er in der politischen Forderung nach unbedingter Gleichheit die Gefahr sah, dass die individuellen Ansprüche des einzelnen Menschen einer kollektiv bestimmten und insofern abstrakten Menschheitsidee geopfert werden. Bei alldem stellt sich die schlichte Frage: Wie kann derjenige, der den biologischen Mythos der reinen Rasse ironisiert, den Antisemitismus verachtet, den Nationalismus als kriegsfördernde Regression ablehnt und den Sozialismus als eine das Individuum bedrohende Kollektiv-Ideologie kritisiert und der damit weitsichtiger war als die meisten Zeitgenossen, ausgerechnet für die Ideologie des Nationalsozialismus verantwortlich gemacht werden? Offenbar war Nietzsches Kritik an den politischen und kulturellen Ideologien seiner Zeit so scharf und dabei aus so verschiedenartigen Perspektiven vorgetragen, dass man sie unter Ausklammerung ihrer jeweiligen Kontexte ihrerseits als Ideologie vereinnahmen konnte. Und ebenso offenbar haben sich Begriffe wie ‚Übermensch', ‚Herrenmoral' und ‚blonde Bestie' in der Rezeption vollkommen aus ihren textuellen Zusammenhängen gelöst und konnten auf diese Weise zu politischen Kampfbegriffen mutieren. Nimmt man schließlich die großangelegte Werkfälschung vonseiten seiner sich den Nationalsozialisten bereitwillig andienenden Schwester mitsamt der von ihr manipulierten Briefwechsel hinzu, so wird das vielleicht absurdeste Missverständnis der jüngeren Geistesgeschichte zumindest in Teilen verständlich.

In Nietzsches eigener Diagnose gelten die genannten Kollektivbewegungen im Namen der Rasse oder der Klasse und mit ihnen der soziologische Positivismus und der Liberalismus vor allem als Kompensationsversuche jenes

nachhaltigen Zusammenbruchs aller Maßstäbe, den er als Nihilismus bezeichnet hat. Als Gemeinschaftsutopien mit nunmehr innerweltlichem Erlösungsanspruch erhalten sie nicht nur eine katastrophale Prognose, sondern verstellen nach Nietzsche vor allem die eigentliche Aufgabe: den Menschen selbst angesichts des ‚Todes Gottes' umfassend neu zu denken.
Für Europa hat er gleichwohl erstaunlich früh und hoffnungsvoll ein „Zeitalter der Vergleichung" ausgerufen, in dem – vielleicht erstmals in der Menschheitsgeschichte – „die verschiedenen Weltbetrachtungen, Sitten, Culturen verglichen und neben einander durchlebt werden können" (MA I 23, KSA 2, 44). Die Frage „Für wen giebt es überhaupt noch etwas streng Bindendes?" (ebd.) wirkt hier auffällig weniger bedrohlich als in den späteren Schilderungen des Nihilismus. Dafür gewinnt der Begriff der kulturellen Lebensform eine neue Tiefendimension: Er verbindet nun Individuen, die aus kollektiven Identitätsmustern austreten und sich nunmehr auf Lebensstile verpflichten, die sie selbst gestalten und verantworten müssen. Die Existenzvollzüge des Einzelnen werden dabei verfügbarer, doch mit den wachsenden Handlungsspielräumen vergrößert sich auch die Anfälligkeit und das Bewusstsein der eigenen Fragilität. Vieles spricht dafür, dass wir uns inmitten dieses kulturellen Experiments befinden. Nietzsche hat ein solches Experiment gleichermaßen als das „Leiden" und als den „Stolz" seiner Zeit angesprochen und dabei auf eine Nachwelt bezogen, die sich bereits über die „abgeschlossenen originalen Volks-Culturen hinaus weiss" (MA I 23, KSA 2, 44 f.).
Dem Themenkreis Europa bleibt Nietzsche verpflichtet. Dabei tritt er – darin durchaus visionär – als Mahner vor der gedankenlosen Selbstermächtigung und einer szientistisch-technischen Mobilmachung in Erscheinung: „Hybris ist heute unsre ganze Stellung zur Natur, unsre Natur-Vergewaltigung mit Hülfe der Maschinen und der so unbedenklichen Techniker- und Ingenieur-Erfindsamkeit; [...] Hybris ist unsre Stellung zu uns, – denn wir experimentiren mit uns, wie wir es uns mit keinem Thiere erlauben würden, und schlitzen uns vergnügt und neugierig die Seele bei lebendigem Leibe auf: was liegt uns noch am ‚Heil' der Seele!" (GM III 9, KSA 5, 357). Dass Nietzsche im kompromisslosen Experimentieren mit dem eigenen Selbst auch ein philosophischer Ausdruck der benannten Exzesse ist, steht auf einem anderen Blatt. Vor allem aber verknüpft er noch immer Hoffnungen mit einem Kontinent, der in seiner Lebenszeit zunehmend zur Bedrohung für sich selbst und andere wird. Trotz allem bemerkt Nietzsche „Anzeichen", „in denen sich ausspricht, dass Europa Eins werden will" (JGB 256, KSA 5, 201). Um auch dies nur anzudeuten: Ein Vordenker der EU ist er damit sicher nicht gewesen. Auch die „guten Europäer", die er heraufbeschwört und denen er sich zurechnet, bleiben Einzelne und „Heimatlose". Ihnen und der „geheimnisvollen Arbeit ihrer Seele" obliegt die Aufgabe, „den Weg zu jener neuen Synthesis vorzubereiten und versuchsweise den Europäer der Zukunft vorwegzunehmen" (ebd., 201 f.). Überstaatliche Großprojekte lassen sich daraus

ebenso wenig ableiten wie identitätspolitische Maßgaben. Eher geht es wohl darum, die widersprüchliche Vielfalt Europas als Reiz zu empfinden, sie mit sich auszutragen und ihr eine persönliche Form zu geben.

5. Der erste Eindruck, den Nietzsche bei seinen Lesern hinterlässt, ist der einer unerhörten Sprachmeisterschaft. Mit weiteren Lektüren wird sich diese Erfahrung eher noch verstärken und gleichzeitig strukturieren. Dabei haben der Metaphernreichtum und die vielfältigen literarischen Darstellungsformen seines Denkens (Erzählung, Aphorismus, Streitschrift, Fabel, Sentenz, Gedicht etc.) zu dem anhaltenden Missverständnis geführt, in Nietzsche einen Dichter-Philosophen zu sehen. Demgegenüber ist festzuhalten: Seine Wahl und Neuinterpretation literarischer Formen ist die denkerische Konsequenz einer fundamentalen Sprachkritik. Vor allem Nietzsches frühe Studien in der Zeit seiner Basler Professur sind ihrer Fragerichtung nach auf eine kritische Philosophie der Philologie ausgerichtet. Sie münden in einer die Form der Philosophie insgesamt betreffenden Einsicht: „Die Verführer der Philosophen sind die Worte, sie zappeln in den Netzen der Sprache." (NL 1875, 6[39], KSA 8, 113). Vor diesem Hintergrund akzeptiert er, geschult durch die Kenntnisse der antiken Rhetorik, auch nicht mehr das philosophische Vorurteil, nach dem sich Begriffe und Metaphern strikt voneinander unterscheiden lassen. Hat die Philosophie von Platon an in der Metapher vornehmlich die sprachliche Unreinheit gewittert, so besteht Nietzsche dagegen auf der ursprünglichen und konstitutiven Sinnerzeugung der metaphorischen Sprache. Die Abstraktionsleistung des ‚rein' Begrifflichen gilt, daran gemessen, als Oberflächenphänomen: „Die Vergröberung als Grundmittel, um Wiederkehr, identische Fälle erscheinen zu lassen; bevor also ‚gedacht' wurde, muß schon gedichtet worden sein, der formende Sinn ist ursprünglicher als der ‚denkende'" (NL 1885, 40[17], KSA 11, 636). Bis heute fällt es der Philosophie ausgesprochen schwer, den sinnlichen Ursprung ihrer eigenen Begrifflichkeit zu reflektieren oder auch nur anzuerkennen. Ein Blick in jedes philosophische Wörterbuch gibt unzählige Beispiele dafür ab: Grundbegriffe und Leitkonzepte der Tradition wie etwa ‚Definition', ‚Kategorie', ‚Axiom', ‚Substanz', ‚Subjekt', ‚Akzidenz', ‚Idee' sind sämtlich Metaphern mit geodätischer, forensischer, architektonischer, besitzanzeigender und visueller Ursprungssemantik. Der Begriff der Vernunft ist eine akustische Metapher, der Begriff des Begriffs nicht zuletzt selbst ein haptisches Bild. Auf diese intrikate Situation hat Nietzsche als Philosoph radikal anders reagiert als seine Vorgänger: Nicht in der Reinigung der Sprache zugunsten eindeutiger und allgemeingültiger Begriffe, sondern in der schriftstellerischen Nutzung der in der Sprache angelegten Überdeterminiertheit besteht sein philosophisches Programm. Seine generelle Sprachskepsis greift freilich noch tiefer: Die ‚Verführung durch Sprache' ist für Nietzsche unmittelbar in der Struktur der indogermanischen Satzgrammatik angelegt, die das Wahrnehmungsgeschehen nur im syntaktischen Schema von Subjekt – Prädikat – Objekt aussagen kann und auf diese Weise Sätze

wie ‚Der Wind weht.' oder ‚Der Blitz leuchtet.' bilden muss. Die Leitdifferenzen der Tradition, wie etwa die ontologische Unterscheidung von Substanz und Akzidenz, die epistemologische Differenz von Subjekt und Objekt, sowie das kausale Erklärungsschema von Ursache und Wirkung erweisen sich vor diesem Hintergrund erneut als Vorurteile eines Vernunftbegriffs, der jedem Geschehen bereits sprachlich „ein indifferentes Substrat" unterlegt (GM I 13, KSA 5, 279). Aus einem derartig tiefliegenden Verstrickungszusammenhang kann man auch nach Nietzsche nicht einfach heraustreten. Man kann ihn jedoch als solchen im Blick halten: „wir hören auf zu denken, wenn wir es nicht in dem sprachlichen Zwange thun wollen, wir langen gerade noch bei dem Zweifel an, hier eine Grenze als Grenze zu sehn" (NL 1886-1887, 5[22], KSA 12, 193). Nietzsche hat diese „Grenze als Grenze" nicht nur gesehen, sondern von dieser Grenzerfahrung aus seinen Zugang zur philosophischen Darstellungsform entwickelt. Er stellt einerseits methodisch um von der definitorischen Festlegung des Sinns auf die Praxis der Sinnverschiebung. Als Schriftsteller wiederum arbeitet er mit indirekten Mitteilungstechniken jenseits einer notwendig verdinglichenden Aussagestruktur. In seiner Wahl literarischer Darstellungsformen, den Strategien der Leserlenkung, der Dramatisierung des Sinns, der Inszenierung der eigenen Autorschaft und der Herstellung selbstbezüglicher Situationen operiert er sowohl mit den formalen als auch mit den performativen Möglichkeiten der Sprache. Sprachliche Meisterschaft und philosophisches Sprachbewusstsein geraten somit in einem gemeinschaftlichen Anliegen zur Deckung: die ästhetischen Möglichkeiten der Sprache zu einer philosophischen „Kraft und Kunst der Mittheilung" auszubauen (FW 354, KSA 3, 591), die im Sagen immer auch die Grenzen der Sagbarkeit durchscheinen lässt.

3. Nietzsche studieren

Der in seiner Zeit weitgehend ignorierte Nietzsche ist nicht nur, wie von ihm angekündigt, „posthum geboren" worden, er hat seitdem bereits mehrfache Wiedergeburten erlebt. Unlängst hat ihn, den „Anti-Christen", auch noch ein Papst entdeckt: Benedict XVI. eröffnet eine Enzyklika zur göttlichen Liebe mit der Diskussion einer Stelle aus *Jenseits von Gut und Böse*.[5] Auch darüber hinaus ist das öffentliche Interesse anhaltend groß, wenngleich hier noch immer die rhythmische Wiederaufbereitung der alten Schlagworte überwiegt. In Kunst und Populärkultur bleibt Nietzsche erwartungsgemäß ein maßgebliches – und vielfach in sich gebrochenes – Medium kreativer Selbstversicherung, natürlich auch Projektionsfläche und Widerpart. In der Wissenschaft ist auf ohnehin schon solider Basis ein noch-

5 Benedikt XVI., Enzyklika DEUS CARITAS EST (2006), hg. vom Sekretariat der Deutschen Bischofskonferenz, 7. Aufl., Bonn 2014.

maliger Internationalisierungsschub zu verzeichnen, der in jüngerer Zeit zur Gründung gleich mehrerer Gesellschaften und neuer Zeitschriftenreihen in englischer, spanischer und portugiesischer Sprache geführt hat. In Brasilien beispielsweise gibt es kaum noch eine größere Universität, die nicht über eine Forschungsgruppe zu Nietzsche verfügt. Was Kenner kaum verwundern dürfte, ist das Ausmaß an Interdisziplinarität, das die Nietzscheforschung von jeher ausgezeichnet hat. Nicht zufällig ist jede Teilnahme an einer Nietzschekonferenz auch eine automatische Begegnung von Philosophen, Ideenhistorikern, Literatur- und Kulturwissenschaftlern. Es liegt schlicht in der Natur seiner „fröhlichen Wissenschaft“, dass sie Probleme fachübergreifend aufwirft und damit zu Synergien und Synthesebildungen anregt.

Ungleich ernüchternder dagegen stellt sich die Situation in der deutschen Universitätsphilosophie dar. Gab es hierzulande vor 20 Jahren noch zahlreiche Professuren mit einem entsprechenden Forschungsschwerpunkt, so darf die profunde Kenntnis Nietzsches mittlerweile als Einwand gegen philosophische Lehrstuhlberufungen angesehen werden. Das Missverhältnis zwischen öffentlichem Interesse, studentischer Begeisterung, florierender interdisziplinärer Forschungsaktivität einerseits und den akademischen Realitäten andererseits ist kürzlich auf den Punkt gebracht worden: „Während weltweit die Nietzsche-Diskussion blüht, ist es in Deutschland nahezu unmöglich geworden, auch nur fachlich angemessen betreute philosophische Nietzsche-Dissertationen zu schreiben.“[6] Die damit verbundene und kaum zu vermittelnde Preisgabe eines bereits erworbenen Forschungsniveaus führt dazu, dass Philosophiestudierende mit Interesse für Nietzsche inzwischen wieder zunehmend auf das Selbststudium zurückgeworfen werden.

Das vorliegende Lexikon möchte – unter anderem – auch dieser Ausgangslage Rechnung tragen. Es ist als Studienbuch angelegt, das durchaus fordern, aber nicht überfordern soll. Es will einführen, ohne zu vereinfachen, denn es sind die Vereinfachungen und Dogmatisierungen, die zum Missbrauch Nietzsches und seinem Ruf als notorisch widersprüchlichem Denker geführt haben. Die Darstellung trägt darum auch immer wieder dem Mitteilungscharakter einer Philosophie Rechnung, die inzwischen vor allem als eine Philosophie der perspektivischen Interpretation erkannt ist. Die textnahen Forschungen der letzten Jahrzehnte haben in dieser Hinsicht Standards gesetzt, an denen sich jede künftige Auseinandersetzung mit Nietzsche messen lassen muss. Ermutigend in dieser Hinsicht sind gleichwohl die eigenen Seminarerfahrungen: Die Studierenden von heute reagieren auf die provozierenden Vordergründe Nietzsches inzwischen ‚cooler‘ als mancher Wissenschaftler von gestern. Dies mag an sich noch keine Leistung sein, doch es macht sie freier für die intellektuelle Erschließung jener Hinter- und Abgründe, um die es eigentlich geht. Der Rest ist Exegese – und exegetische Fähigkeiten lassen sich glücklicherweise erlernen.

6 Vgl. dazu Andreas Urs Sommer (der zugleich die Ausnahme innerhalb der von ihm vorgenommenen Bestandsaufnahme bildet), Was bleibt von Nietzsches Philosophie, Berlin 2018, 15 f.

Zuletzt bleibt Dank. Für die Mühen der Korrektur und manches mehr danke ich Corinna Schubert. Für Anregungen, Berichtigungen und Kritik danke ich Beat Röllin. Gewidmet ist das Buch denjenigen, denen es zum überwiegenden Teil auch sein Entstehen verdankt: den Studentinnen und Studenten der Universitäten von Greifswald, Bonn und Campinas (Brasilien), die sich in zahlreichen Lehrveranstaltungen mit disziplinierter Leidenschaft immer wieder neu auf das Abenteuer Nietzsche eingelassen haben.

II. Lebendiges Schreiben und erschriebenes Leben bei Friedrich Nietzsche

Nietzsche hat sein Leben zu einem philosophischen Problem gemacht. Wenige Philosophen haben die Wechselbeziehungen zwischen Leben und Denken so emphatisch bejaht, so schonungslos bis in die existentiellen Abgründe hinein befragt und schließlich schriftstellerisch derartig konsequent umgesetzt wie er. Lebendig konnte ein Denken für ihn nur dann sein und bleiben, wenn es die Veränderlichkeit des Lebens annimmt und ihr reflexiv gerecht wird. Immer wieder hat er die vermeintlich allgemeinen Unterscheidungen der Vernunft als individuelle Entscheidungen von bestimmten Individuen in bestimmten Lebenszusammenhängen sichtbar gemacht. Ähnlich wie Kierkegaard hat auch er die Leidenschaft des Denkens dafür aufgewendet, das Individuum vor seiner Aufhebung im Allgemeinen des Begriffs zu bewahren. Was ihn dabei von lebensphilosophischen und existentialistischen Positionen grundsätzlich unterscheidet, ist der Umstand, dass ihm weder sein Begriff des ‚Lebens', noch der des ‚Individuums' oder derjenige des ‚Leibes' als absolut gesetzter Angelpunkt einer neuen Philosophie dient. Vielmehr denkt Nietzsche von Beginn an in Verhältnismäßigkeiten. Demnach bilden sich im Leben ebenso wie im Denken zeitlich bedingte Formen aus, die ihrerseits einander durchdringen, aufeinander angewiesen und voneinander abhängig sind. Von solchen durch Wechselbeziehungen konstituierten Sinnkomplexen geht Nietzsche aus: So sieht er – oft provozierend – einzelne Persönlichkeiten, allgemeine Begriffe und Lehren, aber auch Institutionen, Moralen und unter Umständen ganze Kulturen an. Die daraus erwachsende Verpflichtung auf ein Denken jenseits einer schon gegebenen Begrifflichkeit ist der Anspruch, an dem gerade die Philosophie gemessen wird: „Es steht uns Philosophen nicht frei, zwischen Seele und Leib zu trennen, wie das Volk trennt, es steht uns noch weniger frei, zwischen Seele und Geist zu trennen. Wir sind keine denkenden Frösche, keine Objektivir- und Registrir-Apparate mit kalt gestellten Eingeweiden, – wir müssen beständig unsre Gedanken aus unsrem Schmerz gebären und mütterlich ihnen Alles mitgeben, was wir von Blut, Herz, Feuer, Lust, Leidenschaft, Qual, Gewissen, Schicksal, Verhängniss in uns haben." (FW, Vorrede 3, KSA 3, 349). Das Problembewusstsein eines solchen Philosophierens setzt da ein, wo das Bewusstsein nicht mehr als neutrale Instanz für Probleme und deren Lösungen vorausgesetzt wird. Stattdessen steht es nun selbst als Produkt biologischer, kultureller und letztlich biographischer Evolutionsprozesse in Frage. Vor diesem Hintergrund wird verständlich, warum sich Nietzsche derartig polemisch zu anderen Philosophen verhält: Er wirft ihnen vor, mit der Wahl ihrer Begriffe und Systeme die eigene Existenz zu beruhigen und zugleich die eigenen Existenzbedingungen zu verschleiern. Die Personalisierung philosophischer Themen, die bei ihm die Grenze des Zuträglichen oft zu überschreiten scheint, folgt damit noch immer dem sokratischen Impuls. Auch Sokrates eröffnete das Philosophieren als ein Denken von und zwischen Individuen, indem er zugleich *ad rem* und *ad hominem* argumentierte. Philosophische Probleme liegen demnach nicht einfach vor und sie werden ebenso wenig einfach gelöst. Sie müssen zunächst einmal erfahren, d.h. persönlich realisiert werden, bevor sie exemplarisch gefasst und als solche ausgetragen werden können. Sokrates (unter den Bedingungen der Mündlichkeit) und Nietzsche (unter den Bedingungen der Schriftlichkeit) haben in dieser Weise unter Einsatz ihrer Existenz exemplarisch philosophiert.[1]

Gemessen an diesem Daseinspathos mutet Nietzsches Leben in seinen äußeren Konturen zunächst wenig ereignisreich an. Es ist weniger der Ablauf der biographischen Ereignisse, als deren gespannte Rhythmik, die seiner Existenz die ihr eigentümliche Dramatik verleiht. Zugleich ist dieses Leben von früh an ein erschriebenes und unter erheblichen Rechtfertigungsdruck gesetztes. Die Genauigkeit und Schonungslosigkeit, mit der Nietzsche neben den Kontinuitäten vor allem die Brüche in seinem Leben anatomisch freilegt, um auch und gerade ihnen eine Bedeutung abzuverlangen, führt dabei notwendig zu Rückkopplungseffekten zwischen Biographie und Bios. Schon als Kind blickt Nietzsche in biographischen Entwürfen pietistisch räsonierend auf sein Dasein zurück, führt dabei seine Werke auf, um diese altklug nach Phasen einzuteilen und möglichst streng zu beurteilen.[2] Bereits hier zeigt sich der spezifische Charakter einer Selbstauslegung, die das eigene Leben als eine Abfolge von Transformationen erzählt. Nicht die schriftliche Sicherung und Inventarisierung eines erlebten Bestands interessiert ihn, sondern der aus dem bisherigen Leben erwachsende Gestaltungsauftrag.[3] Anstelle des Gewesenen rückt das Werdende ins Zentrum der Daseinsbetrachtung. Eine Sentenz des griechischen Chorlyrikers Pindar wird ihm später als bleibendes Motto für diesen Zugang dienen: „Werde, der du bist".

1844 in ein evangelisches Pfarrhaus zu Röcken bei Leipzig geboren, erlebt Nietzsche früh den Tod seines Vaters (1849) und seines jüngeren Bruders (1850). Zusammen mit seiner Schwester Elisabeth wächst er bei seiner Mutter in Naumburg auf, besucht das dortige Domgymnasium und stellt ebenda schnell seine musischen und sprachlichen Begabungen unter Beweis. Mit der Aufnahme an der altehrwürdigen Landesschule Pforta (1858), in der zuvor u.a. schon Klopstock und Fichte unterrichtet wurden, endet gewissermaßen Nietzsches Kindheit. Von da an lässt sich seine weitere Existenz grob nach vier Dekaden unterteilen. Eingerahmt von den Lehr- und Studienjahren in Schulpforta, Bonn und Leipzig (1858-69) und dem Jahrzehnt der geistigen Umnachtung (1889-1900) nach seinem Zusammenbruch in Turin, bilden die zehn Jahre der Basler Professur (1869-79) und die nachfolgen-

1 Zu Nietzsches lebenslanger Auseinandersetzung mit Sokrates vgl. Enrico Müller, Die Griechen im Denken Nietzsches (MTNF 50), Berlin/ New York 2005, 188-220.

2 Vgl. dazu Friedrich Nietzsche, Aus meinem Leben (August-September 1858), in: Frühe Schriften (BAW), München 1994, Bd. 1: Jugendschriften (1854-1861), 1-32.

3 Grundlegend für den Zusammenhang ist Alexander Nehamas, Nietzsche. Leben als Literatur (Orig.: Nietzsche. Life as Literature). Übersetzt von Brigitte Flickinger. Göttingen 1991.

den zehn Jahre eines freien philosophischen Arbeitens (1879-89) die beiden Pole seiner eigentlichen Schaffenszeit. Als Nietzsche, gerade 25-jährig, auf Vermittlung seines Lehrers Friedrich Ritschl eine außerordentliche Professur in Basel angetragen wird, hat, so scheint es zunächst, ein ebenso vorbildlicher wie klassischer Bildungsweg humanistischer Prägung seine Erfüllung gefunden. Von der Theologie und der damit verbundenen Erwartung an ein die Familientradition fortschreibendes Pfarramt hatte er sich bereits zuvor als Bonner Student gelöst. Sein altertumswissenschaftliches Studium setzt darum die hermeneutisch umfassende Ausbildung von Schulpforta fort, ist vor allem aber auch selbstgewähltes Gegengewicht zur zunehmend als Belastung empfundenen christlich-pietistischen Herkunft. Bemerkenswert ist dabei der methodologisch anspruchsvolle, aber eben auch spröde, ja deutungsasketische Philologiebegriff, auf den der junge Nietzsche vom Lehrer Ritschl verpflichtet wird. Nicht die Sinngebung der antiken Texte steht dabei im Vordergrund, sondern editionsphilologische, textgenealogische, konjektural- und quellenkritische Fragestellungen. Was Nietzsche hier durchexerziert, ist die Textualität von Texten jenseits ihres Bedeuten-Wollens. Diese schon früh erlangte Sensibilität für den Konstitutionscharakter von Texten ist lange Zeit unterschätzt worden, sie bleibt als formgebender Unterstrom an allen seinen späteren, den eigentlichen Werken Nietzsches beteiligt.[4] Folgerichtig sind dessen erste wissenschaftliche Arbeiten auch keine forcierten Interpretationen, sondern überwiegend lateinisch verfasste Analysen zur Textstruktur der Spruchsammlung des Theognis von Megara sowie Untersuchungen zu den Quellen der Philosophenviten des spätantiken Autors Diogenes Laertius. Keinem, der diese Texte heute lesen würde, käme Nietzsche als Autor in den Sinn. Auch darum kommt es mit Beginn der Professur zur nächsten der für Nietzsches Leben so bezeichnenden, selbst auferlegten Gegenbewegungen gegen ein gelerntes, schnell professionalisiertes und beinahe schon habitualisiertes Verhalten. Philologie, so der Tenor seiner Basler Antrittsvorlesung, müsse sich in ihrem Vollzug zur Philosophie verwandeln, die Bezugnahme auf Texte zu einer intellektuell selbst verantworteten ‚Weltanschauung' verdichten. Sein erstes Hauptwerk, die 1872 erschienene *Geburt der Tragödie aus dem Geiste der Musik* folgt diesem Anspruch, durchbricht mit großer Geste die innerdisziplinären Beschränkungen und wird damit zum sofortigen Ärgernis. Ein philologisches Kardinalproblem, das des Ursprungs der attischen Tragödie, bildet für ihn den Anlass für die Gesamtdeutung der Griechen als ästhetische Überwinder eines konstitutiven Daseinsschmerzes. Zugleich wird Sokrates darin als theoretisch und bewusstseinsphilosophisch geleiteter Gegentypus zum Tragischen entworfen und mit ihm die Wissenschaft als Verfallserscheinung gegenüber der Kunst gedeutet. Die philologische Ausgangsproblematik bildet dabei bestenfalls noch den Vordergrund des Entwurfs. Im Hintergrund steht das reformatorische Anliegen der Schaffung einer tragischen, aber lebensbejahen-

4 Vgl. dazu Christian Benne, Nietzsche und die historisch-kritische Philologie (MTNF 49), Berlin/New York 2005.

den Kultur, dessen eigentliche Orientierungspunkte Richard Wagners Konzeption des musikdramatischen Gesamtkunstwerks und Arthur Schopenhauers Willensmetaphysik sind.

Nietzsches drastische Entscheidung für eine neue Ausdrucksform erlegte, wie später immer wieder, auch dem Gang seines Lebens eine neue Richtung auf. Vom Zeitpunkt der Veröffentlichung an ist der vielleicht vielversprechendste Philologe seiner Generation für die meisten Fachkollegen „wissenschaftlich tot".[5] Später wird er die eigentümliche Form seines sich selbst in die Vereinzelung Hineintreibens als Lebensweisheit deuten und diese rekapitulierend festhalten: „Ich habe nie einen Schritt öffentlich gethan, der nicht compromittirte: das ist mein Kriterium des rechten Handelns." (EH, weise 7, KSA 6, 274).

Zwischenzeitlich hatte Nietzsche sich bei Ausbruch des Deutsch-Französischen Kriegs nach längerem Abwägen zum Wehrdienst einziehen lassen – als Sanitäter erlebt er bei der Pflege Schwerverletzter und Leiter eines Verwundetentransports kurz, aber nachhaltig die Schrecken des Kriegs und die Banalität in der Abwicklung seiner Folgen. Der nationale Siegestaumel wird ihn nicht erfassen. Anders als Wagner, der kurzzeitig militärisches mit kulturellem Kapital verwechselt, mahnt er hellsichtig das soeben gegründete Reich davor, den Sieg auf dem Schlachtfeld als eine Überlegenheit deutscher Kultur misszuverstehen.[6]

Von da an wirkt Nietzsche in Basel zeitgleich in verschiedene Richtungen: Autodidaktisch arbeitet er sich immer tiefer in die Philosophie hinein. Kulturkritisch publiziert er unter dem Leitstern der befreienden Freundschaft mit Richard Wagner als unzeitgemäßer Betrachter. Forschend entdeckt er, zum Teil an der Seite des berühmten Basler Zeitgenossen Jacob Burckhardt, ein fremdartiges archaisches, agonales und polyzentrisches Griechentum. Und bei alldem gibt er hauptamtlich seinen wenigen Studenten Unterricht über griechische Metrik und Literaturgeschichte, vorplatonische Philosophen, Tragiker und die antike Rhetorik. Seine Schüler werden ihn später als sorgfältigen und verbindlichen Lehrer beschreiben, der mit leiser Stimme die Aufmerksamkeit auf sich versammelte. Auch als Dekan hat er selten vermerkte Spuren hinterlassen: Als die Basler Fakultät im Juli 1874 über das Promotionsrecht von Frauen abstimmt, wird mit einem Ergebnis von 6 zu 4 gegen die Zulassung gestimmt. Nietzsche hat, was manches wohlgehegte Vorurteil erschüttern dürfte, für das Frauenstudium votiert. Man weiß davon überhaupt nur, weil er zudem auf der Nennung der Namen in den Protokollakten bestand.

Die Produktivität, vor allem aber der Facettenreichtum der Basler Zeit mit ihren heterogenen Ansätzen und Fragment gebliebenen Abhandlungen ist in ihrem für Nietzsche fundierenden Charakter lange unterschätzt worden. In der unvollende-

5 Siehe Curt Paul Janz, Friedrich Nietzsche. Biographie in 3 Bänden. (Bd. 1: Kindheit, Jugend, die Basler Jahre; Bd. 2: Die zehn Jahre des freien Philosophen; Bd. 3: Die Jahre des Siechtums), 2. Auflage, München/ Wien 1993, Bd. 1, 474.

6 Vgl. dazu UB I 1, KSA 1, 159-163.

ten Philosophenerzählung *Die Philosophie im tragischen Zeitalter der Griechen* entwickelt er beispielsweise erstmals eine eigene Vorstellung von der philosophischen Lebensform. Zudem nimmt er als scharfer Kritiker der Ontologie und Epistemologie des Parmenides und leidenschaftlicher Befürworter der sich im Kampf strukturierenden Werdewelt Heraklits nachhaltige Weichenstellungen für sein späteres Denken vor.

Die fordernden Lehrverpflichtungen an Gymnasium und Universität und die fachlichen Selbstbeschränkungen geraten zu dieser Zeit jedoch in immer größere Spannung zu den wachsenden philosophischen Bestrebungen. Für Nietzsche rückt die Suche nach alternativen Existenzmöglichkeiten von nun an unwiderruflich auf die Agenda. Nicht zufällig gehört in die Phase des Ringens um intellektuelle und pragmatische Selbstbehauptung auch die in ihren Auswirkungen kaum zu unterschätzende Entfremdung von Cosima und Richard Wagner. Irritiert vom vereinnahmenden, teils übergriffigen Verhalten, zunehmend abgeschreckt von der herrischen Kulturpolitik mitsamt der in Bayreuth erlebten kunstreligiösen Selbstinszenierung, allmählich aber auch innerlich distanziert von der affektiv aufgeladenen Überwältigungsästhetik der Musikdramen, löst sich Nietzsche langsam aber entschieden aus dem sich mehr und mehr als Kultgemeinde verstehenden Kreis Wagners. Zugleich verschlechtert sich seine ohnehin fragile Gesundheit: Migräneattacken, die mitunter Tage andauern, Magenkrämpfe und Erbrechen sowie ein sich bis zur „Drei-Viertels-Blindheit" verschlechterndes Augenleiden führen zu wachsenden Ausfallzeiten im Amt. Sie münden in einem Ruhesemester mit diversen Kuren ohne wirkliche Besserung und schließlich im Abschiedsgesuch. 1880 gibt die Basler Universität diesem Gesuch statt und entlässt den kranken Nietzsche mit einer Pension zwar zu verminderten Bezügen, aber vergleichsweise großzügig aus dem Dienst.

Die Krankheit wird Nietzsches Leben begleiten und prägen, von nun aber nicht mehr als Einwand, sondern unter den Bedingungen der Idiorhythmie, einem Daseinsmodus also, in dem man seiner eigenen Rhythmik folgt. Die Entschiedenheit, mit der er dieses Dasein nach langem Abwarten aus seiner zwar sicheren, aber nicht mehr erträglichen Fügung rückt und zugunsten einer philosophischen Wanderexistenz preisgibt, verändert sein Verständnis der philosophischen Lebensform im Ganzen. Die Krankheit wird ihm dabei zum Lehrmeister. Mit Blick auf die fatalistische Fähigkeit, sich bei abnehmenden Kräften und stetigen Krämpfen lebens- und arbeitsfähig zu halten, heißt es später in einer Vorstufe zu *Ecce homo:* „Ich habe beinahe unerträgliche Verhältnisse, Orte, Wohnungen, Gesellschaft, nachdem sie einmal, durch Zufall, gegeben waren, jahrelang zäh festgehalten, nicht mit Willen, sondern aus jenem Instinkt heraus, – es war jedenfalls weiser als zu ändern, als zu ‚experimentiren'. Das Experiment geht gegen den Instinkt des Leidenden: in einem hohen Sinn könnte man es geradezu den Beweis der Kraft nennen. Aus seinem Leben selbst ein Experiment machen – das erst ist Freiheit des Geistes, das wurde mir später zur Philosophie..." (NF 1888, 24[1], KSA 13, 618). An den griechischen Denkern, von denen der junge Nietzsche noch wehmütig festhielt, dass sie sogleich leben wollten, was sie erkannten, faszinierte ihn gerade diese Einheitlichkeit von Denken, Leben und sogar Sterben. Mit dem Begriff des Experiments nimmt er das antike Pathos der philosophischen Lebensform auf und wertet zugleich das Verhältnis zwischen eigenem Leben und Denken um: „Nein! Das Leben hat mich nicht enttäuscht! Von Jahr zu Jahr finde ich es vielmehr wahrer, begehrenswerther und geheimnissvoller, – von jenem Tage an, wo der grosse Befreier über mich kam, jener Gedanke, dass das Leben ein Experiment des Erkennenden sein dürfe – und nicht eine Pflicht, nicht ein Verhängniss, nicht eine Betrügerei! – [...] ‚Das Leben ein Mittel der Erkenntniss' – mit diesem Grundsatze im Herzen kann man nicht nur tapfer, sondern sogar fröhlich leben und fröhlich lachen!" (FW 324, KSA 3, 552 f.).

Diese Selbstauslegung als lebendiges Erkenntnisexperiment macht Nietzsche von nun an zu seinem Leitbild. Er setzt davon ausgehend eine in Form und Inhalt fulminante Produktivität frei. Im Nach-Basler-Jahrzehnt erscheinen in rascher Folge jene Bücher, die man heute als die eigentliche Philosophie Nietzsches ansieht. Zunächst die aphoristisch organisierten, stilistisch immer dichter werdenden freigeistigen Abhandlungen, dann Teil für Teil der als Überwältigungsereignis inszenierte *Zarathustra* und im Anschluss an diesen die konzis ausgearbeiteten moralkritischen Streitschriften. Biographischer Auslöser des Stil- und Denkwandels, der in Nietzsches Hinwendung zur pointierten Historisierung und Psychologisierung klassischer Fragestellungen zu verzeichnen ist, ist die Begegnung und Freundschaft mit Paul Rée. Von ihm wird Nietzsche gepflegt, mit ihm verbringt er eine von gemeinschaftlichen Denk- und Schreibarbeiten geprägte Zeit in Sorrent am Golf von Neapel. An dessen von Darwin herkommenden Evolutionismus, stilistischer Nüchternheit und programmatisch metaphysikfreier Darstellungspraxis richtet sich Nietzsche neu aus. Paul Rées Sachlichkeit ist gleichsam das Fegefeuer, durch das Nietzsche hindurchmuss, um zu einem eigenen Denkstil zu finden. Auch bei dieser Verwandlung sind die Reaktionen der Umwelt allergisch: Die Kritik der Wagners am neuen „Réealismus" Nietzsches ist unverhohlen antisemitisch – Rée ist jüdischer Kaufmannssohn. Auch Erwin Rohde, prägender Jugend- und Studienfreund, der Nietzsches *Geburt der Tragödie* noch mit disziplinierter Leidenschaft öffentlich gegen die philologische *communis opinio* verteidigte, beklagt nun brieflich eine beinahe ausgetauschte Seele. Für Nietzsche ist es nur die nächste ‚Transfiguration' im Ganzen seiner Denkbewegung und den damit verbundenen Schreibformen. In den neuen Vorreden wird er später die Rhythmik der eigenen Denk- und Lebensvollzüge als Verweisungszusammenhang problematisieren und daraus die Eigenart seines Schreibens bestimmen: Da ist zum Einen die Geschichte des ‚freien Geistes' in *Menschliches, Allzumenschliches*, die sich als erkämpfte Abfolge ‚großer Loslösungen' von früheren Lebensbestimmungen kundgibt (vgl. MA I, Vorrede 3, 6 und 7). Erst in der immer wieder vorzunehmenden schmerzlichen Preisgabe eines ihn prägenden Aufgaben- und Lebensumfelds wird der Geist frei. Aus der Lösung von vertrauten Bindungen an Menschen und Standpunkte geht er zwar ‚vogelfrei' und gefährdet heraus, ist dafür aber der ihm eigenen Aufgabe zugewandt. Der Geist fragt sich nun nicht mehr, wovon er sich noch befreien kann, sondern wofür er eigentlich frei sein will. Die Freiheit kann unter solchen Bedingungen nicht mehr im einmaligen Zerbrechen der Ketten errungen werden. Vielmehr zeigt sie sich erst und gerade in der schmerzhaften Befreiung von eigenen Sicherheiten und Selbstbildern. Für den ‚freien Geist' wird die Dialektik von Freiheit und Unfreiheit auf diese Weise konstitutiv: Auch in der jeweils neu erworbenen Perspektive ist der Keim zu einem erneuten Glauben und damit zur neuen Unfreiheit bereits angelegt.

Zum Anderen entwickelt Nietzsche das Narrativ der ‚großen Gesundheit', von dem aus die gedanklichen Positionierungen auf leibliche Zustände zurückgenommen werden. Dieser Ausgangspunkt von einer leiblichen Verfasstheit der Denkvollzüge lässt den Autor der *Fröhlichen Wissenschaft* alle bisherige Philosophie als eine Verkennung der Reichweite des Lebens, als ein „Missverständnis des Leibes" kritisieren (FW Vorrede 2, KSA 3, 348). Groß gilt ihm die Gesundheit paradoxerweise dann, wenn sie krankheitserfahren ist. Oder mit anderen Worten: wenn sie die Dialektik von Gesundheit und Krankheit in sich aufnimmt und sich als exemplarischer Durchlauf durch die Krankheiten bestimmt und bejaht. Es sind mithin auch hier nicht die Abschlusszustände, sondern die Übergänge, von denen der Autor ausgeht und an denen die philosophische „Kunst der Transfiguration" ansetzt (FW Vorrede 3, KSA 3, 439). Als solche transitorischen Zustände werden vom Autor die Heiterkeit ermöglichende und formenbildende Genesung hier, die krankhafte, zur Vertiefung führende „Verdunklung" da, als die Grundbedingungen seines Schreibens geschildert. Vor allem der Umgang mit Schmerzerfahrungen wird in diesem Zusammenhang zum Gradmesser für die philosophische Wahrhaftigkeit: „Erst der grosse Schmerz ist der letzte Befreier des Geistes, als der Lehrmeister des grossen Verdachtes, [...] ... Erst der grosse Schmerz, jener lange langsame Schmerz, der sich Zeit nimmt, in dem wir gleichsam wie mit grünem Holze verbrannt werden, zwingt uns Philosophen, in unsre letzte Tiefe zu steigen und alles Vertrauen, alles Gutmüthige, Verschleiernde, Milde, Mittlere, wohinein wir vielleicht vordem unsre Menschlichkeit gesetzt haben, von uns zu thun." (FW Vorrede 3, KSA 3, 350). Auch hier geht es weder um eine Unmittelbarkeit des Fühlens, noch um eine Authentizität des Daseins. Markiert werden vielmehr leibliche Zustände, die sich gedanklich ausformen und zuletzt einen Schreibprozess in Gang setzen, der diese Wechselwirkungen zwischen Leben und Denken kunstvoll transfiguriert. Nicht subjektive Reflexion, sondern die Ermöglichung und Legitimierung einer ihre Position verändernden Autorschaft sind das Darstellungsziel der neuen Vorreden. In dieser Zurücknahme autobiographischer Umstände auf auktoriale Gesten ist Nietzsches Schreiben als ein exemplarischer philosophischer Prozess angelegt. Insbesondere die Sprachgesten der Polyphonie und Multiperspektivität, der Identitätsvervielfältigung und des Maskenspiels zählen zu jenen stilistischen Eigenheiten, welche die bis heute kaum ausgelotete literarische Dichte seiner Texte markieren. Es ist genau diese Übersetzung seines auf den Versuch hin gelebten Lebens in neue Formen der Subjekt- und Autorenkonstitution im Medium der Schrift, auf die es Nietzsche ankommt und die er als „Kunst der Transfiguration" bezeichnet hat (FW, Vorrede 3, KSA 3, 349).

Zu Recht also macht man auf die eminente Bedeutung von Nietzsches Leben für sein Philosophieren aufmerksam, zu Recht auch betont man Nietzsches eigene Betonung dieses Zusammenhangs. Doch der vermeintliche Umkehrschluss, nach welchem man seinem Philosophieren exegetisch über den Rückgriff auf sein Leben beizukommen versucht, ist dagegen meistenteils ein Kurzschluss. Übergangen wird dabei die Tatsache, dass besagtes Leben in sich bereits ein weitgehend erschriebenes Dasein ist, das narrativ immer wieder neu komponiert, spekulativ variiert wird und einem gänzlich anderen Verständnis des Ichs bzw. der Persönlichkeit folgt. Übersehen wird dabei ferner der entscheidende Umstand, dass Nietzsche seine Werke eben nicht biographisiert, also von seiner empirischen Subjektivität abhängig gemacht, sondern sie stattdessen aufwändig auktorialisiert hat. Zuletzt ist zu betonen, in welchem Ausmaß sich diese kunstvoll erschaffenen Autorschaften ihrerseits voneinander abheben und mitunter sogar gegeneinander antreten. Das von ihm erprobte Theorem einer „Seele als Subjekts-Vielfalt" (JGB 12, KSA 5, 27) ist so gesehen zunächst ein Erfahrungsprodukt seines Lebens und wird von da aus bleibendes Moment seiner schriftstellerischen Praxis.

Vordergründig ist Nietzsches nun folgendes, postakademisches Jahrzehnt einer freien Philosophenexistenz eine unstete, mitunter hektische Suche nach einigermaßen erträglichen Lebensbedingungen einerseits und philosophischen Lebensgemeinschaften andererseits. Einen Brief aus den Anfängen dieser Zeit an Paul Rée unterzeichnet er mit „Friedrich Nietzsche, ehemals Professor [,] jetzt fugitivus errans" (Nr. 869, KSB 5, 431): Der frühreife Dozent ist zum umherirrenden Flüchtling geworden. Rapallo, Genua, Rom, Süditalien, Sils Maria, Naumburg, Basel, La Spezia, Genua, Nizza: So liest sich die verkürzte Abfolge seiner Aufenthalte und teils überstürzten Ortswechsel für das Jahr 1883.[7] Mit bescheidenen Mitteln nomadisiert er durch Europa, findet und erfindet sich sein klimatisch oder diätetisch immer nur kurzzeitiges Glück dabei vorzugsweise in Italien oder im französischen Süden und entdeckt im hochalpin gelegenen Sils Maria mit dem Geburtsort des *Zarathustra* jenen mythischen Ankerpunkt, um den er seine späte Werkpolitik kreisen lässt. Die Hoffnung auf ein *symphilosophein*, ein philosophierendes Miteinanderleben im antiken Sinne, scheint sich im Jahr 1882 in einer mittlerweile beinahe schon sagenumwobenen Konstellation zu erfüllen.[8] Paul Rée stellt ihm die deutsch-russische Generalstochter Lou von Salomé vor,

7 Zur Chronologie der Aufenthaltsorte vgl. Friedrich Nietzsche. Chronik in Bildern und Texten, München/ Wien 2000, 827 ff.

8 Vgl. dazu Ernst Pfeiffer (Hg.), Friedrich Nietzsche, Paul Rée, Lou von Salomé. Die Dokumente ihrer Begegnung, Frankfurt a. M. 1970.

die spätere Ehefrau des Orientalisten Andreas, Mentorin und Geliebte Rilkes, Schülerin Freuds und eigenständige Interpretin der Psychoanalyse. Kaum 20-jährig, von enormer Wissensgier und ostentativer Bereitschaft zu einem grenzüberschreitenden Dasein und Denken, findet Nietzsche in ihr die vielleicht einzige Schülerin seines Lebens. Es sind vor allem die analytische Genauigkeit und freigeistige Entschiedenheit, mit der auch sie sich auf die Abgründe des Denkens und der Moral einzulassen bereit ist, die Nietzsche gleichermaßen imponieren und stimulieren. Der mündliche und schriftliche Austausch währt nur wenige Monate, wird für beide Seiten zur ergiebigen und nachhaltigen Selbstvergewisserung. Für den in Gesprächen eroberten Raum eines Jenseits von Gut und Böse in Tautenburg hält Lou von Salomé später fest: „und wenn uns Jemand zugehört hätte, er würde geglaubt haben zwei Teufel unterhielten sich."[9] Was die Pläne zu einer denkerischen *ménage à trois* in Paris oder Wien schließlich vereitelt, sind zum einen die überstürzten Heiratsanträge der beiden beteiligten Männer mitsamt der zugehörigen Eifersüchteleien, denen sich Salomé souverän entzieht. Zum anderen sind es die moralischen Vorbehalte vonseiten der Familie, maßgeblich der Schwester Elisabeth, die manipulativ und intrigant auf eine ‚Rettung' ihres Bruders aus den zwielichtigen Verhältnissen hinarbeitet und diese Verhältnisse dadurch aktiv mit zerstört. Am Ende bleibt Nietzsche, der lebensweltlich Ungeschickteste, verzweifelt zurück, erkrankt heftiger denn je und schreibt aus der Verletzung heraus ressentimentgeladene Briefe, die er sich später nur schwer verzeihen kann.

Generell scheint Nietzsche in seinen Hoffnungen in und Forderungen an andere zu ultimativ aufzutreten. Zu unbedingt ist sein Pathos der Freundschaft und der Liebe, nur wenige bleiben ihm letztlich gewachsen – und auch diese überwiegend aus der Ferne. Nahezu durchgehenden Anteil an seiner Existenz nehmen bald nur noch zwei: Franz Overbeck, kirchenkritischer Kirchenhistoriker und Kollege in Basel, wird ihm der verlässlichste Freund. Hilfreich und organisatorisch in lebenspraktischen Angelegenheiten Nietzsches, empathisch und solidarisch in dessen zyklischen Krisen, dabei intellektuell souverän unterscheiden könnend zwischen der eigenen akademischen Praxis und der, auch ihn oft irritierenden, Philosophie des Freundes. Noch in Nietzsches Wahnsinn wird er das Werk des Freundes gegen dessen einsetzende Deformation im Rahmen der von der Schwester veranstalteten Nachlassverwaltung verteidigen. Nietzsche war ihm „der Mensch, in dessen Nähe ich am freiesten geathmet [habe]", wird er zwei Jahre nach dessen Tod bekennen, ohne sich an der allgemein grassierenden Mythologisierung seines Freundes zu beteiligen.[10] Als für die Werke bedeutender

9 Lou Andreas-Salomé, Lebensrückblick. Aus dem Nachlass herausgegeben von Ernst Pfeiffer, Frankfurt a. M. 1974.

10 Franz Overbeck, Autobiographisches, Meine Freunde Treitschke, Nietzsche und Rohde, in: Franz Overbeck: Werke und Nachlass, hg. von Barbara von Reibnitz und Marianne Stauffacher-Schaub, Bd. VII/2, Stuttgart/ Weimar 1999, 94.

freilich könnte sich der gern unterschätzte Heinrich Köselitz erweisen: Der anfängliche Philologie-Student in Basel erkennt schnell auch Nietzsches philosophische Meisterschaft an und zieht seinerseits aus der zwar förmlich bleibenden, aber verbindlichen Schüler-Meister-Beziehung eine Art Lebensrechtfertigung für die eigene prekäre Existenz. Dem weitgehend erfolglosen Musiker wird Nietzsche alsbald das Pseudonym Peter Gast verleihen. Schnell avanciert Gast zum verlässlichsten Leser und Begleiter der Werke Nietzsches zu dessen Lebzeiten. Er wird ihm weiter und unbedingter (vermutlich auch unkritischer) folgen als die meisten und ihn auch da noch ermutigen, wo jener an sich selbst zweifelt. Geschmeidig und mit Sinn für die Musikalität der Sprache kann er sich in Nietzsches Texte hineinfühlen und ist als deren erster Leser, Abschreiber und Korrektor zuletzt beinahe eine Art Privatsekretär, dem Nietzsche sogar Mitsprache in der Textgestaltung zugesteht.

Doch abgesehen davon vollzieht sich Nietzsches Dasein in wachsender Vereinsamung, er lebt und schreibt nun vollends auf eigene Verantwortung – und wird dabei weitgehend ignoriert. Um das von ihm beklagte, in der Tat absurde Missverhältnis zwischen der geistigen Bedeutung und der zeitgenössischen Wahrnehmung seiner Person nur anzudeuten: Vermutlich ist jede der mittlerweile in die Hunderte gehenden Doktorarbeiten über Nietzsche häufiger verkauft worden als jedes seiner philosophischen Hauptwerke zu seiner Lebenszeit. Seine Bücher sind drastische verlegerische Misserfolge, neben wenigen Interessenten sind es oft Freunde und Bekannte, die sich zum Kauf erbarmen.[11] Vom ersten Band des *Zarathustra* sind drei Jahre nach dem Erscheinen kaum achtzig Exemplare abgesetzt!

Es ist diese Mixtur aus persönlichen Verletzungen, öffentlichem Schweigen und redlicher Selbstverpflichtung auf ein immer kompromissloser werdendes Denkprojekt, von der aus Nietzsche den biographischen Umstand der Vereinsamung sukzessive in eine finale Apotheose der Einsamkeit verwandelt: „Aber das erst ist die Bedingung für jenen äußersten Grad von Selbstigkeit, von Selbsterlösung, der in mir Mensch wurde: Ich bin die Einsamkeit als Mensch… Daß mich nie ein Wort erreicht hat, das zwang mich, mich selber zu erreichen…" (NL 1888-89, 25[7], KSA 13, 641) Nur noch bedingt geht es dabei um die Affirmation eines schicksalhaften Unverstanden-Seins auf Kosten der als verständnislos gebrandmarkten Mit- und Umwelt. Für Nietzsche wird die Einsamkeit stattdessen zur Chiffre eines doppelten hermeneutischen Zustands: Sie ist zum einen das Produkt einer denkerischen Praxis, die ihre eigenen perspektivischen Wertschätzungen immer weitertreibt und darum mit niemanden mehr teilen kann oder auch nur zu teilen anstrebt. Und sie mündet zum anderen in der schriftstellerischen Ausarbeitung von Mitteilungsformen, die von Vornherein nicht mehr auf ein Verstehen im Sinne einer intersubjektiven Verständlichkeit angelegt sind, sondern sich als Interpretationsexperi-

11 Die tristen Daten zum Befund sind versammelt bei William H. Schaberg, Nietzsches Werke. Eine Publikationsgeschichte und kommentierte Bibliographie, Basel 2002.

mente präsentieren, die ihrerseits vom Leser individuell eingeholt werden sollen. In diesem Sinn hat er auch *Also sprach Zarathustra*, ein Buch, das explizit an alle und keinen adressiert ist, einen „Dithyrambus auf die Einsamkeit" genannt (EH, weise 8, KSA 6, 276). Das Werk scheint in prophetischer Überhöhung den Übermenschen zu lehren und inszeniert doch das Mitteilungsdrama eines Lehrers namens Zarathustra. Eines Lehrers, der sich erst einmal selber verstehen lernen muss, nur langsam den Mut für seine Hauptgedanken findet und zugleich in wachsender Verzweiflung nach Empfängern sucht, die für das Verstehen seiner Sätze die adäquaten Voraussetzungen mitbringen. Finden wird er sie nicht. Demgemäß ist die ‚azurne', die ‚mitternächtliche', die ‚siebente' Einsamkeit gerade im Spätwerk Nietzsches als ein werkpolitischer Motivkomplex anzusprechen, in dem die persönlichen Erfahrungen mit den philosophischen Absichten konvergieren und zugleich in textuelle Strategien umgesetzt werden. Den Einzelnen „wegzulocken von der Heerde" (Za, Vorrede 9, KSA 4, 25) war der konsequente Anspruch Zarathustras – und ebendiese Mitteilungsproblematik setzen gerade die Spätschriften mustergültig um.

In den Jahren 1886 bis 1888 nimmt die Intensität von Nietzsches Produktion nochmals zu. Die Aphoristik geht bereits mit *Jenseits von Gut und Böse* in eine teils verbegrifflichte Form wohlorganisierter philosophischer Essays über, bevor mit der *Genealogie der Moral* Nietzsches strukturierteste, wenn man so will: am meisten systematische Abhandlung erscheint. Vom *fugitivus errans*, dem ‚herumirrenden Flüchtling', hat er sich nun dem Selbstverständnis nach zu einem Heimatlosen gewandelt, der genau darin seine Auszeichnung sieht und als Individuum jenen „guten Europäer" verkörpert, den er in seinen Schriften entwirft. Unterdessen hat sich seine Schwester mit dem antisemitischen Propagandisten Bernhard Förster verlobt und nimmt mit diesem zusammen das rassisch motivierte Kolonisationsprojekt ‚Nueva Germania' in Paraguay in Angriff. Tyrannisiert von der judenfeindlichen Publizistik seiner Verleger und unverschämten Anfragen zu seiner eigenen Haltung, erbringt Nietzsche in Werk und Briefen nun umfassende persönliche und philosophische Anerkennungsleistungen gegenüber den Juden. Sich selbst nennt er einen „unverbesserlichen Europäer und Anti-Antisemiten" (Bf. an Elisabeth Förster-Nietzsche, Nr. 669, KSB 7, 147). Seine süffisante Stellungnahme zum zeitgenössischen „Judenproblem" in *Jenseits von Gut und Böse* mündet in einer Empfehlung zur Vermischung der beiden Völker – um der Kultivierung der Deutschen willen. Den Juden bescheinigt er, „die stärkste, zäheste und reinste Rasse zu sein, die jetzt in Europa lebt" (JGB 251, KSA 5, 193). Rasse meint hier die kulturelle Selbstbewahrung und Selbstbestimmung, die schmerzerfahrene Resilienz eines von Vertreibungen und Pogromen, von Ghettoisierung und Assimilationsdruck geprägten Volkes, das „selbst noch unter den schlimmsten Bedingungen sich durchzusetzen" verstehe. Nietzsche gesteht ihnen „Genie des Geldes und der Geduld", vor allem aber „Geist und Geistigkeit" und damit das zu, was „dem neuen Deutschthum" abgeht (ebd.). Die in der Diaspora nomadisierenden Juden werden ihm so zu Vorbildern seines eigenen Ausgesetzt-Seins: Der „gute Europäer" kann wenigstens mit ihnen seine „Heimatlosigkeit" teilen.[12] Das Gegenteil freier, besser: vogelfreier Selbstverantwortung ist die limitierende Bestimmung des Eigenen durch ressentimentgeladene Abgrenzung: „der Antisemitismus – ein Name der ‚Schlechtweggekommenen' " (NL 1888, 14[182], KSA 13, 365).

Über die Stationen Nizza, Turin, Sils Maria endet Nietzsches Philosophenexistenz in einem als ‚golden' erlebten, von völliger Schmerzfreiheit und Euphorie geprägten Herbst und Winter in Turin. Eruptiv entstehen alle Schriften von 1888, mit denen Nietzsche artistisch auf seine umwertende Philosophie im Ganzen verweist und konstellativ schreibend auf die kardinalen Umwertungsereignisse der europäischen Kultur (Christus, Paulus, Sokrates, Wagner) reagiert, um sich mit *Ecce homo* schließlich selbst genealogisch zum Thema zu machen. Nochmals beschleunigend auf das Lebenstempo wirkt die späte Erfahrung, endlich öffentlich wahrgenommen zu werden. Georg Brandes, europäisch erfolgreicher Literaturkritiker mit besonderer Begabung für die Würdigung verkannter Genies (Kierkegaard, Ibsen und Strindberg), hält Vorlesungen über Nietzsche in Kopenhagen und unterrichtet diesen davon. Die Vorahnung seiner Wirkung setzt daraufhin eine finale werkpolitische Betriebsamkeit in alle Richtungen frei: Nietzsche erwägt gleichzeitige Übersetzungen seiner neuen Schriften in mehrere Sprachen, korrespondiert in dieser Absicht mit diversen europäischen Kulturgrößen, versucht seinem Verleger kurzerhand die eigene Literatur abzukaufen und bittet dafür um Darlehen bei Freunden und Bekannten. Zugleich geht die Turiner Euphorie in wachsende Exaltiertheit über: Scheinbar ungeschützt ist Nietzsche nun seinen Erlebnissen ausgesetzt. Dem sonst so zurückhaltenden, ernsten Mann entgleiten zunehmend Mimik und Gestik, er wird als sonderbar empfunden, versinkt bei Musikaufführungen in Tränen. Die Briefe, in denen er mitunter abrupt Freundschaften aufkündigt, oszillieren im Ton zwischen spielerischer Artistik und propagandistischer Akrobatik. Ab Dezember 1888 verwandeln sich die Mitteilungen zu jenen sogenannten Wahnsinnszetteln, in denen er wahlweise mit „Antichrist", „der Gekreuzigte", „Nietzsche-Caesar" oder „Dionysos" unterzeichnet. Bei alledem ist der Übergang zwischen literarischem Maskenspiel und distanzloser Identifikation, reflektierter Personenkonstellierung und allmählichem Selbstverlust, ironischer Selbstapotheose und preisgegebener Werkkontrolle gleitend: „Lieber Herr Professor, zuletzt wäre ich sehr viel lieber Basler Professor als Gott; aber ich habe es nicht gewagt, meinen Privat-Egoismus

12 Theodor Fritsch (1852-1933), antisemitischer Publizist und Politiker, dem die Nationalsozialisten als „Vater und Altmeister der Bewegung" 1935 das erste antisemitische Denkmal Deutschlands errichten, widmet unter dem Pseudonym Thomas Frey *Jenseits von Gut und Böse* eine ausführliche Besprechung. Nietzsches Denken wird dort als paradigmatisch jüdischer Relativismus ausgewiesen und der arischen Sittenlehre gegenübergestellt. Bezeichnenderweise rezensiert Fritsch ausschließlich das achte Hauptstück „Völker und Vaterländer" – seine Rezension bietet die gesamte Bandbreite judenfeindlicher Topik auf, ist von kaum zurückgehaltenen, durchaus zukunftsweisenden Vernichtungsphantasien durchsetzt – und bestätigt die Zielgenauigkeit der Analysen Nietzsches eindrucksvoll. Vgl. dazu auch: Fritsch, Theodor, in: Christian Niemeyer (Hg.), Nietzsche-Lexikon, Darmstadt 2009, 102-105.

so weit zu treiben, um seinetwegen die Schaffung der Welt zu unterlassen. Sie sehen, man muß Opfer bringen, wie und wo man lebt. – […] Was unangenehm ist und meiner Bescheidenheit zusetzt, ist, daß im Grunde jeder Name in der Geschichte ich bin; auch mit den Kindern, die ich in die Welt gesetzt habe, steht es so, daß ich mit einigem Mißtrauen erwäge, ob nicht Alle, die in das ‚Reich Gottes' kommen, auch aus Gott kommen." (Nr. 1256, KSB 8, 577 f.). Dies schreibt Nietzsche am 6. Januar 1889 an Jacob Burckhardt, der sich daraufhin an dessen Freund Overbeck wendet. Unverzüglich reist dieser nach Turin und findet Nietzsche, der nun offenkundig als wahnsinnig anzusehen ist, bei den alarmierten Vermietern in bestürzendem Zustand vor. Zuvor soll er, so will es die Turiner Legende, einem geprügelten Kutschpferd mitleidig schluchzend um den Hals gefallen sein.

In seinem letzten Jahrzehnt ist Nietzsche mehr Objekt als Subjekt seines Lebenslaufs. Als pathographischer Fall und Gegenstand einer makabren Vermarktungsstrategie dämmert er dahin – und wird gleichzeitig berühmt. Von der Basler Nervenklinik, in der man ihm, was heutzutage nur wenig aussagekräftig ist, eine ‚progressive Paralyse' diagnostiziert, wird er auf das Drängen der Mutter hin nach Jena überstellt. Mittlerweile unrettbar umnachtet, an guten Tagen einem fügsamen Kind vergleichbar, kehrt Nietzsche 1890 zurück in die Arme seiner Mutter, die ihn bis zu ihrem Ableben hingebungsvoll pflegen wird. Die lebenslange starke Bindung an Mutter und Schwester, deren Nähe er sucht und braucht, deren übergriffiges Moralisieren er als „Naumburger Tugend" (Bf. an Overbeck, Nr. 301, KSB 6, 256) verachtet und deren erschütternde Verständnislosigkeit für seine denkerischen Aufgaben ihn verletzt und zu heftigen Abwehrreflexen verleitet, erfährt ein bezeichnendes Abschlusskapitel. Denn zur Pflege des entmündigten Kranken gesellt sich alsbald die Verwaltung seines Nachlasses und die manipulative Herstellung und Herausgabe seines Werks im eigens gegründeten Nietzsche-Archiv vonseiten der umtriebigen Schwester Elisabeth. In den Besitz sämtlicher Verlagsrechte gelangt, betreibt sie eine ebenso geschickte wie perfide Öffentlichkeitsarbeit. Die textuellen Entstellungen und Auslassungen gipfeln in der Veröffentlichung eines Kompilats „Der Wille zur Macht", das von da an die Verlagspolitik als Nietzsches Hauptwerk bestimmt und zugleich den Grundstein legt für eine fatal verzerrte Form der Rezeption, die aller geleisteten Aufarbeitung zum Trotz bis heute nachwirkt: die reaktionäre, national verbrämte Vereinnahmung Nietzsches als eines affirmativen Machtpositivisten. Zugleich stellt Elisabeth auch den Ruhm fördernden Wahnsinn ihres Bruders öffentlich aus: Sein Dahindämmern in antikisierendem Gewand auf samtenem Divan darf von ausgesuchten Besuchern bestaunt werden. Als Nietzsche nach zehnjähriger Umnachtung am 25. August 1900 stirbt, ist er bereits zu einer europäischen Kultfigur avanciert. An seiner zukünftigen Wirkung hat er, wie die letzte Abhandlung bekundet, keine Zweifel gelassen: „Ich selber bin noch nicht an der Zeit, Einige werden posthum geboren. – Irgend wann wird man Institutionen nöthig haben, in denen man lebt und lehrt, wie ich leben und lehren verstehe" (EH, Bücher 1, KSA 6, 298). Was damals maßlos erschien und noch heute anmaßend klingt, ist mittlerweile schlichte Realität.

III. Die Hauptwerke in ihrem Zusammenhang – Ein Überblick

1. Griechische Zugänge

Nietzsches Denken hat sich als eine allmählich philosophisch werdende Philologie an der Antike entzündet. Sein Zugang ist von Beginn an durch eine Verbindung von disziplinärer Kenntnis und leidenschaftlichem Engagement gekennzeichnet. Mit Recht hat schon Karl Jaspers festgehalten: „Denn nur an einer einzigen Stelle der Geschichte ist Nietzsche existentiell mit seinem Gegenstand dauernd verbunden: mit den Griechen."[1] Prägend für Nietzsches Deutung bleibt die schon früh erworbene Auffassung, dass die griechische Kultur das Spektrum menschlicher Möglichkeiten – im Guten, wie im ‚Bösen' – umfassender und offensiver ausgemessen hat als andere Kulturen. So korrelierten im klassischen Zeitalter Athens eine intensiv gelebte Demokratie mit außenpolitischer Aggression und exzessiver Sklaverei; Philosophie, Rhetorik und entstehende Wissenschaft mit ausufernder Kult- und Opferpraxis; Tragödien und Komödien auf der attischen Bühne mit narkotischen Mysterienkulten; eine Ethik des Maßes mit orgiastischen Ritualen und polymorpher Sexualität; die Entdeckung des Individuums mit demonstrativer Grausamkeit. Nietzsches Neuansatz beruht nicht allein in der Betonung und Beobachtung dieser fremdartigen und ‚dunklen' Züge der Hellenen am hermeneutischen Leitfaden des ‚Dionysischen': Das eigentlich Neue seines Ansatzes besteht darin, im vermeintlichen Nebeneinander von Gewalt und Kultur, von Logos und Pathos, von bewusster Auseinandersetzung und unbewusster Performanz einen konstitutiven Zusammenhang zu sehen: „Es giebt keine schöne Fläche ohne eine schreckliche Tiefe." (NL 1870-71, KSA 7, 7[91], 159).

Historisch war damit zunächst die Wiedergewinnung der archaischen Kultur als der eigentlich fundierenden Phase der griechischen Antike verbunden. Angestachelt vom Agon, durch Akkulturation lernend von den Errungenschaften der umgebenden Großreiche, vor allem aber frei von normativen heiligen Texten und theokratischer Lebensverwaltung, entdeckten die archaischen Griechen in einem Zeitalter des Experiments jene politischen, ästhetischen und intellektuellen Lebensformen, aus denen heraus sich die Klassik ausbildet. Ausgangspunkt dafür war eine Offenheit und normative Unterbestimmtheit der Lebensverhältnisse, in der noch kein von der Vernunft gestifteter einheitlicher Maßstab herrschte.

Der klassizistische Humanismus der Zeitgenossen dagegen vereinseitigte die vermeintlich endogene Befähigung der Griechen zur Idee der schönen Form, um diese als Norm für das eigene Selbstverständnis zu mobilisieren. Der junge Nietz-

1 Karl Jaspers, Nietzsche. Einführung in das Verständnis seines Philosophierens, 4. Aufl., Berlin/New York 1981 (1935), 239.

sche unterläuft sowohl die philhellenische Selbstdeutung der eigenen Kultur als auch deren normative Implikationen. Seine Frage nach dem, was den ‚klassischen' Formen zugrunde lag und den Prozess der Formgebung erst ermöglichte, ist zugleich archäologisch und kulturkritisch. Es ist darum auch kein Zufall, dass der Begriff der Dekonstruktion bereits beim frühen Nietzsche inhaltlich und programmatisch zumindest vorgebildet scheint: Der Autor der *Geburt der Tragödie* wollte das „kunstvolle Gebäude der apollinischen Cultur gleichsam Stein um Stein abtragen, bis wir die Fundamente erblicken, auf die es begründet ist" (GT 3, KSA 1, 34). Die Praxis des ‚Abtragens' bringt das in der Konstruktion unkenntlich gewordene, dieselbe erst ermöglichende Supplement zu Tage – und von ihm ausgehend die etablierte Ordnung als Ganze in Bewegung.

In der griechischen Kultur erkannte Nietzsche jene gespannte Lebendigkeit, an der sich auch sein eigenes Denken orientieren wird. Diese zeigt sich nicht nur als Fähigkeit zur Anverwandlung fremder kultureller Standards an die eigenen Bedingungen, sondern auch in der Fähigkeit zur rhythmischen Distanzierung von den selbst gesetzten Maßstäben: „Der geniale Sinn für Proportionen, der in der griechischen Sprache und Musik und Plastik ausgebildet ist, offenbart sich in dem Sittengesetz des Maaßes. Der dionysische Kult bringt die ἀλογία hinzu." (Nachlass 1870-71, KSA 7, 7[2], 137). Dem Wortsinn nach ist Alogia das den Maßen des Logos nicht Zugängliche, das Unverhältnismäßige. Unsagbar, unbegreiflich, unlehrbar, unberechenbar – semantisch negiert sie die vier kardinalen Bestimmungen des Logos: diejenigen des gesprochenen Wortes, der Vernunft, des lehrbaren Wissens und die der messbaren, mathematischen Ordnung.[2] Entscheidend ist hier, dass die Negation des Logos nicht irrational ist, sondern operativ auf den „Sinn für Proportionen" bezogen bleibt. In analoger Weise wollte auch Nietzsche als Denker, wie er später oft betonen wird, dem Leben gerecht werden. Er distanzierte sich in seinem als Kunst verstandenen Philosophieren auch noch von den Distanzierungsleistungen der Vernunft. Seiner Ansicht nach musste die Kultur der europäischen Logosphilosophie auf ihren Gegenbegriff, den des Pathos, hin geöffnet werden. Am Leitfaden des Leibes (gegen die Vereinseitigung der Seele), der Kunst (gegen die Systematisierungszwänge der Wissenschaft) und des Lebens (gegen den metaphysischen Begriff des Seins) entwickelt der junge Nietzsche sein Denken gezielt aus jenen Kontexten, die sich der schnellen reflexiven Vereinnahmung entziehen.

2 Vgl. dazu vom Verfasser: Alogia und die Formen des Unbewussten. Sokrates – Euripides – Nietzsche, in: Jutta Georg und Claus Zittel (Hg.), Nietzsches Philosophie des Unbewussten, Berlin/ Boston 2012, 11-29.

2. Die *Geburt der Tragödie*

Die *Geburt der Tragödie* erscheint 1872 als erste genuin philosophische Arbeit Nietzsches. Sie versteht sich explizit als Beitrag zur Ästhetik, darf in ihrer Durchführung jedoch als kulturphilosophische Abhandlung angesehen werden. Zu Lebzeiten bleibt sie Nietzsches mit Abstand meistrezipiertes Werk. Der unter dem Titel *Die Geburt der Tragödie oder Griechenthum und Pessimismus* veröffentlichten Neuausgabe von 1886 ist eine scharfe Selbstkritik vorangestellt. In ihr distanziert sich der Autor von den an Richard Wagners Musik ausgerichteten, kulturreformatorischen Absichten im Vordergrund und von der durch Schopenhauers Philosophie geprägten „Artisten-Metaphysik" (GT, KSA 1, 13) im Hintergrund seines Frühwerks. In der Entdeckung des dionysischen Fundaments der griechischen Kultur und der Herleitung der wissenschaftlichen Lebensform aus dem „Typus des theoretischen Menschen" (GT 15, KSA 1, 98) sieht er dagegen sein bleibendes Verdienst.

Philosophisch herausfordernd ist die ästhetische Hermeneutik des Werks. Anstelle der Ontologie oder der Erkenntnistheorie deutet Nietzsche die „aesthetische Wissenschaft" (GT 1, KSA 1, 25) zur ersten Philosophie um. Die künstlerische Praxis ist demnach eigentliche Bestimmung menschlicher Existenz und zugleich deren Rechtfertigung: „nur als aesthetisches Phänomen ist das Dasein und die Welt ewig gerechtfertigt" (GT 5, KSA 1, 47). Die dem Menschen eigentümliche Fähigkeit, existentielle Erfahrungen in künstlerische Phänomene zu verwandeln, wird in diesem Zusammenhang gezielt auf die Sphären der Wissenschaft, der Politik und der Religion ausgeweitet. Jede Stiftung von Sinn ist demnach aus der „Optik des Lebens" heraus zunächst als eine Gestalt der Kunst in den Blick zu nehmen. Leitend für den Gang der Untersuchung ist die im ersten Satz formulierte These, nach der jede „Fortentwicklung der Kunst an die Duplicität des Apollinischen und des Dionysischen gebunden ist" (GT 1, KSA 1, 25). Der titelgebende Gegenstand des Buchs, die attische Tragödie, ist damit in zweifacher Hinsicht von Bedeutung: Für Nietzsche – wie für seine Zeitgenossen – bildet sie einerseits den Höhepunkt der klassischen griechischen Kultur. Andererseits ist sie exemplarisch für den daseinsbewältigenden Charakter der Kunst überhaupt und verweist damit auf einen Begriff des ‚Tragischen', der sich auch für die Moderne mobilisieren lassen soll.

Maßgeblich für Tragödien-, Kunst- und Philosophiebegriff des Werks ist die in den Kapiteln 1 bis 6 entfaltete Unterscheidung von ‚Apollinischem' und ‚Dionysischem'. Diese ist weniger als abstrakter und fixer Gegensatz zweier Kunstvermögen aufgefasst, sondern stattdessen als „Duplicität" eingeführt, mithin als produktive Interaktion dieser Vermögen bedeutsam. Die „maassvolle Begrenzung" (GT 1, KSA 1, 28) des Apollinischen steht hierbei für die formbildende, Strukturen etablierende und stabilisierende Dimension im Erfahrungs- und Gestaltungsprozess. Das Dionysische ist demgegenüber als rauschhafte Überwältigung gefasst, die das Individuationsprinzip (*principium individuationis*) zugunsten einer lustvollen mystischen Einheitserfahrung überschreitet. Dionysos ist schon im griechischen Mythos als Gott der Intervention, der Widersprüchlichkeit und der Transformation gekennzeichnet.

Seine ästhetische Relevanz hat das Dionysische gleichwohl nicht *per se*, sondern erst im Bezug zur apollinischen Form: Es ist mithin nicht Übergang ins Amorphe, sondern als das aus der Form hervorgehende und insofern ekstatische Moment gefasst. Nicht unbegrenzt, sondern entgrenzend im Hinblick auf die jeweils bestehenden Modi der Erfahrung wirkend, ist in ihm also stets die Möglichkeit neuer, noch unbekannter Ausdrucksformen angelegt.

Nietzsches Deutung der Tragödie (Kapitel 7 bis 10) ist eingebettet in eine spekulative Gesamtbilanz des Griechentums. In ihr wird bereits die Entstehung der griechischen Kultur als apollinische Zivilisierung eines gewaltsamen „titanischen" Ursprungs gedeutet. Obgleich die frühen Griechen die „Schrecken und Entsetzlichkeiten des Daseins" empfanden und durch Einführung des olympischen Pantheons in eine „apollinische Cultur" verwandelten, „um überhaupt leben zu können", vermochten sie ihre gegen das Chaos geschaffene Kunstwelt nochmals einer Bedrohung durch die dionysische Erfahrung auszusetzen (GT 3, KSA 1, 34 f.). In der schöpferischen Anverwandlung des zunächst als fremd und bedrohlich empfundenen Dionysos erhält die griechische Kultur erst das ihr eigentümliche Gepräge. Eine textuelle Vorstufe von 1870, *Die dionysische Weltanschauung*, beschreibt diese riskante Integrationsleistung der archaischen Griechen als eine „grosse Revolution […] in allen Lebensformen" (DW, KSA 1, 563).

Von Aristoteles an war die Tragödientheorie dagegen vornehmlich am Text orientierte Dramentheorie. Im Gegensatz zu „interpretirenden Aesthetikern", die das Tragische als eine bestimmte Idee formulieren, rehabilitiert Nietzsche die Tragödie als Gesamtkunstwerk und richtet den Focus energisch auf den multimedialen Charakter des Bühnengeschehens. Das tragische Zentrum verlagert sich dabei vom Drama auf den dionysisch gedeuteten Chor, der durch seine ekstatische Praxis in Form einer „Gesamtentfesselung aller symbolischen Kräfte" (GT 2, KSA 1, 34) auf der Orchestra die Leiden des Dionysos rituell wiederholt. Das Publikum entspricht der Auslegung dieser Leiden durch die analoge „Verzückung" einer synästhetischen Entgrenzung. Der Zuschauer wird dergestalt zum Teilnehmer des tragischen Geschehens. In ihm vollzieht sich ein kultisch eingebettetes „Aufgeben des Individuums" (GT 8, KSA 1, 61). Diese Aufgabe des eigenen Selbstverständnisses in der Versinnlichung nennt Nietzsche „dionysische Weisheit". Symbolisieren Musik, Tanz, Mimik und Gestik des Chors den Einbruch der Natur, in dem „der Culturmensch zur lügenhaften Caricatur" (GT 8, KSA 1, 58) wird, so leisten deren mediale Korrelate die apollinische Wiedergewinnung der Kultur. Für die konkrete Bühnenpraxis heißt dies: Die Musik weicht der stabilisierenden Rhythmik, der Tanz transformiert sich zur Handlung und das Melos (Lied) wird vom Sprechvers gleichsam aufgefangen. Der Mythos als dramatische Inszenierung in Handlung und Sprache ist damit nur noch eine nachrangige Vergegenwärtigung. In der Doppelbewegung von „dionysischer Weisheit" und apollinischer „Objectivation eines dionysischen Zustandes" (GT 8, KSA 1, 62) kristallisiert sich für Nietzsche das tragische Phänomen als solches.

Den Untergang der Tragödie und ihrer mythenschaffenden Potenz verknüpft Nietzsche mit dem „logischen Schematismus“ (GT 14, KSA 1, 94) des Sokrates und den vermeintlich von ihm inspirierten Produktionen des Euripides (Kapitel 11 bis 17). Dessen Stücke figurieren als Exempla des „aesthetischen Sokratismus“ (GT 12, KSA 1, 85), einer vernunftgeleiteten, psychologisierenden und auf Wirkung angelegten Nachahmungskunst. Die mythische Symbolik verliert darin ihren fundierenden Charakter und wird durch die Distanzierungsleistung des „rastlos vorwärtsdringenden Geistes der Wissenschaft“ (GT 17, KSA 1, 111) entzaubert. An die Stelle affektiver Teilnahme tritt der theoretische Gestus des „kritisch-historischen Geistes“. Nietzsche diagnostiziert hier einen das europäische Selbstverständnis prägenden Wandel: denjenigen von der symbolisch organisierten „Culturform“ künstlerischer Vergegenwärtigung des Lebens hin zur theoretischen Kultur logozentrischer Verdinglichung. Anstelle ritueller Praxis steht von nun an der Umgang mit Texten im Mittelpunkt kultureller Selbsterfahrung.[3] Bezeichnend dafür ist die „alexandrinische“ Kanonisierungs- und Kommentierungstätigkeit. In den Kapiteln 18 bis 25 schlägt diese kulturgeschichtliche Typisierung in kulturelle Gegenwartsdiagnose um: „Unsere ganze moderne Welt ist im Netz der alexandrinischen Cultur befangen und kennt als Ideal den [...] im Dienste der Wissenschaft arbeitenden theoretischen Menschen“ (GT 18, KSA 1, 116). Ästhetisches Pendant dieses Ideals ist die „Cultur der Oper“ (GT 19, KSA 1, 120), eine auf rhetorische Leidenschaft abzielende Wort- und Tonkunst. Von diesem Befund aus entwickelt Nietzsche seine Visionen von einer „Wiedergeburt der Tragödie“ (GT 20, KSA 1, 132) im wagnerschen Musikdrama und einer Überführung der zeitgenössisch praktizierten Wissenschaft in eine neuerlich dem Mythos verpflichtete Weisheit. Die kritische Grenzziehung der Vernunft durch Kant und Schopenhauers Metaphysik des Willens sind in Nietzsches Lesart dafür vorbereitende Leistungen. In ihnen vollzieht sich die Abkehr vom bloßen wissenschaftlichen Positivismus hin zur tragischen Einsicht in die Notwendigkeit einer „Kunst des metaphysischen Trostes“ (GT 18, KSA 1, 119). Analog dazu wird eine Situation konstruiert, in der die deutsche Musik vom Lutherchoral über Bach bis hin zu Beethovens symphonischer Kunst die ‚naive‘ Tonmalerei der Oper überwindet, um schließlich in Wagners Musikdramen gänzlich neu zu erstehen. Erst dessen dionysische Musik rührt wieder am „Ureinen“ des Willens (GT 22, KSA 1, 141), während der Bühnen-Mythos die symphonischen Gewalten verbildlicht und zugleich vor ihnen schützt.

Insbesondere in den wiederkehrenden Beschwörungen eines neuen tragischen Mythos im Zeichen der deutschen Kultur am Ende des Werks nehmen die immer esoterischer anmutenden Ausführungen nahezu kunstreligiösen Charakter an.

3 In einem strukturell ähnlichen Sinn unterscheidet Jan Assmann, Das kulturelle Gedächtnis. Schrift, Erinnerung und politische Identität in frühen Hochkulturen, 3. Aufl., München 2000, hinsichtlich der Identitätsbildung von Kulturen zwischen „ritueller“ und „textueller“ Kohärenz. Der kulturelle Wandel Athens, den auch Nietzsche diagnostiziert, wird damit als „Transformation von ritueller zu textueller Kohärenz“ (ebd., 291) erklärbar.

Demgemäß löst das Buch vor allem als ‚Weltanschauung' sofortige Begeisterung im Wagnerkreis aus, ruft jedoch ebenso entschiedenen fachwissenschaftlichen Widerspruch hervor und wird auf diese Weise zum Gegenstand einer vielsagenden Debatte.[4] In seiner späten und scharfen Selbstkritik wird Nietzsche die Diskrepanzen zwischen Erfahrung und Ausdruck in seinem Jugendwerk zuletzt auf eine ironische Formel bringen: „Sie hätte singen sollen, ‚diese neue Seele' – und nicht reden!" (GT Selbstkritik 3, KSA 1, 15).

3. Die philosophische Lebensform und ihre Genese: Zur Geschichte der frühgriechischen Denker

Das philosophiegeschichtliche Fragment *Die Philosophie im tragischen Zeitalter der Griechen* ist als Manuskript vom April 1873 erhalten und basiert auf einem Basler Vorlesungszyklus über *Die vorplatonischen Philosophen*. Hier erarbeitet Nietzsche sich einen folgenreichen Begriff von der philosophischen Lebensform, hier entdeckt er die ersten Philosophen Europas in ihrer Eigenart und hier nimmt er in der Rolle des Philosophiehistorikers grundlegende Positionierungen seines späteren Denkens vor. Zugleich erprobt er mit der literarischen Form der Erzählung ein Ausdrucksmedium, das im *Zarathustra* und in *Ecce homo* – unter veränderten Vorzeichen – wieder aufgenommen wird. Innovativ ist das in den beiden Vorworten grundgelegte protogenealogische Programm der Arbeit. Dessen eher literarische als methodische Vorgaben lassen sich zu klaren Antithesen verdichten: Statt einer philosophiegeschichtlichen Monographie ist eine Philosophen-Erzählung angestrebt (1), statt der Rekonstruktion von Begriffen soll es um Nachschaffung der Probleme gehen (2) und statt möglichst umfassender Darstellung der Überlieferung werden offensiv „Kürze", „Unvollständigkeit" und Vereinfachung zugestanden (3) (PHG Vorwort, KSA 1, 803). Zusammengehalten wird diese Abkehr von konventionellen Darstellungsweisen durch einen offensiv proklamierten Persönlichkeitsbegriff: Während eine Aufzählung von Lehrsätzen, so der Autor, nur das „völlige Verstummen des Persönlichen" (ebd.) zu Wege bringe, habe er die Absicht, jene Lehren auszuwählen, „in denen das Persönliche eines Philosophen am stärksten nachklingt" (ebd.). Die Zerstreuung von systematischer Philosophiegeschichte zu personalisierenden Philosophengeschichten zeigt einen Verfasser, der grundlegend skeptisch gegenüber einer auf Objektivität angelegten Historiographie ist. Die eigene Darstellung ist dagegen als narrative Verschränkung von Leben und Denken, also doxo-biographisch angelegt.

Nietzsches Verdienst besteht darin, die später ‚Vorsokratiker' genannten frühgriechischen Denker erstmals in einem mehr als nur chronologischen Sinn in

4 Die Dokumente der öffentlichen Auseinandersetzung versammelt Karlfried Gründer (Hg.), Der Streit um Nietzsches „Geburt der Tragödie". Die Schriften von E. Rohde, R. Wagner, U. v. Wilamowitz-Moellendorff zusammengestellt und eingeleitet, Hildesheim 1969.

ihrer Differenz zur klassischen griechischen Logos-Philosophie gefasst zu haben. Er rekonstruiert sie als eine „zusammengehörige Gesellschaft“ (PHG 2, KSA 1, 809) begrifflich noch unvermittelter, aber ‚typischer‘ Geisteshaltungen. Nietzsches Darstellung ist dabei erfüllt vom Pathos der philosophischen Lebensform. Erst durch die Unbedingtheit und Voraussetzungslosigkeit ihrer Entwürfe konnte eine Lebensform im Sinne einer individuell verantworteten Existenz überhaupt entstehen. Nur diese Denker seien in einer Zeit ohne intellektuelle „Convention“, ohne „Philosophen- und Gelehrtenstand“, ohne selbst den Begriff der Philosophie fähig gewesen, „ihre eigne Form zu finden und diese bis ins Feinste und Größte durch Metamorphose fortzubilden.“ (PHG 1, KSA 1, 807). Alle darauf folgende Philosophie wird dagegen notwendig institutionell, mit anderen Worten: Schulphilosophie. Das auf den Begriff gebrachte, methodisch disziplinierte Denken führt im Medium einer allgemein verbindlich werdenden Sprache der Vernunft zum Verstummen der vorsokratischen „Polyphonie“: „Mit Plato beginnt etwas ganz Neues.“ (PHG 2, KSA 1, 809).

Im Gegensatz zum Leitbild des klassizistischen Humanismus ist die Entstehung der Philosophie bei den Griechen für Nietzsche auch kein spontanes Produkt „autochthone[r] Bildung“ (PHG 1, KSA 1, 806) und endogener Genialität. Vielmehr ist es die Fähigkeit, die Leistungen anderer Kulturen eigenen Bedürfnissen anzuverwandeln, die die archaischen Griechen auszeichnet: „Sie sind bewunderungswürdig in der Kunst, fruchtbar zu lernen.“ (ebd.). Dieser Lernprozess folgt mitnichten dem Weg vom Mythos zum Logos. Denn die Vorsokratiker sind sowohl Protagonisten wissenschaftlicher Hypothesenbildung als auch eine regulative, neue Mythen und Metaphern schaffende Instanz gegen einseitig wissenschaftliche Erklärungen. Sie gehen, wie Thales, „über das Wissenschaftliche hinaus“ (PHG 3, KSA 1, 813). Als philosophisches Privileg wird dabei gerade die Überschreitung der Empirie durch „eine fremde, unlogische Macht, die Phantasie“ (PHG 3, KSA 1, 814) angesehen. Nietzsche charakterisiert sie als „blitzartiges Erfassen und Beleuchten von Ähnlichkeiten“ und stellt damit die phänomenale Vorgängigkeit der Intuition gegenüber kategorischem Denken heraus: „die Reflexion bringt nachher ihre Maßstäbe und Schablonen heran und sucht die Ähnlichkeiten durch Gleichheiten, das Nebeneinander-Geschaute durch Kausalitäten zu ersetzen“ (PHG 3, KSA 1, 814). Philosophie tritt in ihren polyphonen Ursprüngen damit weder als gesicherte Erkenntnis qua Wissenschaft auf, noch als Erkenntnistheorie in Erscheinung – sie ist vielmehr als Einsicht in die Grenzen der Erkenntnis bestimmt und darin ihrerseits ‚tragisch‘. Offenbar hat Nietzsche sein Philosophenbuch mit dieser Charakterisierung tragischer Weisheit auch als Supplement zum Tragödienbuch konzipiert: „Die Geburt der Tragödie betrachtet von einer andern Seite aus. Die Bestätigung aus der Philosophie ihrer Zeitgenossen.“ (NL 1872-73, KSA 7, 23[24], 548).

Der Untersuchung ist ein vergleichsweise konventionelles Modell der Hauptströmungen vorsokratischen Denkens unterlegt, in dem sich mit der ionischen Philosophie des Werdens und der eleatischen Ontologie zwei philosophisch maßgebliche Grunderfahrungen gegenüberstehen. In den Entwürfen von Heraklit und

Parmenides erhalten beide ihre paradigmatische Gestalt. Nietzsches kontrastierende Darstellung in den Kapiteln 5 bis 13 macht den Hauptteil des gesamten Fragments aus und ist im Duktus von hoher gedanklicher Beteiligung und entschiedenen Wertungen geprägt. In einer begeisterten Deutung Heraklits, der „das ewige und alleinige Werden“ (PHG 5, KSA 1, 824) in Form agonaler Gegensätze erfasst, ist Nietzsches späterer Philosophiebegriff zwar noch schwärmerisch, aber doch schon in erstaunlichen Teilen vorgebildet: „Nur ein Grieche war im Stande, diese Vorstellung als Fundament einer Kosmodicee zu finden; es ist die gute Eris Hesiods, zum Weltprincip verklärt, es ist der Wettkampfgedanke des einzelnen Griechen und des griechischen Staates, aus den Gymnasien und Palästren, aus den künstlerischen Agonen, aus dem Ringen der politischen Parteien und der Städte mit einander, in's Allgemeinste übertragen, so daß jetzt das Räderwerk des Kosmos in ihm sich dreht. Wie jeder Grieche kämpft als ob er allein im Recht sei, und ein unendlich sicheres Maaß des richterlichen Urtheils in jedem Augenblick bestimmt, wohin der Sieg sich neigt, so ringen die Qualitäten mit einander, nach unverbrüchlichen, dem Kampfe immanenten Gesetzen und Maaßen. Die Dinge selbst, an deren Feststehen und Standhalten der enge Menschen- und Thierkopf glaubt, haben gar keine eigentliche Existenz, sie sind das Erblitzen und der Funkenschlag gezückter Schwerter, sie sind das Aufglänzen des Siegs, im Kampfe der entgegengesetzten Qualitäten.“ (PHG 5, KSA 1, 825 f.). Die Verzeitlichung des Seins und des Bewusstseins, die Darstellung ‚unschuldigen‘ Werdens als einer in Gegensätzen wirkenden Wirklichkeit und die Konstitution der Phänomene aus gegeneinander agierenden und aufeinander bezogenen Elementen weist bereits auf Nietzsches Interpretationsbegriff und die daraus entwickelte ‚Wille zur Macht‘-Hypothese voraus. Im Kontrast dazu steht die scharfe Abgrenzung von Parmenides, in dessen logischer Ausrichtung des Denkens auf Kosten der sinnlichen Wahrnehmung „die Theilnahme für die Phänomene“ vertrocknet (PHG 10, KSA 1, 844). Auch die Polemik gegen die „verhängnißvolle erste Kritik des Erkenntnißapparats“ (PHG 10, KSA 1, 843) durch Parmenides nimmt dezidiert die metaphysikkritische Grundhaltung seiner Folgeschriften vorweg.

Mit der unvollendeten Vorsokratikerstudie findet die Phase der direkten Auseinandersetzung Nietzsches mit den Griechen ihren Abschluss. Sein Rückgriff auf die Anfänge der Philosophie steht bereits ganz im Zeichen eigener philosophischer Ambitionen. Vielleicht bleibt er eben darum Fragment.

4. Die Wendung zur Sprache: *Ueber Wahrheit und Lüge im aussermoralischen Sinne*

In maximaler Distanzierung lässt der Autor am Anfang des Textes von 1873 in einem „abgelegenen Winkel“ des Weltalls einige „kluge Tiere“ das Erkennen erfinden – und nur wenige kosmische Augenblicke später wieder sterben (WL 1, KSA 1, 875). Dieser Moment mitsamt dem daraus resultierenden Wahrheitspathos wird als hochmütig und verlogenste Minute der Weltzeit entworfen. Das zoologische Präludium bereitet ein evolutionäres Experiment vor, in dem der instinktreduzierte Mensch den „Intellekt, als ein Mittel zur Erhaltung des Individuums" kultiviert (WL 1, KSA 1, 876), das ihm Kommunikation und damit lebenssichernde Gemeinschaft ermöglichen soll. Auf dem Boden einer zunächst konventionalistischen Sprachtheorie lässt Nietzsche die „Gesetzgebung der Sprache [...] auch die ersten Gesetze der Wahrheit" vorgeben (WL 1, KSA 1, 877). Die Konventionen der Sprache werden dabei pointiert als Täuschung, Sich-verstellen-Müssen, als Verknappung und Abkürzung entworfen, um im Anschluss daran eben dieses Konzept der ‚Täuschung' als alternativlosen Daseinsmodus zu nobilitieren. Die Oberflächenwelt des Bewusst-Gemachten wird in der Folge als minimaler Ausschnitt einer ungleich reicheren, das Leben eigentlich steuernden Welt des Unbewussten relativiert.

Insgesamt dient Nietzsche die evolutionäre, kommunikationsstrategische Kontextualisierung des „Intellekts" dazu, das Phänomen der Sprache neu zu entfalten. Die Frage, ob „die Sprache der adäquate Ausdruck aller Realitäten" sei (WL 1, KSA 1, 878), wird erwartungsgemäß nicht nur verneint, sondern grundsätzlich neu gestellt. Nicht eine mögliche Abbildung von Welt durch Sprache steht zur Disposition, sondern die sprachlich vermittelte Weltbildung als solche. Zum einen schließt Nietzsche in einem antiidealistischen Grundzug explizit an Kants transzendentale Ästhetik an und verweigert den Zugriff auf vermeintlich gegebene Gegenstände, in dem auch er die Gegenstandskonstitution von den subjektiven Bedingungen abhängen lässt. Andererseits insistiert er in der Tradition Hamanns, Herders und Wilhelm von Humboldts gegen Kant auf die irreduzible Sprachlichkeit im Vernunftgebrauch. Mit Anklang an Gustav Gerber[5] lässt Nietzsche das gesprochene Wort aus einer dreifachen, jeweils arbiträr gesetzten Übertragungsleistung hervorgehen: vom „Nervenreiz" zum Bild, vom Bild zum Laut, vom Laut zum Wort. Zwischen „Subjekt und Objekt" kann es unter solchen Voraussetzungen „keine Causalität, keine Richtigkeit" mehr geben: dafür aber – und darauf kommt es dem Text an – „ein ästhetisches Verhalten" (WL 1, KSA 1, 884). Der Punkt, an dem Nietzsche die Wahrheitsfrage und damit die Epistemologie auf eine phänomenerzeugende Ästhetik der Sprache zurücknimmt, ist zu einem Topos geworden: „Was ist also Wahrheit? Ein bewegliches Heer von Metaphern, Metonymien, Anthropomorphismen kurz eine Summe von menschlichen Relationen, die, poetisch und rhetorisch gesteigert, übertragen, geschmückt wurden, und die nach langem Gebrauche einem Volke fest, canonisch und verbindlich dünken: die Wahrheiten sind Illusionen, von denen man vergessen hat, dass sie welche sind, Metaphern, die abgenutzt und sinnlich kraftlos geworden sind [...]." (WL 1, KSA 1, 880 f.). Damit ist die sprachphilosophisch vollzogene Vernunftkritik um einen entscheidenden Schritt erweitert. Einen Schritt, den Nietzsche als Kenner der antiken Rhetorik und der philosophischen Rhetorikkritik so gezielt geht, wie wohl kein Denker vor ihm. Er

5 Vgl. Gustav Gerber, Die Sprache als Kunst, Bromberg 1871.

insistiert mit Nachdruck auf die originäre und irreduzible Metaphorizität und Rhetorizität der Sprache und kehrt damit zur vorgängigen Einheit der Unterscheidung von manipulativer, scheinproduzierender Rhetorik und begrifflich vermittelter Seinsforschung qua Philosophie zurück. Sowohl in ihren gedichteten anschauungsbasierten Leitworten als auch in den Tropen als satzstrukturierenden Verbindungen bringt die Sprache gerade in ihrer vorgelagerten rhetorischen Verfasstheit die Weltlichkeit der Welt überhaupt erst hervor.

Die Rehabilitation der Metapher geht mit der Genealogie der begrifflichen Sprache und damit der wissenschaftlichen Praxis einher. Um beides geht es Nietzsche im Text von Beginn an. Aus der Welt ungleicher Anschauungs-Fälle und inkommensurabler „ganz und gar individualisirte[r] Urerlebniss[e]" entsteht der Begriff durch „Gleichsetzen des Nicht-Gleichen" (WL 1, KSA 1, 879 f.). Den Ausschlag gibt dabei einmal mehr das Nützlichkeitskalkül: Techniken der Identifikation, Abstraktion, der Klassifikation werden so einerseits als Simplifikationen und Verfälschungen angesprochen, machen zum anderen aber die Effizienz und Praktikabilität des Verbegrifflichungsprozesses und der durch ihn möglichen Wissenschaft aus. Die Nutzung von Begriffen im Sinn „usuelle[r] Metaphern" führt zu einem Paradox: „wahrhaft zu sein" impliziert dann die „Verpflichtung nach einer festen Convention zu lügen" (WL 1, KSA 1, 881). Gerade weil Begriffe die „Begräbnisstätte der Anschauung sind" (WL 2, KSA 1, 886), ist ihre Systematisierung möglich und ein weitgehend reibungsfreier logischer Diskurs garantiert. Wenn Nietzsche zuletzt den „intuitiven" und den „vernünftigen" Menschen einander gegenüberstellt, dann nicht, um sie als unüberbrückbare Alternativen nahezulegen. Vielmehr ist jeder angehalten, die begrifflichen Vermittlungsleistungen und die metaphorische Produktivität der Sprache individuell auszutarieren – auch hier dient die Unterscheidung dem Denken jener ‚Duplicität', auf die allein es ankommt.

Der ‚außermoralische' Sinn, von dem aus Nietzsche die epistemischen und moralischen Grundbegriffe von Wahrheit und Lüge genealogisch entfaltet, deutet ein neues Niveau der Reflexion an, das in allen späteren Schriften nicht mehr verlassen wird. Die Praxis solcher provokanten Perspektivierungen zugunsten einer Reformulierung von alten Fragestellungen bleibt eine der Hauptvorgehensweisen Nietzsches. Zudem ist die ontologische Differenz von Sein und Schein bereits nachhaltig zugunsten eines Denkens in graduell abgestuften Verhältnissen der Scheinbarkeit aufgegeben. Und auch in einer anderen Hinsicht kommt dem kleinen, mittlerweile berühmt gewordenen Text überragende Bedeutung zu. In ihm legt Nietzsche nicht nur eine reflektierte sprachphilosophische Position vor, sondern zieht aus ihr auch eine schriftstellerische Konsequenz. Schöpferisch ist ein Denken, wenn es in sprachlichen Formexperimenten gegen die fixierten Traditionsbestände andenkt: Das „ungeheure Gebälk- und Bretterwerk der Begriffe" dient dem „freigewordenen Intellekt" dann nur noch als „Gerüst und ein Spielzeug für seine verwegensten Kunststücke" (WL 2, KSA 1, 888).

5. Leben als Geschichtlichkeit: Die Historie und ihre Darstellbarkeit

Nietzsches zweite Unzeitgemäße Betrachtung *Vom Nutzen und Nachtheil der Historie für das Leben* ist das ausgereifte Produkt einer am Kulturhistoriker und Kollegen Jacob Burckhardt[6] geschulten Auseinandersetzung mit den Möglichkeiten der Geschichtsschreibung. In ihrem Zentrum steht der Mensch als geschichtliches und seiner Geschichtlichkeit bewusstes Wesen, dessen Leben sich im Spannungsfeld von Erinnern und Vergessen ereignet. Der ironische Auftakt, in dem der (erwachsene) Mensch gegenüber dem Tier und dem Kind als Mängelwesen erscheint, das unfähig ist, ganz in der Gegenwart aufzugehen, verdeutlicht das Problem: Geschichtlichkeit als vergegenwärtigte Zeitlichkeit ist Grundbedingung des Menschen und zugleich Ausdruck seiner Gebundenheit. Im 19. Jahrhundert hat sich in der Diagnose Nietzsches diese Gebundenheit zur „Krankheit" verschlimmert. Mit dem „Uebermaass von Historie", das er den zeitgenössischen historistischen Erklärungen attestiert, wird das Denken zum „Todtengräber des Gegenwärtigen" und verliert seine Zukunftsfähigkeit (HL 1, KSA 1, 251 f.). Als Gegenvermögen auch zum szientistischen Positivismus mobilisiert der Text für Individuen, Völker und Kulturen eine dem Leben dienende „plastische Kraft": „ich meine jene Kraft, aus sich heraus eigenartig zu wachsen, Vergangenes und Fremdes umzubilden und einzuverleiben, Wunden auszuheilen, Verlorenes zu ersetzen, zerbrochene Formen aus sich nachzuformen." (HL 1, KSA 1, 251). Das therapeutische Anliegen des Projekts ist unverkennbar.

Mit dem Wissen um die umschaffende und selektive Leistungsfähigkeit des Gedächtnisses und die unvermeidlich fiktionale Dimension jedweder großen Erzählung nimmt Nietzsche beinahe beiläufig ganze Forschungsgebiete des 20. Jahrhunderts vorweg. Mit dem Fokus auf den „Nutzen und Nachtheil", mithin den ‚Wert' der Geschichte für das Leben, präzisiert er diese Vorwegnahmen zu einer originellen geschichtstheoretischen Metaperspektive. Diese erlaubt es, Historiographie auf die ihr zugrunde liegenden Narrative hin zu befragen und an diesen entlang eine entsprechende Typisierung vorzunehmen. Das leitende Kriterium der Sichtung ist der Gegenwartsbezug und der mögliche Spielraum, den Geschichtsschreibung dem an seine Geschichte geketteten Menschen verschaffen kann. Die Stoßrichtung der von Nietzsche vorgenommenen Typisierungen ist eine zweifache – und eben darin besteht ihre Modernität: Zum einen werden die logischen und rhetorischen Operationen beobachtet, mit denen Historiker ihre Sinnstiftung betreiben, indem sie durch Herstellung kohärenter Ereignisketten und durch das Ausschließen von Zufällen Zeitlichkeit organisieren. Zum anderen ist der Blickwinkel des Textes als ideologiekritisch anzusehen. Von der These aus-

6 Zur ideengeschichtlichen Konstellation in Basel zur Zeit der Ankunft Nietzsches vgl. Lionel Gossmann, Basel in der Zeit Jacob Burckhardts. Eine Stadt und vier unzeitgemäße Denker, übers. von Reinhard Brenneke und Barbara von Reibnitz, Basel 2005.

gehend, dass eine objektive und wertneutrale Darstellung der Vergangenheit unmöglich ist, unterscheidet er sie nach dem impliziten oder expliziten Gegenwartsbezug des jeweiligen Erklärungsmodells.

Drei Formen der Historiographie sind nach Nietzsche maßgeblich. Diese werden, angesprochen als die „monumentalische“, die „antiquarische“ und die „kritische“ Geschichte (HL 2, KSA 1, 258), nachfolgend auf den ihnen jeweils eigenen Nutzen und Nachteil für eine zukunftsfähige Kultur befragt.

Unverkennbar auf Jacob Burckhardts Vorlesung über „historische Größe“ ist Nietzsches Darstellung der „monumentalischen“ Geschichtsschreibung bezogen. Die Verdichtung kaum überschaubarer Ereignisfolgen zu epochalen welthistorischen Begebenheiten erzeugt ein Pathos, an dem die Jetztzeit sich messen lassen muss. Die Reduktion des historischen Feldes auf Geschichte „machende“, große Persönlichkeiten und eine Abfolge solcher Persönlichkeiten im „Glaube an die Zusammengehörigkeit und Continuität des Grossen aller Zeiten“ (HL 2, KSA 1, 260) ist dergestalt als strategische Provokation einer als kleinmütig oder dekadent empfundenen, scheinbar konturlosen Jetztzeit konzipiert. Gleichzeitig kann die monumentalische Gestaltung auch umschlagen in „mythische[] Fiction“, die ebenso „zum Fanatismus“ wie zum Götzendienst anreizt (HL 2, KSA 1, 262). In ähnlicher Weise zweifach wirkt die „antiquarische“ Geschichtsschreibung. Als Kontinuität sichernde, pietätvolle Betrachtung hat sie ihren Wert darin, auch „das Kleine, das Beschränkte“ (HL 3, KSA 1, 265) zu würdigen und somit überhaupt erst geschichtsfähig zu machen. Durch Rückanbindung an die Tradition verweigert sie sich dem Innovationsfuror der Gründerzeit ebenso wie dem einseitig positivistischen Selbstverständnis. Der antiquarische Historiker ist besonders dort wertvoll, „wo er über bescheidne, rauhe, selbst kümmerliche Zustände“ (HL 3, KSA 1, 266) hinweg Sinn stiftet und durch Kultivierung des Alten als Ursprung des Gegenwärtigen Identifikationsmöglichkeiten bereitstellt. Doch auch der „Nachtheil“ einer solchen Betrachtung für das Leben ist schnell ersichtlich: Die Zufriedenheit der geleisteten Kontinuitätssicherung kann in selbstzufriedene Passivität münden, oder ideologiekritisch: in eine das Leben zunehmend restringierende reaktionäre Haltung. In der „kritischen“ Geschichtsschreibung wiederum kann sich das Denken von der als übermächtig empfundenen Vergangenheit emanzipieren. Die kritische Beurteilung hat ebenso wie die moralische Verurteilung befreienden Charakter für das gegenwärtig gelebte Leben, bietet eine Revision der Geschichte doch die Möglichkeit, dieser nicht mehr folgen zu müssen, d.h. die Möglichkeit für alternatives Handeln. Auch die Kritik freilich kann nicht von einem „überhistorischen“ Standpunkt aus vorgenommen werden. Sie bleibt ihrerseits bedingt durch die eigene Stellung innerhalb der Geschichte, zu der sie sich ebenfalls kritisch ins Verhältnis setzen muss. Aus der Not eines Immer-schon-verortet-Seins entwickelt Nietzsche folgerichtig die Tugend der aktiven und affirmativ gegenwartsbezogenen Verortung des Historischen: „Nur aus der höchsten Kraft der Gegenwart dürft ihr das Vergangene deuten: nur in der stärksten Anspannung eurer edelsten Eigenschaften werdet ihr errathen, was in dem Vergangnen wissens- und bewahrenswürdig und gross ist." (HL 6, KSA 1, 293 f.). Thukydides, Sallust und Machiavelli in der Vergangenheit sowie Jacob Burckhardt und Franz Overbeck unter den Zeitgenossen scheinen Nietzsche als Vorbilder für die Freilegung typischer Zugangsweisen zur und Umgangsformen mit der Geschichte gedient zu haben. Mit ihnen sieht er sich geeint gegen eine unpersönliche Geschichtswissenschaft und eine teleologische Geschichtsphilosophie. Wenn Nietzsche die Transformation der Geschichtswissenschaft zu einer dem Leben dienenden Darstellungskunst einfordert, ist damit die nochmalige Ästhetisierung jener ‚plastischen Kraft' angesprochen, mit der das Zeitempfinden ohnehin in jedem Augenblick Vergangenheit, Gegenwart und Zukunft verknüpft.

6. Denkexperimente des „freien Geistes": Die aphoristischen Bücher

Im Ganzen von Nietzsches Denkbewegung ist nach Form und Inhalt wohl kein umgreifenderer Neuansatz zu verzeichnen als derjenige, der mit *Menschliches, Allzumenschliches* anhebt. Was die Freunde und Zeitgenossen ablehnend (Rohde, Wagner) oder zustimmend (J. Burckhardt) als drastische Veränderung vermerken und von Nietzsche selbst zum Umbruch stilisiert worden ist, hat auch in der Forschung zu mannigfaltigen Bestimmungsversuchen geführt: Die Etikettierungen der neuen ‚Phase' Nietzsches reichen von „aufklärerisch", „freigeistig", „deskriptiv" bis hin zu „optimistisch" und „positivistisch". Eine Reihe von Merkmalen kennzeichnen die folgenden Bücher und sorgen in der Tat für eine hinreichende Unterscheidung: Die narrativ ausholende Monographie weicht dem Aphorismus als einem Darstellungsmedium, das für *Menschliches, Allzumenschliches* I (1878) und II (1880), für die *Morgenröthe* (1881) und die *Fröhliche Wissenschaft* (1882) – wenngleich in unterschiedlich akzentuierter Form – prägend bleibt. Das tragische Pathos und der kunstphilosophische Appell an die Erneuerung der Kultur werden zugunsten eines nüchternen, dabei pointierten wissenschaftlichen Sprachstils aufgegeben. Andererseits bleibt die Kunst auf der Ebene der textuellen Formgebung durch das Aphoristische maßgeblich: Nietzsche wechselt dabei je nach Gegenstand zwischen den Kleinformen der psychologisch operierenden Entlarvungspointe, genau beobachtender Epigrammatik, generalisierenden Sentenzen und wissenschaftlich sich entfaltender Kleinprosa. Neben Paul Rée sind es vorzugsweise die von diesem vermittelten französischen Moralisten (v.a. La Rochefoucauld und Chamfort), dazu Lichtenberg, Gracian und Schopenhauer, an denen sich Nietzsche stilistisch orientiert. Auch inhaltlich scheint der ästhetische Horizont, in dem sich bisher die unterschiedlichen Fragestellungen versammelten, von einem wissenschaftlichen verdrängt zu werden. Für die nähere Bestimmung dieses Wissenschaftsbegriffs lassen sich einige Merkmale angeben: Ein erstarkendes Interesse an den Naturwissenschaften führt zur empirischen Hypothesenbildung und zu einem sensualistischen Ausgangspunkt bei der avisierten Destruktion idealistischer oder transzendentalphilosophischer Theoreme.[7] Die interdisziplinäre Haltung wird gerade im Zusammenhang kultureller Grundfragen durch ein komparatistisches Moment verstärkt und konkretisiert: Statt *der* Kultur sind es nunmehr die Kulturformen, die Nietzsche unter verschiedenen Hinsichten vergleicht, nach Merkmalen typisiert und in der Unterschiedlichkeit ihres Funktionierens zu beschreiben versucht. Die ersten Aphorismen von *Menschliches, Allzumenschliches* sind wegweisend für das auferlegte Forschungsprogramm. Die angestrebte „Chemie der Begriffe und Empfindungen" (MA I 1, KSA 2, 23) gibt eine Methode vor, in der naturwissenschaftliches Experiment und historisches Philosophieren einander verstärken, um die großen Fragen der Metaphysik in kleine, wissenschaftlich analysierbare Problemkomplexe zu überführen: „Alles, was wir brauchen und was erst bei der gegenwärtigen Höhe der einzelnen Wissenschaften uns gegeben werden kann, ist eine Chemie der moralischen, religiösen, ästhetischen Vorstellungen und Empfindungen, ebenso aller jener Regungen, welche wir im Gross- und Kleinverkehr der Cultur und Gesellschaft, ja in der Einsamkeit an uns erleben: wie, wenn diese Chemie mit dem Ergebniss abschlösse, dass auch auf diesem Gebiete die herrlichsten Farben aus niedrigen, ja verachteten Stoffen gewonnen sind?" (MA I 1, KSA 2, 24).

Die chemische Ausrichtung nach ‚niedrigen Stoffen' hat ein zeitliches Analogon. Fragen nach dem Wesen der Dinge werden dabei durch solche „über Herkunft und Anfänge" ersetzt (ebd.). Die eidetische Orientierung der Metaphysik hat zu falschen Ausgangspunkten und Verdinglichungen im Denken geführt: „Mangel an historischem Sinn ist der Erbfehler aller Philosophen" (MA I 2, KSA 2, 24). Die Auslegung von ‚Wesentlichem' als Entwicklungsprodukt und von ‚ewigen Tatsachen' als zeitlich bedingten Phänomenen bringt ein neues Ethos mit sich: Das „historische Philosophiren" als therapeutische Gegenbewegung impliziert eine „Tugend der Bescheidung" (MA I 2, KSA 2, 25). Von nun an gilt, dass die „kleinen unscheinbaren Wahrheiten, welche mit strenger Methode gefunden wurden, höher zu schätzen" sind als die Irrtümer, „welche metaphysischen und künstlerischen Zeitaltern und Menschen entstammen" (MA I 3, KSA 2, 25). Aufklärung ist in diesem Zusammenhang offensichtlich auch Selbstaufklärung und Selbstkur. Unter dem ironischen Titel *Von ersten und letzten Dingen* exerziert Nietzsche im ersten Hauptteil des Buchs religiöse und metaphysische Leitbegriffe und Leitdifferenzen durch und verwirft deren Geltungsansprüche durch Freilegung ihrer Genese oder ihrer falschen Voraussetzungen. Auffällig ist, dass der Autor sich dabei nur selten auf eine philosophische Position festlegen lässt, sondern stattdessen mit teils mechanistischen, teils sensualistischen, teils materialistischen Versatzstücken Metaphysikkritik in skeptischer Absicht praktiziert.

Mit der *Geschichte der moralischen Empfindungen* schließt Nietzsche in Titel und Thema des zweiten Hauptstücks an die moralgenetischen Fragestellungen Paul

7 Einen Überblick über Nietzsches Bezugnahme auf die Wissenschaften gewähren Helmut Heit und Lisa Heller (Hg.), Handbuch Nietzsche und die Wissenschaften. Natur-, geistes- und sozialwissenschaftliche Kontexte, Berlin/ Boston 2014.

Rées an. Moral wird jetzt zunächst auf ihren Nutzen hin und damit ihren außermoralischen Ursprung befragt. Dementsprechend sind es die Beobachtung und historische bzw. soziologische Entfaltung des Funktionssystems Moral und die möglichst genaue Deskription dieses Funktionierens, um die es Nietzsche geht. Die Delegitimierung ihrer Autonomie, die Zurückweisung transzendenter oder transzendentaler Moralbegründungen bilden eher ein Nebenprodukt des Programms. Einerseits sind es psychologische Entlarvungen, mit denen Nietzsche dem Vorgehen der französischen Moralisten folgt und vordergründig altruistische Handlungen in ihrem hintergründigen Egoismus freilegt. Andererseits ist es die stammes-, sitten- und kulturgeschichtliche Großperspektive, aus der heraus Moral als kollektiv organisierte Selbstdressur hin zu einer Gemeinschaft von berechenbaren rationalen Agenten aufgezeigt wird. Die Begriffe der Freiheit und Schuld, der Gerechtigkeit und des Gewissens verlieren so ihren Anspruch auf Unbedingtheit, werden zugleich aber in ihrer gesellschaftlichen Praktikabilität sichtbar gemacht. Dabei kontrastiert Nietzsche immer wieder die soziale Makroperspektive mit der Mikroperspektive des Individuums, dessen Leben *per se* inkommensurabel ist: Es kann und muss in seinem Handeln von der Gemeinschaft gemessen und gerichtet werden, hat aber erst jenseits der allgemein geltenden Maßstäbe seine philosophische Würde. Nicht zufällig endet *Menschliches, Allzumenschliches* mit einer psychologischen Moralistik, die an den Einzelnen adressiert ist: *Der Mensch mit sich allein*. In ihr betreibt der Verfasser Introspektion in erzieherischer, auch selbsterzieherischer Absicht. Die Freiheit des Geistes wird hier maßgeblich als die Fähigkeit zu einer individuellen Ausübung des Geistes angesprochen. Dies schließt den Verzicht auf letzte Kriterien und letzte Ziele im Handeln und in der Ausübung der Vernunft ebenso ein wie die redliche Prüfung der eigenen Motivationen und Abhängigkeiten. Das finale Motiv des Wanderers, der sowohl sein Glück als auch sein Leid in einer ortlosen, von Übergängen geprägten Existenz sieht, wird in *Menschliches, Allzumenschliches II* unter dem Titel *Der Wanderer und sein Schatten* aufgenommen und zu einer Philosophie des Individuums ausgebaut.

In der *Morgenröthe* ist die Moral erstmals Hauptthema eines Buchs. Was der Untertitel *Gedanken über die moralischen Vorurtheile* nur andeutet, entpuppt sich in der Vorgehensweise als die methodische Verschärfung einer bloßen Beobachtung der Moral hinsichtlich ihres Funktionierens hin zur expliziten Moralkritik. Auf eine vertiefende Wirkung legt es Nietzsche erneut auch in Form und Inhalt an. Die Aphorismen sind nun nicht nur der Sprache nach insistierender, sie sind überdies aufeinanderzukomponiert und halten das jeweils schon geschaffene Problembewusstsein innerhalb ihrer Abfolge. Eine Vertiefung erfährt nun auch die nochmalige Verhältnisbestimmung zum Pessimismus. An Schopenhauer hat Nietzsche die desillusionierte Haltung fasziniert, mit der das Leben strukturell als Leiden ausgelegt wurde. Doch der pessimistischen Weltanschauung seines philosophischen ‚Erziehers' durch praktisches Mit-Leiden oder kalmierende Kunsterfahrung zu entsprechen, war Nietzsche schon in der *Geburt der Tragödie* nicht gewillt. Stattdessen hat er den Zusammenhang von Leben und Leiden anerkannt und als ‚tragische' Erfahrung zur kulturierenden Kraft stilisiert. In der schopenhauerschen Metaphysik führt Kunst zur Selbstspiegelung des Willens und damit zur Ruhe. Dagegen konzipiert Nietzsche sie als aktive Vergegenwärtigung der Leidenserfahrung und schöpferischen Ausdruck der Bejahung. Die Transformation des lebensverneinenden Pessimismus zur ästhetischen Transfiguration des Leidens schien somit auch das Problem der Moral gelöst zu haben. Doch die nun einsetzende, nachhaltige Rückkehr der Moral im aphoristischen Werk ist auch das Eingeständnis in die Unterschätzung derselben im Frühwerk. Moral, so der neue Ausgangspunkt, wirkt als Sinngebung des Leidens grundsätzlicher und zugleich komplexer in das menschliche Leben hinein als die Erfahrung der Kunst. Sie ist insofern auch nichts ‚Menschlich-Allzumenschliches', sondern als maßgebliche Sinnressource für den Begriff des Menschen selbst konstitutiv bedeutsam. In der Deutung des Lebens als eines sinnvollen Leidens, so Nietzsches Beobachtung, tritt die Moral zugleich abwertend als auch wertsetzend in Erscheinung. Sie tritt damit in ein forderndes, mitunter gezielt überforderndes Verhältnis zum Leben – vor allem in Gestalt der christlichen Religion. In dieser nachhaltig ausgeübten Umwertung des Lebens ist sie für Nietzsche selbst zur maßgeblichen Lebensform geworden. Sie zu kritisieren, heißt darum, dem Leben in neuer Weise wieder gerecht zu werden. Wenn aber menschliche Lebensformen *per se* durch Moral bestimmt sind, dann gibt es – weder im Denken noch im Fühlen – eine verlässliche Instanz, mit der man sich zur Moral in ein distanziertes Verhältnis setzen kann: „auch das Vertrauen auf die Vernunft [...], ist, als Vertrauen, ein moralisches Phänomen." (M Vorrede 4, KSA 3, 25). Die Philosophie selbst, die als Nachdenken über die Moral auftritt, wird damit als ein immer schon moralisch imprägniertes Verhalten ausgelegt. An diesem Punkt beginnt Nietzsches herausforderndes Projekt einer selbstbezüglichen Moralkritik: „ich stieg in die Tiefe, ich bohrte in den Grund, ich begann ein altes Vertrauen zu untersuchen und anzugraben, auf dem wir Philosophen seit ein paar Jahrtausenden wie auf dem sichersten Grunde zu bauen pflegten, – immer wieder, obwohl jedes Gebäude bisher einstürzte: ich begann unser Vertrauen zur Moral zu untergraben." (M Vorrede 2, KSA 3, 12).[8]

Die Begründung einer Moral sagt demnach nur wenig über diese aus und kann vor allem nicht zu ihrer Rechtfertigung dienen: Sie ist lediglich Symptom eines früheren Wertsetzungsprozesses, der längst abgeschlossen und unwissend um seine eigenen Voraussetzungen ist. Ironisch findet sich etwa die unüberbrückbare Spannung zwischen Pflichtenethik und Utilitarismus konstatiert: „Jetzt gehen die Empfindungen in moralischen Dingen so kreuz und quer, dass man für diesen Menschen eine Moral durch ihre Nützlichkeit beweist, für jenen gerade durch die Nützlichkeit widerlegt." (M 230, KSA 3, 197 f.). Doch nicht nur der Begründungsdiskurs, sondern auch das genetische Erklärungsmuster verliert für die Erfassung

8 Grundlegend für die genannten Zusammenhänge ist Marco Brusotti, Die Leidenschaft der Erkenntnis. Philosophie und Lebensgestaltung bei Nietzsche von *Morgenröthe* bis *Also sprach Zarathustra* (MTNF 37), Berlin/ New York 1997.

moralischer Allgegenwärtigkeit ihre Plausibilität: Nietzsche gibt nun den Zusammenhang von Ursprung und Bedeutung auf, der nicht nur seine spekulative Rekonstruktion der Tragödie ‚aus dem Geiste der Musik' prägte, sondern auch die mit Paul Rée erprobte Rückführung moralischer Werte auf evolutionäre Überlebensstrategien. Demgegenüber gilt nun: „Mit der Einsicht in den Ursprung nimmt die Bedeutungslosigkeit des Ursprungs zu" (M 44, KSA 3, 52). Stärker als zuvor sondiert Nietzsche jetzt die kulturellen Ausprägungen des Lebens als synchrone Gesamtkomplexe, die ihre moralische Bedeutung weniger aus einer verbindlichen Herkunft, sondern aus Wechselwirkungsverhältnissen zwischen ganz verschiedenen Sphären erlangen. Allmählich verabschiedet sich aus den Texten das genetische Denken zugunsten von ersten genealogischen Argumentationsmustern. Überall dort, wo klassische Moraldiskurse Intuitionen, Ideen, Begründungen und letzte Ziele des Handelns anbieten, hält Nietzsche konkrete Zusammenhänge von lebensweltlicher Relevanz dagegen, die sich erst im Fall ihrer Bewährung zu einer moralischen Semantik verdichten.

Psychologisch erprobt sich Nietzsche zudem an einer Destruktion des Handlungsbegriffs, der als solcher ein Bewusstsein, ein Bewusstsein für Alternativen und zudem eine Freiheit des Willens bzw. im Wollen voraussetzen muss. Demgegenüber geht er vom Primat eines sich selbst konstituierenden leiblichen Triebzusammenhangs aus. In Vorwegnahme psychoanalytischer Erklärungsmuster hebt sich demnach aus der permanenten Aktivität unbewusster Verarbeitungsprozesse das „wache Leben" lediglich als bescheidener Komplex sich selbst bewusst gemachter Interpretamente ab. Bewusstsein ist dann nur das reflexive Fragment einer kontinuierlich wirksamen physiologischen Tätigkeit, „ein mehr oder weniger phantastischer Commentar über einen ungewussten, vielleicht unwissbaren, aber gefühlten Text" (M 119, KSA 3, 113). Die „Vernunft" selbst wird in einer derartigen Betrachtung zur „Erdichtung" des Lebens, das „moralische Urteil" wiederum zur bloßen „Phantasie". Mit dergestalt radikalen Gedankenexperimenten soll die wechselseitige Stabilisierung von Moral und Vernunft sichtbar gemacht und zugleich deplausibilisiert werden, um auf die moralische Tiefendimension immer schon inkorporierter, Habitus gewordener Wertschätzungen aufmerksam zu machen. Werden solche Urteile absolut gesetzt, wird Moral blind, ideologisch und schlussendlich, so Nietzsches Überzeugung, zur Gefahr für das Leben. Folglich nimmt seine Kritik gerade in der Auseinandersetzung mit den Formen sich selbst absolut setzender Moral ihre aggressivste Gestalt an: die des ‚Immoralismus'. Die entlarvende Offenlegung einer einverleibten Moral als einer zur blinden Fixierung gewordenen Haltung ist kein Selbstzweck – sie bleibt mit therapeutischen Hoffnungen verknüpft: „Wir haben umzulernen, – um endlich, vielleicht sehr spät, noch mehr zu erreichen: umzufühlen." (M 103, KSA 3, 92).

7. Denken in Perspektiven: *Die fröhliche Wissenschaft*

Die Textgestalt, in der uns die *Fröhliche Wissenschaft*[9] heute vorliegt, überbrückt und umfasst zwei Zeiträume in Nietzsches Werk, die gern und mit guten Gründen auseinandergehalten werden: den Zeitraum vor und denjenigen nach der Veröffentlichung von *Also sprach Zarathustra*. Während die ersten vier Bücher der *Fröhlichen Wissenschaft* die Reihe der aphoristischen Werke MA I, MA II und M fortzusetzen scheinen und als deren eigentlicher Höhepunkt anzusehen sind, stammen die Vorrede und das fünfte Buch *Wir Furchtlosen* aus jenem späteren Veröffentlichungszeitraum, dem alle neuen Vorreden und *Jenseits von Gut und Böse* angehören. Nietzsche erreicht durch diese eigentümliche Neu-Rahmung zweierlei. Er konstruiert in der Vorrede einen Autor, dessen neue Fröhlichkeit das Produkt einer psycho-physischen Passionsgeschichte ist: Erst im Durchlauf durch seine Krankheiten konnte der Verfasser eine neue Wissenschaftspraxis erobern und durch sie genesen. Das fünfte Buch wiederum nimmt die Grundprobleme der vorhergehenden Bücher auf, verhandelt diese jedoch nach den Erfahrungen, die mit der Erschütterung durch den *Zarathustra* verbundenen sind, auf einem gesteigerten Reflexions- und Darstellungsniveau. Fassbar wird der entsprechende Aufbau von Komplexität in einem spezifisch neuen Gebrauch perspektivischer Denkformen. Nietzsche bietet nun nicht mehr „nur“ neue Perspektiven auf alte Probleme an, sondern entwickelt eine eigenständige perspektivische Interpretationsphilosophie. In dieser wird mitnichten eine erkenntnistheoretische Position eingenommen, sondern eine Haltung demonstriert, die (1.) in Perspektiven denkt und (2.) das Wissen um die eigene Perspektivität mitbedenkt.

Die ersten Bücher der *Fröhlichen Wissenschaft* folgen dabei zunächst dem bereits erprobten experimentellen Wissenschaftsverständnis. Das frühere Wissensexperiment wird von Nietzsche nun jedoch sukzessive um eine Topik und Hermeneutik des Perspektivischen bereichert und damit zu einer darüber hinausgehenden Denkform entfaltet. Ausgangspunkt dafür sind einmal mehr die Erfahrungen der Künstler: Die Entdeckung und Entwicklung der zentralperspektivischen Projektion in der Malerei der Frührenaissance (etwa bei Filippo Brunelleschi) bildet deren eine, die kunsttheoretische Reflexion des Perspektivischen (etwa bei Leon Battista Alberti) deren andere Seite. Anstelle der alten statischen Blickpyramide wird nun bei einer physiologischen Theorie des Sehens angesetzt, die im Prozess malerischer Darstellung gleichsam nachgebildet wird. Objekt und Auge werden dabei von einem Abstandsverhältnis her gedacht, das zugleich ein wechselseitiges Fundierungsverhältnis ist. Sie bilden ein gemeinsames Bezugssystem: Nicht nur das Darstellen, sondern das Sehen selbst ist demnach perspektivisch: Es bezieht sich auf Ausschnitte der Welt (1.), die sich mit der Veränderung des Ausgangspunktes ihrerseits verändern (2.). Die epistemologische Bedeutsam-

9 Zur Einführung in den Text empfiehlt sich Christian Benne und Jutta Georg (Hg.), Friedrich Nietzsche: Die fröhliche Wissenschaft (Klassiker Auslegen 57), Berlin/ Boston 2015.

keit des Perspektivenbegriffs entsteht mithin dann, wenn die Topik der visuellen Projektion zusammengeschlossen wird mit der Topik des Standpunkts bzw. der Standpunktveränderung. Der Gedanke der Projektivität ermöglicht unter diesen Umständen das Sprachspiel der Fokussierungen, des Blickwinkels, der Makro- und Mikroperspektiven. Der Gedanke der Positionalität wiederum gibt das Sprachspiel des Horizonts und der Horizonterweiterung, des Standpunktes und des Standpunktwechsels frei. Zusammengeschlossen ergibt dieses Wissen um die positionsbedingte Projektivität aller Erkenntnisse die Haltung jenes reifen Perspektivismus, den Nietzsche zur Grundlage einer „fröhlichen Wissenschaft" macht und im gleichnamigen Buch vorführt. Es ist gerade dieser künstlerische Ausgangspunkt der Haltung, mithin das Bewusstsein, dass die Erschließungskraft des Perspektivischen epistemologisch gewendet notwendig auch Täuschung ist, der für den Geist befreienden Charakter hat: „Sich von den Dingen entfernen, bis man Vieles von ihnen nicht mehr sieht und Vieles hinzusehen muss, um sie noch zu sehen – oder die Dinge um die Ecke und wie in einem Ausschnitte sehen – oder sie so stellen, dass sie sich theilweise verstellen und nur perspectivische Durchblicke gestatten – oder sie durch gefärbtes Glas oder im Lichte der Abendröthe anschauen – oder ihnen eine Oberfläche und Haut geben, welche keine volle Transparenz hat: das Alles sollen wir den Künstlern ablernen und im Uebrigen weiser sein, als sie." (FW 299, KSA 3, 538).

Das Heraustreten aus dem unbedingten Wahrheitsbezug und aus der starren Dichotomie von Sein und Schein setzt ein neues Denken frei. Umgestellt wird darin von Wahrheit auf Interpretation und vom Willen zur finalen Vereinheitlichung der Perspektiven (wie etwa noch in der Monadenlehre bei Leibniz gegeben) auf deren produktive Konkurrenz. Eine solche „fröhliche Wissenschaft" schließt die tragische Erfahrung der Begrenztheit aller Erkenntnisse und Wissensformen nicht aus, sondern ein: Sie ist das Perspektiven ermöglichende Aufheitern des Geistes nach seiner vorhergehenden, alle unbedingten Erkenntnisse verunmöglichenden, Verdunklung. Von ihr aus wird die perspektivische Vervielfältigung der Wirklichkeit zum generellen Forschungsprogramm. Wie produktiv die damit möglich werdenden Umformulierungen vermeintlich gegebener Probleme sein können, beweist ein Aphorismus des ersten Buchs. Für jede noch zu schreibende Geschichte der modernen Kulturwissenschaften hat es als Gründungsdokument zu gelten:

„Etwas für Arbeitsame. – Wer jetzt aus den moralischen Dingen ein Studium machen will, eröffnet sich ein ungeheures Feld der Arbeit. Alle Arten Passionen müssen einzeln durchdacht, einzeln durch Zeiten, Völker, grosse und kleine Einzelne verfolgt werden; ihre ganze Vernunft und alle ihre Werthschätzungen und Beleuchtungen der Dinge sollen an's Licht hinaus! Bisher hat alles Das, was dem Dasein Farbe gegeben hat, noch keine Geschichte: oder wo gäbe es eine Geschichte der Liebe, der Habsucht, des Neides, des Gewissens, der Pietät, der Grausamkeit? Selbst eine vergleichende Geschichte des Rechtes, oder auch nur der Strafe, fehlt bisher vollständig. Hat man schon die verschiedene Eintheilung des Tages, die Folgen einer regelmässigen Festsetzung von Arbeit, Fest und Ruhe zum Gegenstand der Forschung gemacht? Kennt man die moralischen Wirkungen der Nahrungsmittel? Giebt es eine Philosophie der Ernährung? [...] Sind die Erfahrungen über das Zusammenleben, zum Beispiel die Erfahrungen der Klöster, schon gesammelt? Ist die Dialektik der Ehe und Freundschaft schon dargestellt? Die Sitten der Gelehrten, der Kaufleute, Künstler, Handwerker, – haben sie schon ihre Denker gefunden? Es ist so viel daran zu denken! Alles, was bis jetzt die Menschen als ihre ‚Existenz-Bedingungen' betrachtet haben, und alle Vernunft, Leidenschaft und Aberglauben an dieser Betrachtung, – ist diess schon zu Ende erforscht? [...]" (FW 7, KSA 3, 378 f.).

Die Frage darf wohl im Sinne Nietzsches noch immer mit ‚nein' beantwortet werden – ein Ende derartig entworfener Kulturforschung ist ihrer Natur nach nicht absehbar. Denn das Neuland, das ein solches Programm eröffnet, entgrenzt die Forschung im Hinblick auf ihre Objekte und ihre Subjekte. Die neue ‚Arbeitsamkeit' verschiebt den Fokus von universalgeschichtlichen Großaufnahmen oder dem kulturhistorischen Panoramablick auf die Mikroperspektiven kulturellen Geschehens. Sie verändert durch ihre Sichtweise den Charakter der Phänomene selbst: Die ‚Gegenstände' der Kultur bzw. der Geschichte haben sich gleichsam entdinglicht. Statt Artefakte und Institutionen treten Praktiken und Lebensformen ins Zentrum des Interesses. Und sie drängt eben damit auch den Forscher als kulturelles Lebenssystem zur fortwährenden Selbstreflexion hinsichtlich seiner eigenen Eingebundenheit in die zu deutende Kultur.

Zugleich präludiert im Hintergrund der perspektivischen Welterschließung das Thema des Nihilismus. Mit ihm schlägt die Heiterkeit angesichts einer unabschließbaren Interpretationswelt um in die lähmende Ahnung der damit verbundenen Verlusterfahrung. Aphorismus 124 *Im Horizont des Unendlichen* beschreibt die neue Ausgangssituation mit dem Ablegen eines vom noch unerkundeten Ozean faszinierten Schiffes: „Wehe, wenn das Land-Heimweh dich befällt, als ob dort mehr Freiheit gewesen wäre, – und es giebt kein ‚Land' mehr!" (FW 124, KSA 3, 480). Erst unterwegs, so der unheilvolle Tenor, wird deutlich, was auf dem Spiel steht, wenn die vertraute Differenz von Land und Meer aufgegeben und das grenzenlose Meer selbst zum alleinigen Bezugsraum wird. Der „tolle Mensch", den Nietzsche im nächsten Aphorismus auftreten lässt, radikalisiert diese Erfahrung des Verlustes aller Sicherheiten zur Formel vom toten Gott. Doch nicht der Tod Gottes, auch nicht die Behauptung „Wir haben ihn getödtet, – ihr und ich! Wir alle sind seine Mörder!" (FW 125, KSA 3, 481) stehen hierbei im Zentrum, sondern die Inszenierung des Ereignisses selbst und das Erschrecken angesichts des Ausmaßes seiner Folgen. Die Pointe der Parabel liegt darin, dass der offenbar Wahnsinnige in ihr zu vermeintlich aufgeklärten Menschen spricht, die schon lange nicht mehr an Gott glauben und ihn für seine Worte auslachen. Nietzsche unterscheidet hier den Verlust des Jahrtausende lang tragenden Glaubens von der allmählichen Einsicht in den korrespondierenden Zusammenbruch aller damit zusammenhängenden Sinnstrukturen und Wertsetzungen. Die Verantwortung für den Tod Gottes und damit die Sinnfrage als Ganzes übernehmen zu müssen, darin besteht die eigentliche Herausforderung. Doch: „[d]iess ungeheure Ereignis ist noch unterwegs [...]" (ebd.).

Das fünfte Buch *Wir Furchtlosen* widmet sich ausschließlich dieser selbst gestellten Aufgabe.[10] Es ist vielleicht Nietzsches der Form nach souveränstes und der Tonalität nach zugleich gelassenstes Buch. Die Aphorismen, die sich zu einander wechselseitig erhellenden aphoristischen Ketten verflechten, sind hierbei endgültig keine äußerliche Form der Gedankenpräsentation mehr, sondern Vollzugsmedium des Denkens. Denn dieses Buch verbindet nicht nur Kritik mit sofortiger impliziter Selbstkritik, es stellt auch die neuen Perspektiven auf alte Probleme sogleich in ihrer eigenen perspektivischen Bedingtheit aus. Damit zeigt es aber auch, wie ein Denken in der Situation der Haltlosigkeit wieder Anhalte und schließlich eine eigene Haltung gewinnen kann. Dies geschieht in einer doppelten Weise: Einerseits will Nietzsche den Nihilismus als Ereignis bis in seine letzten diffizilen Auswirkungen auf das Denken und die Moral der Moderne betrachten. Andererseits will er für die unvermeidliche Katastrophe ein neues reflexives Angebot unterbreiten, das auf den situativen Gewinn von Halt abzielt, ohne dabei auf letzte Gewissheiten und Unbedingtes zurückzugreifen. Der Nihilismus kann und soll bei Nietzsche insofern auch nicht – und dies muss wohl als fundamentales Missverständnis der Nietzsche-Rezeption Heideggers angesehen werden – ‚überwunden' werden. Für Nietzsche, daran lassen auch die späteren Schriften keinen Zweifel, bildet er die eigentliche und notwendige Herausforderung für die künftige europäische Kultur.

Beispiel für die ‚furchtlose' Haltung und die sachliche Verflochtenheit des Buches sind die Eingangsaphorismen, in denen die Modi des Für-wahr-Haltens unter den Bedingungen des Nihilismus verhandelt werden. Meinung, Glaube und Wissen werden dabei gleichermaßen aneinander abgebildet wie aus einander entwickelt. Wissenschaft in ihrer modernen Gestalt tritt dabei einerseits aufklärerisch gegen „Ueberzeugungen" an. Andererseits hat sie sich im Verlauf ihrer Geschichte methodisch „zur Bescheidenheit einer Hypothese, eines vorläufigen Versuchs-Standpunktes, einer regulativen Fiktion" geläutert (FW 344, KSA 3, 574). So erbringt sie gerade als Praxis den Aufweis für die Gebundenheit des eigenen Denkens, obwohl sie doch alte ‚metaphysische' Bindungen durch neue positive Setzungen einer autonomen Wissenskultur ermöglichen will. Im Insistieren auf ‚Unpersönlichkeit' und Neutralität zeigt sich auch die Wissenschaft noch als moralisches Verhalten, ebenso wie der ihr eigene Wille, sich nicht täuschen zu lassen, der in einem letztlich religiösen Habitus verankert ist. Folgerichtig ist auch noch die Wissenschaft selbst, die doch gegen den moralischen und religiösen Dogmatismus antritt, als das raffinierte Endprodukt einer Kultur des Glaubens anzusehen: „man wird es begriffen haben, worauf ich hinaus will, nämlich dass es immer noch ein meta-

10 Dazu grundsätzlich Werner Stegmaier, Nietzsches Befreiung der Philosophie. Eine kontextuelle Interpretation des V. Buchs der *Fröhlichen Wissenschaft*, Berlin/ Boston 2012.

physischer Glaube ist, auf dem unser Glaube an die Wissenschaft ruht, – dass auch wir Erkennenden von heute, wir Gottlosen und Antimetaphysiker, auch unser Feuer noch von dem Brande nehmen, den ein Jahrtausende alter Glaube entzündet hat, jener Christen-Glaube, der auch der Glaube Plato's war, dass Gott die Wahrheit ist, dass die Wahrheit göttlich ist…" (FW 344, KSA 3, 577). In solchen selbstbezüglichen Problematisierungen zeigt sich das nuancierte Erklärungspotential einer, freilich immer prekär und vorläufig bleibenden, fröhlichen Wissenschaft. In ihr wird umgestellt von Fragen der denkerischen Konstitution von Welt und Moral auf Fragen nach der Konstituiertheit des Denkens und der Moral.

Wenn man überhaupt einen ‚Perspektivismus' für Nietzsche proklamieren möchte, dann sicher nicht im Sinne eines theoriefähigen Philosophems oder einer epistemologischen Position. Halten lässt sich der Terminus allenfalls auf der Darstellungsebene jener reifen Texte, in der die moral- und erkenntniskritischen Experimente stets mit der formalen Selbstausstellung perspektivischer Aphoristik konvergieren.

Kurz vor dem fünften Buch der *Fröhlichen Wissenschaft* hat Nietzsche eine Genealogie des frei werdenden Geistes verfasst, die den Gewinn einer neuen Perspektive jeweils an die Preisgabe einer alten koppelt und von da aus eine Logik des Perspektivengebrauchs entwirft. Eine Logik, die der Verfasser wiederum nur für das auktoriale Ich dieser Geschichte geltend macht und an dieses adressiert: „‚Du solltest Herr über dich werden, Herr auch über die eigenen Tugenden. Früher waren sie deine Herren; aber sie dürfen nur deine Werkzeuge neben andren Werkzeugen sein. Du solltest Gewalt über dein Für und Wider bekommen und es verstehn lernen, sie aus- und wieder einzuhängen, je nach deinem höheren Zwecke. Du solltest das Perspektivische in jeder Werthschätzung begreifen lernen – die Verschiebung, Verzerrung und scheinbare Teleologie der Horizonte und was Alles zum Perspektivischen gehört; auch das Stück Dummheit in Bezug auf entgegengesetzte Werthe und die ganze intellektuelle Einbusse, mit der sich jedes Für, jedes Wider bezahlt macht. Du solltest die nothwendige Ungerechtigkeit in jedem Für und Wider begreifen lernen, die Ungerechtigkeit als unablösbar vom Leben, das Leben selbst als bedingt durch das Perspektivische und seine Ungerechtigkeit. […] Du solltest' – genug, der freie Geist weiss nunmehr, welchem ‚du sollst' er gehorcht hat, und auch, was er jetzt kann, was er jetzt erst – darf…" (MA I, Vorrede 6, KSA 3, 20 f.). Die hier gezeigte Haltung kann nicht einfach übernommen werden, sie kann nur exemplarisch wirken.

8. Was ist Weisheit? Zum Sinn des Lehrens in *Also sprach Zarathustra*

Mit *Also sprach Zarathustra* lässt Nietzsche die innere Dramatik seiner Lebens- und Lehrerfahrungen, die schriftstellerische Suche nach Ausdrucksformen und die Ansprüche seines bisherigen Philosophierens in die kompromisslose Frage nach den Bedingungen der Möglichkeit einer lebensverändernden philosophischen Mitteilung überhaupt gipfeln: Was ist eine Lehre, die mehr sein will als die Weitergabe eines allgemein darstellbaren Wissens? Wie kann man neue Denk- und Lebensformen aufzeigen, mitteilen und dafür die Verantwortung übernehmen? Wie erreicht man, als Einzelner, das Gegenüber in seiner Vereinzelung?

Die drei Teile der als philosophische Großerzählung gestalteten Dichtung, die Nietzsche als sein unumstrittenes Hauptwerk angesehen hat, erscheinen zunächst 1883 und 1884 in Einzelausgaben. 1886 werden die Restexemplare der ersten drei Teile zu einer von Nietzsche autorisierten Gesamtausgabe zusammengebunden und veröffentlicht – ein als Privatdruck erschienener „vierter und letzter Theil" wird vom Autor zurückgezogen und anfänglich geheim gehalten.[11] Durch die der Dichtung eigentümlichen Erzählform wird die philosophische Sinngebung in das Handlungsgeschehen eines besonderen Menschen verlegt. Zarathustra, den Nietzsche ausdrücklich nicht mit sich verwechselt wissen wollte, ist personales Zentrum der Erzählung und gibt die Handlung, die allein auf ihn bezogen bleibt, vor. Als charismatische Figur, die gleichwohl kaum individuelle Merkmale aufweist, trägt Zarathustra die Züge des Religionsstifters und Heiligen, knüpft er an die platonische Sokratesgestalt an, erinnert an das Pathos tragischer Helden bei Aischylos und Sophokles, verkörpert jedoch auch den Typus vorsokratischer Weisheit. Der ‚Name' Zarathustra ist dabei eher funktionale als religionsgeschichtliche Referenz und soll nach Nietzsche die „Selbstüberwindung der Moral aus Wahrhaftigkeit" anzeigen (EH, Schicksal 3, KSA 6, 367). Hatte der persische Prophet Zoroaster den Menschen und die Geschichte aus dem kosmischen Kampf des Guten und Bösen gedeutet, so muss diese „Übersetzung der Moral in's Metaphysische" auch in seinem Namen zurückgenommen werden (ebd.).

Das beispiellose Gedanken- und Formexperiment von *Also sprach Zarathustra* ist bis heute nur in Ansätzen erschlossen.[12]

Die nachfolgende Deutung ist darum als Lesehilfe für den Einstieg in ein hermetisches Werk zu verstehen, für das Nietzsche aufgrund seiner formalen Abgründigkeit keine Superlative gescheut hat. Sie will zunächst das kommunikationstheoretische Ausgangsproblem Zarathustras, das in der Vorrede des Werks angelegt ist und selbiges bis zum Ende prägen wird, anzeigen. Sie will in einem zweiten Schritt die Form des Hybrid-Kunstwerks charakterisieren und den ästhetischen Hintergrund derselben in Nietzsches Pathos-Verständnis bestimmen. Zuletzt soll ausgehend von diesen Voraussetzungen die Handlungsfolge des Werks nachgezeichnet werden.

11 In seiner heutigen Gestalt wird das Werk erst nach Nietzsches Zusammenbruch 1892 von Peter Gast herausgegeben. Philologisch betrachtet haben wir es also genau genommen mit zwei Werken zu tun. Dass aus diesem Umstand erhebliche Interpretationsspielräume entstehen, sei hier nur angemerkt.

12 Zur hermeneutischen und ästhetischen Komplexität des Werks vgl. Claus Zittel, Das ästhetische Kalkül von Friedrich Nietzsches „Also sprach Zarathustra", 2. Aufl., Würzburg 2011.

8.1 Zarathustras Problem: Die Verwandlung des Herzens und das Drama der Lehre

Die Ereignisse des Werks setzen wegweisend für alles Folgende mit einer umgreifenden Transformationserfahrung ein. Zarathustra schreibt sich dabei allusiv in die Projekte der großen Religionsstifter (Jesus, Buddha, Zoroaster) ein: Die vorausgehenden 30 Jahre seines uns unbekannten Lebens unter den Menschen und die folgende Dekade jenseits der Menschen werden in einem einzigen Satz abgehandelt. Nach dem zehnjährigen Genuss seines Geistes in selbstgewählter Einsamkeit im Gebirge verändert sich plötzlich – bzw. für den Erzähler „endlich“ – die pathische Gesamtkonstitution Zarathustras: Es „verwandelte sich sein Herz“ (Za, Vorrede 1, KSA 4, 11). Der Überfluss der angesammelten Weisheit drängt ihn nun zur Vergegenwärtigung, er wird zum Überdruss. Drei Bilder charakterisieren die für den Protagonisten neue Situation: das Bild von der Sonne, die gleichwohl der Segnung durch die Empfänger des Lichts bedarf, das Bild von der Biene, die „zu viel“ Honig gesammelt hat, und das Bild vom vollen Becher, der „überfliessen“ will (Za, Vorrede 1, KSA 4, 11 f.). Ebenso bedarf Zarathustra nun der „Hände, die sich ausstrecken“, er „möchte verschenken und austeilen“ – womit ein weiterer grundlegender Umstand angezeigt ist: Mit dem Leiden an der eigenen Fülle korrespondiert das Bedürfnis nach dem Anderen (ebd.). Die Weisheit Zarathustras ist damit von Beginn an nicht, wie etwa die klassischen antiken Weisheitskonzeptionen, auf den Gewinn eines Maßes und die Zufriedenheit mit sich selbst angelegt. Im Bedürfnis nach anderen ist sie zugleich Einsicht in die Welt als Mitwelt und macht sich von der Anerkennung dieser Mitwelt abhängig.

Damit sind alle folgenden Probleme als Kommunikationsprobleme entworfen. Was Zarathustra eingangs zur Sonne sagt, ist gleichermaßen Handlungsanweisung im Szenischen wie vorweggenommene Bewusstwerdung in der Sache: „Ich muss, gleich dir, untergehen, wie die Menschen es nennen, zu denen ich hinab will.“ (Za, Vorrede 1, KSA 4, 12). Die Aufgabe der Lehre ist schon hier programmatisch auf ein neues Pathos ausgelegt: dasjenige des Scheiterns, des Untergangs. Das Lehren, die neue Selbsterfahrung als Lehrer und das Scheitern der Lehre werden in der finalen Bekundung der Exposition aneinandergebunden: „‚… siehe! Dieser Becher will wieder leer werden, und Zarathustra will wieder Mensch werden.‘ – Also begann Zarathustra’s Untergang.“ (ebd.). Die Menschwerdung Zarathustras kann nur gelingen, wenn ihm die Artikulation gegenüber den Mitmenschen und damit die Stiftung einer Gemeinschaft gelingt.

Beim Abstieg begegnet Zarathustra seinem *alter ego*. Dieser hat die unvollkommenen Menschen verlassen, um in der Einsamkeit die Vollkommenheit in Form einer Gottesprojektion zu finden. Dem heiligen Einsiedler, der die Menschen nicht mehr liebt, weil er sie kennt, entgegnet Zarathustra, der die Menschen nicht mehr kennt, aber liebt: „Ich bringe den Menschen ein Geschenk.“ Dieses Geschenk kann und soll keine kontrollierte mitleidige Spende sein, wie es der erfahrene, angesichts seiner Erfahrungen müde gewordene Einsiedler im Sinn hat: „Ich gebe kein Almosen. Dazu bin ich nicht arm genug." (Za, Vorrede 2, KSA 4, 13).

In der Stadt angelangt, beginnt Zarathustra zu lehren. In drei szenisch aufeinander aufgebauten Reden lässt Nietzsche ihn sich mit drei Themenvariationen und drei verschiedenen Redeformen an das ‚Volk' wenden. Dieses jedoch hat sich nicht für dessen Worte, sondern für ein Schaustück auf dem Marktplatz versammelt.

1. Im prophetischen Gestus tritt Zarathustra zunächst mit unbedingten Forderungen und ohne jede Vermittlung an die Menschen heran: „Ich lehre euch den Übermenschen. Der Mensch ist etwas, was überwunden werden soll." (Za, Vorrede 3, KSA 4, 14). Das Volk, strukturell überfordert, kann und will Zarathustra nicht verstehen. Es „lachte" und verlangt nach dem Seiltänzer (Za, Vorrede 3, KSA 4, 16).
2. Erst jetzt „sahe" Zarathustra die Menschen an und „wunderte" sich (Za, Vorrede 4, KSA 4, 16). Mit der zweiten Rede wechselt er der Form nach – an die Bergpredigt erinnernd – in den Stil der liebenden Verkündigung. Die dogmatische Forderung weicht der hinführenden Zuwendung. Nicht mehr der Übermensch, sondern der als „Übergang" und „Untergang" auf diesen hin lebende Mensch steht jetzt im Mittelpunkt: „Ich liebe Die, welche nicht zu leben wissen, es sei denn als Untergehende, denn es sind die Hinübergehenden." (Za, Vorrede 4, KSA 4, 17). Gehör findet er auch dafür nicht.
3. Das neuerliche Unverständnis führt Zarathustra zum Eingeständnis in die dysfunktionale Kommunikation: „sie verstehen mich nicht, ich bin nicht der Mund für diese Ohren." (Za, Vorrede 5, KSA 4, 18). Er reagiert nun mit wachsender Adressatenorientierung. Er setzt bei der *conditio humana* der Jetztzeit an und holt seine Gegenüber endlich bei deren „Bildung" und deren „Stolz" ab. Die kulturkritische Vision von den „letzten Menschen", die sich in schaler, liberaler Selbstdressur eingerichtet haben und diese als ihr Glück bejahen, ist als Inversion des Übermenschen angelegt: „‚Wir haben das Glück erfunden' – sagen die letzten Menschen und blinzeln." (Za, Vorrede 5, KSA 4, 19). Erstmals erreicht der Redner jetzt zwar seine Mitmenschen, allerdings um einen drastischen Preis. Die Zuhörer affirmieren johlend den „letzten Menschen" und geben dafür den Übermenschen preis. Zarathustra, der falsches Interesse geweckt hat, reagiert mit Trauer auf die explizite Ablehnung seiner Botschaft. Im Seiltänzer, der sein Leben als ‚Übergang' verstand und an seinem riskanten Gewerbe vor aller Augen zugrunde geht, findet Zarathustra ein Exempel seiner Lehre und den ersten, freilich bald schon toten Gefährten. Der Possenreißer wiederum, der den Seiltänzer aggressiv überspringt, ist die Konterkarikatur dieser Lehre. Im rücksichtslosen Überspringen des Menschen erscheint die Verzeichnung des Übermenschen am Horizont und mit ihr die Gefahr einer entstellten Lehre: die von der subjektiven Selbstermächtigung auf Kosten anderer. Seine missglückten Lehrerfahrungen und das Intermezzo auf dem Markt treiben Zarathustra schließlich aus der Stadt und münden in das Eingeständnis seines Scheiterns (vgl. Za, Vorrede 6 und 7).

Mit dem Begräbnis des Seiltänzers begräbt Zarathustra nach einer Kritik seiner bisherigen Mitteilungsbemühungen auch die Hoffnung auf die Möglichkeit einer direkten Kommunikation insgesamt. Nach langer Nacht findet er endlich seine „neue Wahrheit“: Er kann und darf nicht als „Hirte“ einer „Heerde“ auftreten wollen. Nicht die Ansprache an ein „Volk“ und die Stiftung einer Gemeinschaft, sondern die Umwandlung der Gemeinde in schaffende Einzelne ist das neue Ziel der Lehre: „Viele wegzulocken von der Heerde – dazu kam ich.“ (Za, Vorrede 9, KSA 4, 25). In der auf Vereinzelung des Gegenübers abzielenden Praxis besteht die generelle Umwertungsfunktion seiner Reden: Damit ist die Adressatenstruktur charakterisiert, die das Werk *Also sprach Zarathustra* zu einem ‚Buch für Alle und Keinen‘ macht.

Zarathustras Geschenke sind hermeneutisch offenbar problematisch. Seine Lehre qua Gabe ist auf eine spezifische Disposition des Gegenübers angewiesen: Sie ist keine Gabe von etwas, sie ist Hingabe des eigenen Überflusses. Durch eine solche Gabestruktur wird die Mitteilung von der Logik der identifizierbaren Botschaft hin zur doppelten Kontingenz des Mitteilungsverhältnisses entgrenzt. An genau diesem neuralgischen Punkt der Mitteilungsproblematik inszeniert Nietzsche Zarathustras Weg als Untergang, sein Lehren als Scheitern. Denn die Menschen, zu denen der Protagonist mit seiner Lehre vom Übermenschen hinabsteigt, missverstehen diesen „Reichtum“. Sie nehmen aus der dargebotenen Fülle dasjenige, was sie verstehen oder brauchen können. Sie deuten Zarathustra durch die Identifikation und Limitation seiner Gaben als den Lehrer eines neuen, ultimativen Menschen – und verkennen ihn damit.

8.2 Zur Formgebung des Werks: „Pathos-Scenen“

Vor allem der Form nach ist der *Zarathustra* ein enormes schriftstellerisches Risiko.[13] Das klare Bewusstsein Nietzsches dafür, eigentlich eine Zumutbarkeitsgrenze überschritten zu haben, dokumentiert ein ergreifender Brief an Jacob Burckhardt. Die Widmungsepistel vom 1. Mai 1883 zur Übersendung des ersten Teils liest sich wie ein, Teile der Rezeption vorwegnehmendes, Schuldeingeständnis: „Was das beifolgende Büchlein betrifft, so sage ich nur dies: irgendwann schüttet jeder einmal sein Herz aus und die Wohlthat, die er sich damit erweist, ist so groß, dass er kaum begreifen kann, wie sehr er eben damit allen anderen am meisten wehthut.“ (Nr. 411, KSB 6, 371). Fast rührend bittet der Verfasser in der Nachschrift um Nachsicht für sein Werk, für das er die Möglichkeit eines Verständnisses ohnehin ausschließt: „Nicht wahr, Sie wissen, wie ich Sie liebe und ehre? Ihr Nietzsche“. Die Veröffentlichung des *Zarathustra* wird hier als ein unwillkürlicher Schmerzenstrans-

13 Zur literarischen Verfasstheit des Textes vgl. Gabriella Pelloni und Isolde Schiffermüller (Hg.), Pathos, Parodie, Kryptomnesie. Das Gedächtnis der Literatur in Nietzsches „Also sprach Zarathustra“, Heidelberg 2015.

fer verdeutlicht: Die Veräußerung des eigenen Inneren (‚Herz ausschütten') lindert oder tilgt zeitweise den Schmerz („Wohltat"), der nun in Gestalt einer kollektiven peinlichen Zumutung (‚allen anderen wehe tun') die wenigen Leser erreicht.

Man sollte Nietzsche nicht mit der von ihm erschaffenen Kunstfigur des Zarathustra verwechseln. Gleichwohl gilt es festzuhalten, wie gezielt er sein eigenes philosophisches Mitteilungsproblem in dieser Figur anlegt. Zarathustra repräsentiert von Anfang bis Ende des Werks einen Reichtum, den er verschenken will, muss und doch nicht kann; einen Reichtum, unter dessen Fülle er leidet, den er dabei aber aus Mangel an geeigneten Abnehmern nicht abgeben kann. Dieser Urschmerz des Protagonisten setzt die Handlung in Gang, oder anders: Das rhythmische Ausagieren dieses Urschmerzes ist die Handlung bzw. das eigentliche Geschehnis des Werks.

Mit der eigentümlichen Werkform schließt Nietzsche an die tragische Interpretation der Griechen an, die ihren Daseinsschmerz in einen ästhetischen Kosmos zu verwandeln wussten. Der aus Rahmenerzählung, wechselnden Szenen, Reden und Liedern bestehende Form-Hybrid ist als konsequente Umsetzung von Nietzsches Tragödienverständnis lesbar. Der Kategorie des Pathos, die Nietzsche gegenüber Aristoteles rehabilitiert, kommt dabei entscheidende Bedeutung zu. In Umkehrung der aristotelischen Verhältnisbestimmung von Handlung (*dran*) und Pathos konstatierte er schon in den Basler Vorlesungen für die Tragödie ein „zwischen *pathos* und *dran* scharfgespanntes Verhältnis wie von Folge und Ursache. Das *dran* geschah nur so weit, um das *pathos* zu erklären."[14] Nur folgerichtig korrespondiert mit der weitgehenden Ausgrenzung des Pathos bei Aristoteles von Seiten der Handlung, der Rede (*lexis*) und der Charaktere eine ebenso erstaunliche wie entschiedene Nachrangigkeit des Logos (in Form aller Redeakte) in der Tragödien-Deutung Nietzsches.

Aus ebendieser Umstellung der Perspektive lässt sich auch die ‚tragische' Komposition von *Also sprach Zarathustra* erhellen. Die praktische Neuorganisation der dramentheoretischen Grundbegriffe *pathos, drama* und *lexis* ist das Kompositionsprinzip des Werks. Jene Nachrangigkeit des gesprochenen Wortes gegenüber der Handlung (1.) und die kompromisslos herausgearbeitete Nachrangigkeit von Handlung und Wort gegenüber einem nur noch ‚symbolisch' darstellbaren Pathos (2.) strukturieren das Geschehen der philosophischen Erzählung. Dementsprechend werden auch in Nietzsches Hauptwerk die Denk-Erfahrungen seines Protagonisten Zarathustra weitgehend als Pathos-Ereignisse inszeniert, aus denen heraus ‚Themen' generiert werden. Einige schematische Beobachtungen zur erzählerischen Einbettung, zur Dramaturgie und Choreographie der Reden bzw. des Redners können diesen Zusammenhang weiter verdeutlichen:

- *Narratives Pathos*: Die Nachrangigkeit der Redesequenzen wird schon durch das narrative Schema als solches angezeigt: Die Erzählung des Zarathustra bettet die rednerische Sinnbildung in ein Handlungsgeschehen ein, das ihr jeweils zeitlich und kausal vorausgeht. Wie der platonische Sokrates kann und soll auch

14 Vgl. dazu Einleitung in die Tragödie des Sophokles (KGW II 3, 7-57, hier insbesondere § 3: Der Bau des Dramas, 20ff.).

Zarathustra nicht ontologisch oder epistemisch zur Welt Stellung nehmen, weil sein In-der-Welt-Sein bereits konstitutiver Teil der Darstellung ist, er sich mit anderen Worten immer schon pathisch und praktisch auf Welt bezieht.

- *Dramaturgisches Pathos:* Diese Beziehung zur Welt kennzeichnet sowohl die Makro-Ebene der jeweiligen Bücher als auch die Mikroebene der buchinternen Kapitel. Während zahlreiche Redesequenzen in einen szenischen Zusammenhang eingelassen werden, ist das Reden Zarathustras insgesamt selbst nur die Folge seiner periodischen Auf- und Untergänge zu den Menschen hin bzw. von ihnen weg.
- *Szenisches Pathos:* Zarathustra ist performatives Zentrum eines Dramas, das vollständig auf ihn bezogen bleibt. Die wechselnden Orte („Höhle", „glückselige Inseln", „Oelberg" etc.) und Zeiten („vor Sonnenaufgang", „Nacht", „grosser Mittag") seines Auftretens sind dabei zeichenhaft und lebensweltlich unkonkret. Sie verstärken in ihrer Stilisiertheit den theatralischen Aufbau der Erzählung. Auch die Menschen, zu denen („Gefährten", „Freunde", „Brüder") und über die er spricht (die „Tugendhaften", „Prediger des Todes", „Verächter des Leibes" etc.) sind ohne phänomenale Konkretion gezeichnet und eher als Typen bzw. Rollen aufzufassen. Auf diese Weise bleibt die Erzählung einer dramaturgischen Logik verhaftet, die eher eine Abfolge von Szenen als eine narrative Einheit anzustreben scheint.
- *Performatives Pathos:* Auch die Reden Zarathustra sind zum überwiegenden Teil pathisch fundiert. Sie nehmen ihre wechselnden Themen ganz in eine Stimmung bzw. ein Ensemble von Stimmungen zurück und zeigen damit den habituellen Charakter seiner jeweiligen Aussagen an. Oft sind die Reden als emotive Sprechakte ausgewiesen und das Thema der Rede an ein Pathos zurückgekoppelt: dementsprechend heißt es einleitend immer wieder „ich liebe", „ich hasse", „ich habe Sehnsucht", „ich schaudre", „mich ekelt" etc.
- *Metaphorisches Pathos:* Die Reden Zarathustras sind ferner durch den notorischen Gebrauch einer eminent deutungsbedürftigen Metaphorik bestimmt. Seine Bildsprache folgt eher lautmalerischen Rhythmisierungen, arbeitet mit Katachresen, kreiiert eher topische als logische Zusammenhänge und verbleibt weitgehend in einem selbstgestifteten Referenzsystem. Zarathustras Metapherngebrauch exemplifiziert offenbar auch jenes metaphorologische Fragment Nietzsches, in dem das diskursive Sprechen als abkünftiger Modus ursprünglich bildhafter und bildnerischer Sprache entworfen wurde: *Ueber Wahrheit und Lüge im aussermoralischen Sinne.*

Zuletzt fügt sich auch und gerade die literarische Darstellung der Werkfigur Zarathustras in diesen Zusammenhang ein. Der Protagonist wird von Nietzsche gezielt und fortwährend pathologisiert. Zarathustra hat weder eine Biographie noch ein Privatleben. Stattdessen ist er als Figur gänzlich auf die Einzigkeit seiner Aufgabe, auf sein „Schicksal" hin angelegt: der schaffenden, Werte umwertenden Selbstüberwindung im Namen des Lebens. Im Vollzug dieses Schaffens ringt Zarathustra oftmals mit seinen Gedanken wie mit einem Wahnsinn, er leidet körperlich an ihnen. Er kann tagelang schlafen, auf Essen und Trinken verzichten sowie mit Tieren sprechen. Im Wissen darum, was ihm jeweils bevorsteht, weint er bitterlich oder lacht übermenschlich, wird abwechselnd von Sehnsucht ergriffen, mit Verachtung erfüllt, von Schwermut übermannt oder von Schüben depressiver Indifferenz heimgesucht. Er ist und bleibt gänzlich verschiedenartigen oder wiederkehrenden Leidenserfahrungen ausgesetzt und ringt um deren Versprachlichung.

Der hier nahegelegte Zusammenhang von Narratologie, Dramaturgie und Pathologie kann als konstitutiv für die Werkform des *Zarathustra* angesehen werden. Die Dramatisierung der Reden, die szenische Konturierung der Handlung und die Zentrierung aller Handlung auf den Protagonisten sind für Nietzsche Entsprechungen zu jenem Pathos, dem Zarathustra von Anfang bis Ende des Werks ausgesetzt ist, das ihn von den Menschen weg und wieder zu ihnen hindrängt und das er währenddessen immerfort thematisiert. Zarathustra fasziniert durch und scheitert an seiner ihm gestellten Aufgabe: als Lehrender und als Lebender zieht er an, um sich wieder zu entziehen und zieht schließlich in genau dem Maße an, in dem er sich entzieht.

Wie sehr Nietzsche den eigenen Ansatz gerade in formaler Hinsicht als verpflichtend angesehen hat, zeigen seine letzten Schriften. Die anfänglich noch von Wagners Musikdramatik aus vorgenommene Tragödiendeutung wird nun im Spätwerk vehement gegen Wagners Kunstpraxis und Dramenverständnis gewendet. Nietzsche, der seinen Zarathustra unter die Musik gerechnet sehen wollte, unterbricht seine Polemik im *Fall Wagner* eigens durch einen als „Anmerkung" gekennzeichneten Exkurs: „Es ist ein wahres Unglück für die Aesthetik gewesen, dass man das Wort Drama immer mit ‚Handlung' übersetzt hat. Nicht Wagner allein irrt hierin; alle Welt ist noch im Irrthum; die Philologen sogar, die es besser wissen sollten. Das antike Drama hatte grosse Pathosscenen im Auge – es schloss gerade die Handlung aus (verlegte sie vor den Anfang oder hinter die Scene). Das Wort Drama ist dorischer Herkunft: und nach dorischem Sprachgebrauch bedeutet es ‚Ereigniss', ‚Geschichte', beide Worte in hieratischem Sinne." (WA 9, KSA 6, 32).

8.3 Der Ablauf des Dramas

Unter den skizzierten Startbedingungen einer Rede „für Alle und Keinen" beginnt Zarathustra im ersten Teil ein weitreichendes Umwertungsprojekt.[15] In den nun folgenden Reden werden die geltenden Begriffe von Leib und Seele, Kunst und Wissenschaft, Tod, Strafe, Schuld und Staat angegriffen, aus den traditionellen kulturellen Bezügen gelockert und in neue, immer bildlich bleibende Figuren überführt. Sie sind damit als „Schaffen" ausgewiesen, das an „Mitschaffende" adressiert bleibt. Berühmt geworden ist die erste Rede „Von den drei Verwandlungen", in denen die Metamorphose des Geistes vom duldenden tragsamen Ausgangspunkt („Kameel") über das sich befreiende, noch verneinende Aufbegehren

15 Als Einführung und Überblick wird empfohlen: Volker Gerhardt (Hg.), Friedrich Nietzsche: Also sprach Zarathustra (Klassiker Auslegen 14), Berlin 2000.

(„Löwe“) hin zum freien, unschuldigen Schaffen („Kind“) versinnbildlicht ist. Leitend bleibt die Ausrichtung aller Wertungen auf den Übermenschen als dem „Meer“, das auch den „schmutzigen Strom“ des Menschlichen in sich aufnehmen und reinigen kann. Die Menschen dagegen seien bisher nur als die Schauspieler ihrer wechselnden Ideale aufgetreten. Folgerichtig entwirft Zarathustra jenen, „die sich seine Jünger nannten“, vor seinem Abschied zum Ende des ersten Teils die „schenkende Tugend“, mit der die Ausgangssituation des Lehrens erneut grundgelegt wird. Die gelungene Lehre ist keine Habe („der entartende Sinn, welcher spricht ‚Alles für mich.‘“) und keine lebenspraktische Hilfe („unnützlich“), sie kann nur exemplarisch erfolgen und fordert über das Umdenken auch ein Umleben ein: „Das ist euer Durst, selber zu Opfern und Geschenken zu werden“ (Za I, Tugend, KSA 4, 98). Mit „verwandelter Stimme“ entfernt sich Zarathustra schließlich von den Jüngern. Gegen seinen Willen sind diese zu „Gläubigen“ und damit für den Sinn seiner Lehre nicht mehr erreichbar geworden: „Ihr hattet Euch noch nicht gesucht: da fandet ihr mich. So thun alle Gläubigen; darum ist es so wenig mit allem Glauben.“ (Za I, Tugend, KSA 4, 101). Das Verharren in der Schüler-Rolle verunmöglicht jenes Verstehen, auf das es Zarathustra ankommt. Angesichts des noch immer ‚unentdeckten und unerschöpften Menschen‘ wird darum das Lehrer-Schüler-Verhältnis als Ganzes zur Disposition gestellt: „geht fort von mir und wehrt Euch gegen Zarathustra! Und besser noch: Schämt Euch seiner, vielleicht betrog er Euch.“ (ebd.). Zarathustra selbst, so geben es die als Motto für den zweiten Teil dienenden Zeilen vor, wird seine „Verlorenen“ nach seiner Wiederkehr „mit andern Augen“ suchen und mit „einer andern Liebe“ lieben.

Zu Beginn des *zweiten Teils* wird das Leitmotiv der Erzählung sofort aufgenommen. Nach erneuten Jahren der Einsamkeit zwingt Zarathustra der Reichtum seiner noch unvermittelten Erfahrung wieder zur Mitwelt: „seine Weisheit aber wuchs und machte ihm Schmerzen durch ihre Fülle“ (Za II, Kind, KSA 4, 105). Die Problematik der Mitteilung stellt sich dabei unter modifizierten Kommunikationsbedingungen: „Diess nämlich ist das Schwerste: aus Liebe die offne Hand schließen und als Schenkender die Scham bewahren.“ (ebd.). Zugleich treibt ihn die Entstellung seiner Lehre, die mit der Darstellung des Seiltänzers bereits angedeutet wurde, zurück zu den alten Freunden. Als gedankliche Großkomplexe stehen der „Wille zur Macht“ in allem Lebendigen und die Selbstüberwindung als Grundcharakter des Lebens („Und diess Geheimniss redete das Leben selber zu mir. ‚Siehe, sprach es, ich bin das, was sich immer selber überwinden muss.“; Za II, Selbst-Ueberwindung, KSA 4, 148) im Mittelpunkt seiner neuen Reden. In den „Werthen und Worten von Gut und Böse“ und im „Wille zur Wahrheit“ der Jetztzeit liegt nach Zarathustra ressentimentgeladene „Gewalt“ gegen den Fluss und den Überfluss des Lebens verborgen (ebd., 149). Die lyrischen Passagen nehmen nun zu („Nachtlied“, „Tanzlied“, „Grablied“) und besingen die schmerzhafte Einsamkeit Zarathustras als hermeneutische Sondersituation. Das „Nachtlied“ problematisiert nun eher den Absender aller Mitteilungen im Hinblick auf seine Unfähigkeit, jemanden zu erreichen bzw. den damit korrespondierenden

Zustand, von niemandem erreicht werden zu können. Die schwermütige Klage Zarathustras über die Leiden an der Überfülle seiner Sonnen-Natur hat Nietzsche später in *Ecce homo* als Ganze zitiert und emphatisch kommentiert: „Dergleichen ist nie gedichtet, nie gefühlt, nie gelitten worden: so leidet ein Gott, ein Dionysos." (EH, Za 8, KSA 6, 348). Es ist vielsagend, dass der Autor von *Ecce homo* seinen Anspruch auf unbedingte Originalität ausgerechnet für eine Passage herausstellt, in welcher die pathisch bedingte Unmöglichkeit zur Mitteilung ausbuchstabiert wird. Dementsprechend metaphorisiert Zarathustra seine schmerzhafte Fülle zu paradoxen Zuständen, wahlweise als „Begierde nach Begehren", als „Heisshunger in der Sättigung" oder als ‚Sonnenkälte', um dann beinahe sachlich zu konstatieren: „Eine Kluft ist zwischen Geben und Nehmen; und die kleinste Kluft ist am letzten zu überbrücken." (Za II, Nachtlied, KSA 4, 137). Das Wissen um die Abgründigkeit der Vermittlung und das eingestandene Scheitern seiner bisherigen Lehrversuche führt zur Selbstbezüglichkeit des Protagonisten im Pathos. Zarathustras sich selbst ein Lied singende Seele „redet" (sic!) zwar zu sich, aber sie „redet selber die Sprache der Liebe" (ebd., 136). Es ist dieses Pathos, das den Gang der Handlung in bewährter Weise fortsetzt. Die in die Nacht gesungene Veräußerlichung der unvermittelten Einsamkeit setzt nach wie vor auf die Artikulation: „Nacht ist es, nun bricht wie ein Born aus mir mein Verlangen – nach Rede verlangt mich." (ebd., 138). Am Ende des zweiten Teils überfällt Zarathustra in der „stillsten Stunde" dann die „Gewalt des Schmerzes". Er nimmt dieses Mal nur widerwillig Abschied von seinen Freunden und weint laut – „Niemand wusste ihn zu trösten" (Za II, Stunde, KSA 4, 190). Das kommunikative Problem stellt sich nun erneut anders: Es ist ihm zwar als sein Problem durchsichtig, aber damit nur umso unbegreiflicher geworden: „Ach meine Freunde! Ich hätte euch noch Etwas zu sagen, ich hätte euch noch Etwas zu geben! Warum gebe ich es nicht? Bin ich denn geizig?" (ebd.). Zarathustra soll – so will es seine stillste Stunde – sein Wort sprechen und zerbrechen („Sprich [...] und zerbrich!"). Aber er zweifelte schon vorher auf vielsagende Weise: „Ach, ist es mein Wort? Wer bin ich?" (ebd., 188). Nicht mehr die Adressaten, sondern der Absender erweist sich nunmehr als vorrangiger Störer der Kommunikation. Die Gaben, die ihm bisher niemand abnehmen konnte, entpuppen sich nun als solche, von denen der Geber nicht einmal mehr weiß, ob es überhaupt die eigenen sind. Seine „stillste Stunde" macht ihm schließlich deutlich, noch immer nicht reif für seine Aufgabe zu sein und zwingt ihn erneut zum Abschied.

Im *dritten Teil* findet Zarathustra auf seiner „einsamsten Wanderung" zurück in seine Höhle die Kraft, den fordernden Gedanken der „ewigen Wiederkunft" auszusprechen. Doch selbst die ihm vertrauten Tiere machen aus seiner Lehre sofort ein „Leier-Lied": Sie reduzieren den individuell auswählenden Bejahungsgedanken derselben auf die leere Struktur endloser zyklischer Wiederholung. Von da an scheint Zarathustra das Lehren als solches aufzugeben und sich als exemplarisches „Schicksal" auszulegen, das erst von der Zukunft her seinen Sinn gewinnt. Statt zu anderen, redet er nun meist zu sich selbst – ohne daran zu leiden: „Die

Stunde kam nun, dass der Untergehende sich selber segnet. Also – endet Zarathustra's Untergang." (Za III, Genesende 2, KSA 4, 277). Die Sehnsucht nach dem Übermenschen wird auf jene „Schaffenden" hin entworfen, die noch kommen, entfernt sich dabei mehr und mehr von der Gegenwart und verwandelt sich schließlich in Liebe zur Ewigkeit („Das andere Tanzlied", „Die sieben Siegel"). Auf diese Weise wird Zarathustra zum Genesenden. Im finalen Selbstgespräch mit seiner Seele löst Zarathustra sein Gabenproblem durch Selbstverdopplung und macht sich gleichermaßen zum Subjekt und Objekt der Mitteilung – der redende Protagonist weiß seiner singenden Seele Dank für deren Aufnahme seiner Gaben: „Oh meine Seele, nun gab ich dir Alles und auch mein Letztes, und alle meine Hände sind an dich leer geworden: – dass ich dich singen hiess, siehe, das war mein Letztes! Dass ich dich singen hiess, sprich nun, sprich: wer von uns hat jetzt – zu danken? – Besser aber noch: singe mir, singe, oh meine Seele! Und mich lass danken! –" (Za III Sehnsucht, KSA 4, 280 f.). Doch auch diese selbstbezügliche Lösung der Gabenproblematik kann nur eine vorübergehende sein – sie bleibt geleitet von der „grossen Sehnsucht" nach geeigneten Ausdrucksmöglichkeiten für sich und seine wechselnden Gegenüber. Der Untergang Zarathustras endet im dritten Buch mitnichten – eher noch ist das Gegenteil der Fall.

Alt geworden, wird Zarathustra im *vierten Teil* von den „höheren Menschen" aufgesucht, die wie er den Nihilismus bereits erkannt und in seinen entwertenden Wirkungen an sich erfahren haben. Die Darstellung der personalen Situationen, in die Zarathustra eingelassen ist, nimmt nun sehr viel stärker parodistische Züge an. In den Gestalten des „Wahrsagers", des „alten Zauberers", des „freiwilligen Bettlers" etc. verkörpern seine Gegenüber Umwertungsversuche, die als bloße Kompensation einer Angst vor der Leere und Sinnlosigkeit des Daseins scheitern müssen. Als letztlich noch immer christliche Varianten in einem nachchristlichen Zeitalter sind sie Reflexe von Leidenden, die auf zwanghafte Weise einen bestimmten Begriff des Menschen und damit ihrer selbst brauchen, um leben zu können. Zarathustra nimmt sie als Gäste auf, feiert mit ihnen fragwürdige Feste (das „Abendmahl", das „Eselsfest") und setzt sich ihren exaltierten Verlusterfahrungen aus. Nach seinen zahlreichen Leiden ist das Mitleid mit den höheren Menschen die letzte Versuchung Zarathustras. Auch im vierten Teil der rätselhaften Passionsgeschichte wird das Gabenproblem aufgenommen, variiert und schließlich verstetigt. Zarathustra, mittlerweile alt und milder geworden, trachtet zu dessen Beginn nicht, wie seine Tiere vermuten, nach seinem „Glücke", sondern noch immer nach seinem, nur ihm möglichen „Werke". Seine Tiere versuchen ihrem Herrn eine allmählich gewonnene Zufriedenheit einzureden, konstatieren aber zugleich, dass dieser immer „gelber und dunkler" werde (Za IV Honig, KSA 4, 295). Zarathustra nimmt diese Zustandsbeschreibung dankbar auf und verknüpft sie mit der Honigmetapher vom Anfang des Werks. Das den einfältigen Tieren nachfolgend vorgespielte Honigopfer steht, wie er sogleich kommentiert, noch immer im Dienst der alten Aufgabe: „Was opfern! Ich verschwende, was mir geschenkt wird, ich Verschwender mit tausend Händen: wie dürfte ich Das noch – Opfern heissen!" (ebd., 296).

Damit ist die letzte Veränderung der Kommunikationssituation vorbereitet: Der Honig dient nunmehr als „Köder“ und lockende Speise, mit seiner „goldenen Angelruthe“ befischt Zarathustra das „Menschen-Meer“. Indem er erstmals auch angesichts der ewig wiederkehrenden Aufgabe in der Höhe bleibt und nun die „wunderlichsten Menschen-Fische“ zu sich kommen lässt, verzögert er den Turnus seiner Auf- und Niedergänge nur, um dessen ewige Wiederkehr zu bekräftigen: „Also mögen nunmehr die Menschen zu mir hinauf kommen: denn noch warte ich der Zeichen, dass es Zeit sei zu meinem Niedergange, noch gehe ich selber nicht unter, wie ich muss, unter Menschen.“ (ebd., 297). Damit ist das Entscheidende für die ringkompositorische Struktur des Werkes gesagt: Der Protagonist harrt seiner „Zeichen“ – und Nietzsche lässt das Werk mit dem entsprechenden Kapitel „Das Zeichen“ enden. Am Ende verlässt Zarathustra seine Höhle „glühend und stark, wie eine Morgensonne, die aus dunklen Bergen kommt“ (Za IV Zeichen, KSA 4, 405). Das Geschehen des Werks, der Urschmerz Zarathustras und die mit ihm verbundenen Umwertungsversuche, Vermittlungsversuche und Lehrerfahrungen sind damit als endlos ausgewiesen.

Mit diesem Handlungsaufbau und seiner choreographischen Umsetzung hat Nietzsche in *Also sprach Zarathustra* das ihn lebenslang umtreibende Problem des Verstehens inszeniert. Zarathustras zur Artikulation drängende Überfülle ist nach der hier gegebenen Deutung die bestimmende Pathosszene der Komposition, die Komposition selbst ein Gedankenexperiment, das dramaturgisch in wechselnden Mitteilungssituationen und Kommunikationsverhältnissen umgesetzt wird. Denn die Gaben Zarathustras entziehen sich immer dort, wo sie identifiziert werden. Sie entziehen sich zum Einen auf Seiten der Empfänger, jener Jünger, Schüler oder auch der Tiere, die Zarathustras Reden auf den Begriff bringen und lehrhaft auszudeuten versuchen. Sie entziehen sich aber auch Zarathustra selbst, der sich der Fragwürdigkeit seines eigenen Wunsches nach Nehmenden, ihm seine Fülle abnehmenden Jüngern, erst allmählich bewusst wird, der nicht ‚reif‘ ist für die Artikulation seines Gedankens und folgerichtig zurückkehren muss in die selbst auferlegte Einsamkeit. In einer so inszenierten Gabestruktur scheint das Werk eine alternative Zugangsart zum Verstehen insgesamt zu empfehlen – und auch für die Rezeption einzufordern. Es inszeniert das Verstehen nicht mehr als Gewinn einer festgestellten, begrenzten und übersetzbaren Bedeutung, sondern als Bewegung im Bedeutungsüberfluss.

9. Umwertungen des Geistes und ‚vornehmes' Philosophieren: *Jenseits von Gut und Böse*

Als radikales Gedankenexperiment und riskanter Formhybrid steht der *Zarathustra* selbst im Werk Nietzsches für sich – bis zuletzt wird er auf dessen Sonderstellung hinweisen. Als Philosoph und Schriftsteller bleibt er in seinen Schriften von 1886 und 1887 in mehrfacher Hinsicht auf den *Zarathustra* bezogen, kehrt jedoch in Gedankenführung und Gedankenpräsentation zu einem versachlichten Schreiben zurück. Nietzsches eigene werkpolitische Konstruktion aus *Ecce homo* zur Erklärung dieses Umstands ist zwar verführerisch, dabei aber mit äußerster Vorsicht zu genießen: Sie unterschied nach dem „jasagende[n] Theil meiner Aufgabe“, der mit *Also sprach Zarathustra* „gelöst“ sei, und grenzte davon „die neinsagende, neinthuende Hälfte derselben“ ab: die „Umwerthung der bisherigen Werthe selbst“ (EH, Jenseits 1, KSA 6, 350). Was hier als chronologisches Nacheinander eines zweiwertigen Gesamtprojekts erzählt wird, darf eher als Rationalisierung der eigenen Umwertungspraxis angesprochen werden. Diese Geschichte wird jetzt zu einem Set experimenteller Figuren verdichtet, die das Woher und Wohin der Umwertung in Gedankenbewegungen festzuhalten versucht. Die Geschichte der Nietzscheforschung scheint eine solche Lesart zu bestätigen: Während *Also sprach Zarathustra* bis heute überwiegend irritiert, verstört oder verärgert und vor allem die Möglichkeit einer kritischen Auseinandersetzung mit Nietzsche als Philosoph erschwert, sind *Jenseits von Gut und Böse* und die *Genealogie der Moral* mittlerweile Klassiker geworden und wohl als jene Bücher anzusehen, auf denen der philosophische Rang Nietzsches gründet.

Jenseits von Gut und Böse bietet sich dem Leser äußerlich als Einladung in die Philosophie des freien Geistes, als Protreptikos an.[16] Doch das *Vorspiel einer Philosophie der Zukunft* ist, wie der Autor gegenüber seinem Korrektor festhält, zugleich ein „schreckliches Buch“: „sehr schwarz, beinahe Tintenfisch“ (Bf. an Köselitz, Nr. 690, KSB 7, 181). In der Tat hat das Buch kein geringeres Ziel als den Leser freigeistig bei den klassischen Problemkomplexen der Tradition abzuholen, um ihn dann sukzessive von dieser zu entzweien und in die Individualisierung zu treiben. „Freier Geist“, „souveränes Individuum“, „guter Europäer“, „Pathos der Distanz“, „Vornehmheit“ lauten jene Verheißungsformeln, die denjenigen, der durch Nachvollzug der Aphorismen bzw. kurzen Essays zu ihnen gelangen will, in die reflexive Selbstverantwortung stürzen.

Exemplarisch führt dies das zweite Hauptstück *Der freie Geist* vor. Dafür hat der Autor im ersten Hauptstück eine vorbereitende Dekonstruktion anthropologischer, epistemologischer und moralphilosophischer Positionen vorgeführt: In *Von den Vorurtheilen der Philosophen* werden nicht nur dogmatische Ansprüche im traditionellen Theorieensemble durch Freilegung ihrer metaphysischen Voraussetzungen destruiert. Stattdessen wird die Konstruktionslogik des entsprechenden Diskurses im Ganzen als metaphysische Befangenheit nahegelegt: „Der Grundglaube der Metaphysiker ist der Glaube an die Gegensätze der Werthe.“ (JGB 2, KSA 5, 16). Von hier aus entwirft der Autor ein redliches Denken ‚neuer Philosophen‘, die nicht mehr in binären Oppositionen, sondern mit graduellen Differenzierungen, Abstufungen und Nuancen operieren. Zusätzlich problematisch wird das Geschäft des Philosophierens durch reflexiv ausgerichtete ‚psycho-

16 Zur Einführung in das Werk siehe Marcus Andreas Born (Hg.), Friedrich Nietzsche: Jenseits von Gut und Böse (Klassiker Auslegen 48), Berlin/ Boston 2014.

logisch' oder ‚physiologisch' motivierte Personal-Genealogien: „jede grosse Philosophie bisher" gilt demnach als „Selbstbekenntnis ihres Urhebers" (JGB 6, KSA 5, 19). Sie ist als ausformulierte Haltung „ganz und gar nichts Unpersönliches", sondern zeigt für die entsprechende Persönlichkeit, „in welcher Rangordnung die innersten Triebe seiner Natur zu einander gestellt sind" (JGB 6, KSA 5, 20). Die perspektivisch organisierte Interpretation, die Personen und Positionen zunächst als Symptome in konstellativen Problemkomplexen wahrnimmt, wird im letzten Aphorismus erstmals auf eine hypothetische Formel gebracht: „Morphologie und Entwicklungslehre des Willens zur Macht" (JGB 23, KSA 5, 38). Erst die Anerkennung eines dergestalt komplexen Interpretationsbegriffs führt zum ‚freien Geist' und damit zum zweiten Hauptstück.

Dieses formuliert Bedingungen einer Freiwerdung des Geistes, indem es einerseits das ‚Wovon' der Freiheit, mithin die Befreiung thematisiert, und andererseits nach dem ‚Wozu' und ‚Wofür' der Freiheit fragt. Es geht einmal mehr nicht um abziehbare Bestimmungen geistiger Freiheit, sondern vielmehr darum, das Denken nach seiner, immer wieder neu zu erbringenden Loslösung von den ‚Vorurteilen der Philosophen' (also dem Thema des ersten Hauptstücks), auf ein eigenes Projekt, auf ein Gestalten des errungenen Spielraums zu verpflichten. Das Hauptstück korrespondiert damit werkbiographisch mit den nahezu zeitgleichen Vorreden zu *Menschliches, Allzumenschliches*, die den Gewinn geistiger Freiheit noch als das Produkt eines teils emanzipativen, teils experimentellen Existenzvollzugs reflektieren. Die Vorläufigkeit und der notwendige Täuschungscharakter neuer Perspektiven werden dabei nicht nur in Rechnung gestellt – sie gehören unmittelbar in die Logik des narrativen Leitmotivs von der „grossen Loslösung" (vgl. MA I, Vorrede 3-6). Das zweite Hauptstück scheint nun auch von dieser Motivkonstellation Abschied zu nehmen oder aber dieselbe nochmals zu radikalisieren: „an seiner eignen Loslösung hängen [zu] bleiben" wird nun zur Gefahr sich formierender Geistigkeit (JGB 41, KSA 5, 59). Unabhängigkeit heißt nun auch und vor allem, den persönlichen Preis zu vergessen, den man für die neue Freiheit bezahlt hat.

Offenkundig stabilisieren die Aphorismen in dieser Absicht einander wechselseitig. Seinen Ausgangspunkt nimmt das zweite Hauptstück bei der „sancta simplicitas", jener „Vereinfachung und Verfälschung", in welcher der Mensch aufgrund der Oberflächlichkeit des wissenschaftlichen Denkens und der „Plumpheit" der Sprache notwendigerweise lebt – und zwar recht gut lebt (JGB 24, KSA 5, 41). Seinen Endpunkt wiederum findet es bei jenen kommenden Geistern, die jenseits ideologischer Modernismen mit Feinheit und Verborgenheit gegen die allseitige Nivellierung andenken. Dies ist die thematische und performative Grundfigur des gesamten Textes: den Geist darin zu zeigen und zu bewahren, dass man sich durch Entdinglichung und Ent-Allgemeinerung der Gemeinheit und Gemeinsamkeit des Verstehens bis in die „tiefste mitternächtlichste mittäglichste Einsamkeit" entzieht (JGB 44, KSA 5, 63). Der Mensch als gegebene und im Sinne des Humanismus scheinbar schon ausgemessene Größe eröffnet das zersetzende Aphorismengefüge und beschließt es als „Species ‚Mensch' " (JGB 44, KSA 5, 62), nunmehr aber in vielsagenden Anführungszeichen und damit in Form einer neuen Frage. Denken, das Platon als Gespräch der Seele mit sich selbst gefasst hatte, wird hier als Kunst der Deplausibilisierung im Selbstgespräch praktiziert: Der Geist demonstriert seine Freiheit, indem er sich und seine Leser von bestimmten, aber obsolet gewordenen Fragestellungen befreit. Nietzsches Buch erinnert darin auch an Hegels *Phänomenologie des Geistes*, insofern hier wie da Formationen des Geistes durchlaufen und zueinander ins Verhältnis gesetzt werden. Auch hier geht es darum, neue Erfahrungen auf neue Begriffe zu bringen. Während jedoch bei Hegel eine teleologische Logik der Selbstvervollkommnung die Sichtung des Geistes bestimmt, inszeniert Nietzsche ein polyphones Geistestheater mit wechselnden Maskeraden, falschen und mehr oder weniger echten Kulissen, glaubwürdigen und unglaubwürdigen Schauspielern. Analog zu den wissenschaftlichen Graduierungen des ersten Hauptstücks sind es hier Sensibilitäten des Taktes, der Scham, der Nuancierung, mit denen Nietzsche die Gestaltungen des Geistes evaluiert. Dabei wird nicht mehr der Anteil an der Wahrheit vermessen, sondern die Sicherheit im Umgang mit dem Schein bzw. den Stufen des Scheins. Tritt aber das Scheintheater an Stelle der wahren Welt, dann ist das Problem des Menschen das des Schauspielers und folgerichtig geht es in einer solchen Phänomenologie des Geistes dann darum, gute Schauspieler von schlechten zu unterscheiden. Das Thema der Maske trifft unter solchen Voraussetzungen die *modi* des geistigen Existierens selbst: „Alles, was tief ist, liebt die Maske" (JGB 40, KSA 5, 57). In seinem Gebrauch der Maskensemantik schließt Nietzsche gezielt an den antiken *persona*-Begriff an, bei dem nicht der Gegensatz von authentischem Sein und gespieltem Sein leitend war, sondern das Rollenverhalten selbst für die Person konstitutiv ist.

Die im vorletzten Aphorismus des Hauptstücks entworfene Logik der Distinktion, der Differenz und der Exklusivität ist von Vornherein an Wahrheiten anderer Natur orientiert: Sie hält „Abgründe für die Tiefen", „Zartheiten und Schauder für die Feinen" und „alles Seltene für die Seltenen" bereit (JGB 43, KSA 5, 60) und verzichtet somit auf das Einander-Verstehen in definierten Begriffen. Aphorismus 44 beschließt Nietzsches Auslotung freier Geistigkeit auch mit einer energischen Abgrenzung von jeglicher sich emanzipatorisch oder aufklärerisch gerierenden Freigeisterei. Den nivellierenden Kräften des moralisch Guten, begrifflich Allgemeinen und philosophisch Idealen wird eine unter „Druck und Zwang" sich ins „Feine und Verwegene" bildende Entwicklung des allein-stehenden Geistes entgegengehalten (JGB 44, KSA 5, 61). Der Geist selbst, auch der freie, steht zuletzt seinerseits in Anführungszeichen und wird nunmehr als „Erfindungs- und Verstellungskraft" charakterisiert (ebd.). Formal wird er eben damit als Regisseur und Maskenspieler (in) seiner eigenen Inszenierung ausgewiesen.

Mit der demonstrativen Selbstbezüglichkeit geistiger Freiheit zielt Nietzsche darauf ab, den Menschen jenseits des Humanismus als ein ergebnisoffenes Projekt zu denken: ein Projekt jenseits von Gut und Böse. Folgerichtig entwirft *Jenseits von Gut und Böse* eine Moral, einen Begriff des Wissens, eine Politik und eine

Tugend ausschließlich für Einzelne und somit in Form einer Philosophie für Individuen. Wer sich taktvoll und nuanciert den epistemischen, moralischen und politischen Ansprüchen eines Allgemeinen entziehen kann und diese Distanz als einen neuen Spielraum des Menschlichen zu bestimmen wagt, ist demnach ‚vornehm'.

10. Die moralische Verfasstheit der europäischen Kultur: *Zur Genealogie der Moral*

Der fünfte Teil von *Jenseits von Gut und Böse* bot bereits einen Beitrag *Zur Naturgeschichte der Moral* und ging dabei von einem Missverhältnis im Verhältnis zur Moral aus. Demnach sei die „moralische Empfindung [...] in Europa ebenso fein, spät, vielfach, reizbar, raffiniert" wie die „dazu gehörige ‚Wissenschaft der Moral' noch jung, anfängerhaft, plump und grobfingrig" sei (JGB 186, KSA 5, 105). Vor allem den – bis heute anhaltenden – philosophischen Bemühungen um eine „Begründung der Moral" begegnet der Verfasser mit der grundlegenderen Forderung nach vorhergehender „Sammlung des Materials". Das eigene Projekt zielt auf die „begriffliche Fassung und Zusammenordnung eines ungeheuren Reichs zarter Werthgefühle und Werthunterschiede, welche leben, wachsen, zeugen und zugrunde gehn" und spekuliert zuletzt auf eine dadurch vorbereitete „Typenlehre" der Moral (ebd.). Die *Genealogie der Moral* darf als Einlösung dieser Erwartungen gewertet werden.

Die moralphilosophische Arbeit entsteht zwischen Juli und August (sic!)1887 und ist als „Ergänzung und Verdeutlichung" von *Jenseits von Gut und Böse* konzipiert.[17] Nach Duktus, Form und Inhalt zählt die aus einem Vorwort und drei Abhandlungen bestehende *Streitschrift* – so der Untertitel – zu den am stärksten systematisch ausgearbeiteten Werken Nietzsches. Im Vorwort interpretiert Nietzsche seine Philosophie rückblickend als eine sich ständig vertiefende Reflexion auf die Moral. In der selbstbezüglichen Frage nach dem ‚Werth' der moralischen ‚Werthurtheile' tritt mit ihm an die Stelle des traditionellen Denkens der Moral die radikalere Absicht, die Moral am Grunde des Denkens freizulegen. Anstoß dafür sei eine 1877 unter dem Titel *Der Ursprung der moralischen Empfindungen* von Paul Rée abgefasste Untersuchung, an deren Aufbau auch Nietzsches Darstellung orientiert bleibt, sich gleichzeitig aber von deren utilitaristischen und darwinistischen Grundannahmen distanziert. Leitend für seinen neuen Zugriff auf die Moral ist das an der Verwandtschafts- und Stammbaumkunde orientierte Konzept der Genealogie. Genealogie als Praxis entdeckt also keine Ursprünge, sondern zerstreut sie und zerstört als kritische Intervention das Konzept eines wesens-

17 Eine philosophische Interpretation des Textes mit besonderer Berücksichtigung des methodischen Zugangs bietet Werner Stegmaier, Nietzsches „Genealogie der Moral" (Werkinterpretationen), Darmstadt 1994.

konstituierenden Ursprungs. Sie stiftet durch Freilegung sich verzweigender Strukturen problematische „Herkunfts-Hypothesen“ (GM Vorrede 4, 251), um mit ihnen das vermeintlich Selbstverständliche der Moral in Frage zu stellen.

Im Mittelpunkt der ersten Abhandlung steht die ethische Leitunterscheidung von „gut“ und „böse“. Um sie in ihrer Tragweite neu auszuloten, entfaltet Nietzsche zwei gegenläufige moraltypologische Genealogien, die er mit historischen, ethnologischen und etymologischen Argumenten zu stützen sucht. Die Differenz „gut“ und „schlecht“ hat hierbei ihren Ursprung in der Macht der ‚Vornehmen‘. Diese als Klasse oder Rasse besetzbare Herrschergruppe attestiert sich selbst in einem ‚naiven‘ Abgrenzungsakt gegenüber anderen ‚Güte‘ (vgl. GM I 2 und 10). Sie will als aktive Instanz Verantwortung für ihr Handeln übernehmen und deutet den von ihr ausgeschlossenen Rest als „schlecht.“ Demgegenüber hat die Setzung der Differenz „gut“ und „böse“ ihren Ursprung in der Ohnmacht gegenüber Herrschaft und ist insofern Produkt des „Ressentiments“. In ihr gibt sich der Wille der Handlungsunfähigen zu erkennen, dem jetzt als „böse“ interpretierten Gegenüber die Verantwortung für die als ungerecht empfundenen Verhältnisse zuzuschreiben. In der ‚passivischen‘ Reaktion dieser Umwertung sieht Nietzsche den eigentlichen Ursprung der Moral (vgl. GM I, 10). Doch im Gegensatz zur unreflektierten Wertungsweise der Mächtigen ist die Verneinungsleistung der Unterlegenen und ihre Selbstbejahung im jetzt allein moralischen Begriff des Gut-Seins zugleich ein schöpferischer Akt. Ein Akt, den nach Nietzsche nicht zufällig zunächst die Religionen erbracht haben. Erst in den von ihnen ausgehenden Sinnstiftungen gewinnt der Mensch Tiefe und wird so „ein interessantes Thier“ (GM I 6, KSA 5, 266).

Alle Gesellschaften sind in Nietzsches Konstruktion durch das Kräfteverhältnis zwischen „ritterlich-aristokratischer“ und „priesterlicher Werthungs-Weise“ gekennzeichnet (GM I 7, KSA 5, 266). Es sind die eher berüchtigten als berühmten Veranschaulichungen dieses Zusammenhangs, vor allem die Kontrastierung von ‚Herrenmoral‘ und ‚Sklavenmoral‘, die Konstruktion des Christentums als „Sklavenaufstand in der Moral“ (GM I 7, KSA 5, 268) und die polemische Verkürzung der Geschichte Europas zum Symbol „Rom gegen Judäa, Judäa gegen Rom“ (GM I 16, KSA 5, 286), die dem moralkritischen Anliegen nachhaltig geschadet haben dürften. Infolge dieser Konstruktionen wird Nietzsche bis heute in die Nähe eines vermeintlich affirmativen Machtpositivismus gerückt.

Entscheidend für das Verständnis der ersten Abhandlung ist dagegen „ein stilles Problem“: dasjenige der zwiespältigen Moralkonstitution des modernen Menschen (GM I 5, KSA 5, 262). Dieser ist in Begriffen Nietzsches sowohl ‚Herr‘ als auch ‚Sklave‘, sein bleibendes Problem besteht eben darin, „Kampfplatz für jene Gegensätze zu sein“ (GM I 16, KSA 5, 286), d.h. je nach Situation Verantwortung übernehmen zu wollen, oder sie anderen als Schuld zuzuschreiben, um sich von ihr zu entlasten. Im flexiblen Gebrauch des Sprachspiels ‚Willen‘ kann sich der Einzelne, je nach Not oder Bedürfnis, als Leistungsträger gerieren oder zum Opfer stilisieren. Ein gehaltvolles Verständnis von Verantwortung wird in beiden Fällen nivelliert.

Eben darum geht es in der mit *„Schuld", „schlechtes Gewissen", Verwandtes* eher lose etikettierten zweiten Abhandlung. Diese kreist um das „ausserordentliche Privilegium der Verantwortlichkeit" (GM II 2, KSA 5, 294) und fügt die Neudeutung moralischer Grundbegriffe in die zuvor etablierten Genealogien ein. Leitend ist jetzt der Gedanke, dass die für jede Kulturbildung notwendige Berechenbarkeit des Menschen das Ergebnis der Geschichte selbstauferlegter Strafprozeduren sei. Erst im Durchgang durch die lange „Mnemotechnik" praktizierter Grausamkeiten – als Quelle werden v.a. die frühen Rechtsordnungen aufgeführt – erlangte das Wesen Mensch „die Herrschaft über die Affekte" und kommt mit Hilfe des unter Qualen sich anerzogenen Gedächtnisses „endlich ‚zur Vernunft'!" (GM II 3, KSA 5, 295 ff.). In der Folge entwickelt Nietzsche die Begriffe der Schuld, der Strafe und des Gewissens aus vormoralischen Konstellationen, insbesondere aus der ökonomischen Äquivalenzbeziehung: dem „Vertragsverhältniss zwischen Gläubiger und Schuldner" (GM II 4, KSA 5, 298). Von großer Bedeutung ist Nietzsches – eher beiläufig eingeführte – Darlegung seiner „Hauptgesichtspunkte der historischen Methodik" (GM II 12-13, KSA 5, 313 ff.). Denn nur selten gewährt Nietzsche im veröffentlichten Werk Einblick in die eigene Interpretationspraxis: Die methodologischen Standortbestimmungen bleiben – was sicher kein Zufall und für die Forschung ein ernstzunehmendes Problem ist – ansonsten weitgehend auf Notate im Nachlass beschränkt.[18] Die gegenüber *Jenseits von Gut und Böse* deutlicher formulierte „Theorie eines in allem Geschehn sich abspielenden Macht-Willens" (GM II 12, KSA 5, 315) ist das zentrale Interpretament des Buchs. Sie geht im Gegensatz zu einem Denken in Identitäten grundsätzlich vom Immer-Anders-Werden der Phänomene aus. Dabei legt sie jede Macht als Element in einer verschiebbaren Ordnung aus, das innerhalb dieser Ordnung stets auf eine andere Macht bezogen bleibt und demgemäß unter veränderten Bedingungen auch seine Bedeutung ändern muss. Anhand der Sinnverschiebungen des Strafbegriffs zeigt Nietzsche paradigmatisch, dass unter den Voraussetzungen unabschließbarer Interpretation auch die Begriffe selbst nichts Festes, Abgeschlossenes mehr sein können. Sie sind vielmehr als vorläufige Bestimmungen anzusehen, „in denen sich ein ganzer Prozess semiotisch zusammenfasst." Sie sind, ihrer zeichenhaften Natur nach undefinierbar. Denn: „definirbar ist nur Das, was keine Geschichte hat" (GM II 13, KSA 5, 317).

Vom hypothetischen Rückgriff in die Vergangenheit aus befragt die dritte Abhandlung unter dem Titel *Was bedeuten asketische Ideale?* die Gegenwart. Im ‚asketischen Ideal' Europas ist die für Menschen notwendige Sinngebung des Leidens ganz auf den Unbedingtheitsanspruch der christlichen Moral zugespitzt. In ihr regiert das Ideal als eine vom ‚Jenseits' her vorgenommene Umwertung des gelebten Lebens, das asketische Entbehrungen einfordert und diesen zugleich ihren Sinn gibt. Asketische Praxis und ideale Sinnausrichtung sind jeweils für sich genommen haltlos, schließen sich jedoch als wechselseitige Bestimmung zu einem

18 Vgl. dazu Teil V „Zum Problem des Nachlasses"

formgebenden Sinn des Lebens zusammen. Nach Nietzsche zeigt sich darin eine „Rückwärtsrichtung [des] Ressentiments“ (GM III 16, KSA 5, 375), in der die verinnerlichte Grausamkeit zum alles beherrschenden Schuldgefühl wird und im „Wille zum Nichts“ münde (GM III 14, KSA 5, 368). Dieser nihilistische Grundzug wird in der Folge exemplarisch für Kunst, Philosophie und Religion nachgewiesen. Er werde in Wagners Musikdramen ebenso ersichtlich wie in Kants Konzeption des Schönen als dem, „was ohne Interesse gefällt“, (GM III 6, KSA 5, 347) und Schopenhauers Verständnis der Musik als einer vom Willen erlösenden Kontemplation. Im Typus des Priesters, der die bestehende Welt zugunsten einer ‚besseren‘ abwertet, zu der er ein privilegiertes Verhältnis innezuhaben beansprucht und auf diese Weise Abhängigkeiten schafft und kultiviert, wirkt das asketische Ideal am folgenreichsten: Es etabliert sich in Gestalt einer geistigen oder geistlichen Verwaltung des Leidens als Kultur, die repressiv und fordernd auf alle Phänomene des Lebens ausgreift.

Es ist jedoch eine solche Kultur, die in ihrer moralischen Unbedingtheit auch den „Willen zur Wahrheit“ hervorbringt (GM III 24, KSA 5, 400). Nietzsche macht ihn in Form eines Glaubens an unbedingte, objektive Erkenntnis für die Wissenschaft geltend, um diese daraufhin nicht als Gegenspieler, sondern als subtilste Erscheinung des asketischen Ideals zu kennzeichnen. Am Ende der Untersuchung deutet der Autor sein Zeitalter als entscheidenden Wendepunkt, als „Katastrophe“ (GM III 27, KSA 5, 409). Denn in der Redlichkeit des wissenschaftlichen Gewissens sei nun auch der Umschlag in die „Selbstüberwindung“ des asketischen Ideals angelegt. Im „Sich-bewusst-werden des Willens zur Wahrheit“ wird sich auch die europäische Moral ihrer Bedingtheit bewusst und geht in ihrer alten Gestalt – „daran ist kein Zweifel“! – „zu Grunde“ (GM III 27, KSA 5, 410). Für Nietzsche ist damit der Eintritt ins nihilistische Zeitalter, in „jenes grosse Schauspiel“ eingeläutet, „das den nächsten zwei Jahrhunderten Europa’s aufgespart bleibt“ (GM III 27, KSA 5, 410 f.).

Die Rezeption der *Genealogie der Moral* ist in ihrem Ausmaß und ihrer Produktivität kaum zu überschätzen und hält noch immer an. Theoreme der ‚Säkularisierung‘ und der ‚Dialektik der Aufklärung‘ sind in ihr bereits vorweggenommen. Heideggers seinsgeschichtliche Neubestimmung ist – wenn auch um den Preis einer eminenten Verzeichnung Nietzsches – ohne die Diagnose und Genealogie des Nihilismus undenkbar. Die großen Psychologen und Soziologen der Kultur(en) Sigmund Freud und Max Weber verdanken ihr Entscheidendes, Norbert Elias schließt seine Forschungen zum Zivilisationsprozess ebenso daran an. Michel Foucault hat in seinen Macht- und Diskursanalysen Nietzsches Moralgenealogien inhaltlich und methodisch für die gegenwärtige Kulturwissenschaft fruchtbar gemacht und sich immer wieder zum lebenslang benutzten ‚Werkzeugkasten‘ Nietzsche bekannt. Nietzsches strategische Sinnverschiebungen sind philosophisch in der französischen Postmoderne, vor allem in Jacques Derridas Dekonstruktion zum Programm geworden.

11. Philosophische Werkpolitik und auto-deiktisches Schreiben: Zur literarischen Eigenart der Schriften von 1888

Der Umgang mit Nietzsches letzten Schriften war von jeher mit einer eminenten Bedenklichkeit verknüpft: Gerade die schriftstellerische Rasanz der Texte, die Varianz der Tonlagen mitsamt einer fortwährend übertriebener werdenden Selbstinszenierung schienen Anzeichen dafür zu sein, dass ihr Autor sukzessive die Kontrolle über sein Schreiben verliere und der biographisch nahende Wahnsinn Nietzsches bereits im Werk seine Schatten vorauswerfe. Lange galten sie dementsprechend als ‚Werke des Zusammenbruchs', angesichts derer selbst psychologisch versierte Leser wie Karl Jaspers Zweifel anmeldeten. Heutzutage ist dieses Bild zu einem erheblichen Teil revidiert worden: Die neueren philosophischen und literaturwissenschaftliche Textanalysen haben neben der thematischen Kontinuität insbesondere die formale Souveränität und performative Raffinesse gerade dieser Prosa herausgearbeitet. Einmal mehr scheint es eher so, dass Nietzsche sich als Schriftsteller auch in seinem letzten Jahr noch einmal neu erfunden hat.[19]

Angesichts der Veröffentlichungen Nietzsches aus dem Jahr 1888 ist mit Recht von einer Eruption gesprochen worden. Die Metapher eignet sich, die enorme Produktivität ebenso anzuzeigen wie den extremen Stilisierungsgrad und die exaltierten Wirkungsabsichten der Schriften. Mit etwas Großzugigkeit im Chronologischen lassen sich *Der Fall Wagner* dem Frühjahr, die *Götzen-Dämmerung* dem Sommer, der *Antichrist* dem Herbst und *Ecce homo* dem Winter des Jahres zuordnen. In den letzten Redaktionen der *Dionysos-Dithyramben* verklingt Nietzsches Denken und Schaffen dann in den ersten Januartagen 1889.

Nietzsches letzte Texte haben eine werkpolitische Sonderstellung inne, die im Folgenden im Sinne einer Verständnishilfe für die Lektüre genauer zu beleuchten ist. Herauszuheben sind dabei vier Momente.

11.1 Das ungeschriebene Hauptwerk und die Umwertung der Werte

Entscheidend für das Verständnis ist der werkbiographische Zusammenhang dieser Schriften mit dem von Nietzsche avisierten und gescheiterten Projekt eines Hauptwerks mit dem möglichen, keineswegs sicheren Titel „Der Wille zur Macht". Seit dem Abschluss von *Also sprach Zarathustra* hat sich Nietzsche mit zunehmender Dringlichkeit auf ein philosophisches Abschlusswerk verpflichtet. Das *opus magnum* sollte in seiner Tendenz konstruktiv, dem Inhalt nach eine umfassende, die philosophischen Teildisziplinen wieder zusammenfügende „Um-

19 Siehe dazu etwa Daniela Langer, Wie man wird, was man schreibt. Sprache, Subjekt und Autobiographie bei Nietzsche und Barthes, Paderborn/ München 2005; Heinrich Detering, Der Antichrist und der Gekreuzigte. Friedrich Nietzsches letzte Texte, Göttingen 2010; Christian Benne und Enrico Müller (Hg.), Ohnmacht des Subjekts – Macht der Persönlichkeit, Basel 2014 sowie Axel Pichler, Philosophie als Text – Zur Darstellungsform der „Götzen-Dämmerung" (MTNF 67), Berlin/ Boston 2014.

werthung der Werthe", der Anlage nach schließlich ein Werk mit systematischer Architektur, „ein zusammenhängendes Gedankengebäude" sein. Der Herausgeber der Kritischen Gesamtausgabe Mazzino Montinari hat seinerzeit die Entstehung, Entwicklung und die letztendliche Preisgabe dieses Projekts rekonstruiert.[20] Vier Stationen desselben lassen sich destillieren: 1885 beginnen die Ausarbeitungen zu „Der Wille zur Macht: Versuch einer neuen Auslegung allen Geschehens". 1886 verhärtet sich der Untertitel zunächst zu „Versuch einer neuen Welt-Auslegung", um wenig später als „Versuch einer Umwerthung aller Werthe", eingeteilt in vier Bücher, für längere Zeit scheinbar verbindlich zu werden. Den vielfachen Gliederungen der ersten Jahreshälfte von 1887 folgt die Anlage von drei umfangreichen Notizheften (WII 1-WII 3), die exzessive Materialrecherchen, Exzerpte, Umarbeitungen bereits bestehender Texte und theoretische Selbstvergewisserungsversuche beinhalten. Anfang 1888 wird schließlich die Rubrizierung von 372 Fragmenten in einem eigens dafür bestimmten Heft vorgenommen – Heinrich Köselitz und Franz Overbeck werden am 13. Februar 1888 mit der Nachricht konfrontiert, die „erste Niederschrift" der Umwerthung sei „fertig" (Nr. 990 u. 991, KSB 8, 250ff.). Eine Einsicht in den zeitgleichen Nachlass lässt Nietzsches Einschätzung als optimistisch, wenn nicht illusorisch erscheinen. Denn fertig ist zu diesem Zeitpunkt die bisher zwar detaillierteste, gleichwohl aber fragmentarische Zergliederung eines nicht minder fragmentarisierten Materialkorpus. Folgerichtig wird wenig später sogar die seit Jahren maßgebliche Einteilung des Projekts in vier Bücher erneut zur Disposition gestellt und plötzlich ein einziges Buch von sieben bis zwölf Kapiteln erwogen. Bedenkt man, dass Nietzsche in besagten Briefen die als abgeschlossen erachtete „Gesammt-Conception" als die „bei weitem längste Tortur", seines Lebens, ja als „eine wirkliche Krankheit" bezeichnet, ist erhöhte Aufmerksamkeit angebracht. Mehr und mehr zeigt sich, dass in den Ausarbeitungsversuchen kein redaktionelles, sondern ein strukturelles Problem vorliegt. Das Werk, das er sein „Schicksal" und die „Rechtfertigung seiner Existenz" genannt hat, entzieht sich ihm. Es trägt und prägt sein philosophisches Selbstverständnis allein in seinem projektiven Modus – und es entzieht sich zugleich bei jedem Versuch finalen Gestaltungsmaßnahmen.

Seit dem Frühjahr 1888 beginnt Nietzsche dieses Problem operativ mit sich auszutragen und vollzieht dabei eine umfassende textologische Revision seiner unveröffentlichten Arbeiten für das vermeintliche Hauptwerk. Er gelangt dabei zur Einsicht, dass die beabsichtigte Gesamtdarstellung seines Denkens unter der Zentralperspektive des *Willen zur Macht* unter den Bedingungen der eigenen Interpretationsphilosophie nicht mehr angemessen formulierbar ist. Gerade in seiner affirmativ-thetischen Gestalt und mit den normativen und ontologischen Implikationen wäre ein solches Werk ein Rückfall hinter ein bereits gewonnenes Reflexions- und Interpretationsniveau gewesen. Nietzsche hat mithin *Der Wille*

20 Vgl. dazu Mazzino Montinari, Nietzsches Nachlass von 1885-1888 oder Textkritik und Wille zur Macht, in: Jörg Salaquarda (Hg.), Nietzsche, Darmstadt 1980, 323-349.

zur Macht nicht darum aufgegeben, weil ihm die ‚Zeit' oder die ‚Kraft' gefehlt hätten – er hat das Projekt als genealogisch agierender Autor zugunsten einer philosophischen Haltung verworfen. Auch die Unterscheidung des eigenen Denkens in einen nein-sagenden und einen ja-sagenden Teil wird dabei als simplifizierende Selbstdeutung aufgegeben. Denn in ihren methodischen Voraussetzungen ist jede Umwertungsoperation in sich sowohl dekonstruktiv in der Kritik und Delegitimierung alter Werte, zugleich aber auch konstruktiv in der strukturellen Angewiesenheit auf die vorgängigen Werte, die es zu transformieren gilt. In *Der Antichrist* wird es folgerichtig heißen: „Unterschätzen wir dies nicht: wir selbst, wir freien Geister, sind bereits eine ‚Umwerthung aller Werthe' […]. Die werthvollsten Einsichten werden am spätesten gefunden; aber die werthvollsten Einsichten sind die Methoden." (AC 13, KSA 6, 179). Mit seinen letzten Schriften reagiert der Verfasser offenbar auf die existentielle Krise um das ‚Scheitern' des Hauptwerk-Projekts. Die Texte selbst sind jedoch nicht mehr als Produkte besagter Krise anzusprechen. Sie sind eine durchkomponierte schriftstellerische Antwort auf diese Krise. Nietzsche rekonstituiert sich in ihnen als Autor einer Philosophie der Umwertung.

11.2 Autodeiktisches Schreiben: Zeigen, wie man umwertet

Umwertungen sind Transformationen, keine Substitutionen. Das heißt: Sie müssen vollzogen werden und sind nicht als Setzungen zu verstehen. Namentlich in seinen letzten Texten verweist Nietzsche offensiv auf sich als Umwerter in Situationen der Umwertung. Er inszeniert sich dabei als ein Denker, in dem die Grundfragen der europäischen Philosophie kulminieren und in dessen Person sie exemplarisch ausgetragen werden müssen. Vielleicht hat kein Philosoph vor und nach ihm so dramatisch und so emphatisch ‚Ich' gesagt, wie der Verfasser der Schriften von 1888. Die im Wissenschaftsbetrieb des 19. Jahrhunderts übliche Kleinform der akademischen Selbstanzeige wird im Spätwerk Nietzsches übersetzt in die Groß-Praxis einer philosophischen Lebenswerkanzeige. Die späten Texte eines gezielten Sich-in-der-Öffentlichkeit-Exponierens gehören zur Werkpolitik eines Autors, der – wie wir heute wissen: mit Recht – vollständig auf seine postume Geburt gesetzt hat.

Dabei stellt Nietzsche auf eine Form philosophischer Publizistik um: Publizistik im Sinne der Autodeixis, einer im Medium des Persönlichen problematisierenden Veröffentlichungs- und Selbstveröffentlichungskunst. In ihr geht es um die Verwandlung von Thematik als solcher in autodeiktische Praxis, also um das Auf- und Anzeigen der eigenen Stellung innerhalb einer philosophischen Grundsituation. Folgerichtig werden die Gegenstände der Untersuchungen durch die Position des Autors in den Texten als Momente einer Beziehung angesprochen und sind als solche Relata innerhalb einer Relation von Bedeutung. Mit anderen Worten: Es geht in den als Generalkritik konzipierten Auseinandersetzungen mit Wagner, Sokrates, Christus und Paulus stets um Nietzsches Wagner, Nietzsches Sokrates, Nietzsches Christus, Nietzsches Paulus im Sinne einer jeweils vollzogenen Umwertung auf dem Gebiet der Ästhetik, der Philosophie und der Religion. Zuletzt macht Nietzsche konsequent sich selbst und seine Autorschaften zum Thema: Er erzählt sich sein Leben in auto-genealogischer Absicht (*Ecce homo*).

11.3 Indirekte Mitteilung und konstellatives Verstehen: die ‚Kriegspraxis' der Texte

Mittlerweile ist mehr und mehr sichtbar geworden, wie gezielt Nietzsche sich mit der textuell vermittelten Aufbietung seiner Persönlichkeit öffentlich ‚compromittiren' wollte. Mit Rekurs auf das „aggressive Pathos" seiner Texte legt er die Strategien seines Schreibens offen und entfaltet eine philosophische „Kriegs-Praxis" nach vier Hinsichten (EH, weise 7, KSA 6, 274):

„Erstens: ich greife nur Sachen an, die siegreich sind, – ich warte unter Umständen, bis sie siegreich sind. Zweitens: ich greife nur Sachen an, wo ich keine Bundesgenossen finden würde, wo ich allein stehe, – wo ich mich allein compromittire [...]. Drittens: ich greife nie Personen an, – ich bediene mich der Person nur wie eines starken Vergrösserungsglases, mit dem man einen allgemeinen, aber schleichenden, aber wenig greifbaren Nothstand sichtbar machen kann. [...] Viertens: ich greife nur Dinge an, wo jedwede Personen-Differenz ausgeschlossen ist [...]. Im Gegentheil, angreifen ist bei mir ein Beweis des Wohlwollens, unter Umständen der Dankbarkeit. [...] ich zeichne aus damit, dass ich meinen Namen mit dem einer Sache, einer Person verbinde: für oder wider – das gilt mir darin gleich." (EH, weise 7, KSA 6, 274 f.).

Ebendies ist auch die ‚große Politik', um die es im Spätwerk geht. Nietzsche hat die eigene philosophische Persönlichkeit dergestalt exemplarisch gemacht, dass vom Ausgangspunkt seiner Schreibpraxis aus gesehen die philosophischen Probleme notwendigerweise zu Mitteilungsproblemen werden. Der Leser kann sich unter solchen Vorzeichen nicht mehr auf ein allgemeines und neutrales Verstehen zurückziehen. Er wird durch die indirekten Mitteilungspraktiken der späten Texte zur Aufbietung seiner eigenen persönlichen Urteilsstrukturen genötigt. Mit der Anerkennung dieser Nötigung wird er zum Teilnehmer einer vom Text ausgehenden Umwertungspraxis. Nietzsche verstehen, heißt darum, in die von ihm eröffneten Auseinandersetzungen eintreten zu müssen.

11.4 Figurationen und Rollenverdopplung

Kennzeichnend für die letzten Schriften ist die performative Verdichtung konstellativer Denkmuster zu Rollenspielen. Wahlweise tritt der Verfasser als Arzt oder Diagnostiker, Richter, Psychologe, Flaneur oder leibhaftiger ‚Antichrist' auf. Seine Verlautbarungen sind ihrem Duktus nach folgerichtig an diplomatische Urkunden, Prozessakten, kriminologische oder ärztliche Fallstudien angelehnt. Zugleich fällt in den Schriften ein nahezu durchgehend zwiefältiges Sprachspiel auf: Einerseits sind sie Ausdruck von „Erholung", „Müssiggang", „Heiterkeit", „Dankbarkeit" und zeigen die Milde eines schon jenseitigen Tons. Andererseits verstehen sie sich als „Kriegserklärung", „Todkrieg", „Todfeindschaft" „Fluch", „Vernichtung" und demonstrieren die extreme Gespanntheit angesichts „schwerster Forderungen" für die Zukunft. Alle Texte von 1888 sind zum einen zufriedenes Bilanzieren, zum anderen scheinbar maßlose Aggressionsprojekte. Grund dafür ist die Strategie der Rollen-Verdopplung, mit der Nietzsche in seinen letzten Texten geradezu systematisch operiert: Die Fallstudien sind so gehalten, dass ihr Verfasser sowohl als Subjekt als auch als Objekt der Untersuchung auftritt. So steht mit dem Hybridkünstler Wagner auch der eigene Stil, mit dem Erneuerer Sokrates die eigene Philosophie, mit Jesus als ‚Typus des Erlösers' auch die eigene Haltung als ‚Anti-Christ' in Frage. Der Verfasser urteilt hier über Phänomenbereiche, denen er selbst zugehört und betont diesen Zusammenhang durch die Art der Textgestaltung. Die Distanznahme kann – anders als beim klassischen Theoriebegriff – gerade darum keine vollständige sein, weil sie aus der leidenschaftlichen Beteiligung resultiert. Für das späte Grundproblem der Modernität heißt dies etwa: „Ich bin so gut wie Wagner das Kind dieser Zeit, will sagen ein décadent: nur dass ich das begriff, nur dass ich mich dagegen wehrte. Der Philosoph in mir wehrte sich dagegen." (WA Vorwort, KSA 6, 11). Die frühere Rolle des unzeitgemäßen Betrachters ist im Denken des späten Nietzsche so nicht mehr haltbar. Denn die Sensibilität für das jeweils Pathologische speist sich aus dem eigenen Leiden an seiner Zeit und ist darin wiederum zeitgemäß. Dies ist die subversive Konstellation, in die Nietzsche sich in seinen wechselnden auktorialen Rollen einlässt: Als wahrhaftiger Diagnostiker einer Krise kann nur der auftreten, der zugleich auch ihr exemplarischer Ausdruck ist.

12. Zur Abfolge der letzten Schriften: WA, GD, AC, EH, DD[21]

Der *Fall Wagner* ist performativ als medizinisch-psychologische Krankenakte angelegt, deren Autor in der Rolle des Arztes auftritt. Abgefasst ist die publizistische Intervention als *Turiner Brief vom Mai 1888* mit zwei Nachschriften. Wagner ist in ihr auf zweifache Weise präsent: als durchschlagende ästhetische Erfahrung im Sinn einer notwendigen Krankheit, die man verwunden hat und erst nach der Genesung überhaupt als Krankheit ansehen kann. Und als exemplarischer Fall der kulturellen Moderne: „Durch Wagner redet die Modernität ihre intimste Sprache: sie verbirgt weder ihr Gutes, noch ihr Böses, sie hat alle Scham vor sich verlernt." (WA Vorwort, KSA 6, 12). Die Verknüpfung von exemplarischer Fall-

21 Zur Einarbeitung in die letzten Texte Nietzsches wird mit Nachdruck empfohlen: Andreas Urs Sommer, Kommentar zu Nietzsches *Der Fall Wagner, Götzendämmerung*, Berlin/ Boston 2012 sowie Ders., Kommentar zu Nietzsches *Der Antichrist, Ecce homo, Dionysos-Dithyramben, Nietzsche contra Wagner*, Berlin/ Boston 2013 (Historischer und kritischer Kommentar zu Friedrich Nietzsches Werken. Herausgegeben von der Heidelberger Akademie der Wissenschaften. Bde. 6/1 und 6/2).

analyse und Kulturkritik mitsamt dem Leitbegriff der *décadence* ist angelehnt an die Verfahrensweise der psychologisch-literarischen Porträts des französischen Schriftstellers Paul Bourget. Sie erlaubt dem Autor zum einen den psychopathologischen Befund anhand einer – seinerzeit neuen – psychiatrischen Begrifflichkeit (Neurose, Hysterie, Hallucination), ermöglicht zum anderen die Verknüpfung von Symptomen und Symptomverbänden zu einer überindividuellen Kulturdiagnose. Strukturell manifestiert sich *décadence* als kardinales Phänomen der Moderne in einem Verlust organisatorischer Kompetenzen bei gleichzeitiger Überbetonung des Ornaments, des Details und bei Konzentration auf die peripheren Phänomene. Der durch krankhafte Hypersensibilität bedingte Formverlust werde, so Nietzsche in der Rolle des Psychologen, mit Hilfe einer affektiv aufgeladenen Überwältigungskunst, formalästhetischer Hybridisierung und einer suggestiven Symbolsprache verschleiert. Folgerichtig manifestiere sich im „Histrio“ Wagner (WA 8, KSA 6, 30) die generelle „Heraufkunft des Schauspielers“ und mit ihr eine ästhetische Praxis der Theatralisierung aller Kunstbereiche, die wesenhaft an „Massen“ adressiert ist (WA 11, KSA 6, 37).

Dass Wagners Kunst formlos ist, wie in der Folge Nietzsches zu oft sorglos wiederholt wurde, darf angezweifelt werden. Relevant ist auch hier eher der Aspekt des ästhetischen Wettbewerbs mit dem ehemaligen Meister: In dem Maße, in dem Nietzsche seine eigene Prosa als nie dagewesenes sprachmusikalisches Artefakt reflektiert, wird für Wagners Kunst eine nachträgliche Musikalisierung bloß vorgegebener Theoreme und christlicher Interpretamente geltend gemacht. Damit sind eher unterschiedliche Konzepte der Formgebung betont, denn Nietzsches Kritik am Dekadenzstil mit der Betonung des Artifiziellen, Hybriden und Affektiven betrifft offenkundig auch den eigenen Stil. So ruht bei der Herausarbeitung der Differenz der Focus eher auf der Wirkungsabsicht und dem Adressatenkreis der Kunstform: Während Nietzsche für sich in Anspruch nimmt, die Sprache in individualisierender Absicht zu musikalisieren, ist Wagner der Versprachlicher und agitatorische Verallgemeinerer des musikalischen Ausdrucks. Die damit verbundenen Kritikpunkte einer massentauglichen Eventisierung des Musikalischen, einer weltanschaulichen Aufladung des Ästhetischen, der Urbanisierung des Kunstbegriffs selbst und der propagandistischen Vereinnahmung der Kunst durch Politik bilden zugleich bereits erste Ecksteine einer Soziologie moderner Massenkultur.

Die *Götzen-Dämmerung* schließt in der Komposition des Rollenschemas und im Selbstverweisungscharakter direkt an den *Fall Wagner* an. Anstelle der Musik wird in ihr vor allem die Philosophie in wechselnden Zugangsweisen diagnostisch verhandelt. Zunächst wird sie, inkarniert in ihrer prominentesten Gestalt Sokrates, auf ihren lebensweltlichen Ausgangspunkt befragt und dieser genealogisch seziert (*Das Problem des Sokrates*). Daraufhin wird die von Sokrates ausgehende Logosphilosophie in ihrer Grundvoraussetzung kritisiert: Das Konzept der Vernunft selbst (*Die „Vernunft“ in der Philosophie*) mitsamt der von ihr ausgehenden Differenzen. Die vermutlich kürzeste Philosophiegeschichte überhaupt (*Wie die*

„wahre Welt" endlich zur Fabel wurde) ist als eine ironische Selbstaufhebungsgeschichte des Platonismus abgefasst. In einem imposanten Dreischritt werden daraufhin Philosophie als Moralkritik eingefordert (*Moral als Widernatur*), die moralphilosophischen und religiös motivierten Grundunterscheidungen der Tradition als Irrtümer deklariert (*Die vier grossen Irrthümer*) und schließlich vor der gesellschaftspolitischen Mobilisierung moralischer Ideen gewarnt (*Die „Verbesserer" der Menschheit*). In den *Streifzügen eines Unzeitgemässen* exemplifiziert der Autor seine Kritik der Moderne und inszeniert sich als Urteilender, der gleichzeitig auf Widerspruch hofft. Es ist nicht zufällig die Selbstgerechtigkeit dieser notwendig befangenen Urteile, mit denen konsequent auf das letzte Kapitel des Werks hingeführt wird: In *Was ich den Alten verdanke* macht Nietzsche erstmals seine eigene intellektuelle Entwicklung, insbesondere sein in Basel erworbenes Griechenbild zum Thema. Diese Form der Würdigung ist dem Programm gemäß notwendig auch ihr Gegenteil: Der Verfasser reiht sich selbst ein unter die Götzen und Philosophen, die zu dämmern beginnen. In dieser Mischung aus perspektivisch ausgestellter Urteilsfreude, genealogischer Philosophiekritik und kompositorischer Selbstbezüglichkeit ist die *Götzen-Dämmerung* ein bezeichnendes Spätwerk. Nietzsche attestierte sich in einem Brief an Köselitz eine „präcis hingeworfne Zusammenfassung meiner wesentlichsten philosophischen Heterodoxien" (Nr. 1105, KSB 8, 417). Auch damit ist auf die kritische Verweisungslogik der Umwertungspraxis aufmerksam gemacht: ohne orthodoxe Voraussetzungen kann es keine heterodoxen Perspektiven geben.

Lange ist der markige Untertitel der Schrift *Wie man mit dem Hammer philosophirt* im Sinne einer Zerstörung überkommener Ideen, Ideale und Ideologien banalisiert und fehlgedeutet worden. Dies erstaunt umso mehr, als Nietzsche in der Vorrede selbst seine Vorgehensweise anzeigt: Die martialisch angekündigte Philosophie des Hammers wird darin ganz auf eine subtile Interpretationspraxis zurückgenommen: das „Aushorchen von Götzen", „an die hier mit dem Hammer wie mit einer Stimmgabel gerührt wird" (GD Vorwort, KSA 6, 58). Der Klang des angerührten Götzen kann und soll diesen also nicht zerstören. Der Götze bleibt was er ist – aber gibt im Klang auch seine Persönlichkeit zu erkennen. Nach einer frühen, sprachwissenschaftlich entkräfteten Etymologie versteht sich die Person vom *per-sonare* her: vom Durch-Tönen und Durch-Klingen. Die textuell erzeugte Person ist dann das von einem Klang Erfüllte – und bietet als solche einen Raum für Resonanzen. In diesem Spielraum von Personal-Genealogien soll sich der Leser bewähren: mit oder gegen die Diagnosen und Fallstudien des Autors. Lösungen für die Probleme bekommt er nicht, dafür aber eine zur Denkkunst gewordene Form der Problematisierung.

Fast abschreckend wirkt der unduldsame Duktus von *Der Antichrist*. Auch hier ist die performative Fassung des Textes und seine kompositorische Stellung im Corpus der 1888er Schriften entscheidend. Hatte der Verfasser anhand von Wagner das asketische Ideal in der Musik freigelegt und anschließend Sokrates als maßgeblich für die philosophischen Umwertungen aufgezeigt, so beginnt nun die

Auseinandersetzung mit der problematischsten, der „priesterlichen Wertungsweise“. Sukzessive arbeitet Nietzsche ein Programm ab, das ein Jahr zuvor die dritte Abhandlung der *Genealogie der Moral* entworfen hatte.

Performativ tritt der Verfasser des *Antichrist* betont aus dem Kreis der Philosophen aus: Seine Schrift ist nicht einmal mehr als Polemik, sondern als *Fluch auf das Christenthum* angelegt. Sie mündet in eine abschließende Gesetzgebung, die auch den Philosophen als die verbrecherische Konsequenz der Christlichkeit brandmarkt. Die offensichtliche Maßlosigkeit des Ansatzes ist der Rolle geschuldet, die der Verfasser für sich proklamiert und in der das Programm einer Umwertung der Werte auf jener apokalyptischen Ebene ausgetragen wird, die im *Neuen Testament* ihrerseits beschworen wurde. Die endzeitliche Gegenfigur Christi, wie sie die Johannesbriefe als absolute Gefährdung der Gemeinde anlegen, das ‚Tier aus der Tiefe‘, wie es in der Offenbarung geschildert wird, eröffnet genau das Rollenschema, das der Autor für sich geltend macht. Apokalyptische Situation und Kompromisslosigkeit der Tonlage verweisen aufeinander. Die urteilsstrenge Phänomenologie der priesterlichen Wertungsweise ist angelegt als Generalkritik von Schlüsselpassagen des *Alten* und des *Neuen Testaments*. In gezielt verzerrender Rezeption der orientalistischen Studien Julius Wellhausens[22] stellt Nietzsche die religiöse Selbstdeutung des Judentums als priesterliche Geschichtsfälschung in normativ theologischer Absicht dar. In ähnlicher Weise wird die Deutung Christi von Seiten der Evangelisten und Apostel im Sinne einer religiösen Revolution zum fundamentalen und ressentimentgeladenen Missverständnis erklärt. Vor allem Paulus, das „Genie im Hass“ (AC 42, KSA 6, 215), sei mit seinen Lehren von der Auferstehung und dem jüngsten Gericht der logische und psychologische Verzeichner des Lebens und Sterbens Christi. Exemplarisch und zugleich verschärfend steht dieser „Dysangelist“ (ebd., 216) für die Tendenz der ersten, plötzlich ohnmächtigen Jünger, die dem Kreuzestod Jesu einen überzeitlichen Sinn geben müssen, um sich selbst als christliche Gemeinde erhalten zu können. Verblüffend ist der Kern der Schrift. Denn gleichermaßen fern von der revisionistischen „Entnatürlichung der Natur-Werthe“ (AC 25, KSA 6, 193) durch das priesterliche Judentum wie von der „ressentiment-Moral“ (AC 24, KSA 6, 192) des Christentums und seines „Apostel der Rache“ Paulus (AC 45, KSA 6, 223) hält Nietzsche in seiner Konstruktion den eigentlichen Jesus: „im Grunde gab es nur Einen Christen, und der starb am Kreuz. Das ‚Evangelium‘ starb am Kreuz.“ (AC 39, KSA 6, 211). Und eben darum scheint es dem ‚Antichrist‘, der performativ an die Stelle seines Vorgängers zu treten hat, zu gehen. Die „Psychologie des Erlösers“ (AC 28, KSA 6, 198) im Mittelpunkt einer Abrechnungsschrift ist eine berückende Christus-Vision, einmal mehr getarnt als pathologische Fallstudie. In Christus wird die „Unfähigkeit zum Widerstand“ Moral, seine Antwort auf alles, was sich ihm als „Realität“ entgegenstellt, ist die als Überwindung jeglicher Distanz verstandene Integration durch Liebe (AC 29, KSA 6, 200). Die Sprache

22 Julius Wellhausen, Prolegomena zur Geschichte Israels. 2. Aufl., Berlin 1883.

Christi denotiert nicht, sie ist nur noch symbolische Explikation innerer Zustände. Seine Existenz selbst ist „ein ganz in Symbolen und Unfasslichkeiten schwimmendes Sein" (AC 31, KSA 6, 202), das „alles Natürliche, Zeitliche, Räumliche, Historische nur als Zeichen, als Gelegenheit zu Gleichnissen verstand" (AC 34, KSA 6, 206). Die religiöse Semantik („Reich Gottes", „Sohn Gottes") nimmt Christus nur auf, um seine widerstandslose Existenzweise zu beschreiben, die Raum-Zeit-Verhältnisse („Ewigkeit", „Himmelreich") sind bei ihm kairologisch aufgehoben im ozeanischen Augenblick der „Seligkeit". Der Christus, den Nietzsche zeichnet, kennt weder Ge- noch Verbote, keine Strafe oder Schuld und lebt damit bis zu seinem Ende am Kreuz außerhalb jedweder Ressentiment-Struktur. Seine Lehre ist „Praktik", der es nur darum geht „zu zeigen, wie man zu leben hat" (AC 35, KSA 6, 207). Wie schon bei Wagner und Sokrates gerät das Objekt der zentralen Fallstudie im Text in eine unheimliche Nähe zu den existentiellen Voraussetzungen des eigenen Umwertungsprojekts: „Heute noch ist ein solches Leben möglich, für gewisse Menschen sogar nothwendig: das echte, das ursprüngliche Christenthum wird zu allen Zeiten möglich sein..." (AC 39, KSA 6, 211).

Mit *Ecce homo* geht Nietzsche schließlich selbst nach eigenem Bekunden „über den Begriff ‚Litteratur' hinaus" (Bf. an Köselitz, Nr. 1181, KSB 8, 513). In der Schrift, deren souveräner Humor lange mit Größenwahn verwechselt wurde, wird der Zusammenhang von Lebendigkeit, Literarität und Autorschaft von Texten als solcher narrativ verhandelt. Die Lebensgeschichte ist als Selbsterzählung komponiert, die noch dazu an sich selbst gerichtet ist („Und so erzähle ich mir mein Leben"; EH, KSA 6, 263). Sie setzt an bei der hermeneutischen Vereinzelung eines Menschen, der weder gehört noch gelesen wird und darum in einem Akt letzter literarischer Konsequenz sich selbst beim Erzählen und Wiederlesen der eigenen Bücher zuhört. Aus dieser, durchaus amüsanten selbstbezüglichen Stellung heraus entwickelt der Autor Dankbarkeit gegenüber dem eigenen Leben und den „Geschenken" dieses Lebens: den von ihm geschriebenen Büchern. Hochgesinnter antiker Tatenbericht (Augustus, Caesar), philosophische Selbstansprache (Marc Aurel) und das Schamschwellen übertretende Bekenntnis (Augustinus, Rousseau) werden als Formen literarischer Selbstdarstellung ebenso verarbeitet wie Topoi pietistischer Lebensberichte (Jung-Stilling) und Goethes Lebenspoesie *Dichtung und Wahrheit*.

Was die biographische oder psychiatrische Deutung der Vergangenheit als Lebensverfälschung oder einsetzenden Größenwahn zu denunzieren pflegte, haben textologische, formtheoretische und medienästhetische Lektüren mittlerweile als Werkpolitik lesbar gemacht.

Das Buch kann und will darum auch keine Autobiographie sein, was den, der mit Nietzsches grundsätzlicher Ablehnung eines hinsichtlich unseres Denkens und Wahrnehmens einheitsstiftenden Ichs vertraut ist, auch nicht wundern wird. Eher noch darf man von einer Autor-Genealogie sprechen: der Darstellung einer sich wandelnden Autorschaft und ihrer Genese. Das eigene Leben wird hier in stilisierter Form nur dahingehend aufgeboten, wo es der Ermöglichung des Schreibens und der spezifischen Eigenart dieses Schreibens dient.

Nicht zufällig gelten die Teilkapitel nicht mehr dem Ich einer Lebensgeschichte, sondern den Bedingungen und Möglichkeiten der Autorschaft. Entsprechende Hinsichten sind (1.) die erworbenen prudentiellen Fähigkeiten (*Warum ich so klug bin, Warum ich so weise bin*), (2.) die Kunst des Schreibens selbst (*Warum ich so gute Bücher schreibe*), (3.) die Relektüre sämtlicher geschriebenen Bücher und schließlich (4.) die Ankündigung einer Wirkungsgeschichte des Werks (*Warum ich ein Schicksal bin*).

Seine ‚Weisheit' entwickelt der Autor, Goethe konterkarierend, aus seiner familiären Konstellation. Im feinsinnigen, aber kranken, früh verstorbenem Vater („ein nur zum Vorübergehn bestimmtes Wesen"; EH, weise 1, KSA 6, 264), sei er bereits gestorben, während er in der robusten Mutter weiterlebe. Die physiologische Konstitution lasse ihn zugleich Anfang und Ende, krank und gesund, décadent und dessen Gegenteil sein. Ebendiese Konstitution – so der Duktus – lässt ihn dem Leben in allen seinen Ausprägungen gegenüber vorurteilsfrei begegnen. Form der in Anspruch genommenen Weisheit ist die Kunst „Perspektiven umzustellen", die ihrerseits Voraussetzung für die „Umwerthung der Werthe" sei (ebd., 266).

„Klug" dagegen nennt der Verfasser die lebensdienliche Naturalisierung der Autorschaft zu einem fragilen System von Erhaltungsbedingungen. In der Beobachtung und Wahl von Ort, Klima und Ernährung erweist sich die Lebensklugheit als eine Diätetik des Geistes, die sich humorvoll zu den Grundfragen der metaphysischen Psychologie („Erlösung", „Seele", „Gott") ins Verhältnis setzt (EH, klug 1, KSA 6, 278). Die Passage ist zugleich ironische und ins Extrem getriebene Umsetzung von Hippolyte Taines positivistischer Milieutheorie. Seine ‚guten Bücher' erklärt ihr Verfasser wiederum aus einer „Kunst des Stils", die den Begriff des Autors selbst auflöst zugunsten einer Vielheit auktorialer Gesten: „Einen Zustand, eine innere Spannung von Pathos durch Zeichen, eingerechnet das tempo dieser Zeichen, mitzutheilen – das ist der Sinn jedes Stils; und in Anbetracht, dass die Vielheit innerer Zustände bei mir ausserordentlich ist, giebt es bei mir viele Möglichkeiten des Stils […]." (EH, Bücher 4, KSA 6, 304). Damit ist der Schritt zum umfangreichsten Teil von *Ecce homo* gemacht, einer Rekapitulation und Revision der Schriften unter den Bedingungen der sie jeweils konstituierenden Autorschaft. Betont wird hier das Unterscheidende und perspektivisch Neue im Ansetzen des Autors, der seinerseits bereits ein anderer geworden ist. Dem Untertitel *Wie man wird, was man ist* gemäß, will der Verfasser die *vielen* Autorschaften seines *einen* Werkes bestimmen, legitimieren und zusammenhalten.

Nietzsches letztes Wort ist ein dichterisches. Mit der redaktionellen Umarbeitung der „Lieder Zarathustras" zu den *Dionysos-Dithyramben* verklingt sein Werk zusammen mit seinem selbstbestimmten Leben in den Januartagen von 1889.[23] Mit

23 Grundlegend für die komplizierte Textüberlieferung und deren Deutung ist Wolfram Groddeck, Friedrich Nietzsche: „Dionysos-Dithyramben". Textgenetische Edition der Vorstufen und Reinschriften (Bd. 1), Bedeutung und Entstehung von Nietzsches letztem Werk (Bd. 2), MTNF Bd. 23/1 und 23/2, Berlin/ New York 1991.

der Abschlussredaktion und Umbenennung ist zugleich eine ringkompositorische Lesart für das Gesamtwerk nahegelegt, das nun ganz auf den Namen Dionysos verpflichtet wird. Hatte die *Geburt der Tragödie* die dionysische Expressivität als solche freigelegt, so galt Nietzsche *Also sprach Zarathustra* als dichterische Einlösung der damit verbundenen, gegen den Logos angedachten Pathoskonzeption. In der Selbstverklärung von *Ecce homo* bringt Nietzsche zuletzt seinen ‚tragischen' Philosophiebegriff als solchen auf die Formel einer „Umsetzung des Dionysischen in ein philosophisches Pathos" (EH, weise 7, KSA 6, 274). In der finalen dichterischen Selbstapotheose der *Dionysos-Dithyramben* werden nun Zarathustra, Dionysos und Nietzsche in eine nicht mehr unterscheidbare Gemeinschaft überführt.

Für Inszenierungsgrad und Form des Zyklus hat dies weitreichende Konsequenzen: War der antike Dithyrambus choreutischer Kultgesang zu Ehren der dionysischen Taten und Leiden, so wird die verdoppelte Einheit Dionysos-Zarathustra bei Nietzsche zum Absender und zum Adressaten der Lieder. Die *Dionysos-Dithyramben* sind nun auch nicht mehr wie in der antiken Tradition Chorlieder, sondern monodische Dichtungen. Sie bilden funktional eine Abfolge einzelner Lieder, die der Gott (1.) für sich selbst (2.) über sich selbst und seine Leiden (3.) singt. Der pleonastische Titel des Werks markiert eine dreifache Selbstbezüglichkeit, mit der sein Verfasser zugleich die Steigerungslogik der Spätschriften abschließt.

In den Metaphern und Pathosformeln der Lieder klingt überwiegend die in sich geschlossene Bildersprache von *Also sprach Zarathustra* an. Zugleich werden Grundmotive der Philosophie Nietzsches in die Bildwelt integriert. So ist etwa in *Nur Narr! Nur Dichter!* der „Wahrheits-Wahnsinn" der philosophischen Tradition zum schmerzhaften Perspektivengewinn befreiender dichterischer ‚Lüge' ins Verhältnis gesetzt (DD Narr, KSA 6, 380). Der sich in Nihilismus verwandelnden Moralbesessenheit von „Alt-Europa" wird in Form einer erotischen Abschweifung zu den „Töchtern der Wüste" die „gute helle morgenländische Luft" vorgehalten (DD Wüste, KSA 6, 382). In *Zwischen Raubvögeln* und *Das Feuerzeichen* werden die Selbstzerstörungspotentiale eines an der Überwindung aller Werte und Begriffe orientierten Denkens in den Blick genommen: Drastischer Ausdruck dafür sind die Endverse: „Oh Zarathustra!... / Selbstkenner!... / Selbsthenker!..." (DD Raubvögeln, KSA 6, 392). Das wohl berühmteste Gedicht ist die *Klage der Ariadne*, ein aus quälender Abhängigkeit heraus vorgebrachter Erlösungsschrei zum unbekannten Gott. Nur dieser Dithyrambus wird schlussendlich zum Dialog, als Dionysos „in smaragdener Schönheit" erscheint und sich seinerseits an Ariadne wendet: „Muss man sich nicht erst hassen, wenn man sich lieben soll? ... / Ich bin dein Labyrinth..." (DD Ariadne, KSA 6, 401). *Ruhm und Ewigkeit* führt weg vom Leiden am „Tugend-Geplapper" der Welt und mündet in eine pathetische Feier der eigenen schicksalsergebenen Lebensbejahung (DD Ewigkeit, KSA 6, 403). Den Abschluss der neun Gedichte bildet *Von der Armut des Reichsten*, das den Gedanken-Überfluss Zarathustras zum Inhalt hat. Erneut wird die Selbstverschwendung als Opfer ausgelegt, das erst aus der Zukunft seinen Sinn erhalten kann.

Die Mitte, vielleicht auch den lyrischen Höhepunkt des Zyklus bildet das dreistrophig angelegte, traurig-schöne Untergangsszenario *Die Sonne sinkt.* Nietzsche erreicht hier in der Vorwegnahme seines geistigen Auflösungsprozesses auch sein lyrisches Ideal, den ‚halkyonischen Ton' jenseits notorischer Gespanntheit. Ein offenbar am Ende seines Weges angelangtes Ich entlässt sich darin bestimmt in jene „Heiterkeit", die schon „des Todes heimlichster süssester Vorgenuss" ist. „Was je schwer war", versinkt ihm in „blaue Vergessenheit". Auch die sonst so angestrengt proklamierte „siebente Einsamkeit" wird nun als „süsse Sicherheit" empfunden (DD Sonne, KSA 6, 396 f.). Der Untergang selbst ist sanfte Ergebung ins Offene: „Silbern, leicht, ein Fisch / schwimmt nun mein Nachen hinaus…".

IV. Grundbegriffe

Vorbemerkung: Nietzsches Unbegrifflichkeit

Die Darstellung von Grundbegriffen der Philosophie Nietzsches ist ein paradoxes und gefährliches Unternehmen: Sie will lexikalisch in ein Denken einführen und läuft mit eben dieser Zugangsart bereits Gefahr, die Besonderheit jenes Denkens von Vornherein zu verfehlen. Denn Nietzsche hat nicht nur in betonter Weise auf die Zeitlichkeit, Veränderlichkeit und Individualität des Verstehens abgehoben, sondern diese Phänomene auch und gerade in der Wahl seiner Sprache philosophisch einzuholen versucht. Sein ‚dionysisch' genanntes, flüssig bleibendes Philosophieren hat er absichtsvoll gegen das traditionelle Begreifen in festen und allgemeingültigen Begriffen entwickelt. Jeder Begriff entstehe, wie Nietzsche schon früh konstatiert hat, durch „Gleichsetzen des Nicht-Gleichen" (WL 1, KSA 1, 880) und sei darin die „Begräbnisstätte der Anschauung" (WL 2, KSA 1, 886 ff.). Gegenüber der intendierten Reinheit und Statik des Begrifflichen setzt Nietzsche gezielt auf die sinnliche und darin sinnbildende Leistungsfähigkeit metaphorischer Sprache. Auch die von ihm kultivierten Denkformen des Perspektivischen sind als Alternative gegen jenen „Wille[n] zum System" entwickelt, den Nietzsche angesichts sich permanent ändernder Lebensverhältnisse als einen „Mangel an Rechtschaffenheit" versteht (GD, Sprüche 26, KSA 6, 63). Zuletzt hat Nietzsche seine Philosophie in zahlreichen – ihrerseits verschiedenartigen – literarischen Formen vorgebracht und auch damit den Abstand zwischen seiner ‚fröhlichen Wissenschaft' und den etablierten Diskursformen in Wissenschaft und Philosophie markiert.

Die von Nietzsche gewählte Sprache der Unbegrifflichkeit ist darum nicht nur in ihrer stilistischen Nuanciertheit und formalen Meisterschaft bedeutsam. Sie ist auch als das Produkt einer sprachkritischen Grundhaltung anzusehen (vgl. dazu → Sprache) und hat einen letztlich zeichenphilosophischen Hintergrund. Alle Begriffe, die komplexere Zusammenhänge abbilden, sind demnach als ‚Abkürzungszeichen' und Zustandsreduktionen zu verstehen, „in denen sich ein ganzer Prozess semiotisch zusammenfasst" (GM II 13, KSA 5, 317). Aus dieser abkürzenden Bezeichnungsfunktion gewinnt die terminologische Sprache ihre besondere Effizienz und wissenschaftliche Leistungsfähigkeit. Darin hat sie jedoch auch ihre Grenze. Denn die Begriffe, Formeln und Metaphern einer Interpretationsphilosophie, die – wie diejenige Nietzsches – auf menschliche Selbstauslegung und kulturelle Sinnbildung abhebt, „entziehen sich der Definition; definirbar ist nur Das, was keine Geschichte hat." (ebd.).

Folgerichtig sind auch die im Lexikon-Teil angebotenen Erklärungen eher Erörterungen eines Begriffsgebrauchs als Definitionen eines Begriffs. Nietzsches

Grundbegriffe verweisen netzartig aufeinander, ändern ihre Bedeutung innerhalb seiner eigenen philosophischen Bewegung und bleiben dabei stets an die Kontexte gebunden, aus denen sie hervorgehen. Sprachliche Sensibilität, literarisches Formbewusstsein und ausgeprägter hermeneutischer Sinn für Kontexte sind die anspruchsvollen Voraussetzungen eines angemessenen Umgangs mit seinen Texten. Diese Fähigkeiten lassen sich nicht einfordern, dafür aber glücklicherweise gerade in der Auseinandersetzung mit Nietzsche erwerben. Die dogmatische und ideologische Vereinnahmung Nietzsches dagegen war und ist, jenseits offenkundiger Missverständnisse, meist das Produkt zu schnellen Lesens und vorgefertigter Erwartungen. Nietzsche selbst hat sich ausdrücklich langsame Leser gewünscht. Als wolle er eine diesbezügliche Warnung aussprechen, hat er die „schlechtesten Leser" als solche bezeichnet, die „wie plündernde Soldaten verfahren" (MA II, VM 137, KSA 2, 436). Ohne Sinn für die Kontexte und die Form eines Textes nehmen diese „sich Einiges, was sie brauchen können, heraus" und „verwirren das Uebrige" (ebd.).

Der nachfolgende lexikalische Teil strebt insofern zweierlei an: Er will in ein Denken einführen und zugleich Anlass dafür sein, „das Lesen als Kunst zu üben" (GM, Vorrede 8, KSA 5, 256). Die Auswahl der Begriffe ist zugunsten ihrer Deutung entsprechend knapp gehalten. Auf eine weitere Verschlagwortung von *Also sprach Zarathustra* etwa wurde mit Ausnahme der berühmten drei „Lehren" (der ewigen Wiederkunft, des Willens zur Macht und des Übermenschen) aus Platz- und Sachgründen verzichtet – dem Werk und seiner Sonderstellung wurde im Überblicksteil ein entsprechend größerer Raum zugemessen. Auch auf Lemmata zu Personen und zur ohnehin kaum noch überschaubaren Nietzsche-Rezeption wurde zugunsten eines möglichst direkten Einstiegs verzichtet.

Ästhetik

Obwohl Nietzsche keine Ästhetik im strengen Sinn vorgelegt hat, lässt sich seine Philosophie zu einem maßgeblichen Anteil als Antwort auf ästhetische Fragestellungen charakterisieren. Dabei ist gleichwohl festzuhalten, dass zwar das Phänomen der → Kunst von Nietzsche zeitlebens in einem emphatischen Sinn thematisiert und in den unmittelbaren Zusammenhang mit seinem Denken gerückt wird, die Reflexion auf Kunst vonseiten einer Ästhetik jedoch nur sporadisch und fragmentarisch stattfindet. Hierbei dominieren vor allem das berühmte Programm, „die Wissenschaft unter der Optik des Künstlers zu sehn, die Kunst aber unter der des Lebens…" (GT, Selbstkritik 2, KSA 1, 14), und die – daran in Teilen anknüpfenden – späten Entwürfe zu einer „Physiologie der Ästhetik" (vgl. GM III 8, KSA 5, 356).

Das Frühwerk *Die Geburt der Tragödie* ist von dem paradoxen Versuch bestimmt, einerseits eine neue philosophische Ästhetik zu entwerfen, ohne andererseits aber das Ästhetische selbst auf einen bestimmten und allgemeinen Begriff zu bringen. Nietzsche versteht Ästhetik im Anschluss an Gottlieb Alexander Baumgarten zunächst als philosophische Rehabilitierung der *aisthesis,* der sinnlichen Wahrnehmung *in toto*. Hatte Baumgarten die „Wissenschaft von der sinnlichen Erkenntnis" noch als „gnoseologia inferior" entworfen, geht Nietzsche nochmals über das damit verbundene epistemologisch orientierte Emanzipationsprogramm hinaus. In der *Geburt der Tragödie* ist die „aesthetische Wissenschaft" (GT 1, KSA 1, 25) nicht mehr nur eine Disziplin der Philosophie, sondern wird vielmehr anstelle der Ontologie und der Erkenntnistheorie in den Stand einer *prima philosophia* erhoben. → Kunst wird hierbei als die dem Menschen eigentümliche Fähigkeit gefasst, existentielle Erfahrungen unmittelbar in ästhetische Phänomene zu verwandeln. Dieser fundamentalästhetische Zugriff erlaubt Nietzsche eine spekulative Hermeneutik der Welt am Leitfaden des Kunstwerks: Auch religiöse, politische und wissenschaftliche Manifestationen werden zunächst in ihrem schöpferischen Charakter und damit als Gestalten der → Kunst relevant. Kunstwerke in einem engeren Sinne, wie etwa die attische Tragödie als exemplarischer Ausdruck griechischen Lebens, problematisieren die symbolische Daseinsbewältigung als solche. Nicht der Werkcharakter der Kunst steht hierbei im Mittelpunkt – Nietzsche unterläuft systematisch die Unterscheidungen zwischen Produktions- und Rezeptionsästhetik –, sondern die Fähigkeit der Kunst, das Dasein zu verändern, zu transfigurieren, zu verklären etc. Der Mensch als Schöpfer und seine „aesthetische Lust" (GT 24, KSA 1, 152) gilt eben damit gleichermaßen als Subjekt und Objekt der → Kunst: „denn nur als aesthetisches Phänomen ist das Dasein und die Welt ewig gerechtfertigt." (GT 5, KSA 1, 47). Diesem ebenso universalisierenden wie existentiellen Zugang zum Ästhetischen korrespondiert ein explizit polemischer Begriff der Ästhetik, der sich im Frühwerk in der Kritik an der gesamten „neuere[n] Aesthetik" (GT 5, KSA 1, 42), an „unsere[n] Aesthetiker[n]" (GT 19, KSA 1, 127) bzw. den an aristotelischen Vorgaben orientierten „interpretirenden Aesthetikern"

(GT 22, KSA 1, 142) äußert. Die Allgegenwart von wissenschaftlichen und idealistischen Ästhetiken in Deutschland ist für Nietzsche Zeichen des modernen Sokratismus, in dem sich ein „Glaube an das Fertig-sein" manifestiere: „die Kunst ist fertig, die Aesthetik ist fertig." (NL 1869, 1[8], KSA 7, 13).

In den moralkritischen Schriften operiert Nietzsche mit Strategien, ästhetische Distanz zu moralischen Phänomenen zu gewinnen. Die jetzt immer mehr Bedeutung erhaltenden Fragen nach der Wertsetzung und → Umwertung der Werte werden dabei einerseits aus der Perspektive lebensweltlicher Notsituationen, andererseits aus der Perspektive der schöpferischen Uminterpretation dieser Nöte betrachtet. Programmatisch gibt ein entsprechendes Notat vor: „Reduktion der Moral auf Aesthetik" (NL 1881, 11[79], KSA 9, 471). Nietzsche sieht, wie die Orientierung auf eine „absolute Wahrheit" das „ästhetische Urteil in die moralische Forderung" umschlagen lässt und formuliert ausgehend von dieser Erfahrung eine neue Aufgabe für die Philosophie: „eine Fülle aesthetischer gleichberechtigter Werthschätzungen zu creiren: jede für ein Individuum die letzte Thatsache und das Maaß der Dinge." (ebd.).

Nietzsches späte Entwürfe zu einer ‚Physiologie' der Ästhetik radikalisieren diese Interpretationspraxis und stehen im Kontext seiner Nihilismus- und *décadence*-Diagnosen. Die an Paul Bourget orientierte Generalkritik der literarischen Romantik verbindet sich dabei mit einer grundsätzlichen ästhetischen Anerkennungsleistung gegenüber Künstlern wie Baudelaire, Gautier oder den Brüdern Goncourt. Die programmatische Abkehr von klassischen Konzeptionen des Schönen (1), die damit einhergehende Ausweitung des künstlerischen Gegenstandsbereichs (2), die Radikalisierung des Formbegriffs (3) und die Anbindung der ästhetischen Erfahrung an die Reizung der Sinnlichkeit (4) sind für Nietzsche exemplarisch für die moderne Kunst. Sie sind Maßgabe der eigenen schriftstellerischen Darstellungstechniken. Zugleich entsteht durch den forcierten Rückbezug der Ästhetik auf die Wahrnehmungswelt, auf das → Lust-Unlust-Kalkül und die → Leiblichkeit ein kritisches Instrumentarium, das die künstlerischen Ausdrucksphänomene als Machtäußerungen durchsichtig macht. Im Spätwerk nimmt Nietzsche eine solche Kritik immer wieder anhand der für den Eintritt in die Moderne maßgeblichen Gestalt Richard Wagners vor – das folgende Bekenntnis ist hier im Kontext jener „Diagnostik der modernen Seele" (WA Epilog, KSA 6, 53) zu sehen, für die der *Fall Wagner* exemplarisch sein will: „Die Aesthetik ist unablöslich an diese biologischen Voraussetzungen gebunden: es giebt eine décadence-Aesthetik, es giebt eine klassische Aesthetik, – ein ‚Schönes an sich' ist ein Hirngespinst, wie der ganze Idealismus." (WA Epilog, KSA 6, 50). Das Ästhetische wird hierbei nicht auf Biologismus reduziert, sondern als eine auf der Ebene organischer Funktionszusammenhänge stattfindende Interpretationsleistung und Sinnerzeugung thematisch. Mobilisierung – oder eben Narkotisierung des → Lebens und des korrespondierenden Lebensgefühls: Das bleibt zuletzt die leitende heuristische Differenz, mit der die künstlerische Praxis der Moderne physiologisch sondiert wird. Eine philosophische Einholung dieses durchaus nicht unproblematischen Zugangs findet indessen nicht mehr statt, wohl auch, weil ein letztes Kriterium für die Kennzeichnung ‚lebensbejahend' bzw. ‚lebensverneinend' schlicht nicht anzugeben ist. Entsprechend scheint die kritische Funktion dieser insbesondere für die Schriften von 1888 bezeichnenden Herangehensweise die maßgebliche für Nietzsche gewesen zu sein. Die darüber hinausgehende Leistungsfähigkeit und das Ausmaß der konstruktiven Züge einer physiologischen Ästhetik sind folgerichtig noch immer stark umstritten.

(**GT**, Versuch 2, KSA 1, 13 f.; **GT** 5, KSA 1, 42-48; **GT** 8, 57-64; **GT** 22, 140-144; **GT** 24, 149-154; **MA II**, WS 140, KSA 2, 612; **GM III** 8, KSA 5, 351-356; **WA** 1, KSA 6, 13 f.; **WA** 9, 32-35; **WA,** Nachschrift, 40-45; **WA,** Epilog, 50-53; **GD**, Streifzüge 10, KSA 6, 117 f.; **NW,** wohin, KSA 6, 427 f.;

NL 1869, 1[8], KSA 7, 13; **NL 1881**, 11[79], KSA 9, 471; **NL 1887**, 10[167], KSA 12, 554 f.; **NL 1888**, 14[170], KSA 13, 356 f.)

Affekt

Die konstitutive Bedeutung der affektiven Dimension menschlicher Wahrnehmungsvollzüge in ästhetischer, moralischer und intellektueller Hinsicht findet sich im Werk Nietzsches durchgehend betont. Gegenüber der von logozentrischen Ab- und Ausgrenzungsoperationen geprägten metaphysischen Tradition kann insofern durchaus von einer philosophischen Rehabilitierung der Affekte bei Nietzsche gesprochen werden. Schon in Basel formuliert er sich eine Zugangsweise zum Phänomen, die als nachhaltig anzusehen ist: „Das Spiel der Affekte macht alle Lebensäußerungen bis zur Produktion der abstraktesten Ideen begreiflich. Die Leidenschaften gehören zum Leben, man darf sie nicht als Störer des Glücks verdächtig machen." (NL 1875, 9[1], KSA 8, 138). Sein psychologisches Plädoyer für eine „Verfeinerung der Seelen-Hypothese" erhofft sich für neu konfigurierte „Begriffe wie [...] ‚Seele als Subjekts-Vielheit' und ‚Seele als Gesellschaftsbau der Triebe und Affekte' [...] fürderhin in der Wissenschaft Bürgerrecht" (JGB 12, KSA 5, 27). Folgerichtig geht es in den entsprechenden Beschreibungsversuchen weniger um eine ausformulierte Affektenlehre als um die Erprobung von komplementären, supplementären oder agonal organisierten Beziehungsgeflechten zwischen emotiven, voluntativen und kognitiven Momenten der sogenannten → Seele. Prägend bleibt dabei der frühe Zugriff auf die griechische Kultur, die nach Nietzsche vor allem im → Mythos und in ihren ästhetischen Praktiken jene ‚tragische Weisheit' unter Beweis gestellt habe, die sich in einer rituell geleiteten aktiven Auseinandersetzung mit der eigenen Affektivität zeige. Vor allem die → Tragödie findet sich hierbei als kollektive sinnliche Entgrenzungserfahrung dargestellt, die gleichzeitig den Sinn und die Fragilität der eigenen zivilisatorischen Errungenschaften problematisiert. Im Zusammenhang mit der aristotelischen Grundbestimmung zur psychologischen Funktion der Tragödie als einer ‚Reinigung der Leidenschaften' oder ‚Reinigung von den Leidenschaften' (*katharsis pathematoon*) hat Nietzsche sich scharf gegen die moralische Ausdeutung gewandt und stattdessen eine psycho-hygienische Lesart vorgezogen. Entsprechend steht sein Ansatz der auf Jacob Bernays zurückgehenden medizinischen Interpretation des Katharsis-Konzeptes näher, als er es selbst erkennen lässt. Analog dazu gesteht Nietzsche auch der Tradition der antiken Rhetorik ein differenzierteres und konkreteres Wissen um das Eigenleben und die Wirkungsweise des Affektiven zu als den Konzeptionen der klassischen griechischen Philosophie. Diese postuliert von Vornherein ein konfrontatives Verhältnis von rationalen und irrationalen Seelenteilen, um Psychologie von da aus programmatisch im Sinne einer geistigen Machtausübung auf die vermeintlich niederen Seelenteile zu betreiben.

In den kulturtheoretischen und moralgenealogischen Arbeiten wird der konstitutive Nexus von Zivilisation und Grausamkeit herausgearbeitet. Die Selbstwerdung des Menschen wird dabei gleichsam als Einhegung seiner Affektivität thematisch, → Vernunft ist dabei nicht Ausgangspunkt, sondern vielmehr der gewonnene Ausdruck kulturell anerzogener Affektkontrolle. Dabei sind es vornehmlich Strafprozeduren und damit die vom Menschen gegen sich selbst gerichtete Grausamkeit, die den Einzelnen erst zum rationalen, rechenschaftspflichtigen und insofern moralfähigen Agenten werden lassen: „Ah, die Vernunft, der Ernst, die Herrschaft über die Affekte […], alle diese Vorrechte und Prunkstücke des Menschen: wie theuer haben sie sich bezahlt gemacht! wie viel Blut und Grausen ist auf dem Grunde aller ‚guten Dinge'! …" (GM II 3, KSA 5, 297).

In heuristischer Absicht operiert Nietzsche oftmals mit der Unterscheidung zwischen aktiven und reaktiven Affekten und privilegiert – meist in moralkritischer Absicht – das Ausagieren von Affekten (wie Liebe, Stolz, Rache) gegenüber deren Unterdrückung in asketischen Konzeptionen. In einer Vorwegnahme Freud'scher Motive warnt der ‚Physiologe' Nietzsche hinsichtlich zu stark ausgeprägter Muster von Triebverzicht und Affektunterdrückung vor Deformationserscheinungen, die zu individuellen oder kollektiven Neurosen, Psychosen und Depressionen führen und – habituell geworden – ganze Kulturen langfristig prägen können. Vor allem das → Christentum wird in dieser Weise als religiös induzierte Kultivierung einer Schuld-, Gewissens- und Mitleidskultur rekonstruiert, von der aus eine aktivierende, lebensdienliche Affektivität zu ‚bösem' Verhalten umgewertet wird.

Zugleich finden sich auch bei Nietzsche gelegentliche Versuche einer Typologisierung und damit partiellen Rationalisierung des Affektiven. Angestrebt ist dabei jedoch nicht die bereits an den antiken Denkern kritisierte Aufhebung, Kontrolle oder Niederhaltung derselben, sondern ihre Einbindung in eine psycho-physische Interpretation von Wahrnehmungs-, Wertsetzungs- und Denkmustern. Vor allem Spinoza, dessen Affektenlehre Nietzsche trotz vorgebrachter Kritik verpflichtet bleibt, ist in der Selbstauslegung des Denkens als maßgeblichem und insofern auch integrations- und steuerungsfähigem Affekt häufiger Bezugspunkt: „Spinoza: wir werden nur durch Begierden und Affekte in unserem Handeln bestimmt. Die Erkenntniß muß Affekt sein, um Motiv zu sein. – Ich sage: sie muß Leidenschaft sein, um Motiv zu sein." (NL 1881, 11[193], KSA 9, 517). Bei alledem bleibt festzuhalten, dass auch Affekte für Nietzsche nicht einfach im Sinne einer natürlichen Größe gegeben sind. Auch sie bleiben intellektuelle Konstruktionen einer vermeintlichen, leiblichen Gegenwelt, die daraufhin zu befragen sind, in welcher Absicht man sie konstruiert, klassifiziert und sich zu ihnen ins Verhältnis setzt. Die klassische Selbstauslegung der Vernunft als übergeordnetem Medium der Affektkontrolle hat so gesehen zu einem falschen und einseitigen Bild geführt: „Der Glaube an ‚Affekte'. Affekte sind eine Construktion des Intellekts, eine Erdichtung von Ursachen, die es nicht giebt. Alle körperlichen Gemeingefühle, die wir nicht verstehen, werden intellektuell ausgedeutet, d.h. ein Grund gesucht, um sich so oder so zu fühlen, in Personen, Erlebnissen usw. also etwas Nachtheiliges Gefährliches Fremdes wird gesetzt als wäre es die Ursache unserer Verstimmung: thatsächlich wird es zu der Verstimmung hinzugesucht, um der Denkbarkeit unseres Zustandes willen." (NL 1883-84, 24 [20], KSA 10, 657).

(**GT** 22, KSA 1, 140-144; **JGB** 12, KSA 5, 26 f.; **JGB** 23, 38 f.; **JGB** 36, 54 f.; **JGB** 117, 93; **JGB** 192, 113 f.; **JGB** 198, 118 f.; **JGB** 258, 206 f.; **JGB** 284, 231 f.; **GM II** 3, KSA 5, 294-297; **GM III** 12, KSA 5, 363 ff.; **GM III** 20, 387-390; **AC** 20, KSA 6, 186 f.;

NL 1871, 9[119], KSA 7, 318; **NL 1875**, 9[1], KSA 8, 137 ff.; **NL 1881**, 11[193], KSA 9, 517 f.; **NL 1883**, 7[60], KSA 10, 261 f.; **NL 1883**, 7[120], 282 f.; **NL 1883-84**, 24[20], KSA 10, 657 f.; **NL 1885**, 38[8], KSA 11, 606 ff.; **NL 1886-87**, 7[4], KSA 12, 259-270; **NL 1888**, 14[121], KSA 13, 300 f.; **NL 1888**, 15[10], 409 ff.)

Agon, das Agonale

Agonalität ist für Nietzsche ein grundlegendes Konzept für die Erschließung der griechischen → Kultur im Allgemeinen und die Eigendynamik der griechischen Entwicklung im Besonderen. Mit ihr werden einerseits die ästhetischen und politischen Errungenschaften, andererseits die instabilen und experimentellen Verhältnisse des griechischen Lebens gedeutet. Vor allem in den Nachlassnotaten der Jahre 1871 bis 1875 zeigt sich die Tendenz, die regional fragmentierte und polyzentrische Welt unterschiedlich entwickelter Stadtstaaten der archaischen Lebenswelt von der Zentralperspektive der „Einheit der Griechen in den Normen des Wettkampfes" zu erschließen (NL 1871-72, 16[22], KSA 7, 402). Nietzsches Interesse am Agon ist zunächst literaturgeschichtlich motiviert und reicht bis in die Zeit seiner Leipziger philologischen Studien zurück. Die quellenkritische Edition eines antiken Textes zum Sängerstreit zwischen Homer und Hesiod ist das wissenschaftliche Resultat dieser Orientierung. Im Zeitraum der Basler Professur, zeitgleich und teilweise im Austausch mit dem Kulturhistoriker Jacob Burckhardt, entwickelt er davon ausgehend ein weitreichendes kulturwissenschaftliches Verständnis griechischer Kompetitivität.

Hierbei lassen sich drei Momente unterscheiden:

1. Das agonale Moment bedarf, um zum Ethos zu werden, der Regulierung. Unbegrenzte Agonalität, wie sie sich etwa im Ringen der homerischen Eliten um Auszeichnung vor anderen (*Aristie*) zeigt, führt zu permanentem Überbietungszwang und wird damit zur Gefahr für den Prozess politischer Gemeinschaftsbildung. Sie muss darum, wie es Hesiod am Anfang seiner *Werke und Tage* praktiziert hat, auf das Konzept einer produktiven Konkurrenz hin begrenzt werden. Hierin liegt die Tatsache begründet, dass Nietzsche in seiner zwar mit *Homers Wettkampf* überschriebenen Studie dennoch Hesiod zum Kronzeugen seiner Argumentation macht. Im Gegensatz zur destruktiven Göttin des Streits (*Eris*) verlagert die ‚viel bessere' der Eriden den Agon von der Ebene des Krieges in den Bereich des produktiv kompetitiven Zusammenwirkens. Nietzsche hält die Eris-Lehre Hesiods für wert, „dem Kommenden gleich am Eingangsthore der hellenischen Ethik eingeprägt zu werden" (HW 5, KSA 1, 786). Seine Übersetzung der Verse 11 bis 26 aus den *Werken und Tagen* bildet so gesehen den hermeneutischen Schlüssel der Abhandlung. Erst von Hesiod aus wird das katalysatorische Moment des Agons verständlich: „er [reizt] die Menschen zur That [...], aber nicht zur That des Vernichtungskampfes, sondern zur That des Wettkampfes." (HW 5, KSA 1, 787). Folgerichtig erklärt sich die Erfindung des → Politischen, die man den Griechen zuschreibt, für Nietzsche aus der Kultivierung und Verrechtlichung von Praktiken, die das Gleichgewicht der Kräfte kontrollieren sollen. In *Homers Wettkampf* dient der Ostrakismos, das Scherbengericht, als Beispiel für eine den Agon im politischen Leben regulierende Institution. Dieser hat den Charakter eines „Ventils" für den im politischen Agon erzeugten Konkurrenzkampf, dient aber zugleich als dessen „Stimulanzmittel": Der überragende Einzelne im Sinn des politischen Genies gilt dabei als Gefahr für die erwünschte agonale Ausgangssituation als solche. Seine Ostrakisierung ist nötig, „damit nun wieder das Wettspiel der Kräfte erwache" (HW 5, KSA 1, 789). Nietzsches idealtypische Vorstellung einer agonalen Situation setzt mithin immer eine Pluralität von Begabten und Ambitionierten voraus. Der innergriechische Kulturierungsprozess basiert auf der Existenz „mehrere[r] Genies [...], die sich gegenseitig zur That reizen, wie sie sich auch gegenseitig in der Grenze des Maaßes halten" (ebd.). Die autonome Polis ist somit vor allem ein Produkt agonaler Selbstdisziplinierung.
2. Zur intrinsischen Dialektik agonalen Verhaltens zählt insofern das konstitutive Paradox, dass die kompetitive Herstellung von Ungleichheit nur da erfolgreich sein kann, wo zuvor vollständige Gleichheit in den Vorraussetzungen geschaffen wurde. Das exzessive Ermitteln von Unterschieden als gemeinschaftliche Praxis bedarf der vorgängigen Anerkennung eines gemeinsamen Maßes (*nomos*) – so, wie der sportliche Wettkampf nur bei gleichen Ausgangsbedingungen funktioniert. Der Wettkampf schafft durch seine Integration ins politische Feld ein allgemeingültiges Ethos, das unmittelbar auf die

Erziehung, ja Erschaffung des Bürgers im Sinne eines politischen Subjekts zurückwirkt: „Jede Begabung muß sich kämpferisch entfalten, so gebietet die hellenische Volkspädagogik" (HW 5, KSA 1, 789). Der Hang zur Auszeichnung vor Anderen wird in der reifen Polis von einem gemeinsamen Ethos der Konkurrenz getragen. Konsequenzen ‚funktionierender', mithin ausbalancierter Agonalität sind eine fortschreitende Partikularisierung und Ausdifferenzierung der kulturellen Potenzen der Polis auf der einen Seite und der Gewinn einer politischen Souveränität im panhellenischen Spiel der Kräfte auf der anderen Seite.

3. Nietzsche hat die erzieherische Wirkung des Agons auch und vor allem auf seine individuierende Kraft hin ausgelegt: Erst der „Wettkampf entfesselt das Individuum" (NL 1871-72, 16[22], KSA 7, 402). Der Aspekt der Öffentlichkeit in Gestalt eines jenseits des Wettkampfs angesiedelten Beobachters ist in diesem Zusammenhang von hoher Relevanz. Dass der am Wettkampf Beteiligte „vor einem Publikum siegen will und diesem Publikum verständlich sein muß" (NL 1883, 8[15], KSA 10, 339), macht die intrinsische Dialektik des Agons erneut deutlich: Die Erzeugung von Ungleichheit basiert auf Vergleichbarkeit, die Messung von Unterschieden funktioniert nur bei vorhergehender Herstellung und Garantie gleicher Voraussetzungen. Nicht die Orientierung am Sieg bildet dabei das eigentlich individuierende Moment, sondern vielmehr die innerhalb der agonalen Gespanntheit produzierte Sensibilität für Distinktionen und Differenzen. Der dem Agon inhärente Überbietungsdruck impliziert gleichzeitig die präzise Kenntnisnahme und Anerkennung der Leistung des anderen. Vorzugsweise in den handwerklichen (Töpferkunst, Plastik, Malerei) musischen (choreutischen, tragischen oder komischen) und politischen Fertigkeiten (forensische Rhetorik) kommt dabei jenes kulturstiftende Moment zum Vorschein, das die Griechen zu ihrem singulären Formenkanon geführt hat: die Produktion eines qualitativen Mehrwerts im Sinne einer Schaffung von neuen stilistischen Ausdrucksmöglichkeiten. Nietzsche lässt keinen Zweifel daran, dass die plastische Kraft der griechischen Kunst nicht das Produkt einer metaphysischen Genialität, sondern einer spezifischen kulturellen Praxis ist: Ihm gilt „der Wettkampf als Voraussetzung der Künste" (NL 1871-72, 16[19], KSA 7, 400). Als subtile Variante derselben wird zuletzt auch die als inter-individuelle Dialektik entworfene sokratisch-platonische Philosophie gedeutet: „Philosophie nach Art des Plato wäre eher als ein erotischer Wettbewerb zu definiren, als eine Fortbildung und Verinnerlichung der alten agonalen Gymnastik und deren Voraussetzungen... Was wuchs zuletzt aus dieser philosophischen Erotik Plato's heraus? Eine neue Kunstform des griechischen Agon, die Dialektik." (GD Streifzüge, 23, KSA 6, 126).

Nietzsches Studien zur Agonalität lösen sich im Verlauf seines Werkes sukzessive von den kulturgeschichtlichen Ansätzen zur Antike und finden Eingang in die Erprobung größerer philosophischer Zusammenhänge. Leitend bleibt dabei das für griechische Individuen und Poliskulturen herausgearbeitete Machtstreben (→ Macht), das in seiner polyzentrischen Anlage zu immer neuen Formgebungen führt, die dann ihrerseits jeweils als temporäre Macht-Konstellationen zu fassen sind. Nietzsches Verabschiedung des klassischen Organismusmodells, seine evolutionäre Deutung des Bewusstseinsgeschehens, die Auslegung der Subjektivität als „Subjekts-Vielheit" und insbesondere seine Formulierung der → Willen zur Macht-Hypothese bleiben zu erheblichen Anteilen den frühen Überlegungen zur Agonalität verpflichtet.

(**HW**, KSA 1, 783-792; **PHG** 5, KSA 1, 825 f.; **GD** Sokrates 8, KSA 6, 71; **GD** Streifzüge 23, 126; **GD** Alten 4, 158 ff.;

NL 1871, 16[22]-16[41], KSA 7, 402-407; **NL 1881**, 11[186], KSA 9, 514 f.)

Amor fati

Amor fati, also Liebe zum Fatum bzw. zum eigenen Schicksal, darf als die ultimative Bejahungsformel Nietzsches angesehen werden. Im Werk kommt sie nur wenige Male vor, dafür aber an zwei bezeichnenden Orten: zuerst und damit vergleichsweise spät im Umkreis der ausgereiften Aphoristik der *Fröhlichen Wissenschaft* (1882) und zuletzt in den Umwertungsschriften von 1888 und darin vor allem in *Ecce homo*. Philosophiehistorisch sind zunächst zwei Referenzen naheliegend:

1. Das stoische Konzept einer vernunftgeleiteten Einsicht in den von der Weltvernunft garantierten notwendigen Ablauf des kosmischen Geschehens (*ananke*, *heimarmene*). Der selbstbestimmte logische Eintritt in die teleologische Ordnung verwandelt hier das emotive Leiden an den scheinbaren Wirrungen des Schicksals in einen emotionslosen, stabilen Glückszustand (*apatheia* als *eudaimonia*).
2. Spinozas Grundgedanke der intellektuellen Liebe zu Gott (*amor intellectualis dei*), nach dem die erkennende Liebe des Menschen zu Gott ein Spezialfall der unendlichen Liebe Gottes zu sich selbst ist. Im Gegensatz zur Stoa wird hierbei die Rationalität des Menschen nicht gegen seine Affektivität gewendet, sondern mit ihr versöhnt. Demnach ist die Erkenntnis, als endlicher Seinsmodus in die substantielle Einheit der Natur qua Gott integriert zu sein, selbst als höchster → Affekt ausgewiesen: die aktive Liebe der Vernunft.

Bejaht Nietzsche zunächst noch mit Schopenhauer die Haltung umfassender philosophischer Illusionslosigkeit, so geht er spätestens mit der Figur des ‚freien Geistes' zu einer Disposition über, die das Leiden am Leben, an der Zeitlichkeit und Kontingenz der Verhältnisse im Modus eines als → Kunst verstandenen Schaffens auffasst und zu affirmieren bestrebt ist. Der Fatalismus, dem dabei das Wort geredet wird, vollzieht sich nun jedoch unter den speziellen Bedingungen eines jeweils als individuell erkannten und anerkannten Fatums. Nicht die Integration in ein vorgegebenes Ganzes steht dabei im Zentrum, sondern die Aufbietung einer eigenen ‚inneren' Notwendigkeit, die sich zum jeweils erfahrenen Ganzen in ein aktives Verhältnis setzen kann.

Dementsprechend wird der Gedanke in der *Fröhlichen Wissenschaft* auch nicht als Lehre, sondern in der Form einer Selbstverpflichtung vorgetragen: „Ich will immer mehr lernen, das Nothwendige an den Dingen als das Schöne sehen: – so werde ich Einer von Denen sein, welche die Dinge schön machen. Amor fati: das sei von nun an meine Liebe! Ich will keinen Krieg gegen das Hässliche führen. Ich will nicht anklagen, ich will nicht einmal die Ankläger anklagen. Wegsehen sei meine einzige Verneinung!" (FW 276, KSA 3, 521). In der angeführten → Liebe verbindet sich die unfreie Hingabe an einen das Leben umgreifenden, stets nur vorläufig und → perspektivisch erfahrbaren Gesamtzusammenhang mit der Bejahung der experimentellen und kontingenten Aspekte des eigenen Existenzvollzugs. Die Formel hat damit den Charakter eines Paradoxes. Fassbar wird dieses, sobald man in Rechnung stellt, dass

1. mit *amor fati* kein metaphysisches Prinzip, sondern eine Moral bzw. Ästhetik des Individuums angesprochen und
2. kein Seelenzustand, sondern eine Praxis gemeint ist.

Angezeigt ist damit die kaum zu vermittelnde ethische Aufgabe und individuelle Forderung, den Selbstaufhebungscharakter des Lebens in jedem Augenblick des eigenen Lebens zu bejahen. In dieser Liebe ordnet sich der einzelne Wille aktiv in das Leben ein, ohne in Alternativen, Widerständen und damit Negationen gegenüber dem So-Sein des Daseins zu verbleiben. Als *amor fati* wird der befreiende Charakter eines solchen Bejahungsaktes in der Gestalt einer beinahe mystischen Haltung herausgearbeitet: Der Eintritt in die Liebe zum Fatum ist die Bejahung eines Willens, der nichts anderes als das Gegebene mehr will. In ihm konvergieren der Augenblick mit der Ewigkeit und die Preisgabe aller allgemeinen Bestimmungen mit dem Aufgeben einer personalen Identität. „Aufhören, sich als solches phantastisches ego zu fühlen! Schrittweise lernen, das vermeintliche Individuum abzuwerfen! Die Irrthümer des ego entdecken! Den Egoismus als Irrthum einsehen! Als Gegensatz ja nicht Altruismus zu verstehen! Das wäre die Liebe zu den anderen vermeintlichen Individuen! Nein! Über ‚mich' und ‚dich' *hinaus! Kosmisch empfinden!*" (NL 1881, 11[7], KSA 9, 443).

(**FW** 276, KSA 3, 521; **EH** klug 10, KSA 6, 297; **EH** WA 4, 363; **NW** Epilog 1, KSA 6, 436; **NL 1881**, 11[7], KSA 9, 442 f.;
NL 1888, 16[32], KSA 13, 492 f.; **NL 1888**, 25[7], 641)

Antisemitismus (→ Judentum)

Aphorismus

In Nietzsches Gebrauch bzw. seiner Anverwandlung literarischer Formen für die philosophische Schriftstellerei kommt der Gattung des Aphorismus eine kaum zu überschätzende Rolle zu. Beginnend mit *Menschliches, Allzumenschliches* steht die mittlere Schaffensperiode Nietzsches (WS, M, FW) im Zeichen entsprechender Schreibformen – die *Fröhliche Wissenschaft* und darin vor allem das V. Buch *Wir Furchtlosen* dürfen als Höhepunkt derselben und als Umsetzung eines in formaler Hinsicht eigenständigen und neuartigen Aphorismus-Verständnisses angesehen werden.

Die Kenntnisnahme und Anerkennung der spezifischen Leistungsfähigkeit aphoristischen Schreibens geht hier auf den Einfluss von Paul Rée zurück. Dessen *Psychologische Untersuchungen* haben Nietzsche insbesondere in stilistischer Hinsicht beeindruckt. Auch die Auseinandersetzung mit der französischen Moralistik und dabei insbesondere mit La Rochefoucaulds *Maximen und Reflexionen* ist von Rée motiviert. Als deutsche Vorläufer und Orientierungspunkte dürfen Lichtenberg, Schopenhauer und in Teilen wohl auch die Fragment-Literatur der Frühromantik angesehen werden. Prägnanz, Pointiertheit und Provokationsfreude werden dabei zum programmatischen Gegenangebot zur Darstellungsweise philosophischer Dogmatik mitsamt ihres Anspruchs auf systematische Geschlossenheit. Inhaltlich bietet die offene Form des Aphoristischen, wie vorzugsweise *Menschliches, Allzumenschliches* I und II zeigen, die Möglichkeit, verschiedenartige Gesichtspunkte zu bekannten Fragestellungen zu sammeln, dem Leser als Reflexionsexperimente anzubieten und dabei zunächst noch lose zu gruppieren. Die dem Ideal der *brevitas* verpflichtete Prosa dient der Erprobung eines Gedankens bei gezieltem Verzicht auf dessen diskursive Entfaltung. Angestrebt wird auf diese Weise ein Maximum an Sinnerzeugung auf minimalem Raum: „Der Aphorismus, die Sentenz, in denen ich als der Erste unter Deutschen Meister bin, sind die Formen der ‚Ewigkeit'; mein Ehrgeiz ist, in zehn Sätzen zu sagen, was jeder Andre in einem Buche sagt, – was jeder Andre in einem Buche n i c h t sagt…" (GD Streifzüge, 51, KSA 6, 153). Dabei scheint Nietzsche anfangs formal noch zwischen Sentenz und Aphorismus unterschieden zu haben, wie insbesondere die 444 in Reinschrift gebrachten und durchnummerierten Stücke (Nachlass Sommer-Herbst 1882, 3[1], KSA 10, 53-107) bekunden, die explizit für „Ein Sentenzen-Buch" unter dem Titel „Auf hoher See", „Schweigsame Reden" oder „Jenseits von gut und böse" (sic!) entworfen sind. Hier sind es mitnichten zehn Sätze, sondern zum überwiegenden Teil Zwei- oder Dreizeiler, in denen Nietzsche einen Gedanken zu pointieren bestrebt ist. Zur Gattungsprofilierung der Sentenz heißt es darin noch vielsagend: „Der Glaube in der Form, der Unglaube im Inhalt – das macht den Reiz der Sentenz aus – also eine moralische Paradoxie." (NL 1882, 3[1], Nr. 121, KSA 10, 68). Vor allem der Verzicht auf anreichernde Kontextualisierungen oder perspektivische Brechungen scheint hierbei als gattungskonstitutives Merkmal angesprochen. Es empfiehlt sich in diesem Sinne durchaus, zwischen der paradoxen Kleinform der Sentenz, die noch ganz dem klassischen Ideal der *brevitas* folgt und jener aufwändigeren Perspektivenentfaltung zu unterscheiden, der Nietzsches eigentliche und reife Aphorismen verpflichtet sind. Letztere zeichnen sich folglich gegenüber der Sentenz nicht nur durch einen höheren Kompositionsgrad und umfassenderen Gestaltungswillen aus, sondern erbringen durch die Selbstanwendung des Form-Inhalt-Schemas auch einen reflexiven Zugewinn.

Spätestens ab der *Fröhlichen Wissenschaft* avanciert der Aphorismus bei Nietzsche zu einem Medium, in dem das Denken in Perspektiven nun auch in formaler Weise ausgestellt wird und damit die bisherigen Grenzen der Gattung zu sprengen scheint. Generell ist von hier an – wie etwa in den meisten Büchern von *Jenseits von Gut und Böse* – schlicht nicht mehr zu entscheiden, ob es sich gattungsspezifisch um Langaphoristik oder Kurzessayistik handelt. Für die experimentelle Eigenständigkeit der Form sind zwei Momente kennzeichnend: Zum einen eine eher ahoristische (also entgrenzende) Dimension hinsichtlich der inhaltlichen Fragestellung, die dem aphoristischen (also auf sprachliche Limitation abzielenden) Gestus der Gattung eher entgegensteht. Nietzsche bricht die herausgestellten Perspektiven und arbeitet ebendiese Brechung zu einem gezielten Mittel der Leserlenkung aus (→ Stil). Zum anderen sind die Textstücke im Textgewebe des jeweiligen Buches interdependent angelegt. In ihrem wechselseitigen Verweisungs- und Ergänzungscharakter zeigt sich eine formale Strukturierung, die Nietzsche selbst nicht zufällig in die Nähe der musikalischen Kompositionstechnik gerückt hat. Anstelle der definitorischen Sacharbeit tritt hier die musikalische Verfahrensweise der fortgesetzten Variation einer Themendurchführung innerhalb von Sätzen in den Vordergrund. Die Gedankenentwicklung erfolgt analog dazu eher über perspektivische Brechungen, Unterbrechungen, Aposiopesen oder überraschende Wiederaufnahmen eines Themas als über eine begrifflich rekonstruierbare Entfaltung eines Sachzusammenhangs. Gerade die Musikalität und Bildhaftigkeit der → Sprache hat Nietzsche sich zu eigen gemacht, um den Aphorismus in die maßgebliche Darstellungsform seines Denkens zu verwandeln. Eingeholt werden kann sie folgerichtig nur durch die gleichermaßen philologisch und interpretationsphilosophisch geschulte Kunst des Lesens.

(**MA I** 35, KSA 2, 57; **MA I** 37, 59 ff.; **MA II, VM** 129, 432 f.; **VM** 165, 445; **VM** 168, 446; **VM** 219, 471 f.; **MA II, WS** 109, 599; **GM** Vorrede 8, KSA 5, 255; **GD** Streifzüge 51, KSA 6, 153;

NL 1882, 3[1], KSA 10, 53-107; **NL 1883**, 12[1], KSA 10, 383-400; **NL 1885**, 35[31], KSA 11, 522; 37[5], 579 f.)

Apollo, das Apollinische

I. Mythos

Der Sohn der Titanin Leto und des Zeus, Zwillingsbruder der Artemis, zählt bereits im antiken Mythos zu den profiliertesten und einflussreichsten Göttern im olympischen Pantheon. Homer nennt ihn den ‚aus der Ferne treffenden' (*hekebolos*) in einem ambivalenten, durchaus auch tödlichen Sinn: Apoll kann mit dem Bogen (einem seiner Hauptattribute) epidemische Seuchen senden und ganze Völker dezimieren (Ilias I, 8 f.), aber als *Smintheus* ebenso von Seuchen und Krankheit befreien (Asklepios als Vater der Arztkunst ist Sohn des Apollo). Es sind vor allem drei maßgebliche Funktionsbereiche, die den Gott kennzeichnen: Als *Phoibos*

Apollon ist er der Strahlende, alles mit Licht durchdringende Gott der Sichtbarkeit (1). Als *Pythios* ist er Hauptgott der delphischen Orakelstätte (2). Neben den mantischen Kompetenzen ist die mit Delphi verbundene Weisheitsagenda der menschlichen Selbsterkenntnis als einer Erkenntnis und Anerkennung menschlicher Grenzen mit seinem Namen verbunden. Zu beachten ist der Umstand, dass die zahllosen vom Orakel ausgehenden Städtegründungen Apollo zu einer genuin politischen Gottheit machen: Die Praxis der Kolonisation ist eine entscheidende Entwicklungsstufe innerhalb der griechischen Polisbildung. Als *Mousagetes* ist Apollo (mit der Kithara als seinem zweiten Attribut) Anführer der Musen und damit Schutzgott aller künstlerischen und insofern auch wissenschaftlichen und philosophischen Kompetenzen (3).

II. Traditionslinien und -brüche bei Nietzsche: Apollo als Kunstgott
Nietzsches Charakterisierung des Apollinischen schließt gezielt an den Mythos, die zeitgenössische altertumswissenschaftliche Mythologieforschung (insbesondere an Karl Ottfried Müller), vor allem aber an die Antikestudien der deutschen Klassik an. Er folgt hierbei einer von Winckelmann und Lessing über Karl Philipp Moritz bis hin zu Herder, Goethe und Schiller reichenden Tendenz – wie der deutsche Klassizismus generell zu weiten Teilen als Rekonstruktion griechischer Ästhetik im Namen vermeintlich apollinischer Qualitäten angesehen werden kann. Übereinstimmungen finden sich vor allem in der Zentrierung auf die bildhafte und plastische Dimension der ästhetischen Praxis. Weil Apollo als Lichtgott den Bereich des Sichtbaren als solchen strukturiert, gehen von ihm auch sämtliche gliedernden, eidetischen und ordnenden Kompetenzen nach innen und nach außen aus. „Apollo, als der Gott aller bildnerischen Kräfte, ist zugleich der wahrsagende Gott. Er, der seiner Wurzel nach der ‚Scheinende', die Lichtgottheit, ist, beherrscht auch den schönen Schein der inneren Phantasie-Welt." (GT 1, KSA 1, 27). Die bildende Kraft lässt Apollo auch zum Garant einer noetisch, ethisch und ästhetisch ausbalancierten menschlichen Individualität werden. Maß im Ästhetischen und Mäßigung im Ethischen charakterisieren gleichermaßen das Programm des Humanismus, die Bildungsidee und das Konzept der ‚schönen Seele'. Auch darin folgt der Autor der *Geburt der Tragödie* seinen Vorgängern: „Apollo, als ethische Gottheit, fordert von den Seinigen das Maass und, um es einhalten zu können, Selbsterkenntniss. Und so läuft neben der ästhetischen Nothwendigkeit der Schönheit die Forderung des ‚Erkenne dich selbst' und des ‚Nicht zu viel!' her" (GT 4, KSA 1, 40).

Die antiklassizistische Umakzentuierung Nietzsches liegt in der Begrenzung des apollinischen Ordnungsbegriffs für die Ästhetik durch die Konfiguration Apollo und → Dionysos. Auch hier ist er zunächst noch an antiken Darstellungen orientiert: Bereits in Platons *Nomoi* werden Apoll und Dionysos als Kunstgottheiten eingeführt, die Winckelmann später aufnimmt und zu einer idealtypischen Schönheitskonzeption entwickelt. Eine spekulative Gegenüberstellung in prinzipieller Hinsicht scheint sich jedoch erstmals beim jungen Friedrich Schlegel zu finden.

Für Nietzsche bedeutend ist die mit Karl Otfried Müller und Friedrich Gottlieb Welcker verbundene Gegensatzkonstruktion, die kultische Aspekte mit poetologischen und musikologischen verbindet und dann bei seinem Lehrer Friedrich Ritschl als ein das Griechentum prägender Kontrast von dionysischer Auletik und apollinischer Kitharamusik rezipiert wird. Nietzsche nimmt diese Kontrastierungen auf und verbindet sie zu einem grundlegenden Konzept ästhetischer Praxis einerseits und ästhetischer Erfahrung andererseits. In der radikalen Ausarbeitung der „Duplicität des Apollinischen und des Dionysischen" (GT 1, KSA 1, 25) und der phänomenologischen Konkretisierung des ästhetischen Prozesses geht Nietzsche entschieden über alle Vorläufermodelle hinaus.

III. Das Apollinische

Die Etablierung der Form, die das Apollinische bei Nietzsche generell charakterisiert, ist ganz vom Bezugspunkt der visuellen Wahrnehmung aus vorgenommen, wie auch im Spätwerk noch betont wird: „Der apollinische Rausch hält vor Allem das Auge erregt, so dass es die Kraft der Vision bekommt. Der Maler, der Plastiker, der Epiker sind Visionäre par excellence." (GD, Streifzüge 10, KSA 6, 117). Zweierlei konstituiert den Zusammenhang zwischen Visualisierung und Vision: Dazu gehört die alles mit Licht durchdringende Helligkeit und Transparenz einerseits, andererseits der Akt der Gliederung, Begrenzung und Gestaltgebung. Das Apollinische ist so gesehen bei Nietzsche durch eine Doppelstruktur gekennzeichnet: Es ermöglicht den transparenten Hintergrund als Voraussetzung für alle Bildhaftigkeit, vor dem dann die Bilder als solche erscheinen können. Apoll als Gott der ‚Scheinproduktion' ist insofern reflexiv und selbstbezüglich: Diese Reflexivität ermöglicht darum auch „Stufen der Scheinbarkeit" (JGB 34, KSA 5, 53). Bemerkenswert ist hierbei Nietzsches Bildinterpretation von Raffaels Verklärung Christi, in dem der Vermittlungscharakter der apollinischen Kunst als „Depotenziren des Scheins zum Schein" (GT 4, KSA 1, 39) herausgearbeitet wird (→ Transfiguration). Die ontologische Unterscheidung von Sein und Schein ist damit vonseiten einer vorgängigen Ästhetik des Scheins immer schon unterlaufen – an ihre Stelle treten die Stufen des Scheinbaren. Im physiologischen Narrativ der beiden „Kunsttriebe" wird der apollinische Zustand gegenüber der dionysischen Rauscherfahrung über die „Analogie" des Traumes verdeutlicht (GT 4, KSA 1, 38 ff.). Leitend ist hierbei nicht die Assoziativität der Traumsequenzen, sondern die Luzidität des jeweilig einzelnen Traumbilds. Von ihr her versteht sich auch die Aufwertung der Anschauung als einer „unmittelbaren Sicherheit" (GT 1, KSA 1, 25) – der „Plastiker und zugleich der ihm verwandte Epiker ist in das reine Anschauen der Bilder versunken" (GT 5, KSA 1, 44). Erkenntnistheoretisch gewendet ist der Gewinn der ästhetischen Struktur Täuschung, Illusion, ja Lüge: „hier siegt die Schönheit über das dem Leben inhärirende Leiden, der Schmerz wird [...] aus den Zügen der Natur hinweggelogen." (GT 16, KSA 1, 108). Der apollinische Schein erhält eben damit einen existentiellen und heilsgeschichtlichen Charakter: Er schützt und erlöst durch Formen der Schönheit, er sichert das Individuum qua *principium individuationis* vor dem Blick in den Abgrund des kollektiven Unbewussten. Die apollinische Dimension der → Kunst hat den Charakter einer Vermittlung des eigentlich Unvermittelbaren durch dessen immer neue Formgebung. Für Nietzsche war dies in der attischen → Tragödie beispielhaft realisiert: Im Medium der stabilisierenden Rhythmik gegenüber der Musik, im Medium des Sprechverses gegenüber dem Melos, im Medium der Handlung (des Dramas) gegenüber dem choreutischen Tanz erweist sich die Leistung der apollinischen „Objectivation eines dionysischen Zustandes" (GT 8, KSA 1, 62) in exemplarischer Weise.

Die Herauslösung des Apollinischen aus seiner „Duplicität" mit dem → Dionysischen wird von Nietzsche als Katastrophengeschichte eines umfassenden kulturellen Wandels rekonstruiert, eines Wandels, in dem das „Problem der Wissenschaft" erscheint (GT Selbstkritik, 2, KSA 1, 13). An die Stelle ästhetischer Vermittlung tritt nun die neue Aufgabe der logischen Durchdringung des Daseins – Apollo ohne Dionysos verwandelt sich vom Kunstgott zur philosophischen Autorität, die gleichermaßen Erkenntnis und Selbsterkenntnis verbürgt. Der in Euripides sich vollziehende „Todeskampf der Tragödie" (GT 11, KSA 1, 76) wird von Nietzsche mit dem Auftreten einer „vor ihm unerhörten Daseinsform" verbunden und als apollinische Vereinseitigung des Weltbezugs durch den folgenreichen „Typus des theoretischen Menschen" Sokrates inszeniert (GT 15, KSA 1, 98). Die apollinische Bilderwelt erstarrt jetzt im logischen Gebilde, im „Mechanismus der Begriffe, Urtheile und Schlüsse" (ebd., 100).

Das spätere Werk Nietzsches ist von einem deutlichen Zurücktreten der Denkfigur des Apollinischen gekennzeichnet. Doch ist dieser (bloß indexikalische) Befund nur als vordergründig anzusehen – nicht zufällig korrespondiert mit der Abnahme apollinischer Begrifflichkeit eine nochmalige Aufwertung des Dionysos. Vieles spricht dafür, dass der Dionysos in Nietzsches Spätwerk die spekulative Differenz von Apollinischem und Dionysischem als Ganzes in sich aufgenommen hat.

(**GT** 1, KSA 1, 25-30; **GT** 2, 30-34; **GT** 4, 38-42; **GT** 5, 42-48; **GT** 8, 57-64; **GT** 9, 64-71; **GT** 11, 75-81; **GT** 14, 92-96; **GT** 15, 97-102; **GT** 16, 102-108; **DW** 1, KSA 1, 553-559; **FW** 84, KSA 3, 439-442; **GD** Streifzüge 10, KSA 6, 117 f.;
NL 1869-70, 3[36], KSA 7, 70; **NL 1888**, 14[14], KSA 13, 224 f.)

Ariadne

Mythische Tochter des Minos und der Pasiphae, die sich in den Athener Theseus bei dessen Ankunft auf Kreta verliebt, ihm mit Hilfe des sprichwörtlichen Ariadnefadens den Weg durchs Labyrinth weist und damit die Tötung ihres stierköpfigen Halbbruders Minotauros veranlasst. Auf dem Rückweg unter unklaren Umständen auf Naxos zurückgelassen, wird sie von Dionysos aufgefunden und geehelicht.

In Nietzsches Werk wird die mythologische Konstellation Theseus – Ariadne – Dionysos mehrfach adaptiert, variiert und schließlich in eine eigenständige philosophische Mythopoiese überführt. Eher nachrangig ist demgegenüber die privatbiographische Besetzung der Konstellation innerhalb Nietzsches imaginärer Selbstdeutung (Richard Wagner qua Theseus, Cosima Wagner = Ariadne, Nietzsche = Dionysos), gipfelnd in den Briefen und Briefentwürfen von 1888/89. Bedeutsamer dagegen sind die mit der Ariadne-Dionysos-Beziehung verbundenen Fragmente zu einer Phänomenologie des Labyrinthischen. Nicht Ariadnes Kenntnis eines Auswegs und ihre einmalige Hilfestellung stehen dabei im Vordergrund der Deutungen Nietzsches, sondern gerade ihr Wissen um den Charakter des Labyrinthischen ist es, das sie in die Nähe zum für die Griechen zunächst so fremden Gott der Gegensätze Dionysos rückt.

Bereits das von Nietzsche geplante Empedokles-Drama (NL 1870-71, 8[37], KSA 7, 236 f.) verfährt in seiner Figurenverdopplung (Empedokles = Dionysos) und dem szenischen Aufbau von Vornherein metatheatralisch und konterkariert die Ausgangslage des konventionellen Mythos: Das Dramenkonzept endet in der Frage „Flieht Dionysos vor Ariadne?". Ariadne steht hier für die gleiche Bedrohung, die Dionysos in der geschichtsphilosophischen Konstruktion Nietzsches gegenüber dem apollinischen Griechentum verkörpert: Sie entgrenzt und gefährdet das → Bewusstsein. In dieser Gefährdung übt sie Faszination aus auf jene freien Geister, die um die → Perspektivität allen Erkennens und den unabschließbaren Interpretationscharakter der Welt wissen: „Ein labyrinthischer Mensch sucht niemals die Wahrheit, sondern immer nur seine Ariadne – was er uns auch sagen möge." (NL 1882-83, 4[55], KSA 10, 125).

In einem nur angedeuteten Satyrspiel-Projekt von 1887 (NL 1887, 9[115], KSA 12, 401 f.) gestaltet Nietzsche diesen philosophischen Kontext dramatisch. Als Herrin des Labyrinths weist Ariadne zwar den Weg (griech.: Methode) aus diesem heraus, ist jedoch selbst immer schon über die eine und eindimensionale Wahrheit dieses einen Wegs erhaben. Damit wird sie selbst zur Chiffre des Labyrinthischen: „Ariadne, sagte Dionysos, du bist ein Labyrinth." Der athenische Heros Theseus steht demgegenüber als methodisch geleiteter, also abhängiger Wahrheitssucher für die kleine Vernunft der Bewusstseinsoberfläche – er lotet das Abgründige mit Gründen aus und glaubt an die Wahrheit: Er wird „tugendhaft", wird zum „Held sich selbst bewundernd" und also: „absurd". Folgerichtig lässt Ariadne ihn vor ihrer Hochzeit mit Dionysos untergehen: „Das ist meine letzte Liebe zu Theseus: ‚ich richte ihn zu Grunde' " (NL 1887, 9[115], KSA 12, 402).

Übernimmt Ariadne in manchen Notizen noch den Part der ironisch intervenierenden philosophischen Gesprächspartnerin (NL 1885, 37[4], KSA 11, 576-79), so wird sie in Nietzsches Selbstapotheose der *Dionysos-Dithyramben* zu dessen alleinigem Gegenüber. Als ultimative Referenz der eigenen Einsamkeitserfahrungen ist die *Klage der Ariadne* (DD, KSA 6, 398 ff.) an jenen Dionysos gerichtet, der die Einheit von Lust und Schmerz verkörpert („mein unbekannter Gott! mein Schmerz! mein letztes Glück!"). Innerhalb seines eigenen Dithyrambus erscheint Dionysos der Klagenden zuletzt als zweifelhafter Ratgeber und kehrt das Verhältnis ein letztes Mal um: „Sei klug, Ariadne! [...] Muss man sich nicht erst hassen, wenn man sich lieben soll? Ich bin dein Labyrinth ..." (DD, KSA 6, 401).

(**JGB** 295, KSA 5, 237 ff.; **GD** Streifzüge 19, KSA 6, 123 f.; **EH** Za 8, KSA 6, 348 f.; **DD**, KSA 6, 398-401;
NL 1870, 8[37], KSA 7, 236 f.; **NL 1882**, 4[55], KSA 10, 125; **NL 1885**, 37[4], KSA 11, 576-79; **NL 1887**, 9[115], KSA 12, 401 f.)

asketisches Ideal

Mit der sprachlichen Neuschöpfung vom asketischen Ideal stiftet Nietzsche einen wechselseitigen Verweisungszusammenhang, der als kulturprägende Antwort auf die spezifisch europäische Frage nach dem „Sinn des Lebens" angesehen wird. Asketische Idealität ist in der philosophischen Diagnose Nietzsches die maßgebliche Form des abendländischen Subjektivierungsprozesses.

Dabei steht die Askese ihrer Ursprungssemantik nach für die entsagende, disziplinierende bis hin zur Selbstkasteiung reichende Umgestaltung des Leibes und des → Lebens zugunsten einer als ‚Spiritualität' verstandenen Erschließung und Sublimierung seelischer Vermögen. Mit der Askese ist gewissermaßen die Haltung angezeigt, deren eigentliche Ausrichtung wiederum durch das Ideal bestimmt wird. Erst das Ideal gibt dem asketischen Leben seine Form, in dem es den Menschen von der unabweisbaren Frage nach dem Sinn des Leidens erlöst: „Der Mensch, das tapferste und leidgewohnteste Thier, verneint an sich nicht das Leiden: er will es, er sucht es selbst auf, vorausgesetzt, dass man ihm einen Sinn dafür aufzeigt, ein Dazu des Leidens." (GM III 28, KSA 5, 411). Die Erlösung von der drängenden Leidfrage ist dabei jedoch konstitutiv um den Preis einer Verschärfung des Leidens erkauft. In der Ausrichtung auf den kollektiven Bezugspunkt einer jenseitigen Welt, von dem aus das diesseitige Leben gleichermaßen gerichtet und gerechtfertigt werden kann, sieht Nietzsche die kardinale Operation des asketischen Ideals. Die Verwaltung und Institutionalisierung des Leidens unter Zuhilfenahme der Konzepte der ‚Schuld', des ‚Gewissens' etc. und seine Organisation zu einer sich selbst absolut setzenden → Kultur sind das Problem, an dem sich Nietzsche moralkritisch zeit seines Lebens abarbeitet. Vorzugsweise in Gestalt der christlichen Moralität (→ Christentum), die aus der Ohnmacht erwachsen sei, nun aber selbst als psychisch und kulturell verankerte Macht auftrete, gebe sich ein „Wille zum Nichts" als ein gefährlicher „Widerwille gegen das Leben, eine Auflehnung gegen die grundsätzlichsten Voraussetzungen des Lebens" zu erkennen (GM III 28, KSA 5, 412). Denn ohne die wechselseitige Verweisung aufeinander laufe sowohl die Askese als auch das Ideal auf bloße Verneinung eines innerweltlichen Sinnzusammenhangs hinaus. Angesichts dieser → nihilistischen Grundstruktur des asketischen Ideals sei die Frage nach dem Menschen und seiner weltimmanenten Bestimmung philosophisch neu zu stellen.

Im Zusammenspiel von asketischem Leben und seiner idealischen Formgebung entsteht eine Lebensform, deren Genese und Funktionsweise in der *Genealogie der Moral* auf den Ebenen der → Kunst, der Philosophie, der Religion und schließlich der Wissenschaft freigelegt und umfassend kritisiert wird. Wagners Musik, Schopenhauers → Ästhetik und Kants Konzeption des interesslosen Schönen werden als exemplarische Formen asketischer Kunst bzw. Kunstphilosophie rekonstruiert, in denen die Sinnlichkeit der ästhetischen Erfahrung einem puristischen und ideologischen Sinn der Kunst geopfert werde. Steht die europäische Philosophie qua Metaphysik mit ihrem strikten Wahrheitsbezug und in ihren substantialistischen und subjekttheoretischen Ausprägungen von Vornherein im Bann des asketischen Ideals, so zeige sich erst in der Gestalt des ‚Priesters', den Nietzsche als soziologischen Typus, nicht als Beruf konzipiert, das asketische Ideal in seiner administrativ und psychologisch durchgreifendsten Verfassung. Durch eine Richtungsveränderung des → Ressentiments führe die priesterliche Herrschaft über die Leidenden zugleich zur Kultivierung des Leidensbewusstseins und organisiere sich eben dadurch als Kultur. Subtilste und zugleich konsequente Erscheinung einer solchen Kultur ist in der genealogischen Konstruktion Nietzsches die Wissenschaft. Diese folgt dem Ideal einer unbedingten und zeitlos gültigen Wahrheit und bringt in der Art und Weise dieses Folgens zugleich das asketische Ethos der Objektivität hervor. Bereits in der *Fröhlichen Wissenschaft* wird die moderne Ablehnung der Gotteshypothese als das paradoxe Produkt einer an Gott orientierten moralischen Kultur ausgewiesen: „Man sieht, was eigentlich über den christlichen Gott gesiegt hat: die christliche Moralität selbst, der immer strenger genommene Begriff der Wahrhaftigkeit, die Beichtväter-Feinheit des christlichen Gewissens, übersetzt und sublimirt zum wissenschaftlichen Gewissen, zur intellektuellen Sauberkeit um jeden Preis." (FW 357, KSA 3, 600). Der Autor der *Genealogie der Moral* vollzieht diese genealogische Selbstaufhebung des asketischen Ideals im ‚intellektuellen Gewissen' paradigmatisch. Er verknüpft sie mit dem Anspruch an eine Umwertung jener Subjektivierungsformen, die den europäischen Begriff der Moral und der Vernunft hervorgebracht haben. Die Freilegung des asketischen Ideals, wie sie die *Genealogie der Moral* betreibt, ist in dieser Hinsicht als rekursive Aufarbeitung der eigenen Umwertungsstrukturen anzusehen (→ Wert, Umwertung).

(**MA I** 136, KSA 2, 130; **MA I** 137, 130 f.; **M** 331, KSA 3, 234; **FW** 344, KSA 3, 574-57; **FW** 357, 597-602; **JGB** 61, KSA 5, 79 ff.; **GM III** 1, KSA 5, 339; **GM III** 7, 349 ff.; **GM III** 9, 356-359; **GM III** 10, 359 ff.; **GM III** 11, 361 ff.; **GM III** 13, 365 ff.; **GM III** 18, 382 ff.; **GM III** 21, 391 f.; **GM III** 23, 395-398; **GM III** 24, 398-401; **GM III** 25, 402-405; **GM III** 28, 411 f.)

Begriff (→ Vorbemerkung)

Bewusstsein

Das Bewusstsein als kardinale Instanz des neuzeitlichen philosophischen Selbstverständnisses findet sich im Denken Nietzsches weitgehend auf ein nachrangiges, simplifizierendes Oberflächengeschehen gegenüber einer ungleich reicheren Welt unbewusster leiblicher Vorgänge reduziert. Zahlreiche Aphorismen und im Nachlass verstreute Überlegungen variieren die formulierte Frage, ob und inwieweit „all unser sogenanntes Bewusstsein ein mehr oder weniger phantastischer Commentar über einen ungewussten, vielleicht unwissbaren, aber gefühlten Text ist?" (M 119, KSA 3, 113).

Generell gibt es nach Nietzsche kein Bewusstsein in einem ontischen Sinn – stattdessen wird das substantielle und unbedingte Wissen seiner selbst, wie es Descartes zum Ausgangs- und Angelpunkt des Denkens erhoben hat, bei ihm vornehmlich als Fiktion und Hypostase bezeichnet, als ‚Problem' verhandelt, als eigentlich verzichtbar erwogen und oftmals auch als Gefahr und ‚Krankheit' angesprochen. Die Vereinseitigung des Menschen zu einem Bewusstseinswesen gilt demnach als Kardinalfehler einer philosophischen Tradition, die Nietzsche insgesamt als ein systematisches Missverstehen des Leibes rekonstruiert hat. Auf der anderen Seite gewinnt die Prozessualisierung von Bewusstseinsvorgängen ein theoriefähiges Erklärungspotential durch ihre Einbindung in evolutionäre Kontexte: „Die Bewusstheit ist die letzte und späteste Entwickelung des Organischen und folglich auch das Unfertigste und Unkräftigste daran. […] Man denkt, hier sei der Kern des Menschen; sein Bleibendes, Ewiges, Letztes, Ursprünglichstes! Man hält die Bewusstheit für eine feste gegebene Grösse! Leugnet ihr Wachsthum, ihre Intermittenzen! Nimmt sie als ‚Einheit des Organismus'! – Diese lächerliche Ueberschätzung und Verkennung des Bewusstseins hat die grosse Nützlichkeit zur Folge, dass damit eine allzuschnelle Ausbildung desselben verhindert worden ist. Weil die Menschen die Bewusstheit schon zu haben glaubten, haben sie sich wenig Mühe darum gegeben, sie zu erwerben" (FW 11, KSA 3, 382 f.).

Als herausragend und überdies auch von aktueller Relevanz sind die Ausführungen zum „Problem des Bewusstseins (richtiger: des Sicht-Bewusst-Werdens)" anzusehen, die im Aphorismus 354 der *Fröhlichen Wissenschaft* in Form eines selbstbezüglichen Gedankenexperiments vorgestellt werden. Vom evolutionären Horizont (→ Darwinismus) der „Physiologie und Thiergeschichte" ausgehend wird die Frage „Wozu überhaupt Bewusstsein" durch ein sorgfältig aufgebautes Ensemble zeichen- und kommunikationsphilosophischer Thesen beantwortet (FW 354, KSA 3, 590). Den Auftakt dafür bildet die folgenreiche „Vermuthung", nach der „die Feinheit und Stärke des Bewusstseins immer im Verhältnis zur Mittheilungs-Fähigkeit eines Menschen (oder Thiers)" und „die Mittheilungs-Fähigkeit wiederum im Verhältnis zur Mittheilungs-Bedürftigkeit" stehe (FW 354, KSA 3, 590 f.). Aus der evolutionär bedingten „Noth" der Menschen, einander „rasch und fein zu verstehen", erwachse demnach „ein Ueberschuss dieser Kraft und Kunst der Mittheilung" (FW 354, KSA 3, 591). Mit der Folgethese, nach der das „Bewusstsein überhaupt sich nur unter dem Druck des Mittheilungs-Bedürfnisses entwickelt hat" (ebd.), schlägt die bis dahin vermeintlich konstruktive Bewusstseinstheorie um in die Destruktion all jener Ansprüche, die vonseiten der klassischen Bewusstseinsphilosophie formuliert wurden. Das Denken in Worten qua „Mittheilungszeichen" und mit ihm „die Entwicklung der Sprache und die Entwicklung des Bewusstseins" gelten demnach als „der oberflächlichste, der schlechteste Theil" jener nicht oder noch nicht bewusstgemachten Lebenswelt, in der sich gerade die eigentliche, die Individualexistenz des Menschen manifestiere (FW 354, KSA 3, 592). Der „Zeichen-erfindende Mensch" als der „zugleich immer schärfer seiner selbst bewusste Mensch" kann bei aller Bemühung um Selbsterkenntnis „doch immer nur gerade das Nicht-Individuelle an sich zum Bewusstsein bringen", da jeder Gedanke „fortwährend durch den Charakter des Bewusstseins [...] gleichsam majorisirt und in die Heerden-Perspektive zurück-übersetzt wird" (ebd.). Die somit gestiftete Erfahrung referiere weder auf eine gegebene Außenwelt noch auf die Innenwelt des Individuums, vielmehr ist „mit allem Bewusst-werden [...] Fälschung, Veroberflächlichung und Generalisation" verbunden (FW 354, KSA 3, 593). Das noch immer „wachsende Bewusstsein" wird abschließend als „Gefahr", für Europa sogar als „Krankheit" nahegelegt (ebd.). Der Verfasser, der selbst an der Aufhellung der Bewusstseinsproblematik mitarbeitet, wird damit zugleich als Teilnehmer an der Krankheit des Bewusstseins ausgewiesen. Entscheidend für das theorieaffine Experiment (→ Experimentalphilosophie), das eben nicht als Nietzsches Theorie des Bewusstseins missverstanden werden sollte, ist die mit der perspektivischen Herangehensweise verbundene finale Selbstaufhebungsfigur: Auch die im Aphorismus anfangs grundgelegte Kategorie der ‚Nützlichkeit' wird am Ende desselben reflexiv eingeholt: „und selbst, was hier ‚Nützlichkeit' genannt wird, ist zuletzt auch nur ein Glaube, eine Einbildung und vielleicht gerade jene verhängnisvollste Dummheit, an der wir einst zu Grunde gehn." (ebd.).

(**GT** 13, KSA 1, 88-91; **WL** 1-2, KSA 1, 873-890; **M** 115, KSA 3, 107 f.; **M** 129, 118 ff.; **FW** 11, KSA 3, 382 f.; **FW** 54, 416 f.; **FW** 354, 590-593; **FW** 357, 597-602; **JGB** 3, KSA 5, 17 f.; **JGB** 19, 31-34; **JGB** 34, 52 ff.; **GM I** 3, KSA 5, 260 f.; **GM II** 1, 291 f.; **GD** Vernunft 1-6, KSA 6, 74-79; **GD** Irrthümer 1-8, 88-97;

NL 1883-84, 24[16], KSA 10, 653-656)

Buddhismus, Buddha

Trotz überschaubarer Auseinandersetzung mit Primärquellen und eines eher sporadischen Zugriffs im Werk kann Nietzsches Interesse an indischer Religiosität und Spiritualität als durchgehend bezeichnend werden. Vor seinem Freund, dem Indologen Paul Deussen, resümiert er im Jahr 1888 brieflich: „Auch gehört es zu den wesentlichsten Förderungen meiner Vorurtheilslosigkeit (meines ‚*über-europäischen* Auges') daß Dein Sein und Wirken mich immer wieder an die einzige große Parallele erinnert, die es zu unsrer europäischen Philosophie giebt." (Nr. 969, KSB 8, 222). Speist sich das Interesse am Hinduismus vorwiegend aus interreligiösen und interkulturellen Fragestellungen und entsprechenden Kontrastierungsformen, so lässt sich im Hinblick auf den Buddhismus und seinen Stifter eine bleibende oder sogar wachsende Nähe konstatieren, die – wie oft in ähnlichen Fällen – bei Nietzsche gleichermaßen zu kritischen, oft krassen Abgrenzungsbemühungen einerseits und offenen Anerkennungsbekundungen andererseits führt. Stark beeindruckt wurde Nietzsche in seinem Zugriff zunächst durch Schopenhauers vereinnahmende Mobilisierung indischer Denkfiguren für die eigene → pessimistische Metaphysik. Als kritisches Korrektiv dazu können die sprach- und religionswissenschaftlichen Arbeiten von Max Müller (1869), Jacob Wackernagel (1876), später Paul Deussen und Hermann Oldenburg (1881) betrachtet werden. Als rezipierte buddhistische Quellen (freilich in Übersetzung) lassen sich das *Sutta nipata* und Teile des *Dhammapada* des Pali-Kanon nachweisen.

Im Frühwerk Nietzsches führen die Rezeption des Leidensgedankens und der daraus gewonnenen Haltung des Pessimismus zu einer erstaunlichen Parallelisierung von griechischer und buddhistischer Daseinsbewältigung im Zeichen des → Tragischen: „Der Illusionshintergrund der Tragödie ist der der buddhistischen Religion. Hier zeigt sich Seligkeit im Erkennen des höchsten Wehes. Darin triumphirt der Wille. Er sieht seine schrecklichste Configuration als den Born einer Daseinsmöglichkeit an." (NL 1870-71, 5[102], KSA 7, 121). Im Folgenden tritt mehr und mehr die Reife und Ausgewogenheit der buddhistischen Lebens- und Selbsterfahrung als der leitende Gesichtspunkt für Nietzsche hervor, an dem sich der europäische Mensch orientieren könne. In einem bemerkenswerten Aphorismus der *Morgenröthe* etwa wird der europäischen Kultur ein Experiment „in religiösen Dingen" angeraten, das in Indien mit dem Auftreten des Buddha bereits zu einem konsequenten Ende geführt worden sei (M 96, KSA 3, 87). Die spirituelle Praxis der Brahmanen mit ihrer Konzentration auf rituelle „Bräuche (Gebete, Ceremonien, Opfer, Lieder, Metren)" wird dabei als ein erster Schritt einer Emanzipation vom Göttlichen im Namen der priesterlichen Vermittlung gedeutet (ebd.). Die Gestalt Buddhas vollzieht „einen Schritt weiter" in dieser Richtung und markiert nun auch den Verzicht auf „Priester und Vermittler", tritt dieser doch als „Lehrer der Religion der Selbsterlösung" auf (ebd.). Die mit Buddha verbundene Spiritualisierung der individuellen Existenz wird von Nietzsche der Lebensform nach als aufgeklärte und psychologisch versierte Religion ohne Gott rekonstruiert. Im Spätwerk, vor allem mit klarer strategischer Ausrichtung im *Antichrist*, wird dieser Zusammenhang dann vornehmlich nach zwei Seiten hin entfaltet und ausschließlich in scharfer Auseinandersetzung mit dem Christentum entwickelt. Zum einen zählt der Buddhismus in seiner kardinalen Betonung der Leidhaftigkeit des Daseins und den daraus resultierenden Verneinungsformen wie auch das Christentum zu den → nihilistischen Religionen. Er sei das Produkt einer selten anzutreffenden zivilisatorischen Spätzeit und als gegen die eigene Affektivität gerichtetes Programm ein „Hedonism der Müden" (NL 1887, 10[190], KSA 12, 570). In der Anerkennung des Leidens sei er jedoch „kälter, wahrhafter, objektiver. Er hat nicht mehr nöthig, sein Leiden, seine Schmerzfähigkeit anständig zu machen durch die Interpretation der Sünde" (AC 23, KSA 6, 189). Zum anderen gilt der Buddhismus im Hinblick auf Moral, Psychologie und Erkenntnistheorie als entschieden postideologisch und wird in diesem Sinn als „die einzige eigentlich positivistische Religion, die uns die Geschichte zeigt", ausgezeichnet (AC 20, KSA 6, 186). In den Ausübungsformen wird er entsprechend (und mitunter auch idealistisch) als Kontrafraktur der christlichen Haltung entworfen: Er ist nicht Ausdruck der „Depression", sondern das Programm, mit dem Buddha „gegen diese […] hygienisch" vorgeht (ebd.). Nicht zufällig expliziert Nietzsche die buddhistische Haltung als ein Ensemble physiologisch und psychologisch motivierter Praktiken, um sie als die an den Einzelnen adressierte Überwindung einer ebenso restriktiven wie menschenfeindlichen Moral zu kennzeichnen. Dazu gehört das „Leben im Freien, das Wanderleben" ebenso die Außerkraftsetzung der Sorgestruktur, „weder für sich, noch für Andre" (AC 20, KSA 6, 186 f.). Der Buddhismus „fordert Vorstellungen, die entweder Ruhe geben oder erheitern […]. Er versteht die Güte, das Gütig-sein als gesundheitsfördernd. Gebet ist ausgeschlossen, ebenso wie die Askese; kein kategorischer Imperativ, kein Zwang überhaupt, selbst nicht innerhalb der Klostergemeinschaft" (AC 20, KSA 6, 187). Aus dem Wissen um die Reizbarkeit der → Affekte „fordert er auch keinen Kampf gegen Andersdenkende" (ebd.). Eine durch solche Verhaltensweisen geschulte Lebensform hat ihren entscheidenden Vorteil in der innerweltlichen Erlösung durch Praxis: „Man will die Heiterkeit, die Stille, die Wunschlosigkeit als höchstes Ziel, und man erreicht sein Ziel." (AC 21, KSA 6, 187).

In der fortwährenden Betonung des Umstands, dass die Lehre Buddhas weder eine Religion noch auch nur eine Moral sei, zeigt sich eine offenkundige Nähe zu den moralischen Implikationen von Nietzsches → Moralkritik. Nicht zufällig erfolgt im Spätwerk dort, wo das eigene Philosophieren als Andenken gegen die Ressentimentstrukturen und als „Kampf mit den Rach- und Nachgefühlen bis in die Lehre vom ‚freien Willen' hinein" (EH weise 6, KSA 6, 273) entworfen wird, immer wieder der Rückgriff auf Buddha: „Das Ressentiment, der Ärger, die Lust nach Rache – das sind für Kranke die schädlichsten aller möglichen Zustände: eine Religion, wie die Buddha's, welche wesentlich mit Geistig-Raffinirten und Physiologisch-Ermüdeten zu thun hatte, wendete sich deshalb mit dem Hauptgewicht ihrer Lehre gegen das Ressentiment. ‚Nicht durch Feindschaft kommt Feindschaft zu Ende: durch Freundschaft kommt Feindschaft zu Ende.' Der Buddhismus war keine Moral, – es wäre ein tiefes Mißverständniß, ihn nach solchen Vulgär-Cruditäten, wie das Christenthum ist, abzuwürdigen: er war eine Hygiene. –“ (NL 1888, 24[1], KSA 13, 618). Darüber hinaus sind die Passagen im Nachlass bemerkenswert, in denen Nietzsche sich und sein Projekt zu Buddha in ein direktes Verhältnis setzt und diesen damit zum Medium einer auf das Ganze des Schaffens abzielenden Selbstversicherung macht. Entsprechend optiert der freigeistige Aphoristiker noch vergleichsweise hoffnungsvoll und konstruktiv: „Wir haben es Buddha nachzumachen, der die Weisheit der Wenigen nahm und davon einen Theil zum Nutzen der Menge ausprägte.“ (NL 1870-71, 5[64], KSA 7, 108). Im Hinblick auf die visionäre Selbstauslegung als „gute[r] Europäer“ wird die Anverwandlung buddhistischer Interpretamente im Sinne eines Korrektivs zur emanzipatorisch-positivistisch ausgerichteten Moderne erwogen: „Wir behalten uns viele Arten Philosophie vor, welche zu lehren noth thut: unter Umständen die pessimistische, als Hammer; ein europäischer Buddhismus könnte vielleicht nicht zu entbehren sein.“ (NL 1885, 35[9], KSA 11, 511 f.). Eine Vermutung zu den möglichen Wirkungen des eigenen Philosophierens macht wiederum deutlich, dass es Nietzsche weniger auf ein interkulturelles Philosophieren ankommt, sondern im Gegensatz dazu gerade das Wissen um die kulturelle Differenz zum Ausgangspunkt für experimentelle → Umwertungsversuche führt: „ich könnte der Buddha Europas werden: was freilich ein Gegenstück zum indischen wäre“ (NL 1882-83, 4[2], KSA 10, 109).

(**MA I** 607, KSA 2, 344; **M** 96, KSA 3, 87 f.; **FW** 108, KSA 3, 95 f.; **FW** 142, 133-136; **FW** 347, 581 ff.; **JGB** 61, KSA 5, 79 ff.; **AC** 20-23, KSA 6, 186-191; **EH** weise 6, KSA 6, 272 f.;

NL 1884, 25[16], KSA 11, 15 f.; **NL 1887**, 10[190], KSA 12, 569 f.; **NL 1887-88**, 11[367], KSA 13, 163; **NL 1888**, 14[91], KSA 13, 267 f.)

Christentum

Der wohl schärfste philosophische Kritiker des Christentums ist nicht zufällig selbst Teil eines von ihm mehrfach angeführten Verstrickungszusammenhangs zwischen spezifisch deutscher Philosophie und protestantischer Theologie: „Der protestantische Pfarrer ist Grossvater der deutschen Philosophie, der Protestantismus selbt ihr peccatum originale.“ (AC 10, KSA 6, 176). Für Nietzsches Antichristentum und Immoralismus kann – wenngleich mit anderen Konsequenzen – derselbe Befund geltend gemacht werden. Die Reichweite und Radikalität seiner Kritik sind ohne die persönliche Involvierung in den kritisierten Gegenstand kaum begreiflich. Als Sohn eines früh verstorbenen protestantischen Pastors wächst auch Nietzsche in einem sehr religiösen Umfeld mit pietistischer Prägung auf, ist schnell als bibelfestes Kind bekannt, neigt zur räsonierenden gewissensstarken Selbstprüfung, wälzt vergleichsweise früh Theodizeeprobleme und wird seiner familiären und schulischen Sozialisation nach sukzessive auf die künftige Übernahme eines Pfarramts hin ausgebildet. Aus dieser Verwurzelung ist sowohl die Nachhaltigkeit als auch die werkbiographisch wachsende Schärfe seiner Auseinandersetzung zu verstehen. Entscheidend für die entsprechende Kritik ist der in der *Genealogie der Moral* geradezu systematisch entwickelte Gesichtspunkt, dass die konsequente Überwindung des Christentums nicht äußerlich, sondern nur als Akt einer aus diesem selbst vorgenommenen Selbstaufhebung zu vollziehen ist. Aus dieser exemplarischen Rolle gewinnt Nietzsche seine maßgeblichen Positionen bis hin zur radikalen Selbstinszenierung als ‚Antichrist' im Spätwerk.

Nach der im Bonner Studienjahr vollzogenen Entscheidung gegen das theologische Studium und für die Klassische Philologie steht seine persönliche Emanzipation vom Christentum in einem direkten Zusammenhang zum erworbenen historisch-kritischen Wissenschaftsbegriff (→ Historie). Analog zum entsprechenden Methodenverständnis gilt der klare und durchaus zeitgemäße Befund: „Das Christenthum ist ganz der kritischen Historie preiszugeben." (NL 1873, 29[203], KSA 7, 711). Verbunden mit diesem methodischen Zugang ist für den Zeitraum in Basel und auch die ersten Aphorismenbücher ein vergleichsweise gelassener Umgang mit dem als unhaltbar angesehenen Christentum prägend: „Ich bemerke eine Erschöpfung, man ist an den bedeutenden Symbolen ermüdet. Alle Möglichkeiten des christlichen Lebens, die ernstesten und lässigsten, die harmlosesten und die reflektirtesten, sind durchprobirt, es ist Zeit zur Nachahmung oder zu etwas Anderem." (ebd.). Die spätere Selbstdarstellung einer alle Werke programmatisch durchziehenden Antichristlichkeit, nach der etwa in Gestalt eines *argumentum e silentio* auch noch das „feindselige[] Schweigen über das Christenthum" der *Geburt der Tragödie* betont wird (EH GT 1, KSA 6, 310), ist entsprechend mit Vorsicht zu genießen. Vielmehr scheint für Nietzsches Grundhaltung zu Beginn der 80er Jahre das Zusammenwirken von philologischer Mythen- und Textkritik und historischem Philosophieren hinreichend für die völlige Delegitimierung des christlichen Standpunkts. Erst mit der daraufhin einsetzenden Vertiefung seiner moralphilosophischen Fragestellungen und der Verschärfung des historischen Philosophierens zur genealogischen Hypothesenbildung (→ Genealogie) radikalisiert sich die Kritik am Christentum zu einem nun auch wieder persönlich ausgetragenen Kampf. Jenseits von Dogmen und Glaubensfragen tritt nun das Bewusstsein für die kulturelle und psychologische Tiefenstruktur der christlichen Wertungsweise in den Mittelpunkt der Auseinandersetzung. Nicht beim als gegeben vorausgesetzten ‚Tod Gottes', sondern bei den von ihm ausgehenden Konsequenzen für die Menschen, die sich als Mörder Gottes in einem gottlosen Dasein wiederfinden, setzt Nietzsche an. Diese Menschen nun auch zu einem Umfühlen, Umwerten und Umdenken unter den Bedingungen des Nihilismus verpflichten zu müssen, ist die Aufgabe, der die eigentümliche Vertiefung und Verschärfung der Kritik im späteren Werk dient.

Dabei betont Nietzsche zum einen den nihilistischen Grundzug des Christentums, das in seiner Bezogenheit auf die jenseitige Welt zur Abwertung und Verneinung des diesseitigen Lebens führe und verführe. Historisch wiederum sei es aus dem Kampf der Ohnmächtigen gegen die Macht entstanden, habe dabei aber selbst einen moralischen Unbedingtheitsanspruch entwickelt, der nun seinerseits als reale Macht auftrete. Die ursprünglich geltenden Werte des antiken Tugendkanons werden dabei systematisch ab- und umgewertet: Damit verzeichnet das Christentum in seinen Intentionen die physiologischen Grundlagen des Lebens. Nietzsches aggressive Auslegung des Christentums als einer → ‚Sklavenmoral' hebt auf diesen, gegen die phänomenologisch lebensnähere antike Moral gerichteten Umwertungsakt ab. Dieser zeigt sich paradigmatisch in der zur Sünde gestempelten Abkehr vom auszeichnenden antiken Tugendbegriff (*arete, virtus*) zugunsten jenes asketischen Tugendkanons, der die Enthaltung von biologischen, psychologischen oder sozialen Bedürfnissen als moralische Leistung proklamiert. In dieser als Deformation der antiken Lebensform gedeuteten Umwertung verweisen → Ressentiment und → Nihilismus direkt aufeinander.

Am heftigsten und mitunter in inszenierter Empörung operiert Nietzsche bei seiner psychologischen Dechiffrierung der christlichen Seele. Die christliche Begründung für das innerweltliche Leiden durch das Interpretament der ‚Sünde' führe zu psychischen Internalisierungsprozessen, die ihrerseits Leid und Leidensbewusstsein weiter vermehren. Mit dem Konzept ‚Schuld' und der parallelen Instantiierung einer intrapsychischen Disziplinargewalt des ‚Gewissens' schließe sich ein autoaggressives Leidenssystem zusammen, das wiederum von der Vermittlungsfigur des Priesters und den kirchlichen Institutionen administrativ und „seelsorgerisch" verwaltet werde. In der exzessiven Ausmalung psychologischer Konsequenzen gelebten Christentums erweist sich Nietzsche immer wieder als persönlich involviert und betont diese Involvierung auch (etwa in GM I 12). Sein Leiden an der christlichen Kultur des Leidens ist in seiner polemischen Darstellung dann auch praktiziertes Ressentiment gegenüber einer als zum paradigmatischen Ressentiment erklärten Kultur, wie ein Notat im späten Nachlass offen bekundet: „Gegen die Formulirung der Realität zur Moral empöre ich mich: deshalb perhorrescire ich das Christenthum mit einem tödtlichen Haß" (NL 1888, 14[123], KSA 13, 304). Zugleich weiß sich Nietzsche auch und gerade in diesem leidenschaftlichen Aufbegehren gegen die logische und psychologische Unredlichkeit des Christentums als exemplarischer Ausdruck desselben. Denn auch die von ihm beanspruchte Wahrhaftigkeit ist ihrerseits das Produkt einverleibter christlicher Kulturtechniken der Selbstbefragung, disziplinierter Kritik und Gewissensprüfung: „Man sieht, was eigentlich über den christlichen Gott gesiegt hat: die christliche Moralität selbst, der immer strenger genommene Begriff der Wahrhaftigkeit, die Beichtväter-Feinheit des christlichen Gewissens, übersetzt und sublimirt zum wissenschaftlichen Gewissen, zur intellektuellen Sauberkeit um jeden Preis." (FW 357, KSA 3, 600).

Erst im *Antichrist*, der als Vollendung der Umwertung betrachtet wird, löst sich Nietzsche nun auch gezielt und vollständig aus dem selbstbezüglichen Zusammenhang einer christlich induzierten Kritik am Christentum und übernimmt in kompromisslos polemischer Rollenprosa die endzeitliche Rolle des „Antichrist" aus der christlichen Apologetik.

(**GT** Selbstkritik 5, KSA 1, 15 ff.; **MA I** 113, KSA 2, 116 f.; **M** 68, KSA 3, 64-68; **M** 78, 76 f.; **M** 84, 79 f.; **M** 132, 123 ff.; **FW** 130-133, KSA 3, 485; **FW** 344, 574-577; **FW** 357, 597-602; **FW** 377, 628-631; **FW** 141, 489; **JGB** 62, KSA 5, 81 ff.; **JGB** 188, 108 ff.; **GM I** 12, KSA 5, 277 f.; **GM II** 21, 330 f.; **GD**, Verbesserer 5, KSA 6, 102; **AC** 10, KSA 6, 176 f.; **AC** 39, 211 ff.; **AC** 51, 230 ff.; **AC** 61, 250 ff.; **EH**, GT 1, KSA 6, 309 f.;

NL 1873, 29[203], KSA 7, 711; **NL 1874**, 32[1], KSA 7, 753; **NL 1885-86**, 2[93], KSA 12, 107; **NL 1887**, 10[7], KSA 12, 457 f.; **NL 1887-88**, 11[55], KSA 13, 27 f.; **NL 1887-88**, 11[275], 103 f.; **NL 1888**, 14[123], KSA 13, 303 ff.)

D

Darwinismus, Evolution

Den evolutionstheoretischen Konzepten des 19. Jahrhunderts begegnet Nietzsche mit außerordentlich regem Interesse. Das generelle Umdenken gegebener Ordnungen von ihrer wesenslogischen Bestimmung hin zu deren Verzeitlichung und zum Wissen um die „Flüssigkeit aller Begriffe, Typen und Arten" (UB II 9, KSA 1, 319) ist als dasjenige Moment seines Denkens anzusehen, das er mit den natur-, sozial- und geisteswissenschaftlichen Evolutionismen seiner Zeit teilt. Dies beinhaltet auch das frühe Wissen um den „Mangel aller cardinalen Verschiedenheit zwischen Mensch und Thier" (ebd.). Neben der zunächst an Heraklit entfalteten anti-ontologischen Präferenz für den Werdeaspekt des Daseins kommen hier auch sein frühes Insistieren auf den Vorrang des Individuums gegenüber dem Allgemeinen und die Betonung dezentraler, → agonaler Erklärungsmuster gegenüber harmonie- oder stabilitätsorientierten Modellen zur Deckung. Auch über diese Ähnlichkeiten hinaus scheint Nietzsche später das evolutionäre Paradigma mehr und mehr als den maßgeblichen und interdisziplinär wirksamen Grundzug innerhalb der wissenschaftlichen Theoriebildungen seiner Zeit angesehen zu haben. Darwins Ansatz wird in diesem Zusammenhang als eine „Conception ersten Ranges" (NL 1884, 26[69], KSA 11, 166) anerkannt, deren Wahrheit Nietzsche mehrfach betont, zugleich aber immer wieder von Seiten der Philosophie begrenzt. Erst durch den „erstaunlichen Griff Hegel's" welcher „zu lehren wagte, dass die Artbegriffe sich aus einander entwickeln", sind „die Geister in Europa zur letzten grossen wissenschaftlichen Bewegung präformirt" worden: „zum Darwinismus – denn ohne Hegel kein Darwin." (FW 357, KSA 3, 598). Die Verflüssigung des biologischen Artbegriffs wird hier als direkte Folge derjenigen des logischen Artbegriffs angesehen (→ Genealogie). Über Hegel geht er hinaus, indem er dem Denken auch seinen Vermittlungscharakter und die es leitende Teleologie nimmt, während er gegenüber Darwin das Individuum aus dem Modus einer lediglich reaktiven Anpassung an neue Umweltbedingungen löst.

Nach anfänglicher skeptischer Teilnahme am Kampf um den schnell als Weltanschauung auftretenden Darwinismus – nachweisbar etwa in der Lektüre Karl Ernst von Baers – ist es insbesondere der gedankliche Austausch mit Paul Rée gewesen, der Nietzsche auf die gedanklichen Potentiale einer wissenschaftlichen Naturalisierung spekulativer philosophischer Fragestellungen aufmerksam gemacht hat. Ein Resultat dieser Auseinandersetzung ist die in *Menschliches, Allzumenschliches* verordnete Selbstverpflichtung zum historischen Philosophieren, die sich programmatisch auf die „Entwickelungsgeschichte der Organismen und Begriffe" beruft (MA I 10, KSA 2, 30). In der *Genealogie der Moral* wird der quasiuniverselle Anspruch eines evolutionstheoretischen Erklärungsprogramms dann für die „Hauptgesichtspunkte der historischen Methodik" fruchtbar gemacht und interpretationsphilosophisch (→ Interpretation) konkretisiert (GM II 13, KSA 5, 316). Die Lehre der Entstehung „von irgend welchem physiologischen Organ (oder auch einer Rechts-Institution, einer gesellschaftlichen Sitte, eines politischen Brauchs, einer Form in den Künsten oder im religiösen Cultus)" (GM II 12, KSA 3, 314) wird hier auf die Theorie eines ateleologischen Funktionswandels hin zugespitzt. In ihr wird das formgebende Zusammenspiel von Phänomen und Umwelt als diskontinuierliche Abfolge von Machtverhältnissen beschrieben: „die Aufeinanderfolge von mehr oder minder tiefgehenden, mehr oder minder von einander unabhängigen, an ihm sich abspielenden Überwältigungsprozessen, hinzugerechnet die dagegen jedes Mal aufgewendeten Widerstände, die versuchten Form-Verwandlungen zum Zweck der Vertheidigung und Reaktion, auch die Resultate gelungener Gegenaktionen. Die Form ist flüssig, der ‚Sinn' ist es aber noch mehr…" (ebd., 314 f.). Damit ist zugleich der Punkt bezeichnet, an dem sich Nietzsches Evolutionismus als Anti-Darwinismus reformuliert. Sowohl an Darwin und seine soziologischen wie philosophischen Interpreten, vor allem Herbert Spencer, ist der Vorwurf gerichtet, dass der „moderne Misarchismus", verstanden als „demokratische Idiosynkrasie gegen Alles, was herrscht und herrschen will" insofern über die „ganze Physiologie und Lehre vom Leben Herr geworden" sei, als bei ihnen der „Grundbegriff" der „Aktivität" systematisch ausgespart werde (GM II 12, KSA 5, 315). Der darwinschen Interpretation des Funktionswandels als einer Anpassung des Individuums an veränderte Umweltbedingungen wohnt demnach ein unbewusster Hass (*misos*) auf die Macht (*arche*) inne, hinter dem Nietzsche ein moralisches Vorurteil und somit eine Grenze des Denkens vermutet (→ Wille zur Macht). Dabei hat Nietzsche, wie gerade im Aphorismus *Anti-Darwin* (GD, Streifzüge, 14) ersichtlich wird, zwischen Darwin, Darwinismus und den eher an Spencer orientierten Ausformulierungen des Sozialdarwinismus nicht mehr unterschieden und auch nicht mehr unterscheiden wollen. Darwin selbst hat bekanntlich in die fünfte Auflage der *Origins of Species* die berühmt-berüchtigte Formel vom „survival of the fittest" aus Spencers *Principles of Biology* aufgenommen. In der Folge avanciert sie zum Synonymbegriff der ‚natürlichen Selektion' und dürfte in ihrer schnellen Verselbständigung dem eigentlichen Verständnis des darwinschen „struggle for life" eher geschadet haben. In dieser Vermittlungsrolle aber ist der von Nietzsche erstaunlich intensiv studierte Spencer zugleich Schlüsselfigur innerhalb jenes gesellschaftstheoretischen Paradigmenwechsels von vertragstheoretischen hin zu evolutionären Konzepten der Gesellschaft, zu dem auch der Positivismus Auguste Comtes und der Liberalismus John Stuart Mills gehören. Neben der generellen Kritik an der Verbindung von darwinistischen und altruistischen Argumentationsmustern grenzt Nietzsche sich zumindest an drei Orten vom gesellschaftstheoretischen Evolutionismus ab: dort, wo die Entfaltung sozialer Zusammenhänge mit Rekurs auf biologische Entwicklungsgesetze als notwendig unterstellt wird. Dort, wo Evolution in positivistischer Weise zu kumulativer Progression verkürzt wird. Und nicht zuletzt da, wo politische Ideen und moralische Wünschbarkeiten zu endogenen Wirkursachen der gesellschaftlichen Entwicklung umgedeutet werden.

(**UB I** 7, KSA 1, 193-200; **FW** 357, KSA 3, 598; **FW** 349, 580; **JGB** 253, KSA 5, 196 ff.; **GM** Vorrede 7, KSA 5, 254 f.; **GM II** 12, 313-316; **GM II** 13, 316 ff.; **GD** Streifzüge 14, KSA 6, 120 f.;

NL 1875, 12[22], KSA 8, 257 ff.; **NL 1880-81**, 10[D88], KSA 9, 433 f.; **NL 1886-87**, 7[25], KSA 12, 304 f.; **NL 1888**, 14[123], KSA 13, 303 ff.)

décadence

Den aus den literatur- und zeitkritischen Studien von Paul Bourget entstammenden Begriff der décadence nimmt Nietzsche vergleichsweise schnell und entschieden auf, um mit ihm sowohl seine Nihilismusdiagnosen zu unterfüttern als auch die zeitgenössische, ‚moderne' Kunst (kulminierend in Wagner) und Ästhetik zu charakterisieren. Gegenüber diesen direkten Rezeptionsformen bleibt indessen die philosophische Umformung des Konzepts maßgeblich, die Nietzsche vornimmt, um sein eigenes Denken und dessen ästhetische Vollzugsformen selbst als Ausdruck der décadence zu thematisieren. Dem Begriff eignet, vornehmlich in den letzten Schriften, eine entsprechend schillernde Verwendung: Er ist Instrument der Krisendiagnose und Medium der Selbstvergewisserung zugleich und wird in ebendieser Doppelfunktion auch problematisiert.

Bourgets *Essais de psychologie contemporaine* erscheinen in Buchform 1883 und in einer weiteren Folge 1885. Nietzsches zunächst emphatische Lektüre ist wohldokumentiert, mit entsprechender Ungeduld erwartet er das Erscheinen des zweiten Bandes. Bourgets Studien zu Baudelaire, Renan, Taine und Stendhal sind als kritische Darstellung der modernen Seele entworfen, wobei das Bild dieser Seele als umgreifende Krankheit gezeichnet ist. In der von Bourget beklagten zunehmend säkularen Welt führen die künstlerische Hybridisierung der Formen, der Exzess des analytischen Geistes und die Lust einer grenzenlosen hermeneutischen Komparatistik zum allmählichen Zerfall eines einheitlichen Ichbilds, zur allgemeinen Schwächung des Willens und zur Zersetzung des gesellschaftlichen Konsenses. ‚Dekomposition', ‚Dilettantismus' und ‚Multikulturalismus' sind die Schlagworte für die Darstellung einer sich beschleunigenden Krankheit, für die als Ganzes der Terminus ‚décadence' gewählt wurde. An der vorgenommenen Überführung kultureller in psychologische Fragen sowie psychologischer in medizinisch-physiologische Fragen zeigt sich Nietzsche ebenso interessiert wie an der Bekämpfung des → Pessimismus und der Kritik an der Romantik.

Folgerichtig findet sich das, was Bourget als kulturelle Zersetzung und formale Destruktion verneint, bei Nietzsche ästhetisch rehabilitiert und als einzig mögliche Form zeitgenössischer → Kunst entworfen. Die Ausweitung der Kunst auf die Gegenstandsgebiete des Hässlichen, Schauerlichen und die physiologische Reformulierung des Schönen als eine Reizung der Sinnlichkeit sowie das Überbetonen der Form bis hin zur Preisgabe der Form-Inhalt-Differenz sind jene genuin modernen Aspekte der Kunst, die Nietzsche nicht nur herausarbeitet, sondern auch für die eigene literarische Praxis fruchtbar macht.

Mit anderen Worten: Die Anerkennung der diagnostischen Leistungsfähigkeit des décadence-Begriffs impliziert die Bejahung jener modernen décadence-Formen, denen Nietzsche sich selbst zugehörig weiß, die er ästhetisch affirmiert und in die er sich als Denker aktiv einschreibt, um sie zugleich philosophisch verfügbar zu halten. Als Denker der „Subjekts-Vielheit“ (JGB 12, KSA 5, 27) und literarischer Maskenspieler ist Nietzsche selbst Ausdruck des geltend gemachten Ich-Verlustes, als genealogischer Kritiker der europäischen Willenssemantik selbst Ausdruck der grassierenden Willensschwäche, als Entgrenzer philosophischer und literarischer Darstellungsformen und stilistischer Hybridkünstler selbst Ausdruck der ‚Dekomposition‘ und schließlich als Anwalt des antinationalen heimatlosen ‚guten Europäers‘ selbst individueller Ausdruck multikultureller Überschreitung. In allen Schriften von 1888, insbesondere aber im *Fall Wagner* wird genau dieser, weit über Bourget hinausgehende Zusammenhang problematisiert und in Form personaler Konstellierungen exemplarisch ausgetragen: „Ich bin so gut wie Wagner das Kind dieser Zeit, will sagen ein décadent: nur dass ich das begriff, nur dass ich mich dagegen wehrte. Der Philosoph in mir wehrte sich dagegen. [...] Aber wo fände er für das Labyrinth der modernen Seele einen eingeweihteren Führer, einen beredteren Seelenkündiger als Wagner? Durch Wagner redet die Modernität ihre intimste Sprache“ (WA Vorwort, KSA 6, 11 f.).

(**WA** Vorwort, KSA 6, 11 f.; **WA** 4-7, 19-29; **WA** Nachschrift 1-2, 40-49; **WA** Epilog, 50-53; **AC** 7, KSA 6, 172 ff.; **AC** 24, 191 ff.; **GD** Streifzüge 35, KSA 6, 133 f.; **GD** Streifzüge 37, 136-139; **GD** Streifzüge 39, 140 ff.; **GD** Streifzüge 41, 143; **GD** Streifzüge 43, 144 f.; **GD** Streifzüge 50, 152; **EH** weise, 1, KSA 6, 264 ff.; **NW** Antipoden, KSA 6, 424-427; **NW**, KSA 6, 428;

NL 1887-88, 11[227], KSA 13, 89; **NL 1888**, 14[40], KSA 13, 238; **NL 1888**, 14[68], 252 f.; **NL 1888**, 14[83], 262 f.; **NL 1888**, 14[86], 264 f.; **NL 1888**, 14[91], 267 f.; **NL 1888**, 14[92], 268 ff.; **NL 1888**, 23[2], 600 f.)

Dionysos, das Dionysische

I. Allgemeines
Nietzsches Philosophie und seine philosophische Selbstdarstellung sind maßgeblich mit dem Namen Dionysos verbunden – es scheint, dass Nietzsche sein Denken vor allem in dessen dionysischem Charakter als Alternative zur europäischen Philosophie angesehen hat. Sein Werk beginnt nicht zufällig mit der Neuauslegung der Tragödie aus dem Geiste des dithyrambischen Kultgesangs und verklingt in den *Dionysos-Dithyramben*.

Einerseits sind die berühmten Pathos-Formeln seiner Philosophie, wie das „Jasagen zum Leben selbst noch in seinen fremdesten und härtesten Problemen" (GD Alten, 5, KSA 6, 160), das ‚Werden' in seiner ‚Unschuld', das ‚Schaffen' über sich hinaus, der ‚Übermensch' und die ‚Selbstüberwindung' ganz von der Überdeterminiertheit und Verwandlungsfähigkeit des Gottes Dionysos und seiner mythischen Passionsgeschichte her gedacht: „In der Mysterienlehre ist der Schmerz heilig gesprochen: die ‚Wehen der Gebärerin' heiligen den Schmerz überhaupt, – alles Werden und Wachsen, alles Zukunft-Verbürgende bedingt den Schmerz... Damit es die ewige Lust des Schaffens giebt, damit der Wille zum Leben sich ewig selbst bejaht, muss es auch ewig die ‚Qual der Gebärerin' geben... Dies alles bedeutet das Wort Dionysos: ich kenne keine höhere Symbolik als diese griechische Symbolik, die der Dionysien." (GD Alten, 4, KSA 6, 159). Dementsprechend dionysisch sind die Zustände Zarathustras, der an seiner ‚Überfülle' leidet und diese in Form von ‚Gaben', etwa den problematischen ‚Lehren' vom Übermenschen und der ‚ewigen Wiederkunft' zu vermitteln versucht und dabei scheitert. Nietzsche inszeniert das Leben Zarathustras als ‚Untergang' und Selbstverschwendung, es wird zum Opfer für verständnislose Menschen und damit zu einer Gabe, die erst aus der Zukunft ihren Sinn erhalten kann. Vielsagend ist ein entsprechendes Nachlass-Notat, in dem sich Nietzsche auferlegt, während der Arbeit an *Also sprach Zarathustra* „Dionysos ganz zu verschweigen!" (NL 1883, 13[1], KSA 10, 433).

Andererseits stehen auch die spezifisch neuartigen Denkformen in Nietzsches Spätwerk, sein Konzept der unabschließbaren Interpretation (FW 374) mitsamt der späten Interpretationspraktiken ‚immoralistischer' Moralkritik, der → Physiologie, der → ‚Umwertung der Werte' und der genealogischen Sinnverschiebung ganz im Zeichen des Dionysos. Als Gott der Intervention und der Transformation steht Dionysos in Form und Inhalt exemplarisch für die ansonsten nur schwer zu fassende Einheit des Werks Nietzsches.

II. Der Mythos und seine Rezeption bei Nietzsche
Die Dionysos-Mythologie ist hochkomplex und heterogen. Hier gilt bereits vor und auch nach Nietzsche: Jede Rekonstruktion eines ‚ursprünglichen' bzw. ‚eigentlichen' Dionysos ist seit der Antike die Konstruktion eines bestimmten Dionysos-Bildes. Der uralte Gott weist in der disparaten Überlieferung Züge des

Chthonischen und Unterwelthaften auf, tritt aber ebenso als wandelbarer Vegetations- und Fruchtbarkeitsgott in Erscheinung. Er vereint das Bild des mörderischen, rohes Fleisch verzehrenden Jagdgottes mit den Charakteristiken des sanften Erlösers, der den Alltag in pharmakologischen, erotischen und spirituellen Rauscherfahrungen aufhebt. Bei den Griechen ist Dionysos in seiner Stellung zu anderen Hauptgöttern durch zwei auffällige Besonderheiten bestimmt:

1. Er ist nicht im olympischen Pantheon angesiedelt. Er kommt von außen und macht durch diese Intervention die Ordnung als solche ersichtlich, stellt sie allerdings gleichzeitig zur Disposition.
2. Im Mythos nimmt der sich zwischen ritueller Zerreißung und Wiedergeburt bewegende Dionysos über die Opposition von Tod und Leben hinaus auch diejenigen von Natur und Kultur, Frau und Mann, Milde und Grausamkeit, Wahnsinn und Mantik, Unterwelt und Erdendasein sowie Lust und Schmerz in sich auf. Der Gott selbst steht hierbei nicht nur für gegensätzliche Eigenschaften und Funktionsbereiche, sondern verkörpert das unausrechenbare Umschlagen derselben.

Für Nietzsches Rezeption des Dionysos-Mythos sind vor allem die Epiklesen des Gottes als *Zagreus, Bakchos, Iakchos, Lysios* und *Eleutheros* leitend. Ausgehend von Dramen des gefährdeten Dionysoskindes im Zagreus-Mythos, entwickelt Nietzsche den „leidende[n] Dionysus der Mysterien" als Ausgangsfigur (GT 10, KSA 1, 72). Leben als konstitutives Leiden und Zerrissen-Werden einerseits und als mystische Feier der Wiederzusammensetzung andererseits wird damit in sich als „Umwandlung" erfahrbar und in dieser Janusgesichtigkeit bejaht: „In jener Existenz als zerstückelter Gott hat Dionysus die Doppelnatur eines grausam verwilderten Dämons und eines milden sanftmüthigen Herrschers" (ebd.). Erst von hier aus werden die rauschhaften Aspekte des Weingotts, die Befreiung und Auflösung erstarrter Ordnungen durch Dionysos Eleutheros und der mystische Aspekt wiederherzustellender Einheit als dem „Zerbrechen des principii individuationis" relevant (GT 1, KSA 1, 28).

III. Das Dionysische

Die aus dem Mythos entwickelte „Psychologie des dionysischen Zustands" (GD Alten 4, KSA 6, 159) ist im Frühwerk Nietzsches hermeneutischer Schlüssel einer grundlegend neuen, antiklassizistischen Interpretation der griechischen Kultur (1.), einer Deutung der Tragödie als einer Mysterienlehre (2.) und einer Kunstphilosophie, die am Leitfaden der „Duplicität des Apollinischen und des Dionysischen" (GT 1, KSA 1, 25) als ästhetische Rechtfertigung des Daseins auftreten will (3.). Schon früh hatte Nietzsche das Dionysische in seiner Andersheit gegenüber dem vermeintlich klassischen „Sinn für Proportion" interpretiert, „der in der griechischen Sprache und Musik und Plastik ausgebildet ist" und es programmatisch als dessen notwendiges Supplement gedeutet: „Der dionysische Kult bringt die *alogia* hinzu." (NL 1870-71, 7[2], KSA 7, 137). Explizit grenzt sich Nietzsche damit vom Griechenbild deutscher Klassik als natürlicher Idealität, namentlich von Winckelmann und Goethe ab, und sieht darin auch retrospektiv sein bleibendes Verdienst (vgl. GD Alten 4). Zwar hatte bereits der junge Friedrich Schlegel eine Kulturkonzeption aus dem Antagonismus zu entwickeln versucht, dies jedoch eher angedeutet und aufs Literarische beschränkt. Was die Konzeption des Dionysischen anbelangt, zehrt Nietzsche von Friedrich Creuzers *Symbolik und Mythologie der alten Völker* und der an ihn anschließenden Traditionslinie der Heidelberger Romantik. Hinsichtlich des Frühwerks lässt sich konstatieren, dass die *Die Geburt der Tragödie* in der Darstellung → Apolls an der klassizistischen Tradition des Philhellenismus orientiert bleibt, während die Explikation des Dionysos stark von deren romantischer Gegenbewegung in Literatur und Wissenschaften geprägt ist. Nietzsches entscheidende Zutat bleibt freilich die Entfaltung der ‚Duplicität' beider Impulse und deren phänomenologisch konkrete Ausarbeitung.

Innerhalb der philosophischen Inanspruchnahmen des Dionysos hat Nietzsche in Hölderlin (Dionysos-Christus-Mythologie), Hegel (der dionysische Taumel als Gestalt des absoluten Geistes) und Schelling ebenfalls bedeutende Vorläufer, die freilich nicht direkt von ihm rezipiert worden sind: Kennzeichnend ist auch hier jeweils die Abkehr von einseitig klassizistischen Ordnungsvorstellungen und die konstitutive Funktion des dionysischen Interventionscharakters. Schelling etwa siedelt seine ‚Dionysiologie' in der *Philosophie der Offenbarung* als die Sich-Selbst Bewusstwerdung des absoluten Geistes an, bleibt dabei aber auf das vorchristliche Bewusstsein beschränkt. Der barbarisch-ekstatische Dionysos Zagreus wird hier innerhalb einer dialektischen Trias zum wandelbar-geschmeidigen Wein- und Festgott Dionysos-Bakchos vermittelt, um zuletzt im Dionysos-Iakchos der Mysterienkulte seine spirituelle Endgestalt zu erhalten.

IV. Dionysos im Kontext des Tragödienbuchs

Das Dionysische in der Kultur: Bereits die Vorstufen zur *Geburt der Tragödie*, also *Die Geburt des tragischen Gedankens* und die *Dionysische Weltanschauung*, sehen in der Integration des fremden Gottes in die eigene Festkultur und damit in das eigene kulturelle Selbstverständnis die entscheidende Leistung des archaischen Griechentums. Nietzsches griechische Kulturgeschichte ist triadisch angelegt und lässt aus dem amorphen Gigantismus titanischer Ursprünge das Bedürfnis nach Form, Transparenz und schönem Schein erwachsen: „Der Grieche kannte und empfand die Schrecken und Entsetzlichkeiten des Daseins: um überhaupt leben zu können, musste er vor sie hin die glänzende Traumgeburt des Olympischen stellen." (GT 3, KSA 1, 35). Doch auch die anfangs fragile Ordnung des apollinischen Scheins drohte ihrerseits bald im dorischen Formenkanon zu erstarren. Nietzsches Entdeckung des Dionysischen hat hier ihren Ort: dass die Hellenen in einer brisanten historischen Konstellation den Gott „der Veränderung und Verwandlung" (NL 1870-71, 8[46], KSA 7, 240) als das Symbol schlechthin für Fremdheit und Indifferenz in das eigene Selbstverständnis aufzunehmen vermochten und durch diese riskante schöpferische Einverleibung ihrer Kultur jene Prägung verliehen. Im Akt dieser ebenso lebensnotwendigen wie lebensgefährlichen Anverwandlung, beschrieben als „grosse Revolution [...] in allen Lebensformen" (GG, KSA 1, 591) und realisiert durch die Integration des Dithyrambus ins Kultverhalten, erblickt Nietzsche die „Geburt des tragischen Gedankens" (ebd. 594). Die gegen das Chaos geschaffene Kunstwelt wurde durch die dionysische Erfahrung verflüssigt, versinnlicht und fähig zu neuen Transformationen. In der Tat wurde der „aus Asien heranstürmende" Gott (DW 1, KSA 1, 556), dessen Kult sich vermutlich um das achte vorchristliche Jahrhundert im griechischen Mutterland ausbreitete, wie der Mythos von Lykurg und Pentheus darlegt, zunächst als ordnungsbedrohender Aggressor und Gefahr für die eigene Kultur empfunden und entsprechend bekämpft. Die *Bakchen* des Euripides sind der eindrucksvollste Reflex der griechischen Überlieferung, in der die vergeblichen rationalen Behauptungsversuche gegen den Einbruch des Irrationalen im Zeichen des Dionysos gezeigt werden – trotz seiner Euripideskritik ist Nietzsches genetische Konstruktion der hellenischen Kultur sichtbar am narrativen Schema der *Bakchen* orientiert.

Das Dionysische in der → Tragödie: Die rings um den tragischen Agon omnipräsente dionysische Semantik zeigt diese griechische Integrationsleistung, den gezielten Umgang mit dem fremden Gott, für alle am Kult Beteiligten an und thematisiert so zugleich die permanente Bedrohung der zivilisatorischen Errungenschaften. Die *Geburt der Tragödie* verbindet das tragische Geschehen in bis heute singulärer Weise mit der dionysischen Festkultur. Die Tragödie erscheint in ihr nicht lediglich als Bestandteil des neben den Panathenäen größten athenischen Festes, der ‚städtischen Dionysien' (*ta Dionysia en astei*), sie ist vielmehr dessen eigentlicher kultischer Kern. Eine skizzenhafte Rekapitulation der Aufführungsbedingungen macht die Plausibilität dieser Annahme augenscheinlich: Nachdem am Abend des ersten Festtages Dionysos Eleutheros, der Gott mit seinem Doppelcharakter als freier und befreiender Gott, in Form eines hölzernen Kultbildes aus dem Umland in die Stadt geleitet wird, beginnt am nächsten Morgen eine ganztägige innerstädtische Prozession. Diese endet im Dionysosbezirk an der Akropolis. Auf die Tieropfer zu Ehren des Dionysos und das öffentliche Bankett folgten die agonal organisierten Dithyrambengesänge. Nach dem Komödienagon am zweiten Tag setzte schließlich am dritten Festtag der seinerseits drei Tage währende, aus drei Tetralogien bestehende tragische Agon ein: im Dionysostheater. Das Problem der weitgehenden Abwesenheit des Dionysos-Mythos auf der tragischen Bühne steht somit bis heute in einer gewissen Spannung zum dionysischen Kultcharakter der Veranstaltung. Die *Geburt der Tragödie* stellt sich diesem neuralgischen Punkt durch die Verbindung von konventioneller, auch an die *Poetik* anschließender Entwicklungsgeschichte und deren radikaler spekulativer Uminterpretation: Da die Tragödie aus dem Dithyrambenchor erwachsen sei und als Dithyrambus „in ihrer ältesten Gestalt nur die Leiden des Dionysus zum Gegenstand hatte" (GT 10, KSA 1, 71), sind diese Leiden, wenngleich in nunmehr verwandelter Gestalt, einziges Thema des tragischen Agons. Die einzelnen Tragödien wiederum gelten ihrerseits lediglich als Variationen dieses Themas: In Antigone und Philoktet, Orest und Ödipus, Agamemnon und Hippolytos realisiert sich stets das Mysterium des einen Gottes. Alle Protagonisten sind funktional „nur Masken jenes ursprünglichen Helden Dionysus" (ebd.).

Das Dionysische als ästhetisches Prinzip: Nietzsche hat den existentiellen Erregungszustand des athenischen Publikums mit dem paradoxen Begriff der ‚dionysischen Weisheit' gekennzeichnet und damit zugleich auch sein ästhetisches Konzept präzisiert. Die ‚dionysische Weisheit' verflüssigt die Form stets nur auf Zeit. Sie verflüssigt diese, ohne sie zu zerstören. Das viel besprochene Verhältnis von Apollinischem und Dionysischem wird von Nietzsche nicht einseitig dualistisch, antagonistisch, sondern stattdessen als permanente supplementäre „Duplicität" (GT 1, KSA 1, 25) gedacht. Während innerhalb dieses Interaktionsmodells das ‚Apollinische' als das formenbildende, maßgebende und strukturenetablierende Element relativ prägnant ist, wird das ‚Dionysische' häufig destruktiver ausgelegt, als es die *Geburt der Tragödie* konzipiert. Es ist nicht amorph und chaotisch, sondern analog zur ‚Ek-stasis' tendenziell aus der Form hervor- und herausgehend. Es ist nicht *per definitionem* unbegrenzt oder grenzenlos als vielmehr der funktionalen Bestimmung nach entgrenzend. Vorzugsweise im entgrenzenden Moment des ‚Dionysischen' werden Struktur und Funktion der Ekstasis deutlich. Nicht die Regression ins Chaos, sondern das Sichtbarwerden der Grenze und die damit verbundene Erfahrung der Fragilität und Bedrohbarkeit der Form sind eigentlicher Sinn des diesbezüglichen ästhetischen Verhaltens. So gesehen bestünde die dem ‚Dionysischen' implizite Weisheit im Verzicht auf die alltäglich praktizierte Schematisierung der Erfahrung nach den jeweils bestehenden Kategorien der apollinischen Formen und Bilderwelt zugunsten ihrer affektiven Überschreitung. Das Überschreiten der Grenze macht die Grenze als Grenze überhaupt erst erfahrbar. Folglich ist in der dionysischen Ekstasis der Umgang mit der Grenze in sich dialektisch: Das Heraustreten aus einer Form ist zugleich die Ermöglichungsbedingung für neue Formbildungen. Ein Grundproblem der Nietzscheforschung, nämlich das Verschwinden des Apollinischen im Denken Nietzsches nach dem Frühwerk bzw. die vermeintliche Vereinseitigung, Radikalisierung und starke Veränderung im Begriff des Dionysos lässt sich aus dieser Perspektive plausibel deuten: Als Gott der Grenzziehung, des reflexiven Umgangs und Spiels mit Grenzen nimmt der „Dionysos philosophos" (NL 1888, 23[13], KSA 13, 613) des späten und spätesten Werks bei Nietzsche die früh konzipierte „Duplicität des Apollinischen und Dionysischen" in sich auf (GT 1, KSA 1, 25).

V. „Dionysos philosophos" – der philosophische Begriff des Dionysos

Nietzsches philosophisches Projekt ab *Also sprach Zarathustra* lässt sich in seinen Grundgestalten der ‚immoralistischen' → Moralkritik, der perspektivistischen → Willen-zur-Macht-Hermeneutik und der physiologischen und genealogischen Interpretationspraxis auf ein jetzt genuin philosophisch orientiertes Konzept des Dionysischen beziehen. Prominent in diesem Sinn ist vor allem die auch später wieder aufgenommene Selbstbezeichnung Nietzsches als „der letzte Jünger und Eingeweihte des Gottes Dionysos" (JGB 295, KSA 5, 238). Auch der beim reifen

Nietzsche immer experimenteller werdende Umgang mit literarischen Formen ist in sich dionysisch, insofern er auf dem Boden einer sprachkritischen Reflexion stattfindet und das propositionale Satzschema als Grenze des Denkens anzeigt: „wir hören auf zu denken, wenn wir es nicht in dem sprachlichen Zwange thun wollen, wir langen gerade noch bei dem Zweifel an, hier eine Grenze als Grenze zu sehn. Das vernünftige Denken ist ein Interpretiren nach einem Schema, welches wir nicht abwerfen können." (NL 1886-87, 5[22], KSA 12, 193 f.). Das Sichtbarhalten der Sprachgrenzen als Denkgrenzen durch das gezielte Experimentieren mit Darstellungsformen gehört mithin unmittelbar ins Zentrum seines Philosophiebegriffs. Vor allem der Nachlass ab 1885 bezeugt, wie Nietzsche die Gesamtheit seiner philosophischen Umwertungsoperationen und der damit verbundenen Projekte und Entwürfe immer wieder mit dem Namen Dionysos in Verbindung gebracht hat, um sie schließlich in diesem zu bündeln.

Als methodisches Analogon dionysischen Denkens ist die von Nietzsche spätestens in der *Genealogie der Moral* als leitendes Interpretationsverfahren herausgearbeitete → Genealogie anzusehen (vgl. GM II 12-13, KSA 5, 313-318). Nietzsches Genealogie denkt nicht nur die etablierten Begriffe der Philosophie, sondern den Begriff des Begriffs selbst um. Sie geht vom Immer-Anders-Werden aus und ordnet damit sowohl die Dinge als auch das Bewusstsein unter die Bedingungen der Zeitlichkeit und Kontingenz. Sie ersetzt damit die Frage nach normativen und allgemeinen Prinzipien durch die Praxis hypothetischer Zerstreuung von Ursprüngen. Die Frage nach dem ‚Sinn' oder ‚Wesen' einer Erscheinung bzw. eines Dings wird damit zur Frage nach dem Konstitutions- und Transformationscharakter dieser Erscheinung: „alle Begriffe, in denen sich ein ganzer Prozess semiotisch zusammenfasst, entziehen sich der Definition; definirbar ist nur Das, was keine Geschichte hat" (GM II 13, KSA 5, 317). Die Rekonstruktion der genetischen Veränderungen eines Phänomens wird damit zur dionysisch zu nennenden Dekonstruktion seines allgemeinen Begriffs. Die Nähe von dionysischer und dekonstruktiver Metaphorik ist schon beim frühen Nietzsche programmatisch vorgebildet: Der Autor der *Geburt der Tragödie* wollte „jenes kunstvolle Gebäude der apollinischen Cultur gleichsam Stein um Stein abtragen, bis wir die Fundamente erblicken, auf die es begründet ist" (GT 3, KSA 1, 34). Die dionysischen Fundamente aber sind ihrerseits keine festen mehr, vielmehr bringt die Praxis des Abtragens das in der Konstruktion unsichtbare, dieselbe aber erst ermöglichende Supplement zu Tage und von daher die Ordnung als ganze in Bewegung. Dionysos wird so zum Begriff für die Unbegrifflichkeit und Unverallgemeinerbarkeit der Lebens- und Interpretationsprozesse insgesamt: „Die Form ist flüssig, der ‚Sinn' ist es aber noch mehr …" (GM II 12, KSA 5, 315). Spät hat auch Nietzsche selbst dementsprechend sein eigenes, allgemein als ‚tragisch' ausgewiesenes Denken auf einen bezeichnenden Begriff gebracht: „Vor mir giebt es diese Umsetzung des Dionysischen in ein philosophisches Pathos nicht: es fehlt die tragische Weisheit" (EH, GT 3, KSA 6, 312). Das Wort *Pathos* kommt in Nietzsches spätem Verständnis des Dionysischen in neuer Weise zur Geltung – es steht nun einerseits gegen das Programm der europäischen Logos-Philosophie im Ganzen und zeigt andererseits den Ausgangspunkt seiner dionysischen Intervention und damit die Richtung der Denkbewegung an. Es setzt da an, wo vom *logos* aus vollzogene Bestimmungen sich zu einem System zusammenschließen, das sich selbst absolut setzt. In diesem Sinn wird der Begriff ‚Dionysos' bei Nietzsche zum Gegenbegriff ausgeweitet, der sich sowohl gegen den metaphysischen Begriff des Seins als eines allgemeinen, zeitlosen, extramundanen Seins als auch gegen den Begriff des Verstehens als eines Verstehens in allgemeinen und überindividuell geltenden Begriffen richtet. Obgleich Nietzsche sein Denken gerade in dieser Zeit als Gegenbewegung und Alternative zur abendländischen Philosophie versteht und inszeniert, signalisiert der Begriff der „Umsetzung" zugleich eine unaufhebbare Angewiesenheit auf dasjenige Denken und Werten, von dem sich das neue Philosophieren abheben soll und muss. So kreist auch Nietzsches dionysisches Denken um das Fundierungsverhältnis von Logos und → Pathos – nun aber in einer zu der von Sokrates und Platon ausgearbeiteten Logos-Philosophie gegenläufigen Bewegung: vom Sein zur ‚Unschuld des Werdens', vom Bewusstsein zum ‚Leib', von der Synthese zur Zerstreuung und vom Begriff zum flüssigen Sinn der Zeichen. Die Philosophie selbst wird dabei nicht dem Irrationalen geopfert, sondern als ein Verstehen ausgelegt, das jene Kontexte überhaupt erst wieder eröffnet, die sich der reflexiven Vereinnahmung und begrifflichen Fixierung immer schon entziehen. Für dieses Verhältnis zur Tradition, das sich in Termini der polemischen Zuspitzung, des Gegensatzes und der kritischen Durchdringung, der genealogischen Intervention und der Transformation, des Übergangs und der Neuauslegung beschreiben lässt, nimmt Nietzsche den Begriff des Dionysischen in Anspruch.

VI. Dionysische Selbstthematisierungen: die Schriften von 1888

1. In *Ecce homo* rekapituliert und konstruiert Nietzsche sein Werk als in sich zerrissene Einheit. Mit „einem Cynismus, der welthistorisch werden wird" (Nr. 1151, KSB 8, 482), erzählt er darin sein Leben und die aus den Bedingungen dieses Lebens hervorgehenden Umwertungen. Das autobiographische Schema verwandelt sich in Autogenealogie und zelebriert gleichzeitig eine „Kunst des Stils" (EH Bücher 4, KSA 6, 304), in der die Inhalte von den Formen der Darstellungen nicht mehr zu trennen sind (→ Stil). Der Autor Nietzsche schließt in der Darstellung seiner Erfahrungsquellen, vor allem seiner aus der Dialektik von → Gesundheit und Krankheit resultierenden „grosse[n] Gesundheit" (EH Za 2, KSA 6, 338) an die Topik des Dionysos-Mythos an. Er geht von seiner notwendigen Unverständlichkeit für seine Zeitgenossen aus und erzählt sich selbst sein Leben im Hinblick auf den zukünftigen Leser. Auffällig ist hier vor allem die Selbstexplikation des Zarathustra-Stoffs und seiner Entstehung über Begriffe des Dionysischen und des Dithyrambischen. Die Darstellung hebt an mit der Selbstvorstellung „Ich bin ein Jünger des Philosophen Dionysos" (EH Vorwort 2, KSA 6, 258) und mün-

det in der berühmten Formel „Dionysos gegen den Gekreuzigten" (EH Schicksal 9, KSA 6, 374).

2. In den neun Gesängen der Anfang 1889 abgeschlossenen *Dionysos-Dithyramben* verklingt Nietzsches philosophisches Werk – die philosophische Jüngerschaft verwandelt sich nun zur dichterischen Apotheose. Im Januar 1889 erstellt Nietzsche das Druckmanuskript und übereignet alle Gedichte, von denen sechs Stücke zunächst als „Lieder Zarathustra's" separat erscheinen sollten, nun an Dionysos. Zarathustra, Dionysos und Nietzsche sind in diesen Gedichten nicht mehr unterscheidbar – und sollen es auch nicht sein. Für den Inszenierungsgrad des Zyklus hat dies Konsequenzen: War der antike Dithyrambus hymnischer Kultgesang zu Ehren der dionysischen Taten und Leiden, so werden die *Dionysos-Dithyramben* nun Lieder, die der Gott selbst an sich selbst über sich selbst singt. Der Dithyrambus als lyrische Form verwandelt sich damit vom Chorlied zur Monodie. Die mehrfach selbstbezügliche Anlage verbunden mit der Höhe des Pathos zeigen Nietzsches letzten Versuch, sich die mit seinem Denken immer verbundenen Einsamkeits- und Schmerzerfahrungen als notwendig und lebensbejahend zu bestätigen. Lyrischer Höhepunkt des Zyklus ist das dreistrophig angelegte, traurig-schöne Untergangsszenario *Die Sonne sinkt*. Nietzsche erreicht hier in der Vorwegnahme (s)eines geistigen Auflösungsprozesses auch einen seltenen lyrischen Ton jenseits der extremen Schmerz- und Zerissensheitstopik, die weite Teile der Liedersammlung kennzeichnet. Alles Schwere versinkt in „blaue Vergessenheit", der Untergang selbst ist willige Auflösung ins Offene: „Silbern, leicht, ein Fisch / schwimmt nun mein Nachen hinaus…" (DD Sonne, KSA 6, 396 f.). Die Vorahnung geistiger Auflösung scheint orientiert am berühmten Bildszenario der Dionysos-Schale des Exekias.

3. In den sogenannten ‚Wahnsinnszetteln' der ersten Januartage 1889 signiert Nietzsche nun auch Briefe als ‚Dionysos' oder ‚der Gekreuzigte' – er übernimmt damit zwar die finale Personalkonstellation von *Ecce homo* „Dionysos gegen den Gekreuzigten" (EH Schicksal 9, KSA 6, 374), gibt gleichzeitig aber erstmals die auktoriale Kontrolle über sein Werk auf. Das artifizielle Spiel der Zeichen verwandelt sich in irreversible psychopathische Selbstapotheose – Werk und Leben gehen erst jetzt umstandslos ineinander über. Bemerkenswert bleibt auch hier noch der Inszenierungsgrad und das Rollenbewusstsein innerhalb der Briefe, die durchgehend adressatengerecht formuliert sind und die Konfiguration Nietzsche-Dionysos wahlweise als Vernichter (des deutschen Reichs, der Antisemiten, des Hauses Hohenzollern etc.) oder als Versöhner und Verklärer auftreten lassen. Bezeichnend ist hierbei das wechselseitige Ineinander-Übergehen von christlicher Passionsgeschichte im Namen des Gekreuzigten und dionysischem Zagreus-Mysterium: Die beides verbindende → ‚Umwertung der Werte' ist für den Schreiber der Briefe offenbar bereits zur Realität geworden und bekommt den heilsgeschichtlichen Charakter eines Evangeliums, einer neuen frohen Botschaft.

(**GT** 1, KSA 1, 25-30; **GT** 2, 30-34; **GT** 3, 34-38; **GT** 8, 57-64; **GT** 10, 71-75; **GT** 12, 81-88; **GT** 17, 109-115; **GT** 19, 120-129; **GT** 25, 154 ff.; **DW** 1-4, KSA 1, 553-577; **FW** 370, KSA 3, 619-622; **JGB** 295, KSA 5, 237 ff.; **GD** Streifzüge 10, KSA 6, 117 f.; **GD** Alten, 4, 158 ff.; **GD** Alten 5, 160; **EH** Vorwort 2, KSA 6, 257 f.; **EH**, GT 3, 312 f.; **EH** Za 6, KSA 6, 343 ff.; **EH** Za 7, 345 ff.; **EH** Schicksal 9, 374;

NL 1870-71, 7[2], KSA 7, 137; **NL 1870-71**, 8[46], 240; **NL 1883**, 13[1], KSA 10, 433; **NL 1885**, 34[176], KSA 11, 478 ff.; **NL 1885**, 34[248], 504; **NL 1885**, 35[47], 533 f.; **NL 1885**, 41[7], 681 f.; **NL 1885**, 41[9] 683-686; **NL 1885-86** 2[25], KSA 12, 76; **NL 1885-86**, 2[106], 113; **NL 1888**, 14[14], KSA 13, 224 f.; **NL 1888**, 14[89], 265 ff.; **NL 1888**, 23[13], KSA 13, 613)

E

Europa, Europäer, „guter Europäer"

Thematisiert Nietzsche in seinem Werk Europa, dann beobachtet und bewertet er zumeist die Eigendynamik des europäischen Zivilisationsprojekts. Je nach Problemhorizont verschieben sich die entsprechenden Wertungen und Narrative: Sie wechseln zwischen der moralkritischen Großerzählung eines aus moralischer Vereinseitigung an sich selbst zugrunde gehenden Europas und dem durchaus eurozentrischen Stolz auf genuin europäische Errungenschaften vor allem in wissenschaftlicher Hinsicht. Sie betonen einerseits die Pflicht, als Europäer auch in ‚übereuropäischen' Perspektiven denken zu lernen und nehmen andererseits die gegenwärtig generalisierte Globalisierungsperspektive vorweg, von der aus vieles auf unvermeidliche innereuropäische Integrationsprozesse zuläuft. Nietzsches philosophische Ambitionen verdichten sich im späteren aphoristischen Werk zunehmend zu visionären Ansprachen an jenen ‚guten Europäer', der – außerhalb von Ressentimentbewegungen im Namen der Rasse, der Klasse, der Nation oder Religion – die besten europäischen Eigenschaften als Einzelner in sich versammelt, austrägt und Europa, verstanden als Lebensform, eben damit wieder zukunftsfähig macht.

Einen für die → Kulturkritik der *Unzeitgemässen Betrachtungen* charakteristischen Auftakt bildet eine Ansprache an die genuin europäische Wissenskultur und die mit ihr verbundenen Heilserwartungen: „Ueberstolzer Europäer des neunzehnten Jahrhunderts, du rasest! Dein Wissen vollendet nicht die Natur, sondern tödtet nur deine eigene. Miss nur einmal deine Höhe als Wissender an deiner Tiefe als Könnender." (UB II 9, KSA 1, 313). Gleichwohl bekennt sich Nietzsche in seinen ersten Aphorismenbüchern zu ebendiesem theorieaffinen Europa und interpretiert sich selbst als exemplarischer Ausdruck der intrinsischen Gespanntheit und Widersprüchlichkeit der europäischen Entwicklungen. Nicht zufällig korreliert die Konzeption → freier Geistigkeit mit derjenigen des vielgereisten, entsprechend erfahrenen und perspektivierungsfähigen Europäers. Erwogen wird, ausgehend von diesen Gedankenfiguren sukzessive auch ein kontinentales Projekt. Es zielt einerseits auf die Richtung Europas im Ganzen und dies im Spannungsfeld zwischen den gemeinsamen griechisch-römisch-christlichen Wurzeln der Vergangenheit – deren Heterogenität Nietzsche freilich immer wieder betont. Andererseits und konkreter gefasst, geht es von der nationalstaatlich sich organisierenden und voneinander abgrenzenden Realpolitik der Gegenwart des 19. Jahrhunderts aus und zielt auf die emphatisch erwogene Möglichkeit eines kommenden, sich einenden Europas.

Nicht zu unterschätzen ist gerade in diesem Zusammenhang die pragmatische Einsicht Nietzsches in den als unumkehrbar gedeuteten Globalisierungsprozess, von dem aus die schlichte Notwendigkeit von neuartigen Formen der Kooperation und Integration mit erstaunlicher Aktualität herausgestellt wird. Der angestrebten „neue[n] Einheit mit neuen Bedürfnissen [...] steht eine große wirthschaftliche Thatsache erklärend zur Seite: die Kleinstaaten Europas, ich meine alle unsere jetzigen Staaten und ‚Reiche', müssen, bei dem unbedingten Drange des großen Verkehrs und Handels nach einer letzten Gränze, nach Weltverkehr und Welthandel, in kurzer Zeit wirthschaftlich unhaltbar werden. (Das Geld allein schon zwingt Europa, irgendwann sich zu Einer Macht zusammen zu ballen.)" (NL 1885, 37[9], KSA 11, 583 f.).

Gegenüber dieser eher sachlich vorgenommenen Prognose tritt sukzessive die persönlich motivierte Mobilisierung eines verbindenden europäischen Horizonts hervor, bei der eine für Nietzsche eher selten anzutreffende konkrete Politisierung des Phänomens fassbar wird. Die "krankhafte[] Entfremdung, welche der Nationalitäts-Wahnsinn zwischen die Völker Europa's gelegt hat", wird hierbei als fatale „auseinanderlösende Politik" gebrandmarkt, die jedoch im Zusammenhang der generellen zivilisatorischen Dynamik betrachtet, „nothwendig nur Zwischenakts-Politik sein kann" (JGB 256, KSA 5, 201). Die erstaunliche Vorwegnahme innereuropäischer militärischer Allianzenbildung bis hin zur Vorahnung nie dagewesener Kriege bildet den traurig-prophetischen Höhepunkt der späten Bestandsaufnahme zeitgenössischer europäischer Realpolitik.

Nietzsche entwickelt den „werdenden Europäer" als „die langsame Heraufkunft einer wesentlich übernationalen und nomadischen Art Mensch" (JGB 242, KSA 5, 182). Er betont hierbei sowohl eine „wachsende Loslösung von den Bedingungen, unter denen klimatisch und ständisch gebundene Rassen entstehen" (→ Rasse), als auch die „zunehmende Unabhängigkeit von jedem bestimmten milieu, das Jahrhunderte lang sich mit gleichen Forderungen in Seele und Leib einschreiben möchte" (ebd.). In der allmählichen Distanzierung von sozialen, ethnischen, klimatischen, politischen und psychologischen Determinanten vollzieht sich hier durch die Individuen hindurch „ein ungeheurer physiologischer Prozess, der immer mehr in Fluss geräth – der Prozess einer Anähnlichung der Europäer" (JGB 242, KSA 5, 182). Dabei betont er dasjenige „worin jetzt die Auszeichnung der Europäer gesucht wird; [...] ohne zu loben und zu tadeln, mit einer politischen Formel die demokratische Bewegung Europa's" (ebd.). Diese nimmt nach Nietzsches, unserer Gegenwart nicht eben schmeichelnden Prognose einen gleichzeitigen Verlauf in zwei gänzlich verschiedene Richtungen: Zum einen bringt die gewünschte und tatsächliche „Ausgleichung" des Menschen einen Typus von „geschwätzigen willensarmen und äusserst anstellbaren Arbeitern" hervor (JGB 242, KSA 5, 183). Gemeint sind damit Menschen, die ihren individuellen Wert, ihre Würde, ihre Rechte und Pflichten maßgeblich vom gesellschaftlichen Anerkennungswert ihrer Arbeit her bestimmen. Die von der demokratischen Kultur gewollte „Sklaverei im feinsten Sinne" folgt damit einer egalitären Anpassungslogik, aus der heraus andererseits der Mensch im „Einzel- und Ausnahmefall" aber auch „stärker und reicher" geraten kann (ebd.). Und nur für solche Ausnahmefälle scheint die Formel vom ‚guten Europäer' geprägt zu sein, auf die Nietzsche auch sich selbst und sein experimentalphilosophisches Zukunftsprojekt zusehends verpflichtet. Besondere Beachtung verdient dabei das Beispiel, an dem er seine Vorstellungen verdeutlicht. Denn einen solchen Europäisierungs-Vorgang aktiv vollzogen, durch schmerzhafte Loslösungen und Selbst-Erziehung einen wesentlich über-nationalen Erfahrungs- und Aktionsspielraum gewonnen zu haben: Dies gesteht Nietzsche in seiner Zeit nur einigen Künstlern zu – und dem jüdischen Volk. Die zwischen Flucht und Einladung, Vertreibung und Ghettoisierung sich seit Jahrhunderten durch Europa bewegenden → Juden werden im achten Hauptstück von *Jenseits von Gut und B*öse gezielt als das Volk ohne Vaterland eingeführt, an dem sich der Europäer der Zukunft zu orientieren habe. Sie bilden die inhaltliche Alternative zur fixierten ideologischen Verknüpfung von Volk, Nation und Raum und gelten als kultureller Maßstab für ein entsprechend individualisiertes Konzept des Europäers der Zukunft.

Gewollte Heimatlosigkeit, erstrittene Individualität des Geistes, Distanzierung von der herrschenden → Moral und die Bereitschaft, sich selbst zum freigeistigen Schauplatz eines Ringens um neue Denk- und Lebensformen zu machen: Diese anspruchsvollen Merkmale bestimmen die Güte des Europäers der Zukunft. Entsprechend mehrwertig und zugleich vage fällt die Ansprache an eine (noch) nicht existierende Gemeinschaft individueller und in der Ausübung ihrer Individualität souveräner Europäer aus: „Wir Heimatlosen, wir sind der Rasse und Abkunft nach zu vielfach und gemischt, als ‚moderne Menschen' [...]. Wir sind, mit Einem Worte – und es soll unser Ehrenwort sein! – gute Europäer, die Erben Europa's, die reichen, überhäuften, aber auch überreich verpflichteten Erben von Jahrtausenden des europäischen Geistes: als solche auch dem Christenthum entwachsen und abhold, und gerade, weil wir aus ihm gewachsen sind" (FW 377, KSA 3, 630 f.). Das Bewusstsein kultureller Verpflichtung auf die Zukunft wird hierbei nicht zufällig mit der Forderung nach individueller Entpflichtung vom abendländisch-christlichen Erbe gekoppelt. Den widersprüchlichen Reichtum, den Europa akkumuliert hat, kann offenbar keine Nation, aber auch keine übernationale Union bewahren, sondern immer nur derjenige vereinzelte Erbe einer kollektiven Vergangenheit, der seine Zukunft als eine europäische auslegt.

(**UB II** 9, KSA 1, 311 ff.; **MA I** 265, KSA 2, 220; **MA I** 285, 232 f.; **MA I** 475, 309 ff.; **MA I** 481, 314 ff.; **MA II**, WS 215, KSA 2, 647-650; **MA II**, WS 275, 671 f.; **M** 206, KSA 3, 183 ff.; **FW** 343, KSA 3, 573 f.; **FW** 352, 588 f.; **FW** 356, 595 ff.; **FW** 357, 597-602; **FW** 362, 609 f.; **FW** 377, 628-631; **JGB** Vorrede, KSA 5, 11 ff.;

JGB 202, 124 ff.; **JGB** 242, KSA 5, 182 f.; **JGB** 250, 192; **JGB** 251, 192-195; **JGB** 256, KSA 5, 201-204; **EH** WA 2, KSA 6, 358 ff.; **DD** 1, KSA 6, 381-387; **NL 1885**, 37[9], KSA 11, 583 f.; **NL 1886-87**, 5[71], KSA 12, 211-217;)

ewige Wiederkunft, ewige Wiederkehr

Es erstaunt mittlerweile, wie stark und wie lange die Auseinandersetzung mit Nietzsche von der Antwort auf die Frage nach dem Sinn des → ‚Übermenschen' und der ‚ewigen Wiederkunft' bestimmt war. Sichtet man dagegen Nietzsches veröffentlichtes Werk, kommt man nicht umhin zu konstatieren, dass eine solche Zentrierung nur schwer zu rechtfertigen ist. Von konstitutiver Bedeutung für ein Verständnis des Werks scheint die ewige Wiederkunft nur im Hinblick auf *Also sprach Zarathustra* zu sein. Dort wird sie als „abgründlicher" Gedanke inszeniert, dem sich der Lehrer Zarathustra persönlich stellen muss und an dem er immer wieder scheitert. Der Gedanke wirkt in seiner Forderung nach der Bejahung jedes Lebensmoments entweder lähmend in seiner Absolutheit oder aber als Rettung gegen den mit der nihilistischen Erfahrung verbundenen Lebensüberdruss. Die situative Stellung im → Leben ist damit von eminenter Bedeutung für den Umgang mit der als Lehre vom Leben gedeuteten ewigen Wiederkunft. Diese Stellung kann jedoch ihrerseits nicht gelehrt werden, sondern wird erst im Augenblick der Konfrontation mit dem Gedanken offenbar.

Nietzsche selbst hat in *Ecce homo* rückblickend vom Wiederkunftsgedanken als der „Grundconception des Werks" gesprochen. Er hat jedoch zugleich gesagt, man könne „den ganzen Zarathustra unter die Musik rechnen" (EH Za 1, KSA 6, 335) und auf die „Rückkehr der Sprache zur Natur der Bildlichkeit" aufmerksam gemacht (EH Za, 6, KSA 6, 344). Der Wiederkunftsgedanke wäre dann keine Konzeption, sondern eher eine Komposition und insofern ein leitendes Motiv im musikalischen Sinn. Denn der Gedanke wird eben nicht expliziert, sondern als eine Hauptmelodie eingeführt, die fortan immer wieder anzitiert und zum Klingen gebracht werden kann, ohne sich in einer Erklärung zu erschöpfen. Im *Zarathustra* werden die Akte des Willens, die Äußerungen des Geistes, die Wertsetzungen der Moral und die Wahrnehmungsfülle der Gefühle auf die alles entgrenzende Empfindung der ‚ewigen Wiederkunft' hin zugespitzt.

Gleichwohl lässt sich zunächst sagen, dass in der Einsicht von der ‚ewigen Wiederkunft des Gleichen' zahlreiche philosophische Grundannahmen Nietzsches konvergieren, ohne sich allerdings zu einem tragfähigen Gedankengebäude zu verdichten. Mit ihr artikuliert Nietzsche mitnichten eine bestimmte philosophische Position im Sinne einer argumentativen Stellungnahme zur Welt. Sie lässt sich eher als ein visionärer Komplex von Überlegungen fassen, in dem sich kosmologische, chronologische, ethische und existentielle Motive seines Philosophierens zu einem Mythos verbinden. Nicht zufällig wird die ‚ewige Wiederkunft' in den zentralen Stellen als ein Inspirations-Erlebnis inszeniert, das nicht nur das Denken, sondern auch das Denken des Denkens selbst überfordert. Als eine solche Erfahrung der reflexiven Überforderung im Hinblick auf die Vernunft, die Zeit und die Moral geht vom Mythos eine selegierende und erzieherische Wirkung aus. Es scheint weniger darum zu gehen, ihn zu verstehen als darum, ihn zu habitualisieren.

Semantisch dominiert in der Formel offenkundig der Bezug zur Zeit. Philologisch fällt dabei zunächst auf, dass Nietzsche den Begriff der ‚Wiederkunft' deutlich häufiger verwendet als denjenigen der ‚Wiederkehr'. Er wird damit als Gegenbegriff zur adventistischen Konzeption der christlichen Erlösungslehre fassbar, nach der mit der ‚Ankunft' Christi das Ende der Zeit und der Beginn des Heils einsetzt. Antichristlich ist das Motiv der Wiederkunft auch darin, dass in ihm nicht nur das Ende, sondern auch der Anfang der Zeit in Gestalt einer Schöpfung konterkariert wird. Über die Kritik am → Christentum hinaus ist freilich die generelle Ablehnung eines linearen Zeitbegriffs, eines teleologischen Entwicklungsbegriffs und progressiven Verständnisses der Geschichte bedeutsam. An vorsokratische bzw. stoische Lehren vom periodischen Untergang und der Neuentstehung des Kosmos schließt Nietzsche nur vordergründig an, um die Figur in sich geschlossener Zyklizität zu rehabilitieren. Die Wiederkunftsformel nimmt der Zeit sowohl in Gestalt der Weltzeit als auch in Gestalt der Lebenszeit ihr Ziel und deutet sie vom Augenblick her um.

Zwischenzeitlich hat Nietzsche bekanntlich auch spekulative Beweise des Wiederkunftsgedankens auf dem Boden zeitgenössischer Naturwissenschaften versucht und dabei vorzugsweise mit kraftphilosophischen und thermodynamischen Argumenten operiert. Bezeichnend hierfür ist etwa die These: „Der Satz vom Bestehen der Energie fordert die ewige Wiederkehr" (NL 1886-87, 5[54], KSA 12, 205). Einiges spricht dafür, die entsprechenden Stellen interpretativ nicht überzubewerten. Es ging Nietzsche in derartigen Passagen eher um alternative Beschreibungsmöglichkeiten für eine sich im Austausch und der unerschöpflichen Konfrontation von Kräften permanent transformierende Welt als um Physikalismus in einem szientistischen Sinn. Entsprechende Notate finden sich nicht zufällig ausschließlich im Nachlass: Sie dienten der Selbstvergewisserung und waren vermutlich nie auf eine Veröffentlichung hin angelegt.

Nur in *Also sprach Zarathustra* kommt der ‚ewigen Wiederkunft' entscheidende Bedeutung zu. Diese wird hier als Gedanke inszeniert, an dem auch Zarathustra als Lehrer scheitert. Nicht der Inhalt der Lehre steht in dem Werk infrage, sondern Zarathustras sich allmählich verändernde Einstellung zu ihm. Es ist der Gedanke der ewigen Wiederkunft, der ihn krank macht und den er zunächst nicht aussprechen kann und will. Zarathustra will dem Leben gerecht werden und der Erde treu bleiben – doch solange er die ewige Wiederkunft als ein Gesetz des Lebens thematisieren will, solange lebt er selbst noch nicht, weil er sich durch die Formulierung einer Lehre immer noch jenseits des Lebens bewegt. Der II. Teil des Werks ist darum so komponiert, dass das Leben in weiblicher Gestalt erst zu Zarathustra sprechen muss und ihm gegenüber den Grundcharakter der Lebendigkeit offenbart: „Und diess Geheimnis redete das Leben selber zu mir. ‚Siehe, sprach es, ich bin das, was sich immer selber überwinden muss.“ (Za II, Selbst-Ueberwindung, KSA 4, 148). Weil Lebendigkeit in ihrem Aufhebungscharakter nicht auf Begriffe zu bringen ist, muss das bloße Denken auch an ihr scheitern.

Wie wenig die ‚ewige Wiederkunft‘ als Lehre funktioniert, zeigt auch ihre Rekapitulation durch die Tiere im III. Teil des Werks. Diese wollen Zarathustra, der seinem eigenen Gedanken einmal mehr nicht gewachsen ist und in „Ekel“ und Krankheit versinkt, durch die Wiedergabe seiner Lehre ermuntern: „Alles geht, Alles kommt zurück; ewig rollt das Rad des Seins. Alles stirbt, Alles blüht wieder auf, ewig läuft das Jahr des Seins. Alles bricht, Alles wird neu gefügt; ewig baut sich das gleiche Haus des Seins. Alles scheidet, Alles grüsst sich wieder; ewig bleibt sich treu der Ring des Seins.“ (Za III, Der Genesende, KSA 4, 272 f.). Zarathustra nennt seine treuen Begleiter daraufhin „Drehorgeln“, ihre Fassung der Wiederkehr ein „Leier-Lied“ (ebd. 273). Denn die Tiere missverstehen die mit dem Gedanken verbundene individuelle Forderung. Sie reduzieren den Bejahungsanspruch der Lehre auf die gleichgültige Struktur endloser zyklischer Wiederholung. Damit aber verkennen sie Zarathustras Problem bereits auf der logischen Ebene: Denn das, was wiederkehrt, kann als Wiedergekehrtes eben nicht mehr als das Gleiche wiederkehren. Es ist durch sein Vergehen und Wiederentstehen zu einem Anderen geworden. Als Anderes aber wird es wiederum durch die Struktur der Wiederholung in die Gleichheit des Prozesses zurückgezwungen. Der Gedanke ist darum ‚abgründlich‘, weil er sowohl das Denken der Differenz als auch die Logik der Identität aufhebt. Im Nachlass wird in einem ähnlichen Zusammenhang ein kombinatorisches Experiment unter der Voraussetzung, dass „die Welt als bestimmte Größe von Kraft und als bestimmte Zahl von Kraftcentren gedacht werden darf“, durchgespielt: „In einer unendlichen Zeit würde jede mögliche Combination irgendwann einmal erreicht sein; mehr noch, sie würde unendliche Male erreicht sein. Und da zwischen jeder ‚Combination‘ und ihrer nächsten ‚Wiederkehr‘ alle überhaupt noch möglichen Combinationen abgelaufen sein müßten und jede dieser Combinationen die ganze Folge der Combinationen in derselben Reihe bedingt, so wäre damit ein Kreislauf von absolut identischen Reihen bewiesen: die Welt als Kreislauf, der sich unendlich oft bereits wiederholt hat und der sein Spiel in infinitum spielt. Diese Konzeption ist nicht ohne weiteres eine mechanistische: denn wäre sie das, so würde sie nicht eine unendliche Wiederkehr identischer Fälle bedingen, sondern einen Finalzustand. Weil die Welt ihn nicht erreicht hat, muß der Mechanismus uns als unvollkommene und nur vorläufige Hypothese gelten.“ (NL 1888, 14[188], KSA 13, 376).

Was wiederum in der kombinatorischen Reformulierung auf der Strecke bleibt, ist das Ausgangsproblem selbst: die Artikulation des Gedankens als das „grösste Schwergewicht“ für den Einzelnen (FW 341, KSA 3, 570), mit anderen Worten: die Konfrontation von begrenzter Lebenszeit und unbegrenzter Weltzeit. Erst die Selbstanwendung des Gedankens zeigt, ob dieser das Individuum „verwandeln und vielleicht zermalmen“ wird (ebd.). Mit der Formel vom → ‚amor fati‘ scheint schließlich die positive Fassung des Gedankens angezeigt: die aktive und bejahende Einordnung in einen Lebenszusammenhang, der aus dem Gegensatz von Individualität und Allgemeinheit selbst austritt: „Schrittweise lernen, das vermeintliche Individuum abzuwerfen! [...] Als Gegensatz ja nicht Altruismus zu verstehen! [...] Über ‚mich' und ‚dich' *hinaus! Kosmisch empfinden!*" (NL 1881, 11[7], KSA 9, 443).

(**FW** 276, KSA 3, 521; **FW** 285, 527 f.; **FW** 341, 570; **Za III**, Räthsel 2, KSA 4, 199-202; **Za III**, Genesende, 270-277; **GD** Alten 4, KSA 6, 158 ff.; **EH** Za 1, KSA 6, 335 f.; **EH** Za 3, 339 f.; **EH** Za 6, 344 f.;

NL 1881, 11[7], KSA 9, 443; **NL 1884**, 25[7], KSA 11, 10 f.; **NL 1884**, 27[67], 291 f.; **NL 1885**, 38[12], KSA 11, 610 f.; **NL 1886-87**, 5[54], KSA 12, 205; **NL 1887**, 9[8], KSA 12, 342 f.; **NL 1888**, 14[188], KSA 13, 375 f.)

Experiment, Experimentalphilosophie

Für die Interpretationsphilosophie Nietzsches, die ihrem eigenen Programm gemäß von Ontologie auf die Deutung einer Welt permanenten Werdens, von Erkenntnistheorie auf die Praxis der Perspektivierung und von wertebegründender Moral auf einen moralkritischen Immoralismus umstellt, musste der Begriff des Experiments beinahe notwendig eine besondere Relevanz erhalten. Es erstaunt darum auch nicht, dass Nietzsche sowohl für die Beschreibung der Verfahrensweise als auch für die idealtypische Persönlichkeitsstruktur des Philosophen immer wieder auf Semantiken des Experimentellen, Versucherischen, Spielerischen und Grenzüberschreitenden zurückgreift. Der Philosoph in der Gestalt → freier Geistigkeit geht gerade darin über die kantische Kritik hinaus, dass er auch das vermeintliche Medium derselben, die → Vernunft, noch experimentell zur Disposition stellt. Dabei kommt es zu einer für Nietzsches experimentelles Philosophieren bezeichnenden Deckung von methodischen, paizistischen, ästhetischen und existentiellen Motiven. Das im 19. Jahrhundert eingeläutete „historische Philosophiren", in das er sich als aphoristischer Schriftsteller einschreibt, geht mit der ihm eigenen „Tugend der Bescheidung" von zwei Formen antimetaphysischer Voraussetzungslosigkeit aus: „es giebt keine ewigen Thatsachen: sowie es keine absoluten Wahrheiten giebt." (MA I 2, KSA 2, 25). Es ist mithin gerade in seiner experimentellen Anlage wissentlicher und willentlicher Erbe des neuzeitlichen Wissenschaftsbegriffs und „gar nicht mehr getrennt von der Naturwissenschaft zu denken" (MA I 1, KSA 2, 23). Dabei geht es Nietzsche nicht um die Ersetzung philosophischer durch wissenschaftliche Fragestellungen, sondern um die spekulative Nutzung des bereitgestellten Methoden- und Wissensarsenals für die perspektivische Umdeutung der Welt im Ganzen. Wissenschaftliche Erkenntnisse dienen insofern als Momente einer experimentellen philosophischen Neubeschreibung, die sowohl die physisch-materielle als auch die kulturelle Dimension des Menschseins anbelangt. Oft zielt das philosophische Experimentieren auf die Veränderung der

Fragerichtung insgesamt ab, etwa wenn auch die spekulative Logik der Gegensätze aufgebrochen und stattdessen die vermeintlichen Antagonismen ihrerseits in einen genetischen Zusammenhang gebracht werden: „wie kann Etwas aus seinem Gegensatz entstehen, zum Beispiel Vernünftiges aus Vernunftlosem, Empfindendes aus Todtem, Logik aus Unlogik, interesseloses Anschauen aus begehrlichem Wollen, Leben für Andere aus Egoismus, Wahrheit aus Irrthümern?“ (ebd.).

Der Philosoph als der mit radikalen → Perspektiven arbeitende Geist ist insofern gleichermaßen als Gedankenkünstler und Lebenskunstwerk angesprochen: Sein Experimentieren ist lebendiger Nachvollzug einer als Folge und Zusammenwirken von Experimenten angesehenen Welt: „Wir haben den guten Muth zum Irren, Versuchen, Vorläufig-nehmen wieder erobert – es ist Alles nicht so wichtig! [...] Wir dürfen mit uns selber experimentieren!“ (M 501, KSA 3, 294). Mit diesem Befund ist zweierlei angesprochen: Zum einen kann der Philosoph anders als der Naturwissenschaftler nicht als externer Anordner und Kontrollinstanz eines Experiments auftreten, da er Teil desselben ist und auch diese Teilnahme zu reflektieren hat. Zum anderen erfordert der Verzicht auf externe Referenzen, seien sie natürliche oder methodische, den Mut zur permanenten Entgrenzung und somit die letztlich existentielle Fähigkeit zur eigenen Destabilisierung. An diesem Punkt setzt das hohe philosophische → Pathos Nietzsches immer wieder an, um die (lebens-) gefährlich exzentrische Position eines sich der Freiheit aussetzenden Geistes zu betonen und einzufordern: Ein derartiger Philosoph macht nicht nur das von ihm perspektivisch entgrenzte Leben, sondern zuletzt auch das eigene Leben zum Experiment seiner Erkenntnis und genießt somit das zweifelhafte Privileg, „auf den Versuch hin leben und sich dem Abenteuer anbieten zu dürfen: das Meisterschafts-Vorrecht des freien Geistes!“ (MA I Vorrede 4, KSA 2, 18). Die philosophische Experimental-Kunst, in der selbst hergestellten Haltlosigkeit immer wieder perspektivisch Halt zu gewinnen, hat somit einerseits den spielerischen Charakter einer → ‚fröhlichen Wissenschaft‘, führt in den Selbstthematisierungen Nietzsches aber auch immer wieder zu Zuständen, in denen Skepsis in Verzweiflung oder Freiheit in die hermeneutische Einsamkeit des Nicht-mehr-Verstanden-Werdens übergehen. Den angeführten Gesamtzusammenhang zwischen einer sich experimentell exponierenden Denkform und der individuell korrespondierenden Lebensform mitsamt dem zugehörigen existentiellen Extremismus hat Nietzsche einmal im Spätwerk auf den Begriff gebracht: „Wie viel Wahrheit erträgt, wie viel Wahrheit wagt ein Geist? – dies wurde für mich der eigentliche Werthmesser. Der Irrthum ist eine Feigheit... jede Errungenschaft der Erkenntniß folgt aus dem Muth, aus der Härte gegen sich, aus der Sauberkeit gegen sich... Eine solche Experimental-Philosophie, wie ich sie lebe, nimmt versuchsweise selbst die Möglichkeiten des grundsätzlichsten Nihilismus vorweg: ohne daß damit gesagt wäre, daß sie bei einem Nein, bei einer Negation, bei einem Willen zum Nein stehen bliebe. Sie will vielmehr bis zum Umgekehrten hindurch – bis zu einem dionysischen Jasagen zur Welt“ (NL 1888, 16[32], KSA 13, 492).

(**MA I** Vorrede 4, KSA 1, 17 f.; **MA I** 1, 23 f.; **MA I** 2, 24 f.; **MA I** 221, 180-184; **M** 453, KSA 3, 274; **M** 501, 294; **FW** Vorrede 2, KSA 3, 347 ff.; **FW** 7, 378 ff.; **FW** 319, 551; **FW** 324, 552 f.; **GM III** 9, KSA 5, 357 f.;

NL 1880, 6[31], KSA 9, 200 f.; **NL 1880**, 6[442], 313; **NL 1883**, 24[16], KSA 653-656; **NL 1888**, 16[32], KSA 13, 492)

„freier Geist", Freigeist

Nietzsches Begriff der Freiheit kennt weder das Glück des finalen Befreiungsaktes noch das revolutionäre Pathos endgültig abgeschüttelter Ketten. Stattdessen wird die Freiheit des Geistes als gespanntes Selbstverhältnis entfaltet, das seine neuen Erfahrungen fortwährend in der offenen Dialektik von Begrenzung und Entgrenzung gewinnen muss. Anders als bei Hegel gilt die Aufhebung der realisierten Erfahrung in einem neuen Begriff hier als Rückkehr zur Unfreiheit. Der Geist reflektiert sich stattdessen in das Denken hinein, um dessen Bedingtheiten durch den → Leib, durch die → Sprache, durch die → Moral etc. freizulegen und entwickelt aus der sukzessiven Einholung dieser Bedingtheiten seine eigene, immer nur relative Freiheit.

Der Denkfigur des ‚freien Geistes' kann im Ganzen von Nietzsches Werk der Charakter eines durchgehenden Motivs zugebilligt werden, das gleichwohl nie leitmotivisch in den Vordergrund drängt. Die Figur dient ihm wahlweise zur Qualifizierung, Abgrenzung und Auszeichnung intellektueller Dispositionen und entsprechender Personen, gewinnt aber nur in wenigen, dann jedoch eminent bedeutsamen Passagen des Werks ein eigenständiges Profil. Zunächst steht sie für die Etikettierung einer als Unterstrom verstandenen Bewegung geistig selbstständiger Individuen, für die Nietzsche einen übergreifenden erzieherischen Zusammenhang stiftet. Voltaire und Montaigne, Emerson und Pascal, Schopenhauer und Wagner sind solche frühen Bezugsgrößen, an denen dann jeweils verschiedene Formen der Freiheit herausgearbeitet werden. Den Plan einer diesem Thema eigens verpflichteten *Unzeitgemäßen Betrachtung* hat Nietzsche nicht verwirklicht, stattdessen aber *Menschliches, Allzumenschliches* insgesamt mit dem Untertitel *Ein Buch für freie Geister* bezeichnet. Anfänglich wird mit der Etikettierung noch gezielt der Anschluss an die antidogmatische, antiklerikale und antiabsolutistische Literatur und Philosophie der Aufklärung einerseits, die aphoristisch operierende salongeschulte Moralistik andererseits gesucht.

Bedeutsam für Nietzsches frühes Verständnis freier Geistigkeit bleibt das entschiedene Andenken gegen- bzw. Herausdenken aus der Zeit, in der man sich befindet. Die Erfahrung der Unzeitgemäßheit ist dabei Voraussetzung eines notwendigen Entfremdungsprozesses, in dessen Folge ein Denker erlernt, seine Zeit mit neuen Denkformen und Ausdrucksmitteln zu beschreiben und auf diese Weise zu einem geistigen Individuum zu werden. Hatte Nietzsche im ästhetischen Kontext der *Geburt der Tragödie* die Freiheit noch als kollektives Erlebnis eines befreienden Zerbrechens des Individuationsprinzips (*principium individuationis*) zu fassen gesucht, so gilt für die Bestimmung des Geistes schon wenig später und von da ab nachhaltig der gegenteilige Befund. In seiner Explikation der Kunst Richard Wagners macht er bereits in der *IV. Unzeitgemässen Betrachtung* deutlich, wie fordernd Individualität und Freiheit aufeinander verweisen. Diesbezüglich gilt: „dass Jeder, der frei werden will, es durch sich selber werden muss, und dass Niemandem die Freiheit als ein Wundergeschenk in den Schooss fällt." (WB 11, KSA 1, 507).

In diesem Zusammenhang verschiebt sich in der Entfaltung geistiger Freiheit der Akzent vom aufklärerisch-emanzipativen Freiheitsgewinn auf die fortwährende Erringung und Verteidigung derselben in der denkerischen Selbstverantwortung. Geist ist demnach kein einmalig eroberter Bestand, sondern das Moment überschüssiger Reflexion, das sich dann einstellt, wenn die Ebene allgemeingeltender begrifflicher Zusammenhänge zugunsten neuer ‚geistiger' Erfahrungen preisgegeben wird. Wie Hegel greift Nietzsche zunächst auf die jüdisch-griechisch-lateinische Ausgangssemantik des Geist-Begriffs (*ruach, pneuma, spiritus*) zurück, um gegenüber einer kategorialen und hierarchisch aufgebauten, in Begriffen sich organisierenden Vernunft den Charakter der Beweglichkeit, Übergängigkeit und Lebendigkeit für das Denken zu betonen. Ähnlich wie Hegel entwickelt auch Nietzsche in der späten Vorrede von *Menschliches, Allzumenschliches* – dem entscheidenden Referenztext – den freien Geist aus der Dialektik von gegebenem Begriff und neuartiger, den alten Begriff notwendig entgrenzender und damit aufhebender Erfahrung. Entscheidend für sein Verständnis ist hierbei die existentielle Verschärfung des Problems, die zugleich die Aufhebung in einem neuen Allgemeinbewusstsein verunmöglicht: Frei macht sich ein Geist durch die „grosse Loslösung" von den als bloßem Glauben dechiffrierten eigenen Bindungen. Betont wird hierbei zum einen das Unfreiwillige und Eruptive der Erfahrung: „Die grosse Loslösung kommt für solchermaassen Gebundene plötzlich, wie ein Erdstoss: die junge Seele wird mit Einem Male erschüttert, losgerissen, herausgerissen, – sie selbst versteht nicht, was sich begiebt." (MA I Vorrede 3, KSA 2, 16). Folgerichtig wird der Gewinn des Geistes als Passionsgeschichte inszeniert, in der die Erschütterung des vermeintlich Eigenen zunächst als Verlust- und Verzweiflungsgeschichte eines Kranken gedeutet wird, die in der Vereinzelung mündet. Erst das Aushalten dieser auf Bindungen verzichtenden Einsamkeit ermöglicht eine Disposition, aus der heraus alte Bindungen nicht mehr durch neue ersetzt werden, sondern der Geist Distanz zu seiner bisherigen Verfahrensweise gewinnt. Das Wissen um die notwendige Einsamkeit und die bleibende Selbstverantwortung des Denkenden für seine Gedanken führt zu jener „reifen Freiheit des Geistes, welche ebensosehr Selbstbeherrschung und Zucht des Herzens ist und die Wege zu vielen und entgegengesetzten Denkweisen erlaubt" (MA I Vorrede 4, KSA 2, 17 f.).

Entworfen ist damit eine philosophische Lebensform, die Nietzsche wahlweise mit den Motiven des ‚Wanderers', des ‚Heimatlosen', oder des → ‚Experiments' umschreibt und insgesamt in der Haltung kulminieren lässt, „auf den Versuch hin leben und sich dem Abenteuer anbieten zu dürfen" (MA I Vorrede 4, KSA 2, 18). Die epistemische Verfahrensweise einer solchen Lebensform wird in der Vorrede schließlich als Ausübung → perspektivischer Denkformen nahegelegt: „Du solltest das Perspektivische in jeder Werthschätzung begreifen lernen – die Verschiebung, Verzerrung und scheinbare Teleologie der Horizonte und was Alles zum Perspektivischen gehört; auch das Stück Dummheit in Bezug auf entgegengesetzte Werthe und die ganze intellektuelle Einbusse, mit der sich jedes Für, jedes Wider bezahlt macht." (MA I Vorrede 6, KSA 2, 20). Der Imperativ ist hier als solcher kein kategorischer, sondern als leitende Verpflichtung für jene Geister formuliert, die sich ihrer je eigenen perspektivischen Gebundenheit bewusst bleiben und sich darum als Kampfplatz von miteinander konkurrierenden → Interpretationen verstehen. Die agonale perspektivische Selbstauslegung verpflichtet den Geist zugleich auf das „Problem der Rangordnung" (ebd.). Rangordnung meint unter dieser Voraussetzung keine Hierarchie, sondern die Aufgabe, vom neu erworbenen perspektivischen Niveau aus auch die früheren Perspektiven zu reformulieren. Ein Nachlassnotat markiert die Freiheit in diesem Sinne als bewegliche, agonalen Kräften ausgesetzte Struktur der Selbstorganisation: Der „freieste Mensch" hat demnach „die größte Ordnung im nothwendigen Kampfe seiner Kräfte, die verhältnißmäßig größte Unabhängigkeit seiner einzelnen Kräfte, den verhältnißmäßig größten Kampf in sich" (NL 1881, 11[130], KSA 9, 488). Aus diesem Kampf zugunsten eines ästhetischen, politischen oder philosophischen Ideals auszutreten, heißt, sich zu alten oder neuen Bindungen zu bekennen und in diesen Bindungen die Freiheit aufzugeben.

Die existentielle Schärfe und reflexive Radikalität dieser Figur hebt sich folglich mit Nachdruck ab von jenen Rekursen auf die bloße ‚Freigeisterei', die im Werk Nietzsches nicht minder oft anzutreffen sind. ‚Freigeister', die Nietzsche zwar anerkennt, mit denen er aber nicht verwechselt werden will, lassen sich in diesem Sinne als vorbereitende Eröffner neuer Denkräume interpretieren. Sie operieren wahlweise im Namen der Skepsis, des Empirismus, der Religions- und Moralkritik, des Atheismus, Sozialismus oder Liberalismus und treten dabei im Namen eines wissenschaftlichen Kritikbegriffs gegen jedwede Form dogmatischer Restriktion an. Bei alledem schaffen sie einerseits ein neues Klima des (nicht zuletzt auch moralisch) Denkbaren und verändern bzw. modernisieren damit erfolgreich die gesellschaftliche Selbstbeschreibung. Zugleich repräsentieren die „modernen", bzw. „demokratischen" Ideen (JGB 44, KSA 5, 61), denen bloße Freigeister folgen, jene ‚nivellierenden' Bindungen, in denen die individuelle intellektuelle ‚Redlichkeit' erneut kollektiven Idealen und gesellschaftlichen Utopien geopfert wird (→ Politik). Vornehmlich in den neuen Vorreden, im fünften Buch der *Fröhlichen Wissenschaft, „Wir Furchtlosen"*, in *Jenseits von Gut und Böse* und der *Genealogie der Moral* wird in zahlreichen Variationen die Redlichkeit bzw. das „intellectuale Gewissen" (MA II, VM 26, KSA 2, 391) als dasjenige Kriterium nahegelegt, welches die Selbsterfahrungen des ‚freien Geistes' von den Befreiungsakten der Freigeisterei unterscheidet. Bemerkenswert ist, wie konsequent Nietzsche hierbei das

Existential geistiger Freiheit herausarbeitet, wenn er den Begriff selbst in den wichtigsten Referenzstellen gezielt in Anführungszeichen hält und damit sogleich wieder entbegrifflicht. Jede, auch seine eigene Beanspruchung geistiger Freiheit wäre demnach bereits identisch mit dem Verlust derselben, ist doch das Festhalten an einer Überzeugung oder einem Begriff bereits ein neuer ‚Glauben'. Das zweite Buch von *Jenseits von Gut und Böse* mit dem Titel *„Der freie Geist"* bildet den artifiziellen Höhepunkt in der Darstellung eines derartigen Vorgehens.

(**UB IV** 11, KSA 1, 506-510; **MA I**, Vorrede 1-8, KSA 2, 13-22; **MA I** 225, 189 f.; **MA I** 227, 191; **MA I** 230, 193; **MA I** 282, 230 f.; **MA I** 427, 280; **MA II**, VM 4, KSA 2, 382; **MA II**, VM 113, 424 ff.; **FW** 143, KSA 3, 490 f.; **FW** 347, 581 ff.; **FW** 377, 628-631; **Za II**, Weisen, KSA 4, 132-135; **JGB** 24, KSA 5, 41 f.; **JGB** 44, 60-63; **JGB** 24-44, Zweites Hauptstück: der freie Geist, 41-63; **JGB** 188, 108 ff.; **GM III** 24, KSA 5, 398-401; **GD** Streifzüge 45, KSA 6, 146 ff.; **AC** 53, KSA 6, 234 f.; **EH** MA 1, KSA 6, 322 f.)

Fröhlichkeit, fröhliche Wissenschaft

Mit der kontraintuitiven Formulierung einer ‚fröhlichen Wissenschaft' stellt Nietzsche die Wissenschaft in ihrer traditionellen Gestalt in Frage und reformuliert sie zugleich. Sie bildet vor allem die Opposition zu jener intellektuellen und moralischen Strenge, die in der Gestalt des Ernstes als adäquates Verhalten des um Wissen Ringenden eingefordert wird. Nicht zufällig expliziert Nietzsche die philosophischen, religiösen und wissenschaftlichen Formen des asketischen Ideal als archetypische Produkte des Ernstes, spitzt sie auf ein ihnen innewohnendes „Pathos der Wahrheit" zu (CV 1, KSA 1, 756), um sie im Typus des Priesters als dem „eigentlichen Repräsentanten des Ernstes" zu bündeln (GM III 11, KSA 5, 361). Für den Fröhlichen dagegen ist jede Wahrnehmung und Erfahrung affektiv besetzt und zugleich Anlass für Hoffnung und Interesse. Als Wissensform ist Fröhlichkeit die erworbene Befähigung zum spielerischen bzw. ‚tänzerischen' Umgang mit den semantischen Traditionsbeständen. Nietzsche hat ein solches Spiel vielerorts ‚muthwillig' oder ‚närrisch', ‚abentheuerlich' oder ‚unvernünftig' genannt und als Andenken gegen das Zusammenwirken von disziplinärer Beschränkung und dispositioneller Strenge umgesetzt. Das im akademischen Betrieb bis heute oftmals als leichtfertig bemängelte Vorgehen der fröhlichen Wissenschaft Nietzsches ist demgegenüber eher als eine noch immer überraschende Leichtigkeit in der Fertigung neuer Bedeutungen anzusehen.

Was die Formel der ‚fröhlichen Wissenschaft' anbelangt, so hat Nietzsche zu ihrer Verdeutlichung selbst „an den provençalischen Begriff der ‚gaya scienza', an jene Einheit von Sänger, Ritter und Freigeist" (EH FW, KSA 6, 333 f.) erinnert und damit an zahlreichen Stellen eine Nähe der von ihm beanspruchten Denkform zur Lebensform des Troubadours proklamiert. Auch „die Liebe als Passion" sei demnach „schlechterdings vornehmer Abkunft" und verdanke sich diesen „Ritter-Dichtern […], jenen prachtvollen erfinderischen Menschen des ‚gai saber', denen Europa so Vieles und beinahe sich selbst verdankt. –" (JGB 260, KSA 5, 212). Als vermittelnde Quellen für die hergestellte Wahlverwandtschaft lassen sich vor allem Herders *Briefe zur Beförderung der Humanität* und der von Nietzsche besonders verehrte Ralph Waldo Emerson vermuten, bei dem die Formulierung „Joyous Science" belegt ist.

Nietzsches eigene Phänomenologie denkerischer Fröhlichkeit wird insbesondere im Vorwort zur *Fröhlichen Wissenschaft* entworfen und dort als die begleitende Haltung eines durch Krankheit verdunkelten Geistes entworfen, der sich allmählich zur → Gesundheit durchringt: Fröhlichkeit ist hierbei die Eigenart des Genesenden. Das Denken wird im Übergang von der Krankheit zur Gesundheit zum Danken. Die Dankbarkeit ist mithin kein Resultat der Genesung, sondern ihr exemplarischer Ausdruck, ihre gedankliche Entsprechung, sie „strömt fortwährend aus" (FW Vorrede 1, KSA 3, 345). Quantitativ ist mithin auf den verschwenderischen Reichtum, qualitativ auf das Fließende, nicht mehr Fixierbare des neuartigen Denkens verwiesen. In der dankbaren Aufgeschlossenheit für die Zukunft ist die Fröhlichkeit bei Nietzsche vornehmlich als transitorische Disposition relevant: Sie ist auf dem Wege, ohne ein Ziel zu kennen oder auch nur zu wollen. Sie befreit von fixen Bestimmungen, von einem gedanklichen „Finale", einem „Endzustand irgend welcher Art" (FW Vorrede 2, KSA 3, 348). Entsprechend ist Fröhlichkeit vornehmlich als Haltung charakterisiert, die in sich zunächst objektlos ist: Man ist froh, nicht aber fröhlich über etwas.

Folgt man der skizzenhaften Auslotung, so wird die Produktivität einer daran orientierten Wissenschaft zumindest in drei Hinsichten deutlich. Sie ist gegen die Statik jener binären Oppositionen formuliert, die das klassische europäische Wissenschaftsprogramm bestimmen: Wahrheit und Falschheit, Ding und Erscheinung, Subjektivität und Objektivität, Sinnlichkeit und → Vernunft, Leib und Seele. Fröhliche Wissenschaft subvertiert und reformuliert dieses Programm durch die Kunst der → Perspektive, bzw. die Praxis der perspektivischen Umwertung. Wenn Nietzsche das fröhliche Denken metaphorisch als „Saturnalien eines Geistes" bezeichnet (FW Vorrede 1, KSA 3, 345), referiert er nicht zufällig auf dasjenige Fest des römischen Kalenders, das Hierarchien einreißt, Unterschiede aufhebt und den Ausnahmezustand zur (temporären) Regel erklärt.

In ihrer psycho-physischen Anlage fragt Nietzsches fröhliche Wissenschaft zugleich nach den Herkunftsbedingungen des wissenschaftlichen Gebarens und bietet eine Vielzahl disparater Narrative zur „Herkunft der Gelehrten" an (vgl. FW 348 und 349, KSA 3, 583 ff.). Was ein Individuum oder eine Kultur als wissenswert schätzt, von welchen Begriffen und Unterscheidungen aus sie zentriert oder hierarchisiert, in welchen Abschlussfiguren und Wertungen sie verbleibt, verdankt sich dieser entlarvenden Selbstbefragung nach den oft impliziten Werten, den psycho-physischen Erhaltungsbedingungen derselben. Jeder inhaltlichen Entgrenzung korrespondiert in diesen Fällen die genealogische Entlarvung ebendieser Darstellungsformen „des Objektiven, Ideellen, Rein-Geistigen", die sich bei genauerem Blick als „unbewusste Verkleidung physiologischer Bedürfnisse" zu erkennen geben (FW Vorrede 2, KSA 3, 348). Für das Selbstverständnis solcher fröhlicher Entlarvungen kann festgehalten werden, dass sie sich nicht auf personalisierende Denunziationen beschränken, sondern immer Teil einer sachlichen Infragestellung sind. Sie sind Teil von Nietzsches philosophischer „Kriegs-Praxis": „ich greife nie Personen an, – ich bediene mich der Person nur wie eines starken Vergrösserungsglases, mit dem man einen allgemeinen, aber schleichenden, aber wenig greifbaren Nothstand sichtbar machen kann." (EH weise 7, KSA 6, 274).

Konstitutiv für den Genesungsaspekt der Fröhlichkeit ist insofern der Umstand, dass diese es mit dem Leib in neuer Weise ernst meint, weil sie aus der Dialektik von Gesundheit und Krankheit entwickelt ist. Insbesondere mit der Anbindung an die Erfahrung des Schmerzes gewinnt die Fröhlichkeit bei Nietzsche eine ihr normalerweise nicht zukommende Tiefendimension: Sie schließt die Schmerzerfahrung und damit den Ernst nicht aus, sondern stattdessen ein. In den mit der Krankheit verbundenen Anerkennungsleistungen vereinzelt sich das Individuum und wird sowohl in seinem Selbst- als auch in seinem Weltverständnis destabilisiert: „Das Vertrauen zum Leben ist dahin: das Leben selbst wurde zum Problem." (FW Vorrede, 3, KSA 3, 350). Der Wiedergewinn des Vertrauens zum Leben setzt diese psycho-physische Erschütterung und die mit ihr verbundenen Sinnverluste notwendig voraus. Mit dem Neuaufbau der Erfahrung durch die fröhliche Wissenschaft korrespondiert darum die Bereitschaft, den Leidenscharakter des Lebens jeweils individuell anzunehmen und deutend zu gestalten. Damit ist aber auch die Vorläufigkeit und Fragilität der neu gestifteten Bedeutungen in Rechnung gestellt.

(**FW** Vorrede 1-4, KSA 3, 345-352; **FW** 1, 369-372; **FW** 324, 552 f.; **FW** 327, 555; **FW** 377, 628-631; **FW** Anhang, 649 ff.; **GM** Vorrede 7, KSA 5, 254 f; **EH** FW, KSA 6, 333 f.;

NL 1885-86, 2[166], KSA 12, 149-152)

Gedächtnis

Statt in einer vermeintlich gegebenen Vernunft oder einer überlegenen Bewusstseinsleistung hat Nietzsche eher in den konkreten Formen des Erinnerns – im Gedächtnis – jene fließende Grenze angesiedelt, an welcher der Mensch aufhört, Tier zu sein. Die für die Fähigkeit zur Erinnerung vorauszusetzende Unterscheidung von Zeitebenen bringt den Menschen gegenüber dem Augenblicksbewusstsein des Tieres unter den Druck, sich selbst zu seiner Zeitlichkeit verhalten und in seiner Zeitlichkeit auslegen zu müssen (→ Historie).

In Nietzsches interdisziplinären Deskriptionsbemühungen geht es mithin nicht mehr um die Unterscheidung zwischen ‚richtigem' oder ‚falschem' Erinnern, sondern stattdessen von Vornherein (1.) um die physiologischen, anthropologischen, psychologischen, moralischen und kulturellen Momente innerhalb der Gedächtnisbildung und (2.) um die Interaktionsweisen, die wechselseitigen Überlagerungen oder Verstärkungsformen, die diese Momente miteinander ausbilden. Von weitergehender psychologischer Bedeutung ist der Umstand, dass die Gedächtnisleistung nicht kognitionswissenschaftlich auf die bloße Verarbeitung von Daten hin ausgelegt wird, sondern immer auch in die Welt des Empfindens hineingreift und damit ebenso einer vermeintlichen Unmittelbarkeit des Fühlens vorausgeht: „Alle stärkeren Stimmungen bringen ein Miterklingen verwandter Empfindungen und Stimmungen mit sich; sie wühlen gleichsam das Gedächtniss auf. Es erinnert sich bei ihnen Etwas in uns und wird sich ähnlicher Zustände und deren Herkunft bewusst. So bilden sich angewöhnte rasche Verbindungen von Gefühlen und Gedanken, welche zuletzt, wenn sie blitzschnell hinter einander erfolgen, nicht einmal mehr als Complexe, sondern als Einheiten empfunden werden." (MA I 14, KSA 2, 35). Auch im Hinblick auf die gegenwärtigen Forschungen zu den Formen des kulturellen Gedächtnisses ist Nietzsche als bedeutsame Referenz zu erachten. Die Unterscheidung zwischen ‚symbolischem' und ‚theoretischem' Weltzugang, die etwa für die *Geburt der Tragödie* maßgeblich ist, stellt in polemischer Absicht die rituellen und ästhetischen Erinnerungspraktiken, die der Bewahrung des → Mythos gelten, jenen textuellen und intellektuellen Operationen gegenüber, die seit Sokrates das kulturelle Selbstverständnis des modernen Menschen prägen.

G

Insbesondere für die Psychologie des Gedächtnisses hat Nietzsche dahingehend entscheidende Akzente gesetzt, dass er das Erinnern vom bloßen Ansammeln und Speichern eines Wissens- und Erfahrungsbestands zu einem kreativen Vermögen umdeutete, das Informationen selegiert, organisiert und dabei durchaus auch umwertet und unter Umständen gänzlich neu erfindet. Es empfiehlt sich daher, mit bzw. für Nietzsche eher von einer produktiven Poetik des Gedächtnisses zu sprechen. Akte des Vergessens gehören ebenso zur Verfahrensweise dieser immer auch fiktional operierenden Erinnerungspraxis wie das Füllen von Erinnerungslücken und das Umdeuten jener Erfahrungen, die das Selbstverständnis eines biographischen oder kulturellen Gedächtnisträgers bedrohen, traumatisieren – oder schlicht stören. Folgerichtig kann Nietzsche die Aktivitäten des Gedächtnisses wahlweise und je nach Kontext als unbewusste psychologische Überlebensstrategie, manipulative Geschichtsfälschung, experimentelle Selbstdarstellung oder Selbstbetrug, als notwendige Herstellung einer kulturellen Identität oder ideologisch motivierter → Maske qualifizieren. Allgemein dominieren jedoch die moralistischen Enttarnungen moralischer Gebärden: „‚Das habe ich gethan' sagt mein Gedächtniss. Das kann ich nicht gethan haben – sagt mein Stolz und bleibt unerbittlich. Endlich – giebt das Gedächtniss nach." (JGB 68, KSA 5, 86).

Berühmt geworden ist Nietzsches Formel vom „Gedächtniss des Willens" im Kontext seiner späten Moralgenealogie (GM II 1, KSA 5, 292). Das Gedächtnis fungiert in der provozierenden Kulturgeschichte als *tertium comparationis* von Vernunft und → Moral. Das in der *Genealogie der Moral* etablierte Narrativ des ‚Gedächtniss-Machens' hat sich als zivilisationstheoretisch eminent einflussreich herausgestellt. Die Erzeugung eines → Bewusstseins für eigene Handlungen und die damit verbundene Übernahme der Verantwortung für diese Handlungen sind demnach die Ermöglichungsbedingungen für Moral und als solche kulturelle Techniken des Selbst, die den prähistorischen vom historisch fassbaren Menschen unterscheiden. Nietzsche entwirft hier als Kritiker metaphysischer, transzendentaler, aber auch darwinistischer Moralkonzeptionen genealogische Leitfragen, die auf die Erzeugung des Menschen als eines rationalen Agenten abzielen: „Wie macht man dem Menschen-Thiere ein Gedächtniss? Wie prägt man diesem [...] faseligen Augenblicks-Verstande, dieser leibhaften Vergesslichkeit Etwas so ein, dass es gegenwärtig bleibt?" (GM II 3, KSA 5, 295). Das Moral überhaupt erst denkbar machende „Privilegium der Verantwortlichkeit" wird dabei konstitutiv mit der drastischen Erzeugung und Kultivierung von Gedächtnisstrukturen verbunden. Die „lange Geschichte von der Herkunft der Verantwortlichkeit" findet sich dabei als eine Kulturgeschichte von Strafprozeduren entwickelt (GM II 2, KSA 5, 293 f.), in denen der Mensch durch zelebrierte Akte der Grausamkeit an sich selbst allmählich zum verantwortungs- und rechtsfähigen Subjekt gemacht wird: „vielleicht ist sogar nichts furchtbarer und unheimlicher an der ganzen Vorgeschichte des Menschen, als seine Mnemotechnik. ‚Man brennt Etwas ein, damit es im Gedächtniss bleibt: nur was nicht aufhört, weh zu thun, bleibt im Gedächtniss' " (GM II 3, KSA 5, 295). Die Entstehungsgeschichte des Gedächtnisses ist damit zugleich als Gegengeschichte zur philosophischen Konstruktion intellektueller ‚Vermögen' und zeitloser moralischer Instanzen angelegt. Vermeintliche Ausgangspunkte wie der ‚Wille' oder die → ‚Vernunft', scheinbar unmittelbare moralische Erfahrungen wie diejenigen der Schuld bzw. der Gewissensqual und nicht zuletzt Kulturtechniken der Entsagung und Buße sind für das entsprechende genealogische Narrativ lediglich Epiphänomene einer den Menschen allmählich zivilisierenden „Mnemotechnik" der Grausamkeiten: „ – und wirklich! Mit Hülfe dieser Art von Gedächtniss kam man endlich ‚zur Vernunft'! – Ah, die Vernunft, der Ernst, die Herrschaft über die Affekte, diese ganze düstere Sache, welche Nachdenken heisst, alle diese Vorrechte und Prunkstücke des Menschen: wie theuer haben sie sich bezahlt gemacht! wie viel Blut und Grausen ist auf dem Grunde aller ‚guten Dinge'! ..." (GM II 3, KSA 5, 297).

(**HL** 1, KSA 1, 248-257; **HL** 4, 272 ff.; **HL** 8, 310 f.; **WL** 1-2, KSA 1, 875-890; **MA I** 12, KSA 2, 31 f.; **MA I** 14, 35; **MA I** 580, 335; **M** 278, KSA 3, 215 f.; **JGB** 40, KSA 5, 57 f.; **JGB** 68, 86; **GM II** 1, KSA 5, 291 f.; **GM II** 3, 294-297;

NL 1882, 18[4], KSA 9, 673; **NL 1885**, 40[29], KSA 11, 644; **NL 1888**, 15[90], KSA 13, 458 ff.)

Genealogie

I. Allgemeines

Im Sinn eines genuin philosophischen Verfahrens wird Genealogie erstmals bei Nietzsche relevant und ist seitdem, wenngleich oft fehlgedeutet, in geisteswissenschaftlichen Kontexten als quasihistorische Interpretationsstrategie zur Freilegung verdeckter Zusammenhänge und damit einhergehende Form der Kritik etabliert. In ihrem Gebrauch bei Nietzsche konvergieren methodische Elemente mit kritischen Ansprüchen, strategischen Interventionen und narrativen Praktiken. Als formalisierbare Methode kann seine genealogische Verfahrensweise folgerichtig nur bedingt angesehen werden. Als kritische Interventionsform geht sie einerseits vom Zusammenhang von Genesis und Geltung aus und stellt diesen andererseits systematisch zur Disposition. Der Genealogie ist daher auch kein problemelösendes, sondern ein genuin problematisierendes Moment eigen. Genealogien bauen Komplexität auf und damit einhergehend Selbstverständlichkeiten im Gebrauch des jeweils untersuchten Objekts ab. In der Aufdeckung verborgener oder verschleierter Ursprünge einer → Kultur bzw. Moral deplausibilisieren sie deren wertsetzende Formationen und delegitimieren die mit diesen verbundenen normativen Ansprüche. Auf der Ebene der philosophischen Darstellungsform bieten genealogische Deutungen folglich vor allem provozierende Gegen-Geschichten zu den etablierten identitätsstiftenden Narrativen. Es ist dementsprechend auch kein Zufall, dass Nietzsche seine einzige als Genealogie bezeichnete Abhandlung ausdrücklich als „Streitschrift" angelegt hat (GM, KSA 5, 245). Die Streitbarkeit der hergestellten genealogischen Narrative im Werk Nietzsches hat über die Kritik hinaus auch immer einen kritischen Selbstvergewisserungscharakter hinsichtlich der von ihr untersuchten Phänomene. Gerade in diesem Charakter bleibt sie konstitutiv auf die interpretative Beteiligung des Lesers angewiesen.

II. Hermeneutische Anknüpfungspunkte

Maßgebliche Momente in der als Ahnen- und Geschlechterkunde bereits etablierten genealogischen Erforschung von Verwandtschaftsbeziehungen bleiben zunächst auch in der Verfahrensweise Nietzsches gewahrt. Ausgehend von einer Person der Jetztzeit legt Ahnenforschung in rückwärtiger Richtung einen unterirdisch wachsenden familiären Stammbaum frei, der sich mit jeder ermittelten Geschlechterkette weiter verzweigt. Anstelle einer fixen Herkunft werden so immer vielfältigere und verschiedenartige Ursprünge sichtbar. Mehr noch als auf die Pluralisierung kommt es hierbei auf die wachsende Heterogenität an: Jede familiäre Verbindung kommt auf einer Seite von einem Außerhalb und bringt somit strukturell ein neues, zunächst fremdartiges Element in die immer komplexer werdende Verwandtschaft ein. Methodisch gesehen wächst mit der Freilegung jeder weiteren Generation auch die Unzuverlässigkeit und Unvollständigkeit der rekonstruierbaren Quellen: Genealogien verenden meist im historischen Dunkel und werden an diesem Punkt notwendig spekulativ oder hypothetisch. Der Zusammenhang von Pluralisierung und Heterogenisierung der ermittelten Ursprünge und der damit einhergehenden Hypothetisierung des untersuchten Gegenstands bleibt für den philosophischen Gebrauch der Genealogie wesentlich.

Aus seiner speziellen philologischen Sozialisation wiederum entnimmt Nietzsche einen genealogischen Textbegriff. Kennzeichnend für die damit verbundene Hermeneutik ist die Umkehrung des philosophischen Verhältnisses von Text und

Interpretation. Texte sind demnach nichts Gegebenes und Verfügbares, auf dessen fixer Grundlage dann eine bewegliche und freie Interpretation zugreifen kann. Sie sind – wie jede kritische Edition eines antiken Autors zeigt – ihrerseits ein interpretativ Gemachtes (→ Interpretation), ein stets vorläufiges Produkt editionsphilologischer und konjekturalkritischer Maßnahmen. Das Wissen um diese problematische Gegebenheitsweise von Texten konkretisiert und verschärft Nietzsches Interpretationsbegriff entscheidend. Verbunden ist damit der spezifisch genealogische Perspektivenwechsel von der Konstruktion auf die Konstituiertheit eines Gegenstands. In einem gewissen Sinn können vor diesem Hintergrund gerade die aggressivsten Genealogien Nietzsches, die *ad hominem* adressierten Entlarvungen anderer Philosophen, Schriftsteller und Künstler noch als hyperbolische Form der Konjekturalkritik gelesen werden.

Historiographisch schließt das genealogische Programm in seinen anfänglichen Teilen auch an Burckhardts Konzept der Kulturgeschichte an. In dieser ist das historische Feld als ein Beziehungsgeflecht maßgeblich, dessen wechselnde Verknüpfungsmöglichkeiten den Raum zu unzähligen Neuperspektivierungen der Vergangenheit eröffnet. Die Potenzenlehre Burckhardts scheint Nietzsche in diesem Sinn bereits als eine Form – terminologisch unterregulierter – Interdependenztheorie aufgefasst, rezipiert und philosophisch entgrenzt zu haben. Während Burckhardt unter Mithilfe der kulturellen Hypostasierungen Staat, Religion und Kultur die → Geschichte zwar dynamisch, aber noch immer als Transformation einer historischen Substanz und damit als Kontinuität erfasste, radikalisiert Nietzsche den relationalen Bezug zwischen den kulturkonstituierenden Momenten und problematisiert vor allem die Brüche und Diskontinuitäten des Bezugssystems. Jede neue → Perspektive, das heißt jede Herstellung einer neuen Beziehung oder Korrelation im Hinblick auf die Vergangenheit, kommt dabei vornehmlich als Verneinung eines Entwicklungs- oder Kontinuitätsmodells zur Geltung.

III. Die Formulierung des Programms

Terminologisch bleibt der Begriff der Genealogie bei Nietzsche weitgehend auf den Umkreis der *Genealogie der Moral* beschränkt. Die Verfahrensweise selbst ist jedoch spätestens im methodischen Anspruch auf ein ‚historisches Philosophieren', wie es *Menschliches, Allzumenschliches* für sich proklamiert, angelegt (vgl. MA I 2, KSA 2, 24 f.). In einem gewissen Sinn ist die genealogische Praxis fundamentaler Untergrabung, in der nicht zufällig auch die Semantik der Dekonstruktion bereits vorweggenommen ist, programmatisch schon in der *Geburt der Tragödie* leitend: In seiner Interpretation will der Autor auch dort das „kunstvolle Gebäude der apollinischen Cultur gleichsam Stein um Stein abtragen, bis wir die Fundamente erblicken, auf die es begründet ist" (GT 3, KSA 1, 34). Auf diese Weise bringt jede Form des ‚Abtragens' ein in der Konstruktion selbst unkenntliches, dieselbe aber erst ermöglichendes Supplement zu Tage – und von diesem Befund aus wiederum die etablierte Ordnung als Ganze in Bewegung. Entscheidend gegenüber dieser methodischen Affinität zur Interpretationsweise der *Geburt der Tragödie* ist die spekulative Neubewertung des Ursprungsgedankens selbst. Zum Zeitpunkt ihrer Abfassung war auch Nietzsche noch der Verführung eines metaphysischen Ursprungskonzepts erlegen. Das zugehörige Erklärungskonstrukt leitet seine Abhandlung bereits dem Titel nach. Vom dithyrambischen ‚Ursprung' des tragischen Geschehens schloss er auf deren ‚Wesen', vom ‚ursprünglich' als Satyr verkleideten ekstatischen Sänger auf eine Tragödie, die ‚wesenhaft' Satyrchor ist, von der ‚ursprünglichen' Beziehung zwischen Satyr und → Dionysos wiederum auf die dionysische Substanz aller späteren Bühnengestalten – nur aus der musikalischen ‚Geburt' der Tragödie sollte ihr ‚Geist' verständlich werden. Von ebendiesem Erklärungsmuster wird Nietzsche sich sukzessive verabschieden und erst dadurch auch den Weg zur eigentlich genealogischen Interpretation freimachen. Die folgende metaphysikkritische Theorieüberlegung ist insofern auch als klare Revision der eigenen Ursprungsmythologisierung aufzufassen: „‚Am Anfang war'. – Die Entstehung verherrlichen – das ist der metaphysische Nachtrieb, welcher bei der Betrachtung der Historie wieder ausschlägt und durchaus meinen macht, am Anfang aller Dinge stehe das Werthvollste und Wesentlichste." (MA II, WS 3, KSA 2, 540).

Erst in der zweiten Abhandlung der *Genealogie der Moral* stellt der Verfasser dann die „Hauptgesichtspunkte der historischen Methodik" (GM II 13, KSA 5, 316) anhand des Strafbegriffs thematisch eher beiläufig, dafür aber grundlegend dar. In den entsprechenden Ausführungen entfaltet Nietzsche in sonst eher selten anzutreffender theorieaffiner Umfänglichkeit sein genealogisches Forschungsprogramm sukzessive als eine machtanalytische Interpretationsphilosophie. Genealogie als neu angelegte → Geschichte der Sinnkonstitutionen ist dabei vor allem nicht mehr genetisch orientiert – sie bricht insofern sowohl mit teleologischen Paradigmen im Ganzen als auch mit jeder auf Kontinuitätsherstellung abzielenden historischen Beschreibung im Einzelnen. Sie versteht Geschichte stattdessen als einen Kampfplatz differentieller und diskontinuierlicher Sinnverschiebungen, von denen jede angesichts veränderter Lebensbedingungen ein „Überwältigen und Herrwerden, ein Neu-Interpretiren, ein Zurechtmachen ist, bei dem der bisherige ‚Sinn' und ‚Zweck' nothwendig verdunkelt" wird (GM II 12, KSA 5, 314). Genealogie geht insofern vom Immer-anders-Werden aus und versucht die Phänomene ihrer Analyse als eine bewegliche „Synthesis von ‚Sinnen'" im Blick zu behalten (GM II 13, KSA 5, 317). Eine derartige Synthesis kann nun jedoch nicht mehr, wie in der Tradition Kants, als eine Verknüpfung nach allgemeinen Regeln gelten, sondern steht für ein diskontinuierliches Anlagern und Sich-Überlagern von Bedeutungen unter jeweils wechselnden Bedingungen. Genealogie untersucht ebensolche von Überlagerungen geprägten Verbindungen und will dabei sichtbar machen, „wie für jeden einzelnen Fall die Elemente der Synthesis ihre Werthigkeit verändern und sich demgemäss umordnen, so dass bald dies, bald jenes Element auf Kosten der übrigen hervortritt und dominirt, ja unter Umständen Ein Element [...] den ganzen Rest von Elementen aufzuheben scheint" (GM II 13, KSA 5, 317).

Vermeintlich gegebene Objekte wie natürliche Organe, kulturelle Institutionen, soziale Werte oder begriffliche Konzepte werden im Verlauf solcher Beschreibungen zu ursprünglich heterogenen Phänomenkomplexen entdinglicht, aus denen nun auch keine normativen Implikationen ableitbar sind. Sie verlieren damit ihre Selbstverständlichkeit und werden verfügbar für alternative Deutungen. Auf diese Weise wirkt die Genealogie einerseits als Kritik der jeweils dominierenden, zum Allgemeinen erhobenen → Macht, andererseits als narrative Freisetzung von neuen, hypothetischen Mächten.

(**GT** 3, KSA 1, 34; **MA I** 2, KSA 2, 24 f.; **MA II** WS 3, KSA 2, 540; **GM** Vorrede 4, KSA 5, 250 f.; **GM** Vorrede 5, 251 f.; **GM** Vorrede 7, 254 f.; **GM II** 4, KSA 5, 297 f.; **GM II** 12, 313-316; **GM II** 13, 316 ff.;
NL 1884, 26[432], KSA 11, 266; **NL 1885**, 36[27], KSA 11, 562)

Gerechtigkeit

Nietzsche hat eine Reihe politischer, sozialer und juridischer Gerechtigkeitskonzeptionen diskutiert und in seinem Werk mit entsprechenden Genealogien der Gerechtigkeit operiert. Eine eigene abschließende Konzeptualisierung derselben bleibt er indessen schuldig. Er verzichtet offenbar absichtsvoll auf eine begriffliche Festlegung des Phänomens, weil ihm Gerechtigkeit als ein exzeptionelles, supererogatorisches Verhalten gilt, das einer spezifischen „Genialität" bedarf. Eine solche „Genialität […] der Gerechtigkeit" (MA I 636, KSA 2, 361) gibt sich als selbstverantworteter Verzicht auf Regeln und Kriterien moralischer Beurteilung zu erkennen. Als praktische Konsequenz des schon früh kritisierten Theorems der Willensfreiheit gilt dabei generell: „der Philosoph hat also zu sagen, wie Christus, ‚richtet nicht!' und der letzte Unterschied zwischen den philosophischen Köpfen und den andern wäre der, dass die ersten gerecht sein wollen, die andern Richter sein wollen." (MA II, VM 33, KSA 2, 396). Die Unterscheidung zwischen richtender Strafgerechtigkeit nach allgemein gültigen Normen und interindividuell ausgeübter Gerechtigkeit bleibt werkübergreifend leitend und wird mannigfaltig variiert.

In einem gesellschaftstheoretischen Sinn geht Nietzsche dagegen zunächst von einer Genealogie aus, nach der „der Charakter des Tausches […] der anfängliche Charakter der Gerechtigkeit" ist: „Gerechtigkeit ist also Vergeltung und Austausch unter der Voraussetzung einer ungefähr gleichen Machtstellung" (MA I 92, KSA 2, 89). Die funktional orientierte Beschreibung setzt unter dem Eindruck der Schriften Eugen Dührings Gerechtigkeit als einen pragmatischen Interessenausgleich unter der Bedingung eines relativen Machtgleichgewichts fest. Analog zu seiner Neubestimmung des → Ressentiments gegenüber Eugen Dühring grenzt sich Nietzsche spätestens in der *Genealogie der Moral* von dieser frühen Hypothese ab und insistiert auf eine machtanalytische Sichtung des Phänomens. In ihr wird die Ausübung von Gerechtigkeit als ein aktives → Macht-Verhalten fassbar, das in der positiven Setzung des Rechts dem Ressentiment Grenzen zieht: „Überall, wo Gerechtigkeit geübt, Gerechtigkeit aufrecht erhalten wird, sieht man eine stärkere Macht in Bezug auf ihr unterstehende Schwächere (seien es Gruppen, seien es Einzelne) nach Mitteln suchen, unter diesen dem unsinnigen Wüthen des Ressentiment ein Ende zu machen, indem sie theils das Objekt des Ressentiment aus den Händen der Rache herauszieht, [...] theils Ausgleiche erfindet [...], theils gewisse Äquivalente von Schädigungen zur Norm erhebt, an welche von nun an das Ressentiment ein für alle Mal gewiesen ist." (GM II 11, KSA 5, 311 f.). In dieser aktiven Setzung ist „Gerecht-sein [...] immer ein positives Verhalten" und dabei zugleich die allmähliche Einübung des Auges „für eine immer unpersönlichere Abschätzung der That" (ebd.).

G

Die zivilisatorisch wirksame, langsam erworbene Unpersönlichkeit der juridischen Gerechtigkeit führt jedoch ihrerseits in jene ethischen Paradoxien, bei denen Nietzsche jenseits von gesellschaftstheoretischen Erwägungen vor allem seinen Zarathustra ansetzen lässt. Das Recht kann dem Individuum in seiner Individualität eben nicht gerecht werden, da es die lebensweltlich immer ungleichen Fälle als gleiche behandeln muss. Nicht anders ist es um die Aporien einer Moral bestellt, die unter Berufung auf allgemeine Normen die Andersartigkeit des Anderen unsichtbar macht. Gegen das Rechtsurteil „rother Richter" (Za I, Verbrecher, KSA 4, 45) und das moralische Urteil der „kalte[n] Gerechtigkeit" (Za I, Natter, KSA 4, 88) fordert Zarathustra ein Verhalten ein, das die persönliche Kraft aufbringen kann, den situativen und persönlichen Differenzen in jedem einzelnen Fall gerecht zu werden: „Denn so redet mir die Gerechtigkeit: ‚die Menschen sind nicht gleich.' " (Za II, Taranteln, KSA 4, 130). Die Anerkennung der Ungleichheit impliziert den Verzicht auf das Anlegen eines allgemeingültigen Maßstabs und kann so in Gestalt einer neuen Moral, als selbstverantwortete Moralität ohne Urteil auftreten: „So erfindet mir doch die Gerechtigkeit, die Jeden freispricht, ausgenommen den Richtenden." (Za I, Natter, KSA 4, 88). Ausgehend vom Eigensinn und der Eigenart des Einzelnen kommt diesem herausfordernden Urteilsverzicht der Charakter einer Erfindung zu, die erst in der Situation hervorgebracht wird. Im gleichen Zusammenhang fragt Zarathustra in *Vom Biss der Natter*: „Sagt, wo findet sich die Gerechtigkeit, welche Liebe mit sehenden Augen ist? So erfindet mir doch die Liebe, welche nicht nur alle Strafe, sondern auch alle Schuld trägt!" (ebd.). Die Zurückweisung des Strafens, die Aufhebung des Schuldgedankens und darüber hinaus auch der Verzicht auf die Beschämung des Anderen, wie sie Zarathustra nahelegt, sind in der Tat nur vom Phänomen der Liebe aus zu erschließen: Einer → Liebe, die den anderen sein lässt, wie er ist und zugleich in genau diesem So-Sein annehmen kann und will. Als Liebe mit sehenden Augen bejaht sie gerade die interindividuellen Unterschiede, die sie unter dem Gesichtspunkt des berechenbar machenden Rechts und einer verantwortlich machenden Moral eigentlich ver- bzw. beurteilen müsste.

(**PHG** 5, KSA 1, 822-826; **MA I** 42, KSA 2, 65 f.; **MA I** 69, 81; **MA I** 92, 89 f.; **MA I** 105, 102; **MA I** 107, 103-106; **MA I** 133, 126 ff.; **MA I** 451, 293; **MA I** 629, 354 f.; **MA I** 636, 360 f.; **MA II**, VM 33, KSA 2, 395 f.; **MA II**, WS 22, KSA 2, 555 ff.; **MA**

II, WS 32, 564; **MA II**, WS 81, 588 f.; **Za I**, Verbrecher, KSA 4, 45 ff.; **Za I**, Natter, 87 ff.; **Za II**, Taranteln, 128-131; **JGB** 219, KSA 5, 154; **GM II** 10, KSA 5, 308 f.; **GM II** 11, 309-313)

Geschichte (→ Historie)

Gesundheit – Krankheit, die „große Gesundheit"

I. Der Philosoph als Arzt

Von den Basler Anfängen an hat Nietzsche den Philosophen metaphorisch als Arzt der Kultur gefasst und schließlich auch sich selbst, insbesondere in der Rolle des ‚Physiologen', als Anwalt, Kritiker und Beurteiler der vom Menschen ausgehenden Lebensverhältnisse inszeniert. Ähnlich wie die griechischen Philosophen vor- und nachsokratischer Provenienz und mit ihnen die politischen Theoretiker der Antike den Menschen und die von ihm gebildeten Gemeinwesen diagnostisch beschreiben, morphologisch typologisieren und je nach Diagnose therapeutisch behandeln, hat auch Nietzsche die philosophische Praxis in ihren kritischen, wertenden und setzenden Aspekten als ein ärztliches Gebaren problematisiert. Von der kulturellen Bestandsaufnahme der *Unzeitgemässen Betrachtungen* über die genealogischen Pathographien und Fallstudien zu den verinnerlichten Werten des → Christentums samt ihrer fatalen psychologischen Konsequenzen bis hin zu den zeitkritischen → décadence-Diagnosen des Spätwerks lässt sich das gezielt ausgeübte Sprachspiel einer philosophischen Symptomatologie nachverfolgen. Korrespondierend dazu wird die sukzessive Entfaltung des eigenen Denkens, v.a. gebündelt in den Formeln und Gegen-Begriffen der ‚großen Gesundheit', des ‚Pathos der Distanz', des → ‚freien Geistes', des ‚amor fati' und der → ‚Umwertung der Werte' zumindest als therapeutisches Angebot nahegelegt. Zu den bemerkenswerten Eigenheiten dieses Vorgehens – im Gegensatz zu den antiken Vorläufern – zählt die konsequente Selbstbezüglichkeit der kulturkritischen Diagnosen des Arztes Nietzsche, der mitnichten jenseits der Krankheiten angesiedelt ist, um über diese richten zu können, sondern stattdessen notwendig an ihnen teilnimmt. Der subversive Zusammenhang, in den Nietzsche sich und seine Leser verstrickt, besteht eben darin, dass der wirkliche Diagnostiker einer Krise zugleich auch der exemplarische Ausdruck derselben ist. Ohne diese Anerkennungsleistung und die zugehörige Aufarbeitung derselben kann es keine Therapie im Sinne einer Philosophie der Zukunft geben.

II. Zur Dialektik von Gesundheit und Krankheit

Von einem harmonie- und stabilitätsorientierten Gesundheitsverständnis und einer entsprechend normativen Betrachtungsweise der Krankheit als pathologischer Dysfunktionalität und Anomalie hat sich Nietzsche grundsätzlich verabschiedet.

Im generellen Kontext seiner philosophischen Wiederentdeckung und Rehabilitation der → Leiblichkeit wird auch ein neuer Diskurs des Körpers eröffnet, in dem die Thematisierung der Vielheit und Unterschiedlichkeit physischer Dispositionen als Alternative zur abstrakten Modellierung eines Gegensatzes von Krankheit und Gesundheit angeboten wird. Hierbei zeigt sich bereits deutlich die Einsicht in eine problematische Abhängigkeit derartiger Normativitätsvorstellungen von anthropologischen Maßgaben und zeitgenössischen gesellschaftstheoretischen Konzeptionen. Beide verunmöglichen – und dies verstärkt in ihrem Zusammenwirken – den realistischen Blick auf die jeweilige Individualität des Körpers. „Somit giebt es unzählige Gesundheiten des Leibes; und je mehr man dem Einzelnen und Unvergleichlichen wieder erlaubt, sein Haupt zu erheben, je mehr man das Dogma von der ‚Gleichheit der Menschen' verlernt, um so mehr muss auch der Begriff einer Normal-Gesundheit, nebst Normal-Diät, Normal-Verlauf der Erkrankung unsern Medicinern abhanden kommen." (FW 120, KSA 3, 477). Im Zentrum von Nietzsches Interesse stehen folgerichtig die wechselseitigen Beziehungen von Gesundheit und Krankheit, die psycho-somatische Dimension dieser Beziehungen und vor allem die Möglichkeit, die vermeintlich gegebenen Grenzen zwischen den Phänomenen neu zu vermessen und zu verschieben. Die Griechen etwa werden von ihm gerade nicht, wie in der philhellenisch-klassizistischen Traditionslinie, als paradigmatisch gesunde Kultur gedeutet, sondern vielmehr vom Wissen um die Notwendigkeit der Krankheit und dem kultivierten, experimentellen Umgang mit der eigenen Anfälligkeit aus gewürdigt: Diese „besassen nämlich Nichts weniger, als eine vierschrötige Gesundheit; – ihr Geheimniss war, auch die Krankheit, wenn sie nur Macht hatte, als Gott zu verehren." (MA I 214, KSA 2, 174 f.). Die Erfahrung der Krankheit bildet hier den fallibilistischen Ausgangspunkt eines Wissens vom Selbst. Demnach sind es die Störungen und Irritationen des psycho-physischen Systems, von denen aus Leib und Seele ihre maßgeblichen Selbsterfahrungen machen, entsprechende Selbstbeschreibungen vornehmen und Kultivierungsformen einüben. Ein konstruktives psychosomatisches Leitmotiv in diesem Sinne findet sich im Nachlass: „Die Krankheit ist ein plumper Versuch, zur Gesundheit zu kommen: wir müssen mit dem Geiste der Natur zu Hülfe kommen." (NF 1882-83, 5[1], KSA 10, 218). Über die medizinische Explikation hinaus und wiederum anschließend an die psychologische Therapeutik der Antike gehen die Versuche Nietzsches, aus den psychologischen Dispositionen des Individuums eine entsprechend individualisierte Tugendkonzeption zu gewinnen: „Und dann erst dürfte es an der Zeit sein, über Gesundheit und Krankheit der Seele nachzudenken und die eigenthümliche Tugend eines Jeden in deren Gesundheit zu setzen: welche freilich bei dem Einen so aussehen könnte wie der Gegensatz der Gesundheit bei einem Anderen." (FW 120, KSA 3, 477).

III. Die „große Gesundheit"

Dass Gesundheit irritiert und erprobt werden muss, um überhaupt als solche gelten zu können, ist ein für Nietzsche zentraler Gesichtspunkt. Sie ist kein organischer Vollendungszustand, sondern die vitale Behauptung auch und gerade gegen jede als perfekt gesetzte Verfassung: „Der Einwand, der Seitensprung, das fröhliche Misstrauen, die Spottlust sind Anzeichen der Gesundheit: alles Unbedingte gehört in die Pathologie." (JGB 154, KSA 5, 100). Damit ist zugleich der Übergang zu einem Gebrauch des Vokabulars von Gesundheit und Krankheit vollzogen, der sich auf die Charakterisierung geistiger Formen, Vorgänge und Verhaltensweisen bezieht.

In Nietzsches emphatischer Formel von der „großen Gesundheit" konvergieren die reflexive Einholung der eigenen lebenslangen Krankheitsgeschichte und der Entwurf einer philosophischen Tugend, die aus den wechselnden leiblichen Zuständen heraus perspektivische Weltbeschreibungen gewinnt. Nicht zufällig entwickelt der Autor der *Fröhlichen Wissenschaft* in seiner Vorrede seine philosophische „Kunst der Transfiguration" (FW Vorrede 3, KSA 3, 349) ausgehend von der Frage: „was geht es uns an, dass Herr Nietzsche wieder gesund wurde? ..." (FW Vorrede 2, KSA 3, 347). Groß ist die Gesundheit, die sich der Autor als erworbene geistige Fähigkeit bescheinigt, nicht in der schlussendlichen Überwindung der eigenen Krankheiten, sondern in der gedanklichen Übersetzung dieser als exemplarischer perspektivischer Lebensäußerungen. Die eigene Krankheitsgeschichte wird dabei zur „wechselreichen Gesundheit", und es sind ebendiese Krankheiten, in denen und durch die die Gesundheit groß wird (FW Vorrede 3, KSA 3, 349). In diesem Sinne nicht als einmal eroberter Zustand gedacht, ist „die grosse Gesundheit" etwas, das „man nicht nur hat, sondern auch beständig noch erwirbt und erwerben muss, weil man sie immer wieder preisgibt, preisgeben muss! ..." (FW 382, KSA 3, 636). Die philosophische Kunst der Transfiguration macht sich, mit anderen Worten, gerade die Sensibilität und Fragilität der eigenen Physis zunutze. Im Modus der Krankheit ist es der „Schmerz", der zum „letzte[n] Befreier des Geistes" und zum „Lehrmeister des grossen Verdachtes" wird (FW Vorrede 3, KSA 3, 349 f.). Im Schmerz ge- und befangen, wird das Individuum *nolens volens* ekstatisch. Es tritt heraus aus den unproblematischen Lebensbezügen, gerade weil es zur Alltäglichkeit nicht mehr fähig ist. Diese konstitutive Bedeutung der Schmerzerfahrung für das kritische Hinterfragen von zur Routine gewordenen Existenzvollzügen hat Nietzsche immer wieder betont: „Ich zweifle, ob ein solcher Schmerz ‚verbessert' –; aber ich weiss, dass er uns vertieft." (ebd., 350). Aus der zwischen Krankheit, Genesung und Gesundheit erworbenen körperlichen Selbsterfahrung des Individuums wird somit der Spielraum entwickelt, in dem Nietzsche die Bildung von denkerischen → Perspektiven im Sinne einer geistigen Freiheit ansiedelt.

(**UB II** 10, KSA 1, 324-334; **PHG** 1, KSA 1, 804; **MA I** 214, KSA 2, 174 f.; **MA II** Vorrede 4, KSA 2, 373 f.; **MA II** Vorrede 6, 376; **FW** Vorrede 1-4, KSA 3, 345-352; **FW** 120, KSA 3, 477; **FW** 372, KSA 3, 623 f.; **FW** 382, 635 ff.; **JGB** 154, KSA 5, 100; **JGB** 230, 167-170; **GD** Sokrates 1-12, KSA 6, 67-73;

NL 1885, 40[65], KSA 11, 663-666)

„Gott ist todt", der Tod Gottes

Die mittlerweile zu Parolen gewordenen Formulierungen Nietzsches zum Tod Gottes zählen – zumal in der Formel „Gott ist todt" – längst zum herabgesunkenen Kulturgut. Es verwundert insofern auch nicht, dass die eindimensionale Inanspruchnahme derselben für eine atheistische Agenda Nietzsches Intentionen ebenso verfehlt wie die sich dogmatisch daran abarbeitende Reaktion. Dagegen ist von Beginn an festzuhalten: Historisch-philologische Bibelkritik, radikalaufklärerische Literatur und spekulative Geschichtshermeneutik haben im 18. und 19. Jahrhundert zur semantischen Destruktion und kulturellen Dezentrierung des Gottesbegriffs ebenso beigetragen wie die gesellschaftstheoretischen Konzeptionen des Liberalismus, des Positivismus und des Sozialismus. Nietzsche ist mithin weder Ausgangspunkt noch Schlüsselfigur einer neuartigen religionskritischen Bewegung, sondern philosophischer Beobachter derselben und Interpret der aus ihr erwachsenden Konsequenzen für das nunmehr gottlose menschliche Selbstverständnis. Im Nachlass von 1881 wird sein eigener spekulativer Zugang zum Thema in Grundzügen sichtbar: Es geht ihm um das Ausleuchten einer Erfahrung, die, obschon sie konstatiert werden kann, in ihrem Ausmaß noch nicht hinreichend erfasst ist: „Gott ist todt – wer hat ihn denn getödtet? Auch dies Gefühl den Heiligsten Mächtigsten getödtet zu haben, muß noch über einzelne Menschen kommen – jetzt ist es noch zu früh! zu schwach!" (NL 1881, 12[77], KSA 9, 590). Von diesem Befund aus entwickelt Nietzsche eine Heuristik gottlosen Daseins, die nicht mehr der Nachricht (oder gar Botschaft) vom Tod selbst gilt, sondern ihren Ereignischarakter heraushebt und dabei für die Zukunft wahlweise dessen erschütternde Konsequenzen oder die von ihm ausgehenden befreienden Möglichkeiten betont.

Das Problem, wie Nietzsche es im veröffentlichten Werk entwirft, präludiert in einem Aphorismus der *Fröhlichen Wissenschaft* unter dem bezeichnenden Titel *Neue Kämpfe*. Die erstaunliche Veränderung des kulturellen Kontextes soll zunächst die eigentliche Dimension der Aufgabe ersichtlich machen: „Nachdem Buddha todt war, zeigte man noch Jahrhunderte lang seinen Schatten in einer Höhle, – einen ungeheuren schauerlichen Schatten." (FW 108, KSA 3, 467). Die Verschiebung des bloßen Faktums zur Anerkennung der von ihm ausgehenden Folgen und Probleme wird hierbei über die Metapher der „Schatten" vorsichtig angedeutet, nicht aber entfaltet. Lediglich die programmatische Stoßrichtung ist vorgegeben: „Und wir – wir müssen auch noch seinen Schatten besiegen!" (ebd.). Weit dichter in der Beschreibung und stärker der eigenen kulturellen Konstellation verpflichtet, ist der thematisch maßgebliche Aphorismus *Der tolle Mensch*. Der Gott vergeblich suchende Außenseiter ist hier als Krisendiagnostiker und Apokalyptiker eines neuen Zeitalters entworfen, der Tod Gottes analog dazu als ein Mord dargestellt: „Wir haben ihn getödtet, – ihr und ich! Wir Alle sind seine Mörder!" (FW 125, KSA 3, 481). Wichtig ist hier die vorgenommene Konstellierung der Szenerie: der tolle Mensch spricht bereits vor solchen, „welche nicht an Gott glaubten" und „erregte [...] ein grosses Gelächter" (FW 125, KSA 3, 480). Seine Gegenüber wähnen sich in ihrem offenbar selbstverständlichen Atheismus als erwachsen und infantilisieren den von seiner Nachricht Ergriffenen. Mit der Auslegung des Todes als Mord verschiebt sich daraufhin der Aspekt auf den nunmehr entscheidenden Umstand der Rechtfertigung bzw. Verantwortungsübernahme für die Tat und ihre Folgen. Mit drastischen Bildern werden die Aufgeklärten nun ihrerseits mit ihrer kindlichen Naivität konfrontiert: „Das Heiligste und Mächtigste, was die Welt bisher besass, es ist unter unseren Messern verblutet, – wer wischt diess Blut von uns ab? [...] Ist nicht die Grösse dieser That zu gross für uns? [...] Es gab nie eine grössere That, – und wer nur immer nach uns geboren wird, gehört um dieser That willen in eine höhere Geschichte, als alle Geschichte bisher war!" (FW 125, KSA 3, 481). Der Austritt aus der Heilsgeschichte wird damit als Eintritt in jene heillose Geschichte gedeutet, in der der Mensch sich, seinen Sinn und seine Aufgaben in der Welt vollständig neu formulieren muss. Und dies ohne Rückgriff auf transzendente Bezüge. Der tolle Mensch erntet für seine Mobilisierung eines neuen Menschen Befremden und Schweigen, um schließlich, ähnlich wie später Zarathustra in der Vorrede, mit einem paradoxen Befund zu konstatieren: „Diess ungeheure Ereigniss ist noch unterwegs und wandert, – es ist noch nicht bis zu den Ohren der Menschen gedrungen. [...] Diese That ist ihnen immer noch ferner als die fernsten Gestirne, – und doch haben sie dieselbe gethan!" (FW 125, KSA 3, 481 f.). Die Einsicht in den Ereignischarakter des Todes Gottes mündet in die Erfahrung des → Nihilismus und nötigt zur Auseinandersetzung mit ihm.

(**MA I** 113, KSA 2, 116 f.; **M** 68, KSA 3, 64-68; **FW** 108, KSA 3, 467; **FW** 125, 481; **Za I**, Vorrede 2, KSA 4, 12 ff.; **Za IV**, Mensch, KSA 4, 327-332; **NL 1881**, 12[77], KSA 9, 590)

Herrenmoral – Sklavenmoral, Herdenmoral

Die wohl aggressivste und entsprechend umstrittene moraltypologische Unterscheidung Nietzsches gewinnt ihr eigentliches Erklärungspotential erst dann, wenn man die Einschränkung berücksichtigt, mit der sie in *Jenseits von Gut und Böse* eingeführt wird: „ich füge sofort hinzu, dass in allen höheren und gemischteren Culturen auch Versuche der Vermittlung beider Moralen zum Vorschein kommen, noch öfter das Durcheinander derselben und gegenseitige Missverstehen, ja bisweilen ihr hartes Nebeneinander – sogar im selben Menschen, innerhalb Einer Seele." (JGB 260, KSA 5, 208). Wie bei allen Gegensätzen, die in Nietzsches Werk angeboten werden, geht es auch hier nicht um die Generalisierung und Absolutsetzung der Unterscheidung als solcher, sondern um das Sichtbarmachen eines Zusammenhangs durch typologisierende Kontrastierung. Semantisch entsprechen dieser teils sozio-, teils psychogenetisch motivierten Differenz die Begriffe der ‚Vornehmheit' und Aristokratie auf der einen, die Begriffe der unvornehmen Wertungsweise bzw. ‚Heerdenmoral' auf der anderen Seite.

Ausgangspunkt für Nietzsches insgesamt moralkritische Differenzierung ist die Betonung des Umstands, dass die ursprünglich angesetzte Selbstattribuierung der Herren als ‚gut' ihrerseits zunächst außermoralischen Ursprungs ist. Sie unterstreicht die soziale Ausnahmestellung als einer ‚Güte' in genau dem Sinn, in welchem sich etwa der Adel gegenüber dem Volk jahrhundertelang als ‚edel' empfunden hat – ob zu Recht oder zu Unrecht, ist für die Funktionsweise der Unterscheidung schlicht irrelevant. Relevant ist hierbei vielmehr das unreflektiert ausgeübte Privileg der Selbstgesetzgebung, wahlweise als das „Herrenrecht, Werthe zu schaffen" (JGB 261, KSA 5, 213) oder das „Herrenrecht, Namen zu geben" (GM I 2, KSA 5, 260), verstanden. Das Gegen-Attribut ‚schlecht' wiederum meint demzufolge auch noch keine moralische Disqualifikation, sondern bezeichnet vor allem den vermeintlich selbstverständlichen Ausschluss aus der Gemeinschaft der ‚Guten'.

Dem autonomen Impuls der Bezeichnung und Selbstbezeichnung der Mächtigen ist die Sklavenmoral zunächst einmal darin entgegengesetzt, dass sie gegenüber der Herrenmoral als phänomenal nachgeordnet betrachtet wird. Sie reagiert auf den spontanen Setzungsakt mit einer „passivisch[en]" Umwertung dieser Setzung. Aus einer zeitlichen und sachlichen Distanz heraus erfolgt also die eigentliche Wertungsleistung, in der Nietzsche den Ursprung des moralischen Verhaltens vermutet. „Der Sklavenaufstand in der Moral beginnt damit, dass das Ressentiment selbst schöpferisch wird und Werthe gebiert: das Ressentiment solcher Wesen, denen die eigentliche Reaktion, die der That versagt ist, die sich nur durch eine imaginäre Rache schadlos halten." (GM I 10, KSA 5, 270). Die moralkritische Schärfe im Ton Nietzsches hat häufig zur Unterschätzung der produktiven Seite sklavenmoralischer Wertungsweise geführt. Die Verwandlung der eigenen (sozialen) Ohnmacht in (moralische) Macht ist dabei ein ebenso bemerkenswerter Umstand wie die Sublimierung bzw. Verlagerung real ausgeübter Rache ins ‚Imaginäre'. Der Verzicht auf das physische Ausagieren, bzw. die Unfähigkeit dazu, führt zur psychischen Internalisierung des Phänomens. In der Folge eines derartigen Internalisierungsgeschehens avanciert der Mensch überhaupt erst zu einem Wesen mit Tiefe und wird – zumal in der „wesentlich gefährlichen Daseinsform" des Priesters – ein „interessantes Thier" (GM I 6, KSA 5, 266). In beiden genannten Hinsichten geht also die zukunftsweisende Zivilisationsdynamik von den Sklaven aus. Zugleich markiert Nietzsche, erneut einseitig in der Tonlage, die Wechselwirkung zwischen → Ressentiment und kreativem Verhalten. Die Umwertung des Gegensatzes von ‚gut' und ‚schlecht' in denjenigen von ‚gut' und ‚böse' ist mitnichten ein bloß passives Verhalten, sie ist als Neuinterpretation eines Lebenszusammenhangs eben auch ‚schöpferische' Leistung.

Eine Nähe zur möglicherweise mitbedachten Hegelschen Dialektik von Herrschaft und Knechtschaft lässt sich in dreifacher Hinsicht konstatieren. So ist auch bei Nietzsche die Erfahrung leitend, dass die bloße Konstruktion des Gegensatzes in einem tiefer liegenden wechselseitigen Bezug fundiert ist: „In wie fern auch im Gehorchen ein Widerstreben liegt; es ist die Eigenmacht durchaus nicht aufgegeben.

Ebenso ist im Befehlen ein Zugestehen, daß die absolute Macht des Gegners nicht besiegt ist, nicht einverleibt, aufgelöst. ‚Gehorchen' wie ‚Befehlen' sind Formen des Kampfspiels." (NL 1885, 36[22], KSA 11, 561). Darüber hinaus ist das entscheidende Bewusstsein für besagte relationale Zusammengehörigkeit zuerst bei den ‚Knechten' angesiedelt, von denen folgerichtig auch eine nachhaltige reflexive und moralische Umwertungsbewegung dieses Zusammenhangs ausgeht. Wie bei Hegel trägt schließlich auch bei Nietzsche das Bewusstsein um die vorgenommene Wertungsweise maßgeblich zu deren gesellschaftlicher Anerkennung bei. Nietzsches → Genealogien gehen immer von dem Umstand aus, dass sich die Umwertung der Sklaven durchgesetzt hat und diese also in unsere → Moral aufgegangen ist. Folgerichtig hebt Nietzsche auch nicht auf die Erzeugung einer neuen Sklaverei in einem gesellschaftlichen Sinn ab, sondern provoziert die moderne Gesellschaft vielmehr durch den Nachweis ihrer eigenen Sklavenhaftigkeit. Wer sich von seiner individuellen Verantwortung mit Rekurs auf überindividuelle Instanzen oder übergeordnete Autoritäten (der Staat, die Eltern, der Vorgesetzte) verabschiedet, ist Sklave. Wer Herr über seine Handlungen ist, nur sofern diese den gewünschten Ausgang nehmen, bei unerwartetem Ausgang aber nach Schuld sucht und diese anderen zuschreibt, ist Sklave. Nietzsches Unterscheidung war, ist und bleibt vor allem in ihren politischen Implikationen eine Zumutung. Sie ist gezielt an die ‚Willensschwäche' der modernen Seele adressiert, die mit ihrer wachsenden Dogmatisierung universeller Gleichheitsvorstellungen dem Bedürfnis nach Selbsteingliederung in ein kontrafaktisches menschheitliches Kollektiv den Vorzug gegenüber der Anerkennung faktischer inter-individueller Unterschiede gibt.

(**JGB** 260, KSA 5, 208-212; **JGB** 261, 212 ff.; **GM I** 2, KSA 5, 258 ff.; **GM I** 4, 261 f.; **GM I** 5, 262 ff.; **GM I** 6, 264 ff.; **GM I** 7, 266 ff.; **GM I** 10, KSA 5, 270-274; **GM I** 11, 274-277; **GM I** 13, 278-281; **GM I** 16, 285-288; **GM I** 17, 288 f.;
NL 1885, 36[22], KSA 11, 560 f.)

Historie, Geschichte

I. Allgemeines

Nietzsches omnipräsente Geschichtsbezüge und Konzeptualisierungsbemühungen der Historie sind von einer doppelten Stoßrichtung getragen: Als Philosoph insistiert er wie nur wenige Denker vor ihm auf die Geschichtlichkeit des Menschen und davon ausgehend auf die historische und kulturelle Kontextualisierung vermeintlich ‚reiner' philosophischer Probleme. In diesem Sinn wird die Abwesenheit eines geschichtlichen Problembewusstseins immer wieder als Kardinalfehler eines ausschließlich vernunftorientierten Denkens gebrandmarkt und dagegen das eigene historische Denken in Form einer entsubstantialisierenden Metaphysikkritik betrieben. Die Philosophen „glauben einer Sache eine Ehre anzuthun, wenn sie dieselbe enthistorisiren, sub specie aeterni, – wenn sie aus ihr eine Mumie machen" (GD Vernunft 1, KSA 6, 74). Als Kulturkritiker wiederum hat Nietzsche vorzugsweise in seinem Frühwerk die Totalisierung des Historischen, wie er sie in der wissenschaftlichen Gestalt des Historismus und in der hegelianischen Geschichtsphilosophie zu erkennen glaubte, als lebensfeindliche, die Sinnfragen der Gegenwart entwertende Haltung kritisiert.

II. Von der Kulturgeschichte zur Historienschrift

Inspiriert ist Nietzsche ohne Zweifel von Jacob Burckhardts Konzept einer synoptisch angelegten Kulturgeschichte. Das historische Panorama wird hier als ein durch Wechselwirkung von Grundelementen bestehendes und sich veränderndes Gebilde verstanden. Grundelemente sind die drei ‚Potenzen' Staat, Religion und Kultur – in ihrer permanenten und oft gestörten Interaktion vollzieht sich die geschichtliche Bewegung. Nietzsche, der vor dem Hintergrund seines fundamentalästhetischen Ansatzes Religion, Philosophie und Wissenschaft als einander verwandte künstlerische Sinnstiftungen begriff, war für eine derartige Problematisierung aufgeschlossen. Wurde Geschichtsschreibung „bis jetzt vom Standpuncte des Erfolges und zwar mit der Annahme einer Vernunft im Erfolge" aus betrieben (NL 1875, 5[58], KSA 8, 56), so ist mit der Betrachtung des historischen Feldes als eines Beziehungsgeflechtes der Raum zu zahlreichen neuen Perspektivierungen der Vergangenheit eröffnet. Die Unterscheidung der Komplexe Staat – Politik, → Mythos – Religion, → Kunst – Wissenschaft Philosophie hat Nietzsche sich im Frühwerk vor allem im Kontext seiner kulturgeschichtlichen Bilanzierungsbemühungen zur griechischen Antike gänzlich zu eigen gemacht.

Seine Studie zum *Nutzen und Nachtheil der Historie für das Leben* versteht Nietzsche nicht allein als Kritik am Historismus des 19. Jahrhunderts, der in der Gestalt eines „historischen Fieber[s]" den schöpferischen Lebensbezug verunmöglicht (UB II 8, KSA 1, 305). Sie ist auch als Transformation dieses Fiebers zu verstehen und insofern therapeutisches Gegenangebot. Nietzsche beobachtet die Geschichtsschreibung darauf hin, wie der Mensch seine Zeitlichkeit ideologisch, rhetorisch und narrativ organisiert. Jede der ermittelten Organisationsformen wird in einer Folgereflexion auf ihren ‚Nutzen' und ‚Nachtheil' für das → Leben problematisiert, also daraufhin befragt, welche sinnstiftenden Potentiale sie für den Gegenwartsbezug mobilisieren kann. Die berühmte Typologisierung der historiographischen Modi nach „monumentalischer", „antiquarischer" und „kritischer" Geschichtsschreibung ist darum notwendig ambivalent (UB II 2, KSA 1, 258 ff.). So kann das Monumentalische die historische Größe von Personen oder Zeiten als Orientierungsmöglichkeit und Identifikationsangebot aufbereiten, aber auch in falschem Heroismus und leerem Pathos münden. Die antiquarische Aufbereitung wiederum schafft Kontinuitäten im Kleinen und verwaltet damit das Bedürfnis nach Verortung, Heimat und Tradition, kann damit aber auch den Blick auf die Zukunft verstellen. Kritische Historie wiederum schafft Distanzierungsmöglichkeiten von scheinbar übermächtig gewordener Vergangenheit (nicht zuletzt auch von einseitig gewordenem, monumentalischem oder antiquarischem Vergangenheitsbezug), läuft dabei aber Gefahr, die Möglichkeit einer formulierbaren Stellung zur Geschichte selbst zu zersetzen.

III. Mikrohistorie als Geschichte der Lebensformen
In den aphoristischen Werken wird die historische Kontextualisierung als grundsätzliche Methode des Philosophierens entworfen. Sie nimmt dabei je nach Stoßrichtung naturgeschichtlichen oder kulturgeschichtlichen Charakter an und ist vor allem metaphysikkritisch ausgerichtet. Geschichte in einem engeren Sinn wird nunmehr radikal auf ihre Kontingenz hin ausgelegt: „Facta! Ja Facta ficta! – Ein Geschichtsschreiber hat es nicht mit dem, was wirklich geschehen ist, sondern nur mit den vermeintlichen Ereignissen zu thun: denn nur diese haben gewirkt. [...] Sein Thema, die sogenannte Weltgeschichte, sind Meinungen über vermeintliche Handlungen und deren vermeintliche Motive, welche wieder Anlass zu Meinungen und Handlungen geben, deren Realität aber sofort wieder verdampft und nur als Dampf wirkt, – [...]. Alle Historiker erzählen von Dingen, die nie existirt haben, ausser in der Vorstellung." (M 307, KSA 3, 224 f.). Die offensive Fiktionalisierung des Historischen ist indessen kein Einwand – mit ihr ist vielmehr zu Neuentdeckungen auf dem jetzt radikal zur Interpretation freigegebenen historischen Feld aufgerufen. In diesem Sinn adressiert Nietzsche den Gedanken von der „Historia abscondita", einer Erzeugung historischer Narrative durch die aus der Gegenwart gewonnene „rückwirkende Kraft": „Es ist gar nicht abzusehen, was Alles einmal noch Geschichte sein wird. Die Vergangenheit ist vielleicht immer noch wesentlich unentdeckt!" (FW 34, KSA 3, 404). Freigesetzt wird in diesem Zusammenhang erstmals ein Komplex kulturwissenschaftlicher Fragestellungen, die sich samt und sonders jenseits essentialistischer, teleologischer, morphologischer und linear-genetischer Geschichtsvorstellungen bewegen. Nicht zufällig wird in der *Fröhlichen Wissenschaft* die interdisziplinär organisierte, komparativ verfahrende Erschließung konkreter lebensweltlicher Relevanzzusammenhänge als Forschungsprogramm für die Zukunft nahegelegt. Grenzziehungen zwischen ethnologischen, soziologischen, psychologischen, philosophischen und genuin historischen Fragestellungen werden dabei gezielt zugunsten eines neuen Problembewusstseins für die Wechselwirkungen zwischen diesen aufgegeben: „Bisher hat alles Das, was dem Dasein Farbe gegeben hat, noch keine Geschichte: oder wo gäbe es eine Geschichte der Liebe, der Habsucht, des Neides, des Gewissens, der Pietät, der Grausamkeit? Selbst eine vergleichende Geschichte des Rechtes, oder auch nur der Strafe, fehlt bisher vollständig. [...] Alles, was bis jetzt die Menschen als ihre ‚Existenz-Bedingungen' betrachtet haben, und alle Vernunft, Leidenschaft und Aberglauben an dieser Betrachtung, – ist diess schon zu Ende erforscht?" (FW 7, KSA 3, 378 f.). Homogene Makrohistorie wird hier abgelöst von einem aus heterogenen Mikrogeschichten zusammengesetzten kulturellen Wissen vom Menschen, das sich als sukzessiv zu entfaltende historische Anthropologie versteht. Die leitende Frage nach den „Existenz-Bedingungen" ist dabei gleichermaßen mentalitäts-, alltags-, milieu- und begriffsgeschichtlich orientiert.

Im späten Werk zieht Nietzsche aus der gewonnenen Einsicht in den notwendigen Fiktionalitätscharakter der historischen Konstruktion und dem Wissen um die Narrativität der Historiographie die Konsequenz der genealogischen Verfahrensweise. Geschichte dient dabei als Semiotik zur hypothetischen und typologischen Erzeugung von Gegengeschichten in kritischer Absicht. „Die Philosophie, so wie ich sie allein noch gelten lasse, als die allgemeinste Form der Historie, als Versuch das Heraklitische Werden irgendwie zu beschreiben und in Zeichen abzukürzen" (NL 1885, 36[27], KSA 11, 562). Historie wird damit zum Teilmodus → genealogischer Darstellungsformen.

(**GT** 23, KSA 1, 147 ff.; **UB II** 1-9, KSA 1, 245-334; **MA II**, VM 382, KSA 2, 527; **MA II**, WS 3, KSA 2, 540; **MA II**, WS 188, 634 f.; **M** 197, KSA 3, 171 f.; **M** 307, 224 f.; **FW** 7, KSA 3, 378 ff.; **FW** 34, 404; **FW** 345, 577 ff.; **JGB** 223, KSA 5, 157; **JGB** 224, 157-160; **GM II** 12, KSA 5, 313-316; **GM II** 13, 316 ff.; **GD**, Vernunft 1, KSA 6, 74 f.;

NL 1875, 5[58], KSA 8, 56 f.; **NL 1885**, 36[27], KSA 11, 562; **NL 1888**, 16[17], KSA 13, 487)

I

Interpretation

Ein Denkexperiment der Immanenz, wie dasjenige Nietzsches, muss mit dem Verzicht auf externe Referenzen auch den Begriff der Interpretation in seiner Reichweite öffnen und damit zugleich radikalisieren. Sein Verständnis von Interpretation geht darin über Theorien des Textverstehens oder der später von Heidegger entwickelten Daseinshermeneutik hinaus, dass es nicht mehr auf die Deutung von gegebenem Sinn abhebt, sondern die Erzeugung von Sinnstrukturen selbst als Grunddimension des Lebens problematisiert. Die spekulative Interpretationsphilosophie des späteren Werks setzt dabei weder einen Interpreten noch ein zu Interpretierendes voraus, sondern geht von sich selbst strukturierenden und insofern lebendigen Interpretationszusammenhängen aus. Diese können exemplarisch nachvollzogen, nicht aber von außen definiert werden. Jede Fixierung eines (personalen) Ausgangspunktes der Interpretation führt dabei zu Paradoxien, wie der Anfang eines entsprechend mit *Interpretation* betitelten Sinnspruchs aus der *Fröhlichen Wissenschaft* scherzhaft betont: „Leg ich mich aus, so leg ich mich hinein: Ich kann nicht selbst mein Interprete sein." (FW, Vorspiel 23, KSA 3, 357).

Ist das → Leben selbst demnach ein interpretativer Prozess, dann ist der Mensch als ‚Subjekt' und ‚Objekt' dieses Prozesses ebenso interpretierende wie zu interpretierende Größe, seine Vernunft wiederum als vermeintlich neutrales Medium des Interpretierens ihrerseits ein problematisches Interpretament. Folgerichtig revidiert Nietzsche in erkenntniskritischer Absicht die europäische Vernunft- und Theoriebegrifflichkeit und kultiviert stattdessen ein Denken in Perspektiven als den adäquaten Ausdruck seines Interpretationsverständnisses.

Als Philologe bringt Nietzsche zunächst einen inhaltlich deutungsasketischen, formal dafür strikt quellen-, text- und konjekturalkritischen Interpretationsbegriff mit. Das frühe Wissen um die prinzipielle Konstituiertheit von Texten wird er in seiner philosophischen Schriftstellerei für die spezifischen Darstellungsformen seines Denkens nutzbar machen. Den Philosophen attestiert er im Gegenzug oftmals einen mangelnden Textbegriff und mit diesem einhergehend entsprechend oberflächliche Interpretationen. Haben Philosophen im Umgang mit ihren Vorgängern „nicht gelernt, ordentlich zu lesen und zu interpretiren", so neigen Künstler wiederum „zum allegorischen und pneumatischen Erklären" (NL 1876-77, 23[22], KSA 8, 411). Auch bei den Theologen gebe sich das „Unvermögen zur Philologie" als auslegende Vereinnahmung von Schriftworten zu erkennen, gegenüber der sich die „Kunst, gut zu lesen" in Gestalt einer „Philologie als Ephexis in der Interpretation" erweise, „ohne im Verlangen nach Verständniss die Vorsicht, die Geduld, die Feinheit zu verlieren" (AC 52, KSA 6, 233). Ist für das Textverstehen die nuancierte sinnhafte Auslegung innerhalb einer Vielzahl konkurrierender Interpretationen erwünscht, so verändert sich in der Welt-Auslegung notwendig der Zugang. Hier geht es nicht mehr um die Unterstellung eines Sinns für etwas Gegebenes, vielmehr sind die wesenhaft verschiedenen Zugänge zur Welt – seien es künstlerische Artefakte, wissenschaftliche Theorien, religiöse Dogmen oder historische Narrative – ihrerseits bereits als Interpretationen anzusehen, deren ‚Sinn' immer schon ein Effekt der Weltlichkeit der Welt ist.

Um die Komplexität der interpretationsphilosophischen Annahmen Nietzsches zu skizzieren, sei hier auf ein besonders aussagekräftiges Notat des Nachlasses verwiesen. Die Verschärfung des Interpretationsbegriffs vollzieht sich darin auf mehreren Ebenen: Zunächst akzeptiert Nietzsches anti-ontologisches Denken nicht mehr die Unterscheidung zwischen dem Gegebenen im Sinne eines Gegenstandes und der Interpretation, der ein solcher Gegenstand zugeführt werden kann. Vielmehr ist die Gegenständlichkeit von Gegenständen ihrerseits bereits Interpretation. Markant und vielzitiert ist die entsprechende Anfangsaussage: „Gegen den Positivismus, welcher bei dem Phänomen stehen bleibt [...], würde ich sagen: nein, gerade Thatsachen giebt es nicht, nur Interpretationen." (NL 1886-87, 7[60], KSA 12, 315). Von dieser Ausgangslage her ist auch die bereits im Frühwerk einsetzende produktive Aufwertung der Scheinbegrifflichkeit zu verstehen, mit der die metaphysische Differenz von wahrer und scheinbarer Welt zugunsten eines Denkens in Stufen der Scheinbarkeit aufgegeben wird. Doch die aus dem Objektverlust resultierende Möglichkeit, nunmehr bei der Subjektivität aller Wahrnehmungs- und Erkenntnisvollzüge anzusetzen, wird ebenfalls nicht mehr akzeptiert. Auch die Aussage „Es ist alles subjektiv" ist für Nietzsche „Auslegung", das Subjekt mithin ebenfalls „nichts Gegebenes, sondern etwas Hinzu-Erdichtetes" (ebd.). Mit der Annahme eines Subjekts lasse sich das Denken zur problematischen Konsequenz verleiten, „den Interpreten noch hinter die Interpretation zu setzen" (ebd.). Unter den neu gestifteten Voraussetzungen einer objektiv und subjektiv unverfügbaren Welt ist diese nach Nietzsche nicht mehr „erkennbar", sondern „anders deutbar". Sie habe folgerichtig nicht mehr einen „Sinn hinter sich, sondern unzählige Sinne" (ebd.). Die Lösung aus dem Subjekt-Objekt-Schema zugunsten eines Interpretationszusammenhanges unzähliger Deutungen wird im Notat als Haltung des „‚Perspektivismus'" (ebd.) ausgewiesen: Dass Nietzsche diese Konsequenz seiner Gedankenführung in Anführungszeichen setzt, darf als Warnung vor dem Missverständnis verstanden werden, den → ‚Perspektivismus' nun seinerseits als erkenntnistheoretische Position anzusehen. Vielmehr ist Erkenntnistheorie als solche hiermit in einer Interpretationsphilosophie aufgehoben, die als reflektierte Erkenntniskritik auch den Begriff der Perspektive nicht generalisiert. Aphorismus 374 der *Fröhlichen Wissenschaft* verdeutlicht genau diesen aus dem „perspektivische[n] Charakter des Daseins" resultierenden Umstand: „Aber ich denke, wir sind heute zum Mindesten ferne von der lächerlichen Unbescheidenheit, von unsrer Ecke aus zu dekretiren, dass man nur von dieser Ecke aus Perspektiven haben dürfe. Die Welt ist uns vielmehr noch einmal ‚unendlich' geworden: insofern wir die Möglichkeit nicht abweisen können, dass sie unendliche Interpretationen in sich schliesst." (FW 374, KSA 3, 626 f.). Den letzten Aspekt des Geflechts zwischen Perspektive und Interpretation bildet der Zugriff auf die → ‚Willen zur Macht'-Hypothese. Durch ihren Gebrauch macht Nietzsche deutlich, dass auch die Begriffe der Perspektive und der Interpretation als reflexive Bewegungsbegriffe und insofern nicht nur als Bestimmungen, sondern immer auch als Ausdruck der Lebendigkeit gefasst sind. Das bereits zitierte Notat verflüssigt in diesem Sinne zuletzt auch den vermeintlichen Inhaber einer Perspektive: „Unsre Bedürfnisse sind es, die die Welt auslegen, unsre Triebe und deren Für und Wider." (NL 1886-87, 7[60], KSA 12, 315). Wie die Willen zur Macht-Quanten als kleinste spekulative Grundeinheiten des Lebendigen aufeinander bezogen sind und sich in dieser Bezogenheit fortwährend wechselseitig bestimmen, so ist auch das etwaige Subjekt der Interpretation denselben Kräften ausgesetzt, die seinen Interpretationsvorgang bestimmen. Es ist momentaner Ausdruck einer Vielzahl von oft gegeneinander antretenden, mitunter widersprüchlichen Kräften, die es in der Interpretationssituation zu beherrschen sucht: „Man darf nicht fragen ‚wer interpretirt denn?' sondern das Interpretiren selbst, als eine Form des Willens zur Macht, hat Dasein (aber nicht als ein ‚Sein', sondern als ein Prozeß, ein Werden) als ein Affekt." (NL 1885-86, 2[151], KSA 12, 140). Durch die Reintegration der Subjekte und der Objekte des Interpretierens in den als lebendiges Kräfteverhältnis bestimmten Interpretationsprozess gibt es folgerichtig kein Außerhalb der Interpretation mehr. Auf eben diesen voraussetzungslosen Zustand zielt Nietzsches Denken prinzipiell ab, um gegenüber wesenslogischen oder subjekttheoretischen Grundannahmen neue Spielräume des Verstehens zu ermöglichen, „weil absolut die Gesetze fehlen, und jede Macht in jedem Augenblicke ihre letzte Consequenz zieht" (JGB 22, KSA 5, 37). Die notwendige Selbstbezüglichkeit eines solchen Vorgehens wird darum auch nicht als Einwand, sondern als Einladung zur Erprobung perspektivischen Denkens betrachtet: „Gesetzt, dass auch dies nur Interpretation ist – und ihr werdet eifrig genug sein, dies einzuwenden? – nun, um so besser. –" (ebd.).

(**MA I** 126, KSA 2, 122; **M** 119, KSA 3, 111-114; **FW** 373, KSA 3, 624 ff.; **FW** 374, 626 f.; **JGB** 22, KSA 5, 37; **JGB** 27, 45 f.; **GM II** 12, KSA 5, 313-316; **GM II** 13, 316 ff.; **GM III** 24, KSA 5, 398-401; **AC** 52, KSA 6, 232 ff.;

NL 1884, 25[374], KSA 11, 109 f.; **NL 1884**, 25[389], 113 f.; **NL 1885**, 38[1], KSA 11, 595 f.; **NL 1885-86**, 2[148], KSA 12, 139 f.; **NL 1885-86**, 2[151], 140; **NL 1885-68**, 2[165], 149; **NL 1886-87**, 5[22], KSA 12, 193 f.; **NL 1886-87**, 7[60], 315; **NL 1888**, 15[90], KSA 13, 458 ff.)

Judentum, Antisemitismus

Es ist bemerkenswert, dass Nietzsches Auseinandersetzung mit dem Judentum stets da von besonderer Konkretion, Differenziertheit und Sympathie geprägt ist, wo er zugleich das Thema Europa verhandelt. Die Parallelisierung beider Themenkomplexe überbrückt die „Phasen" seines Werks und zieht sich von *Menschliches, Allzumenschliches* bis hin zu *Jenseits von Gut und Böse* durch. Der vereinzelte und in seiner Vereinzelung gefährdete, nomadisierende „gute Europäer", der sich als „Heimatloser" aus dem identitätsstiftenden Zusammenhang von Raum, Heimat, Volk und Nation gelöst hat (vgl. FW 377, KSA 3, 628 ff.), ist dabei ohne Zweifel an den Erfahrungen des jüdischen Volks orientiert. Die brisante Mischung aus Auserwähltheit, Heimsuchung und Heimatlosigkeit bot Nietzsche zudem offenbar hohes Identifikationspotential für die Auslegung der eigenen notorisch deutungsbedürftigen Daseinsform zum einen und für die Sinngebung seiner philosophischen Aufgabe zum anderen. Ein beredtes Beispiel dafür gibt auch Zarathustra ab, als er von seinem eigenen Schatten auf die Gefährdungen, Hoffnungen und Ziele seiner Existenz angesprochen wird: „Ein Wanderer bin ich [...]: immer unterwegs, aber ohne Ziel, auch ohne Heim: also dass mir wahrlich wenig zum ewigen Juden fehlte, es sei denn, dass ich nicht ewig, und auch nicht Jude bin." (Za IV, Schatten, KSA 4, 339).

In einer Art kulturgeschichtlicher Bilanzierung führt Nietzsche seinen Zeitgenossen die paradigmatische Bedeutung jüdischer Erfahrungen und Leistungen in und für Europa schon früh vor Augen. Haben die Juden demnach „nicht ohne unser Aller Schuld, die leidvollste Geschichte", so verdanke man ihnen gleichwohl „den edelsten Menschen (Christus), den reinsten Weisen (Spinoza), das mächtigste Buch und das wirkungsvollste Sittengesetz der Welt" (MA I 475, KSA 2, 310). Die ihnen aufgenötigte Außenseiterrolle und fortdauernde Gefährdung verpflichtete sie stärker als andere Völker auf die genaue Erfassung ihrer Lebensbedingungen und die Kultivierung und Ausübung von rationalen Standards. Diesen spezifisch jüdischen Vorsprung an Geist thematisiert Nietzsche nach verschiedenen Hinsichten. Er zeigt sich einerseits als praktizierte Rationalität, die gerade in Zeiten des Aberglaubens und Dogmatismus für → Europa bewahrenden Charakter hat. Im Mittelalter etwa „waren es jüdische Freidenker, Gelehrte und Aerzte, welche das Banner der Aufklärung und der geistigen Unabhängigkeit unter dem härtesten persönlichen Zwange festhielten und Europa gegen Asien vertheidigten. [...] Wenn das Christenthum Alles gethan hat, um den Occident zu orientalisiren, so hat das Judenthum wesentlich mit dabei geholfen, ihn immer wieder zu occidentalisiren." (ebd., 310 f.) Er zeigt sich andererseits und gerade in der spezifischen Verbindung von Witz, Esprit und → Maskerade, die für Nietzsche Anzeichen der Moderne und der ihr eigentümlichen Artifizialität ist: „Die Juden allein haben im modernen Europa an die supremste Form der Geistigkeit gestreift: das ist die geniale Buffonerie. Mit Offenbach, mit Heinrich Heine ist die Potenz der europäischen Cultur wirklich überboten; in dieser Weise steht es den andren Rassen noch nicht frei, Geist zu haben. Das grenzt an Aristophanes, an Petronius, an Hafis." (NL 1888, 18[3], KSA 13, 532). Aus der Übernahme der auferlegten Außenseiterrolle wachsen dem jüdischen Geist die Fähigkeit zu außergewöhnlichen und kunstfertigen Perspektiven und Formen zu.

Im Kontext seiner → Moralkritik verschärft sich der Ton gegen die Juden erheblich, wenngleich auch hier die Kritik der christlichen Moral im Zentrum steht, die ihrerseits als moralistische Vereinseitigung jüdischer Lebensformen gefasst wird. Entsprechend steht vor allem das Alte Testament noch für „den grossen Stil in der Moral, die Furchtbarkeit und Majestät unendlicher Forderungen, unendlicher Bedeutungen, die ganze Romantik und Erhabenheit der moralischen Fragwürdigkeiten" (JGB 250, KSA 5, 192). Auch die in der *Genealogie der Moral* aufgebotene These, nach der „mit den Juden der Sklavenaufstand in der Moral beginnt", ist vor allem als verkürzende Illustration und Pseudohistorisierung der eigenen Unterscheidung von → Herrenmoral und Sklavenmoral anzusehen (GM I 7, KSA 5, 268). Es sind die historischen Erfahrungen der Versklavung, des babylonischen Exils und der Aufstände gegen die römische Besatzung, die Nietzsche hier zu einer aggressiven Formel in moralkritischer Absicht verdichtet. Nochmals verschärft und generalisiert wird die Kritik an der Geschichts- und Realitätsfälschung durch die jüdischen Priester schließlich im *Antichrist*, das die epochemachenden orientalistischen Erkenntnisse aus Julius Wellhausens *Prolegomena zur Geschichte Israels* (1883) aufnimmt und auf grenzwertige Weise zuspitzt. Was dabei polemisch als „Entnatürlichung der Natur-Werthe" gefasst ist, zeigt sich historisch als Ringen der Juden um kulturelle Selbstbehauptung durch die Ausprägung eines identitätsbildenden Narrativs (AC 25, KSA 6, 193). In seiner Kampfschrift stellt Nietzsche die Juden, weil aus ihrer Religion das Christentum hervorgehen wird, als das „verhängnisvollste Volk der Weltgeschichte" dar. Zugleich betont er klar das Wissen um die lebensweltliche Funktionsweise der von ihnen ausgeübten Religiosität: „Psychologisch nachgerechnet, ist das jüdische Volk ein Volk der zähesten Lebenskraft, welches, unter unmögliche Bedingungen versetzt, freiwillig, aus der tiefsten Klugheit der Selbst-Erhaltung, die Partei aller décadence-Instinkte nimmt, – nicht als von ihnen beherrscht, sondern weil es in ihnen eine Macht errieth, mit der man sich gegen ‚die Welt' durchsetzen kann." (AC 24, KSA 6, 192). Nicht verschwiegen werden soll ein in diesem Zusammenhang auftauchender verbaler Tiefpunkt in Nietzsches Auseinandersetzungen mit den Juden: die Übernahme des von Paul de Lagarde eingeführten Begriffs „Judain" in einem durchaus Lagarde'schen Sinn.

Mögen Nietzsches kultur- und religionsphilosophische Einordnungen des Judentums ambig ausfallen, so darf seine Stellung zum Antisemitismus als hinreichend eindeutig bezeichnet werden. Dass das europäische ‚Judenproblem' vor allem ein Problem der zunehmend rassisch, völkisch und nationalistisch operierenden Tagespolitik ist, bleibt von *Menschliches, Allzumenschliches* an die maßgebliche Perspektive: „das ganze Problem der Juden ist nur innerhalb der nationalen Staaten vorhanden, insofern hier überall ihre Thatkräftigkeit und höhere Intelligenz, ihr in langer Leidensschule von Geschlecht zu Geschlecht angehäuftes Geist- und Willens-Capital, in einem neid- und hasserweckenden Maasse zum Uebergewicht kommen muss, so dass die litterarische Unart fast in allen jetzigen Nationen überhand nimmt – und zwar je mehr diese sich wieder national gebärden –, die Juden als Sündenböcke aller möglichen öffentlichen und inneren Uebelstände zur Schlachtbank zu führen." (MA I 475, KSA 2, 309 f.). Den Deutschen empfiehlt er süffisant inmitten eines tagespolitischen Diskurses, der die Optionen der Anpassung, der Ausweisungen oder der Ghettoisierung der Juden verhandelt, das Problem eher durch Rassenmischung aus der Welt zu schaffen – dem Land des „Befehlens und Gehorchens" ließe sich auf diese Weise „etwas Geist und Geistigkeit [...] hinzuzüchten" (JGB 251, KSA 5, 194 f.). Dafür sei es „nützlich und billig", anstelle der Juden „die antisemitischen Schreihälse des Landes zu verweisen" (ebd.). Entsprechend eindeutig und aggressiv fällt die Rezension von *Jenseits von Gut und Böse* durch den später zur antisemitischen Leitfigur aufsteigenden Theodor Fritsch aus, der Nietzsche zuletzt kurzerhand zur Beschneidung rät. Fritsch hatte, ähnlich wie auch Nietzsches Schwester und sein Schwager Bernhard Förster, zuvor noch mehrfach brieflich versucht, private Stellungnahmen zum Antisemitismus zu erwirken. Eine solche liefert Nietzsche schließlich auch: „dieses abscheuliche Mitredenwollen noioser Dilettanten über den Werth von Menschen und Rassen, diese Unterwerfung unter ‚Autoritäten', welche von jedem besonneneren Geiste mit kalter Verachtung abgelehnt werden [...], diese beständigen absurden Fälschungen und Zurechtmachungen der vagen Begriffe ‚germanisch', ‚semitisch', ‚arisch', ‚christlich', ‚deutsch' – das Alles könnte mich auf die Dauer ernsthaft erzürnen und aus dem ironischen Wohlwollen herausbringen, mit dem ich bisher den tugendhaften Velleitäten und Pharisäismen der jetzigen Deutschen zugesehen habe. – Und zuletzt, was glauben Sie, das ich empfinde, wenn der Name Zarathustra von Antisemiten in den Mund genommen wird?..." (Brief Nr. 823, KSB 8, 51).

(**MA I** 475, KSA 2, 309 ff.; **M** 38, KSA 3, 45 f.; **M** 68, 64-68; **M** 72, 70 f.; **M** 205, 180-183; **FW** 348, KSA 3, 583 ff.; **Za IV**, Schatten, KSA 4, 339; **JGB** 195, KSA 5, 116 f.; **JGB** 250, 192; **JGB** 251, 192-195; **GM I** 16, KSA 5, 285-88; **AC** 24, KSA 6, 191 ff.; **AC** 25, 193 f.; **AC** 26, 194-197;

NL 1880, 3[137], KSA 9, 93; **NL 1886-87**, 7[67], KSA 12, 321; **NL 1888**, 14[182], KSA 13, 365; **NL 1888**, 18[3], 532 f.; **NL 1888**, 21[7], 581)

Kultur

Kultur ist ein bleibender Bezugspunkt im Denken Nietzsches – seine Zugänge zur Kultur sind dabei eminenten Veränderungen ausgesetzt und in ihrer Heterogenität nur schwer zu systematisieren. Festhalten lässt sich, dass Nietzsche sich als aktiver Teilnehmer eines kulturellen Zusammenhangs versteht. Diesen Zusammenhang wird er im Verlauf seines Werks wahlweise missionarisch reformulieren, unzeitgemäß kritisieren, genealogisch in seinen zweideutigen Voraussetzungen freilegen und schließlich symptomatologisch auf seine ihn leitenden Wertsetzungen hin befragen. Die den griechischen Denkern zugeschriebene Philosophen-Rolle eines „Arztes der Cultur" hat er sich dabei von Beginn an zu eigen gemacht (vgl. NL 1872, 23[15], KSA 7, 545). Entsprechend lassen sich seine eigenen Ausführungen nach diagnostischen, anamnetischen und therapeutischen Hinsichten unterscheiden, beinhalten sie doch Rezepte und diätetische Empfehlungen, konstatieren Verfallserscheinungen, mitunter auch Todesbescheinigungen und formulieren lebenserhaltende bzw. lebenssteigernde Maßnahmen. Von Beginn an wird Kultur dabei nicht als ausgeprägter Bestand von Institutionen oder Praktiken betrachtet, sondern als ein lebendiger Wirkungszusammenhang, in dem die Kultivierungsarbeit allein maßgeblich ist. Kultur, die nicht an sich arbeitet, wird demnach immer wieder zur Unkultur. Dazu gehört eine grundlegende Einsicht in die Fragilität der zivilisatorischen Errungenschaften, die sich, wenngleich unter anderen Vorzeichen, bis in das Spätwerk Nietzsches durchziehen wird. Auf derartige Zusammenhänge als Korrektiv gegen die bloße Kulturattitüde hinzuweisen, macht die genuin philosophische Arbeit aus. Auch darin waren ihm vorzugsweise die Denker der wandlungs- und experimentierfreudigen griechischen Archaik Vorbild: „Diese Philosophen zeigen die Lebenskraft jener Cultur, die ihre eigenen *Corrective* erzeugt." (NL 1875, 6[13], KSA 8, 102).

K

Der leitende Kulturbegriff des jungen Nietzsche steht sowohl in seiner Tendenz zur ästhetischen Vereinheitlichung als auch in seiner morphologischen Prägung dem Denken Johann Gottfried Herders nahe: „Die Cultur eines Volkes als der Gegensatz jener Barbarei ist einmal, wie ich meine, mit einigem Rechte, als Einheit des künstlerischen Stiles in allen Lebensäusserungen eines Volkes bezeichnet worden; diese Bezeichnung darf nicht dahin missverstanden werden, als ob es sich um den Gegensatz von Barbarei und s c h ö n e m Stile handele; das Volk, dem man eine Cultur zuspricht, soll nur in aller Wirklichkeit etwas lebendig Eines sein und nicht so elend in Inneres und Aeusseres, in Inhalt und Form auseinanderfallen." (UB II 4, KSA 1, 274). Vor diesem Hintergrund ist auch das reformatorische Projekt einer ‚tragischen' deutschen Kultur zu verstehen, dem sich Nietzsche unter Bezug auf Wagners Musikdrama, aber auch mit Rückgriff auf Beethoven, Schopenhauer und Kant in der *Geburt der Tragödie* verschreibt. Es versteht sich vor allem als eine Erziehung zum → Stil in einer von Stillosigkeit geprägten Zeit. Von den ideologischen Implikationen und juvenilen Schwärmereien eines solchen Missionsprojekts hat sich Nietzsche vergleichsweise schnell gelöst und dieselben später einer rigorosen Selbstkritik unterzogen. Zugleich ist festzuhalten, dass er auch im Frühwerk nie von einer gegebenen deutschen Kultur, geschweige denn ihrer Überlegenheit ausgegangen ist, sondern diese weitgehend als uneingelöstes Versprechen thematisiert hat. Die zeitgenössische triumphalistische Deutung des deutschen Kriegsgewinns gegen Frankreich 1870/71 als eines vermeintlichen Sieges der deutschen Kultur stößt entsprechend auf seinen scharfen Widerspruch. Eine solche Deutung sei „Exstirpation des deutschen Geistes zu Gunsten des ‚deutschen Reiches'" (UB I 1, KSA 1, 160) und verurteile die Möglichkeit kultureller Selbstbesinnung von Vornherein zum Scheitern.

Ferner kennzeichnend für den frühen Zugriff ist die Parallelisierung von kultureller Arbeit im Ganzen und im Einzelnen – in diesem Zusammenhang ist die Nähe zum Bildungsverständnis der deutschen Klassik unübersehbar. Die Aufgabe, den griechischen Idealzustand „der Cultur als einer Einhelligkeit zwischen Leben, Denken, Scheinen und Wollen" herzustellen, ist insofern zunächst prinzipiell an das Individuum zu richten: „Dies ist ein Gleichniss für jeden Einzelnen von uns: er muss das Chaos in sich organisiren, dadurch dass er sich auf seine ächten Bedürfnisse zurückbesinnt." (UB II 10, KSA 1, 333 f.). Die harmonische Organisation einer chaotischen Innerlichkeit durch die Entwicklung eines eigenen Stils vollzieht sich in Analogie zur Formation eines zufälligen Ensembles von äußerlichen Lebensfunktionen zu einer als ästhetische Homogenisierung des Heterogenen gedachten Kultur. Vor allem die Vorlesungen *Ueber die Zukunft unserer Bildungsanstalten* dürfen als pädagogische Umsetzung dieses Verständnisses angesehen werden und haben, allerdings auch mit ihren puristischen Gradwanderungen und pedantischen Zügen, nachhaltig auf die Reformpädagogik gewirkt.

Kaum zu unterschätzen ist jene umfassende Revision des Gesamtkomplexes Kultur, der sich Nietzsche im Zuge seiner Lösung von der Basler Professur, seiner Entfernung vom Wagnerkreis und mit dem Eintritt in die aphoristische Phase seines Philosophierens unterzieht. Das Motto für das neue Vorgehen hat er sich im Nachlass selbst gegeben: „Wer es kann, der folge mir in der Gerechtigkeit gegen verschiedene Culturen." (NL 1876-77, 21[45], KSA 8, 373). Das Umdenken der Kultur umgreift nicht nur den leitenden Kulturbegriff selbst, sondern auch die zu erschließenden Gegenstände des Kulturellen und die Formen ihrer methodischen Erschließung. Den Ausgangspunkt dafür bildet die Verlagerung des Fokus' von der einen bzw. eigenen Kultur hin zu der diachronen und synchronen Vielfalt der Kulturen. Die Pluralisierung des Kulturellen führt auf der Zugangsebene ihrerseits zu weitreichenden Veränderungen: An die Stelle der auf Einheit abzielenden Bestimmung einer Kultur tritt die Erfassung von Unterschieden zwischen den Kulturen, was wiederum methodologisch eine Umstellung von Konstruktion auf Deskription erfordert. Die Zurücknahme eines normativen Zugriffs geht jetzt mit einem komparatistischen Ethos einher: Nietzsche arbeitet, oft ausgehend von kleinen Beobachtungen, kulturelle Unterscheidungsmerkmale heraus, typisiert sie zu Phänomenkomplexen und gewinnt so ein quasi-ethnologisches Verständnis für das Fremdkulturelle. Haben diese Sammlungen in der frühen → Aphoristik oftmals noch den Charakter einer geradezu positivistischen Materialrecherche, so wird spätestens mit der *Morgenröthe* ein kritischer, v.a. moralkritischer Grundzug der entsprechenden Unternehmungen sichtbar. Alternative Moralen und alternative Plausibilitäten sollen nunmehr zur Verunsicherung der eigenen Traditionsbestände mobilisiert werden. In seiner komparatistisch-freigeistigen Abgrenzung von einem absolute Geltung beanspruchenden → Vernunft- und Moralbegriff, interpretiert sich Nietzsche als Nachfolger der sophistischen Tradition, die er zugleich entschieden aufwertet. Mit dem vorurteilsfreien, scharfsichtigen Realisten Thukydides kommt „jene Cultur der unbefangensten Weltkenntniss zu einem letzten herrlichen Ausblühen, welche in Sophokles ihren Dichter, in Perikles ihren Staatsmann, in Hippokrates ihren Arzt, in Demokrit ihren Naturforscher hatte: jene Cultur, welche auf den Namen ihrer Lehrer, der Sophisten, getauft zu werden verdient und leider von diesem Augenblicke der Taufe an uns auf einmal blass und unfassbar zu werden beginnt, – denn nun argwöhnen wir, es müsse eine sehr unsittliche Cultur gewesen sein, gegen welche ein Plato mit allen sokratischen Schulen kämpfte!" (M 168, KSA 3, 151). In diese vergessene ‚immoralistische' Gegenströmung zum logozentrischen Moralismus schreibt sich Nietzsche ein. Als komparativer, realistischer Denker des Kulturellen tritt er auf gegen die idealistische Moral und eine an zeitloser, unbedingter Wahrheit ausgerichtete Metaphysik: „die Sophisten streifen an die erste Kritik der Moral, die erste Einsicht in die Moral… – sie stellen die Mehrheit (die lokale Bedingtheit) der moralischen Werthurtheile neben einander – sie geben zu verstehen, daß jede Moral sich dialektisch rechtfertigen <lasse>, – daß es keinen Unterschied mache: das heißt, sie errathen, wie alle Begründung einer Moral nothwendig sophistisch sein muß – […] sie stellen die erste Wahrheit hin, daß ‚eine Moral an sich', ein ‚Gutes an sich' nicht existirt, daß es Schwindel ist, von ‚Wahrheit' auf diesem Gebiete zu reden" (NL 1888, 14[116], KSA 13, 292). Die Erschließung der interkulturellen Vielfalt gelebter → Moralen wird bei Nietzsche in genau diesem Sinn und in Form einer Wiederholung der alten Konstellation unter modernen Vorzeichen als angewandte Metaphysikkritik praktiziert.

Nicht anders steht es um die oft vorgenommene und nicht minder oft irritierend einseitige Destruktion des → politischen Gleichheitsbegriffs, die uns in Nietzsches Werk begegnet. Auch sie vollzieht sich vor dem Hintergrund eines Kulturverständnisses, das sich an der Differenz von Lebensformen orientiert und damit jede Abstraktion von solcher Differenz als Nivellierung des konkreten menschlichen Lebens interpretiert. Von diesem kulturellen Apriori menschlicher Existenz aus gilt ihm bereits der Allgemeinbegriff ‚Mensch' bzw. das Kollektivum ‚Menschheit' als ein politischer Kampfbegriff, der langfristig in einem Menschenbild mündet, das jenseits von gleichen Rechten und Pflichten auch gleiche Werte und gleiche Bedürfnisse unterstellt und damit in letzter Konsequenz den Menschen auf eine gleichgültige Größe reduziert. Dagegen rät er: „Achtung, Freude an den Verschiedenheiten der Indiv<iduen>! Freude am Fremdartigen der Nationen und Culturen ist ein Schritt dazu […] Erst die Fabel-Menschheit, wie sie in den Köpfen spukt, ist gleichheitlich und bildet die wirklichen Menschen zur Gleichheit (jeden nach ihrem Bilde) Diese ‚Fabel' zu beseitigen!" (NL 1880, 2[17], KSA 9, 36). Nicht zufällig werden in diesem Zusammenhang die ‚Verschiedenheit' des Individuellen und die ‚Fremdartigkeit' des Kulturellen parallelisiert, kommen darin doch der inhaltliche und der methodische Zug von Nietzsches kultureller Erschließung von Lebensformen zur Deckung. Denn die Hervorbringung eines individuellen Menschenbildes ist für Nietzsche und Jacob Burckhardt die Leistung und das Auszeichnungsmerkmal gerade jener Kulturen, denen beide Denker besondere Aufmerksamkeit geschenkt haben: der polyzentrischen griechischen Archaik und der Kultur der italienischen Renaissance.

Für die eigene Gegenwart diagnostiziert Nietzsche eine kulturelle Umbruchsituation, in der die Individualität als paradigmatische Lebensform jetzt erstmals auch Distanz zu ihrer eigenen kulturellen Prägung aufnehmen kann. Im 19. Jahrhundert ist der Mensch nach dieser ungemein aktuellen Sichtweise in ein Zeitalter eingetreten, in welchem „die verschiedenen Weltbetrachtungen, Sitten, Culturen verglichen und neben einander durchlebt werden können; was früher, bei der immer localisirten Herrschaft jeder Cultur, nicht möglich war, entsprechend der Gebundenheit aller künstlerischen Stilarten an Ort und Zeit" (MA I 23, KSA 2, 44). Die erstmals mögliche Entlokalisierung des Kulturellen im „Zeitalter der Vergleichung" setzt einen nochmals neuen Individualitätsschub frei, denn die Entscheidung für eine Lebensform ist nun erstmals nicht mehr religiös, national oder politisch prästrukturiert. In solchen Zeiten gilt: „Jetzt wird eine Vermehrung des ästhetischen Gefühls endgültig unter so vielen der Vergleichung sich darbietenden Formen entscheiden." (ebd.). Nicht dem Weltbürger ist damit das Wort geredet, sondern der ästhetischen Selbsterziehung inmitten eines stetig wachsenden Angebots von Daseinsmöglichkeiten. Nietzsches Vorwegnahme einer Gesellschaft von Individuen, in der die Einzelnen ihre Präferenzen in subkulturellen Lebensstilen ausleben werden, hat sich in großen Zügen als richtig erwiesen. Sie ist zugleich mit der klaren Verabschiedung eines Denkens in „abgeschlossenen originalen Volks-Culturen" verbunden, über die man sich nunmehr faktisch „hinaus weiss" (MA I, 23, KSA 2, 45). Die mit immer neuen Orientierungsverpflichtungen verbundene Fragilitätserfahrung gehört als bleibendes Risiko konstitutiv zur Form moderner Individualität. Sie ist die bleibende kulturelle „Aufgabe, welche das Zeitalter uns stellt": „Das ist sein Stolz, – aber billigerweise auch sein Leiden. Fürchten wir uns vor diesem Leiden nicht!" (MA I 23, KSA 2, 44).

Für die modernen Kulturwissenschaften von überragender Bedeutung ist Nietzsches Neuerschließung des kulturellen Feldes. Sein in dieser Hinsicht berühmt gewordener Aphorismus *Etwas für Arbeitssame* (FW 7) geht vom kulturellen Apriori des Menschen aus und verlagert die Fragerichtung von den hochkulturellen Artefakten hin zu den mikrokulturellen Praktiken als den eigentlichen Existenzformen des Menschen. Mit programmatischer Entschlossenheit wird die Kulturalität bis in die Weisen des Denkens, Fühlens und Wahrnehmens hinein verfolgt. In der Neuausleuchtung von konkretem menschlichen Leben innerhalb von konkreten Lebensbedingungen bestehe demnach die eigentliche Arbeit: „Bisher hat alles Das, was dem Dasein Farbe gegeben hat, noch keine Geschichte: oder wo gäbe es eine Geschichte der Liebe, der Habsucht, des Neides, des Gewissens, der Pietät, der Grausamkeit? Selbst eine vergleichende Geschichte des Rechtes, oder auch nur der Strafe, fehlt bisher vollständig. Hat man schon die verschiedene Eintheilung des Tages, die Folgen einer regelmässigen Festsetzung von Arbeit, Fest und Ruhe zum Gegenstand der Forschung gemacht? Kennt man die moralischen Wirkungen der Nahrungsmittel? Giebt es eine Philosophie der Ernährung? [...] Sind die Erfahrungen über das Zusammenleben, zum Beispiel die Erfahrungen der Klöster, schon gesammelt? Ist die Dialektik der Ehe und Freundschaft schon dargestellt? Die Sitten der Gelehrten, der Kaufleute, Künstler, Handwerker, – haben sie schon ihre Denker gefunden? Es ist so viel daran zu denken! Alles, was bis jetzt die Menschen als ihre ‚Existenz-Bedingungen' betrachtet haben, und alle Vernunft, Leidenschaft und Aberglauben an dieser Betrachtung, – ist diess schon zu Ende erforscht?" (FW 7, KSA 3, 378 f.). Das von Nietzsche explizit als Neuland ausgewiesene Aufgabengebiet ist heute maßgeblicher Bereich historischer, anthropologischer, soziologischer und ethnologischer Kulturforschung.

(**GT** 23, KSA 1, 145-149; **UB I** 1, KSA 1, 159-164; **UB II** 4, KSA 1, 271-278; **UB II** 10, 324-334; **MA I** 3, KSA 2, 25 f.; **MA I** 23, 44 f.; **MA I** 236, 197 f.; **MA I** 237, 199 f.; **MA I** 276, 227 f.; **MA I** 632, 358; **MA II**, VM 179, KSA 2, 457 f.; **MA II**, WS 188, 634 f.; **M** 168, KSA 3, 150 f.; **FW 7**, KSA 3, 378 ff.; **FW** 353, 589 f.; **FW** 356, 595 ff.; **FW** 377, 628-631; **JGB** 202, KSA 5, 124 ff.; **JGB** 223, 157; **JGB** 224, 157-160; **JGB** 239, 175-178; **GD**, Streifzüge 37, KSA 6, 136-139;

NL 1872, 23[15], KSA 7, 545; **NL 1875**, 6[13], KSA 8, 102; **NL 1876-77**, 21[45], KSA 8, 373; **NL 1880**, 2[17], KSA 9, 36; **NL 1888**, 14[116], KSA 13, 292 f.)

Kunst

In Nietzsches emphatischem Kunstverständnis waltet ein omnipräsenter, aber schwer fassbarer Vitalismus. Er reicht von den frühen Versuchen, die Kunst aus der Optik des → Lebens zu betrachten bis hinein in die späten, eher kulturkritischen Ansätze zu einer ‚physiologischen Ästhetik'. Der künstlerischen Aktivität wird dabei von Beginn an eine Vorrangstellung gegenüber allen anderen Zugangsweisen zur Welt eingeräumt. Mögen Religion, Wissenschaft, Philosophie und → Politik dem Leben eine spezifische Form aufprägen und es dadurch in Bereiche gliedern, so ist die Kunst innerhalb der Setzung und Gestaltung dieser Lebensformen als die letztlich maßgebliche Praxis der Formgebung relevant. Was eine Religion verehrungswürdig, eine → Moral wertsetzend, eine Politik gesellschaftsstiftend, eine Wissenschaft erkenntnisfähig macht, ist zunächst eben ihr ‚intuitiver' künstlerischer Grundzug. Erst mit der Institutionalisierung und Ausdifferenzierung einer Lebensform tritt der ästhetische Grundimpuls sukzessive zurück und schlägt schließlich um in die als kunstfeindlich erachteten Gestalten dogmatischer, kanonischer oder normativer Erstarrung. In den ihr eigentümlichen Darstellungsformen wird die Kunst dem Leben auf eine besondere Weise gerecht, weil sie zugleich als Ausdruck desselben gefasst wird. In diesem spezifischen Ausdruckscharakter hat sie weder Abbild noch Nachahmungsqualität gegenüber einer bereits gegebenen Natur, einem Sein oder dem Leben als solchen. Sie ist stattdessen die maßgebliche Transformationserfahrung, von der aus die anderen Momente des menschlichen Lebens am Leitfaden einer künstlerischen Hermeneutik ihrerseits erst erschlossen werden. Folgerichtig werden bis in das Spätwerk Nietzsches hinein auch die spekulativen → Wertsetzungen und Sinngebungen als ästhetische Praktiken erschlossen. Der angezeigte Praxischarakter kann als weiteres Merkmal innerhalb dieser Generalisierung des künstlerischen Weltbezugs gefasst werden: Die Kunst zielt demnach als lebendige Kraft nicht auf Kunstwerke im engeren Sinne ab, sondern ist als jener Prozess veranschaulicht, den Nietzsche und mit ihm v.a. sein Zarathustra das ‚Schaffen' nennt. In diesem Schaffen gehen sowohl der Künstler als auch das Kunstwerk als letztlich bloß pragmatische Bezugspunkte gleichermaßen auf und unter. Weder auf das Werk, noch auf die Person des Künstler kommt es angesichts einer künstlerisch umgedeuteten Welt an, sondern nur auf den von ihnen ermöglichten Eintritt in die ästhetische Erfahrung, in der sich das Leben affirmativ seiner selbst versichert und beglaubigt: „Die Kunst und nichts als die Kunst. Sie ist die große Ermöglicherin des Lebens, die große Verführerin zum Leben, das große Stimulans zum Leben…" (NL 1887-88, 11[415], KSA 13, 194).

Paradigmatische Bedeutung im Hinblick auf die Funktion der Kunst als auch hinsichtlich der ästhetischen Erfahrung als solcher hatten für Nietzsche die Griechen. Nicht zufällig werden in der *Geburt der Tragödie* das → Apollinische und das → Dionysische gleichermaßen als Naturkräfte im Allgemeinen und ästhetische Prinzipien im Besonderen angesprochen. Im Namen der Begrenzung und der Entgrenzung der Form verwandeln beide Vermögen Existenzerfahrung in ästhetische Präsenzerfahrung, dies aber durch antagonistische Verfahrensweisen. In einer späten Rekapitulation des Frühwerks heißt es skizzenhaft: „Mit dem Wort ‚dionysisch' ist ausgedrückt: ein Drang zur Einheit, ein Hinausgreifen über Person, Alltag, Gesellschaft, Realität, als Abgrund des Vergessens, das leidenschaftlich-schmerzliche Überschwellen in dunklere vollere schwebendere Zustände […] Mit dem Wort apollinisch ist ausgedrückt: der Drang zum vollkommenen Für-sich-sein, zum typischen ‚Individuum', zu Allem, was vereinfacht, heraushebt, stark, deutlich, unzweideutig, typisch macht: die Freiheit unter dem Gesetz." (NL 1888, 14[14], KSA 13, 224). Angesprochen sind damit zwei gegensätzliche Formen der Einheitserzeugung: die aufbrechende Überwältigung durch Totalität, in der das *principium individuationis* (Individuationsprinzip) gleichsam untergeht. Und die Eindeutigkeit der diskreten Erscheinung, in der sich eine unbegrenzte Vielheit zu einer Form vereinheitlicht. Im permanenten Kampf dieser ‚Kunst-Naturgewalten' ringt sich ‚der Grieche' zur Erzeugung des schönen Scheins durch, um durch ihn den tragischen Abgrund der Existenz zu verschleiern, in der Verschleierung aber noch im Bewusstsein zu halten: „die Schönheit ist ihm nicht geschenkt, sowenig als die Logik, als die Natürlichkeit der Sitte – sie ist erobert, gewollt, erkämpft – sie ist sein Sieg…" (ebd., 225).

Im späteren Werk Nietzsches wird die Kunst stets in Entsprechung zur darin jeweils gegebenen philosophischen Ausgangslage expliziert: Sie tritt als befreiende Destruktion eines erschöpften oder erstarrten Formenkanons, der das Leben restringiert, in Erscheinung. Sie wird, wie skizziert, als verklärende Illusionserzeugung und insofern als ‚Lüge' oder ‚Fiktion' problematisiert, die den Leidenscharakter des Daseins zugunsten einer Erzeugung von ‚schönem Schein' aufhebt. Sie ist als zweckfreie, spielerische Aufnahme, Neukombination und Umformulierung von Traditionsbeständen aufgefasst. Als Machtgeschehen verrückt sie die Maßstäbe des objektbezogenen Weltzugangs insgesamt und bietet sich als kardinale alternative Sinnressource an.

Konkreter, aber zugleich problematischer sind dagegen die späten Bestimmungsversuche zur Kunst der Moderne. Nietzsche will die moderne Kunst seiner Zeit als nihilistisch ausweisen und sich zugleich als ihr exemplarischer Vertreter kennzeichnen. Seine Beschreibungen sind angesichts des konstitutiven Zusammenhangs von Kunst und Leben nunmehr von einem doppelten Zugang geprägt. Ist nämlich der → Nihilismus der prägende Grundzug des 19. Jahrhunderts, dann sind auch die Formgebungsversuche dieser Zeit als von der nihilistischen Erfahrung ausgehende Deformationen des Lebens in den Blick zu nehmen. Doch als Künstler bejaht Nietzsche die Tendenzen zur Autonomisierung des Kunstwerks, zur Verabschiedung von der Zentralkategorie der Schönheit, zu einer grundsätzlich neuen und krassen Expressivität, zur Hybridisierung der Formen und der formalen Artifizialisierung bis hin zur hermetischen Selbstbezüglichkeit. Die „moderne Kunst, als Kunst zu tyrannisiren" wird dabei als gezielte Reizung der Sinnlichkeit durch die artifizielle Form erschlossen (NL 1888, 12[1], KSA 13, 202). Das an den Griechen gewonnene Leitbild einer lebensbejahenden Scheinproduktion über dem Abgrund des Leidens wurde in dem Maße korrekturbedürftig, in dem sich Nietzsche der spezifischen Bedingungen der Moderne neu versicherte. Das adäquate künstlerische Paradigma liefert ihm dabei die Kultur Frankreichs. Vor allem an den französischen Schriftstellern, die er – eher grob – zur literarischen Spätromantik im Dunstkreis Wagners rechnet, erkennt er eine andersartige Meisterschaft an: Er gesteht ihnen zu, auf die Beschleunigung der Lebensverhältnisse, auf die Industrialisierung sowie eine vom Großstadtmilieu geprägte Differenzierung und Radikalisierung der Bedürfnisse, Gefühle, Süchte und Sehnsüchte künstlerisch konsequent reagiert zu haben. Aus dem Journal der Brüder Goncourt notiert er: „Wir haben alle Verkehrsmittel verzehnfacht in der Geschwindigkeit: zugleich aber das Bedürfniß nach Schnelligkeit in uns verhundertfacht…" (NL 1887-88, 11[296], KSA 13, 118). Es ist vor allem die als ein → Experiment des Lebens gefasste Pariser Kulturszene, an der Nietzsche in seiner Spätzeit eminenten Anteil nimmt und aus der er nicht minder starke Anregungen erfährt. Sie wird ihm zum exemplarischen Fall ästhetischer Modernität einerseits, nihilistischer Ermüdung andererseits: „Allesammt beherrscht von der Litteratur bis in ihre Augen und Ohren – die ersten Künstler Europa's von weltlitterarischer Bildung – meistens sogar selber Schreibende, Dichtende, Vermittler und Vermischer der Sinne und Künste, allesammt Fanatiker des Ausdrucks, grosse Entdecker im Reiche des Erhabenen, auch des Hässlichen und Grässlichen, noch grössere Entdecker im Effekte, in der Schaustellung, in der Kunst der Schauläden, allesammt Talente weit über ihr Genie hinaus –, Virtuosen durch und durch, mit unheimlichen Zugängen zu Allem, was verführt, lockt, zwingt, umwirft, geborne Feinde der Logik und der geraden Linie, begehrlich nach dem Fremden, dem Exotischen, dem Ungeheuren, allen Opiaten der Sinne und des Verstandes. Im Ganzen eine verwegen-wagende, prachtvoll-gewaltsame, hochfliegende und hoch emporreissende Art von Künstlern, welche ihrem Jahrhundert – es ist das Jahrhundert der Masse – den Begriff ‚Künstler' erst zu lehren hatte. Aber krank…" (NW, KSA 6, 428). Die Kritik ist hier, wie bei den meisten Dekadenzdiagnosen zu weiten Teilen als Explikation der eigenen ästhetischen Verfahrensweise angelegt (→ Décadence). Lediglich hinsichtlich der Bewusstheit des Vollzugs gesteht sich Nietzsche einen Reflexionsgrad mehr zu. Den kritischen Zusammenhang zwischen einer neuen Komplexität intrinsisch vervielfältigter Weltverhältnisse und dem gleichzeitigen Zusammenbruch religiöser oder moralischer Orientierungssysteme kann in der Moderne nur noch die Kunst austragen. In dieser Gestalt ist sie einerseits gebrochener Ausdruck gänzlich neuartiger Lebenserfahrungen, zugleich aber die eigentliche Instanz für das Thematisch-Werden des Neuen. Für ein gelingendes Leben können folgerichtig auch keine überindividuellen ethischen Normen, sondern nur noch individuelle ästhetische Kriterien angegeben werden. Kunst kann durch Passung dem Individuum darin Halt und Form geben, dass dieses selbst sich unter künstlerischen Bedingungen reformuliert. Auch und gerade die Philosophie ist damit zuletzt als eine wesentlich künstlerische angesprochen: Sie erprobt und vollzieht Formgebungen und Stile der Existenz. Nicht zufällig sind Nietzsches Neuperspektivierungen philosophischer Praktiken an genau dieser ästhetischen Erfahrung ausgerichtet: So wird ihm die → Interpretation zur „Kunst der Auslegung" (GM Vorrede 8, KSA 5, 255), die Philosophie selbst „Kunst der Transfiguration" (FW Vorrede 3, KSA 3, 349).

(**MA II**, WS 140, KSA 2, 612; **FW** Vorrede 3, KSA 3, 349 ff.; **FW** Vorrede 4, KSA 3, 351 f.; **FW** 84, 439-442; **FW** 87, 444 f.; **FW** 99, 453-457; **FW** 361, 608 f.; **FW** 370, 619-622; **FW** 372, 623 f.; **GM** Vorrede 8, KSA 5, 255 f.; **GM III** 5, KSA 5, 344 ff.; **GM III** 6, 346-349; **WA** 1, KSA 6, 13 f.; **WA** 9, 32-35; **WA** Nachschrift, 40-45; **WA** Epilog, 50-53; **GD** Streifzüge 10, KSA 6, 117 f.; **NW** wohin, KSA 6, 427 f.;
NL 1887, 10[167], KSA 12, 554 f.; **NL 1887-88**, 11[415], KSA 13, 193 f.;
NL 1888, KSA 13, 14[170], 356 f.)

Leben

Zu den Konstanten innerhalb von Nietzsches denkerischer Bewegung gehört die stets wiederkehrende Bezugnahme auf den Begriff des Lebens. An ihm faszinierten ihn sowohl dessen spekulative Kraft als auch dessen problematische Unterbestimmtheit, vor allem aber das mit ihm verbundene Pathos. ‚Leben' konnte als Gegenbegriff gegen die ontologische Zentralkategorie eines der Zeit entzogenen und in diesem Entzug wesenhaften ‚Seins' aufgeboten werden. In einem ähnlichen Sinn lassen sich mit ihm die epistemische Unterscheidung von ‚wahr' und ‚falsch' und die moralische Grunddifferenz von ‚gut' und ‚böse' unterlaufen: Leben ist demnach dasjenige, das sich grundsätzlich jenseits davon bewegt bzw. mit und in diesen Unterscheidungen nur unzureichend gedacht werden kann. Als in diesem Sinne vorurteilsfreier Philosoph hat Nietzsche dem Leben in seinem umgreifenden Charakter wieder gerecht werden wollen und schließt mit einem derartigen Verständnis gezielt an jene vorsokratischen Denker an, die Aristoteles als Physiologen, also Denker der *physis*, zu fassen versucht haben. Auch seine später einsetzende Selbst-Kennzeichnung als ‚Physiologe' wurzelt zumindest in Teilen in im frühgriechischen Verständnis des (nicht zuletzt kosmischen) Lebens, in das man als Existierender immer schon eingelassen ist und zu dem man sich folglich nicht in ein objektives Verhältnis setzen kann.

L

Im Bemühen, das Leben auf den Begriff zu bringen, wird das Verstehen nach Nietzsche selbst zum lebendigen Geist und gerät doch zugleich in eine immer stärkere Spannung zu den unbewussten und reflexiv nicht einholbaren Grundlagen des eigenen Lebendig-Seins. Die Anerkennung gegenüber der Totalität und Omnipräsenz der Lebensvollzüge geht einher mit der schmerzlichen Einsicht in die Begrenztheit des eigenen Zugriffs. Auch das positivistisch sich mehrende lebenswissenschaftliche Wissen hellt das Verstehen des Lebens nicht oder nur bedingt auf, sondern restringiert eher noch die ‚instinktive' Funktionssicherheit der eigenen Lebensvollzüge: Leben und Denken geraten in eine konflikthafte Konstellation. Vor allem im *Zarathustra* wird dieser Antagonismus leitmotivisch verhandelt und je nach Kontext variiert. Nicht zufällig heißt es in *Von den berühmten Weisen*: „Geist ist das Leben, das selber in's Leben schneidet, an der eignen Qual mehrt es sich das eigne Wissen, – wusstet ihr das schon?" (Za II, Weisen, KSA 4, 134). Vornehmlich dieser Antagonismus von Geist und Leben, den jedes Dasein in sich auszutragen habe, wird in der Literatur des beginnenden 20. Jahrhunderts mit großer Emphase und außerordentlich vielfältig rezipiert (v.a. bei Rilke, Thomas Mann und Gottfried Benn). Dagegen darf die alsbald akademisch einsetzende Kennzeichnung der Philosophie Nietzsches als einer Lebensphilosophie als grundsätzliches Missverständnis angesehen werden. Nietzsche operiert eben nicht mit einem eigenständigen Begriff des Lebens und stellt diesen ebenso wenig in die Mitte seiner Philosophie. Er nutzt vielmehr dessen Bedeutungsspektrum im Sinne eines Gegenbegriffs gegen die disziplinären Limitierungen dessen, was jeweils Leben genannt wird. Und dies gilt, wie einmal mehr im *Zarathustra* gezeigt, auch für die Bemühungen des Protagonisten selbst: Bezeichnenderweise im Kapitel *Von der Selbst-Ueberwindung* heißt es: „Und diess Geheimniss redete das Leben selber zu mir. ‚Siehe, sprach es, ich bin das, was sich immer selber überwinden muss.“ (Za II, Selbst-Ueberwindung, KSA 4, 148).

In den moralkritischen Schriften fällt die Aufbietung des Lebens entsprechend polemisch und aggressiv aus. Das Lebendige entzieht sich hier nicht nur seiner Integration in eine auf Moral und → Vernunft gestützte Ordnung – es wird darüber hinaus als Konterkarikatur einer solchen Ordnung inszeniert: „An sich von Recht und Unrecht reden entbehrt alles Sinns, an sich kann natürlich ein Verletzen, Vergewaltigen, Ausbeuten, Vernichten nichts ‚Unrechtes‘ sein, insofern das Leben essentiell, nämlich in seinen Grundfunktionen verletzend, vergewaltigend, ausbeutend, vernichtend fungirt und gar nicht gedacht werden kann ohne diesen Charakter. Man muss sich sogar noch etwas Bedenklicheres eingestehn: dass, vom höchsten biologischen Standpunkte aus, Rechtszustände immer nur Ausnahme-Zustände sein dürfen, als theilweise Restriktionen des eigentlichen Lebenswillens, der auf Macht aus ist, und sich dessen Gesammtzwecke als Einzelmittel unterordnend: nämlich als Mittel, grössere Macht-Einheiten zu schaffen.“ (GM II 11, KSA 5, 312 f.). Über die Polemik hinaus wird hier auch die Mittlerfunktion des Lebensbegriffs auf dem Weg zu einer konkreteren Fassung der → Wille-zur-Macht-Hypothese und damit der Interpretationsphilosophie Nietzsches deutlich. Die Explikation einer vermeintlichen Seinsordnung als einer von Prozessualität und Transformation geprägten Lebendigkeit bildet hierbei die eine Seite, die spekulativ genauere Erschließung der Lebensvollzüge als Machtkonstellationen die andere Seite des Theorems.

Im Kontext des Spätwerks tritt der Zusammenhang zwischen Leben und Werten bzw. dem Werten-Müssen stark hervor. Nietzsche, der seine Philosophie nun explizit als eine → Umwertung der Werte versteht und demonstriert, agiert dabei zunächst als Beobachter des traditionellen Gebrauchs der Wertsemantik. Seinen philosophischen Vorgängern und Vorbildern, v.a. Sokrates, Platon und Schopenhauer, sowie den Religionsstiftern wirft er eine unzulässige Totalisierung des Lebensbegriffs vor, die sich mit einer ideologischen oder moralischen Abwertung des dergestalt zugerichteten Lebens verbinde. Interpretativ gibt Nietzsche hierbei seinem eigenen Werteverständnis jeweils einen logischen und einen symptomatologischen Sinn: So greift er einerseits die logische Unzulässigkeit eines unbedingten und damit kontextlosen Wertens an, das als Verkennung des Lebens auftrete und in den Formen philosophischer und religiöser Lebensverneinung ihren fatalsten Ausdruck finde. Zum anderen – und dieser Umstand ist für die ‚psychologisch‘ oder ‚physiologisch‘ motivierten Deutungspraktiken des Spätwerks entscheidend – wird dem Urteilscharakter solcher Aussagen zum Leben ein jeweils symptomatologischer und damit seinerseits evaluierbarer Wert beigemessen: „Eine Verurtheilung des Lebens von Seiten des Lebenden bleibt zuletzt doch nur das Symptom einer bestimmten Art von Leben: die Frage, ob mit Recht, ob mit Unrecht, ist gar nicht damit aufgeworfen. Man müsste eine Stellung ausserhalb des Lebens haben, und andrerseits es so gut kennen, wie Einer, wie Viele, wie Alle, die es gelebt haben, um das Problem vom Werth des Lebens überhaupt anrühren zu dürfen: Gründe genug, um zu begreifen, dass das Problem ein für uns unzugängliches Problem ist. Wenn wir von Werthen reden, reden wir unter der Inspiration, unter der Optik des Lebens: das Leben selbst zwingt uns Werthe anzusetzen, das Leben selbst werthet durch uns, wenn wir Werthe ansetzen…“ (GD Moral 5, KSA 6, 86).

Die hier vorgebrachte Kritik betrifft freilich auch in einem besonderen Maße Nietzsches Spätwerk, das trotz der oft durchgeführten Reflexion auf den bloßen Symptomcharakter des Wertens, seinerseits vor drastischen Wertungen des Lebens nicht zurückzuschrecken scheint. Mögen die vielfältigen Apotheosen des Lebens in diesem Zusammenhang noch plausibel erscheinen, so sind jene späten Dekadenztheoreme und → Nihilismusdiagnosen, in denen wahlweise und an wechselnden Beispielen nach ‚starkem‘ und ‚schwachen‘ oder ‚aufsteigendem‘ und ‚absteigendem‘ Leben unterschieden wird, in ihrem Erklärungswert bis heute umstritten. Fassbar werden sie am ehesten, wenn man sie als Appelle an einen Leser versteht, der Nietzsches Symptomatologien seinerseits symptomatologisch zu lesen bereit ist.

(**PHG**, Vorrede, KSA 1, 801 ff.; **PHG** 1, 804-809; **M** 453, KSA 3, 274; **Za II**, Weisen, KSA 4, 132-135; **Za II**, Selbst-Ueberwindung, KSA 4, 146-149; **GM II** 11, KSA 5, 309-313; **GM II** 12, 313-316; **GM II** 13, 316 ff.; **GD**, Moral 5, KSA 6, 86;

NL 1883, 24[16], KSA 10, 653-656; **NL 1884**, 26[156], KSA 11, 190; **NL 1886-87**, 7[2], KSA 12, 251-253; **NL 1885**, 37[4], KSA 11, 576-579)

Leib

Die konsequente Ausrichtung des Denkens auf den Leib und die phänomenologisch konkrete Erschließung der Leiblichkeit zählen zu den immer wieder herausgestellten Eigenheiten und kaum anzweifelbaren Verdiensten der Philosophie Nietzsches. Dabei schreibt er sich gerade darin selbst nur bedingt Originalität zu, sondern reiht sich eher in einen Traditionszusammenhang ein, nach dem „alles deutsche Philosophiren darin seine eigentliche Würde habe, ein schrittweises Wiedergewinnen des antiken Bodens zu sein“ (NL 1885, 41[4], KSA 11, 679). Der unbefangene Ernst, mit dem die frühen Griechen in ihren – durchaus verschiedenartigen – „grundsätzlichen Formen der Weltauslegung“ (ebd.) die im Leib gegebene Lebendigkeit als Ausgangspunkt für ein von der leib-seelischen Einheit geprägtes Menschenbild zu fassen versuchten, ist für Nietzsche unter den Bedingungen der Moderne wiederherzustellen. Die phänomenale Konkretisierung eines am Leib orientierten Lebensverständnisses kann indessen nicht durch begriffliche Umstellung vollzogen werden, sondern muss ihrerseits erst wieder gelebt werden: „wir werden von Tag zu Tag griechischer, zuerst, wie billig, in Begriffen und Werthschätzungen, gleichsam als gräcisirende Gespenster: aber dereinst, hoffentlich auch mit unserem Leibe!“ (NF 1885, 41[4], KSA 11, 679).

Diesem Anspruch einer vom Leib ausgehenden Neuauslegung folgt auch die Generalkritik an der Leibverleugnung der klassischen europäischen Philosophie: In der Konstruktion Nietzsches stellt diese das spezifische Produkt der spekulativen Grundunterscheidungen des idealistischen Platonismus einerseits und der leibfeindlichen Wertungen eines jenseitsbezogenen Christentums andererseits dar. Über die systematische Ausklammerung des Leibs durch die asymmetrische Differenz von Körper und Seele in der Metaphysik hinaus wird auch den Philosophen und ihren Ansätzen im Einzelnen ein unzureichendes Leibbewusstsein unterstellt. Die Vorrede zur *Fröhlichen Wissenschaft* entwickelt die programmatische Frage, „ob nicht, im Grossen gerechnet, Philosophie bisher überhaupt nur eine Auslegung des Leibes und ein Missverständniss des Leibes gewesen ist." (FW Vorrede, 2, KSA 3, 348). Gerade die Unkenntnis der Reichweite des je eigenen Körpers führt in einem derartigen Verständnis dazu, dass es die nicht reflektierten Wertschätzungen und einverleibten Urteilsstrukturen eines leiblichen Gesamtzusammenhangs sind, die dem Geist in seinen Formen und Deformierungen seine spezifische Gestalt verleihen. Erst eine Aufhellung dieses Zusammenhangs ermöglicht die Reformulierung der Philosophie als solcher. In der Rolle des ‚Physiologen' und Symptomatologen beobachtet und interpretiert Nietzsche vermeintlich ‚reine' geistige Gebilde als Ausdruck körperlicher Zustände. Die semiotische Vorgabe solcher Beobachtungsweisen lautet dann folgerichtig: „Das Geistige ist als Zeichensprache des Leibes festzuhalten!" (NL 1883, 7[126], KSA 10, 285).

Anstelle der Veräußerlichung zum gegebenen und verfügbaren Körperding wird dem Leib bei Nietzsche die Rolle eines Existentials zugewiesen. Die seit Sokrates maßgebliche philosophische Forderung nach Selbsterkenntnis wird in Konsequenz dessen auf die neue Aufgabe einer differenzierten leiblichen Selbsterfahrung zurückgenommen, die Philosophie selbst als „Kunst der → Transfiguration" leiblicher Zustände in reflexive Deutungen entworfen (FW Vorrede 3, KSA 3, 349). Eine dergestalt eingeforderte Aufmerksamkeit für das körperliche Sensorium bezieht das gelebte Wissen um die Dialektik von → Gesundheits- und Krankheitszuständen ein. Im Spätwerk – mit ironischer Überzeichnung – bis hin zu einer philosophischen Diätetik entfaltet, werden die Fragen nach Gott und der Seele durch die Fragen nach der angemessenen Ernährung, dem richtigen Klima, der Ortswahl etc. ersetzt (vgl. EH, *Warum ich so klug bin*).

Berühmt geworden sind in diesem Zusammenhang insbesondere Zarathustras Ausführungen im Kapitel *Von den Verächtern des Leibes*. Sie setzen kritisch bei der rationalistischen Ausformulierung des Dualismus und dem damit einhergehenden Subjektbegriff an und werten die etablierten Verhältnisse anschließend entschieden um. Entwickelt wird dabei gegenüber der cartesischen Setzung substantieller Subjektivität ein umgreifender leiblicher Subjektivierungsprozess, den Zarathustra das „Selbst" nennt und den er die fatalen alten Oppositionen umgreifen lässt. Dieses Selbst ist kein gegebenes, sondern ein „schaffende[s] Selbst", das sich aus dem „schaffende[n] Leib" gewinnt, der sich seinerseits aktiv und auslegend des „Geistes" bedient (Za I, Verächtern, KSA 4, 40). Letzterer gilt unter den neuen Voraussetzungen als „kleine Vernunft", die als „Werk- und Spielzeug" der „grossen Vernunft" des Leibes betrachtet wird (Za I, Verächtern, KSA 4, 39). ‚Selbst', ‚Leib' und ‚Geist' werden hier als zirkulierende triadische Struktur nahegelegt, dem ‚Leib' dabei die Vermittlungsrolle für den Gewinn der Selbsterfahrung zugewiesen. Den „Erwachte[n]" lässt Zarathustra die wegweisenden Worte sprechen: „Leib bin ich ganz und gar, und Nichts außerdem; und Seele ist nur ein Wort für ein Etwas am Leibe." (ebd.).

Festzuhalten ist im Hinblick auf das letzte Zitat mit Nachdruck, dass die scheinbare Totalisierung der Leiblichkeit nicht als einseitige Umkehrung der traditionellen Perspektive und insofern als bloß antagonistischer Reduktionismus zu lesen ist. Denn auch der Körper ist dem Menschen ebenso wenig unmittelbar gegeben wie etwa die → Vernunft, er ist demgegenüber als diejenige heuristische Bezugsgröße gedacht, mit deren Hilfe der semantisch überlebte, leib-seelische Dualismus psychosomatisch neu gefasst werden kann. Im Nachlass wird an zahlreichen Stellen dieser methodische Vorrang eines Ansetzens beim Leib betont, ist er doch gegenüber dem als Einheit verstandenen Bewusstsein das „reichere, deutlichere, faßbarere Phänomen" (NL 1886-87, 5[56], KSA 12, 205 f.). Auf diese Weise thematisiert Nietzsche den natürlichen Leib im Sinne eines komplexen organischen Funktionssystems, das instinktsicher und präreflexiv die eigentlichen Steuerungsaufgaben des → Lebens übernimmt und darin einen Reichtum repräsentiert, der von der Bewusstseinsoberfläche selten thematisiert und überwiegend ausgeklammert wird. Zugleich kennt und anerkennt Nietzsche die kulturelle Dimension der menschlichen Leiblichkeit, die niemals nur als natürliche auftritt. Zivilisatorische, psychologische und moralische Wertsetzungen sind überhaupt nur dann wahrnehmbar, wenn sie bereits einverleibt sind und entsprechend gelebt werden. Nietzsches Beobachtung und Kritik der Werte, aber auch das Ziel seiner eigenen moralkritischen Umwertungsoperationen geht von solchen Einverleibungsprozessen aus und hebt zugleich auf die Möglichkeit zukunftsfähiger Alternativen ab: „Moralität – der Inbegriff aller uns einverleibten Werthschätzungen: was soll aus dieser ungeheuren Summe von Kraft werden? Nur insofern interessirt mich die Frage, wie diese Schätzungen entstanden sind." (NL 1882-83, 4[151], KSA 10, 158).

(**GT** 2, KSA 1, 30-34; **M** 202, KSA 3, 176 ff.; **FW**, Vorrede 1, KSA 3, 345 f.; **FW** Vorrede 2, 347 ff.; **FW** Vorrede 3, 349 ff.; **FW**, Vorrede 4, 351 f.; **Za I**, Hinterweltern, KSA 4, 35-38; **Za I**, Verächter, 39 ff.; **Za I**, Tugend 1-2, 97-101; **JGB** 15, KSA 5, 29; **EH**, klug 1-2, KSA 6, 278-283;

NL 1883, 7[126], KSA 10, 284 f.; **NL 1883**, 7[133], 286 f.6; **NL 1883**, 24[16], 653-656; **NL 1884**, 26[156], KSA 11, 190; **NL 1885**, 36[35], KSA 11, 565; **NL 1885**, 36[36], 565 f.; **NL 1885**, 37[4], KSA 11, 576-579; **NF 1885**, 41[4], 678 f.; **NL 1887-88**, 11[83], KSA 13, 39 f.)

L

Liebe

Die Sprache der Liebe durchzieht Nietzsches Werk mit einer nur selten bemerkten Konsequenz. In ihrem Ereignischarakter, der Unbedingtheit ihres Strebens, der transgressiven Kraft ihres Zugriffs und lebensverklärenden Macht ihrer Wirkungen beschreibt und bejaht Nietzsche die Liebe als ein Phänomen jenseits von Gut und Böse. Dabei gilt grundsätzlich: „Was aus Liebe gethan wird, das ist nicht moralisch, sondern religiös." (NL 1882, 3[1], KSA 10, 70). In dieser quasireligiösen Dimension mobilisiert Nietzsche die Liebe auch und gerade für die Explikation philosophischer Ausnahmezustände und nicht zuletzt für die Darstellung eigener philosophischer Grenzerfahrungen. In der Form der „Leidenschaft des Erkennenden" (vgl. FW 249 und FW 351), in der Deutung der → Gerechtigkeit, die nicht mehr richten will, als „Liebe mit sehenden Augen" (vgl. Za I, Vom Biss der Natter) über die ‚Liebe zur Ewigkeit' bis hin zur ultimativen individuellen Lebensbejahung des → ‚amor fati' ist der Phänomenbezug offenkundig.

Produktiv wirkt die Liebe als pathischer Zustand, der die eigene Existenz transformiert und unbekannte Areale der Seele freilegt. Als rauschhaftes Erleben, das die Welt verwandelt und den Erlebenden zum Künstler werden lässt. Als Lusterfahrung, die den Augenblick zur Ewigkeit dehnen will. Als religiöse Inbrunst und Innerlichkeit, die von den Denkformen des ‚ich' und ‚du' befreit. Als „Fernsten-Liebe", die den Menschen gegenüber der Nächstenliebe auf seine ungedachten Möglichkeiten und damit sein ‚Übermenschliches' hin öffnen will (Za I, Nächstenliebe, KSA 4, 77). Als lebensfördernde Projektion, die zum unwillkürlichen Lügen befähigt, dabei aber nicht verrät. Vorzugsweise im 1882 zusammengestellten, unveröffentlichten Sentenzen-Buch „Schweigsame Reden" (NL 1882, 3[1], KSA 10, 53-107), von dem nicht zufällig zahlreiche Passagen in *Also sprach Zarathustra* eingehen werden, sind Reflexionen auf die Liebe omnipräsent.

Freilich – und erwartungsgemäß – hält Nietzsche auf der anderen Seite zur Liebe oft genug auch Abstand und changiert dabei zwischen skeptischen Erwägungen, ironischer Reserve und drastischer Polemik. Es überwiegt bei alledem die Verfahrensweise der psychologischen Dechiffrierung, die ihrerseits zwischen pragmatischer Entzauberung und polemischer Verzeichnung des Phänomens wechselt. Dabei wird nicht selten die Kreativität des Selbstbetrugs herausgearbeitet oder die beunruhigende Nähe von Liebe und Hass betont. Der Aphorismus *Was alles Liebe genannt wird* (FW 14, KSA 3, 386 f.) hebt auf die impliziten Besitzansprüche und Ungerechtigkeiten von der erotischen Liebe bis hin zur Nächstenliebe ab und empfiehlt stattdessen die Freundschaft, der allein es um eine gemeinsame Habe gehe. Auch die religiöse Liebe versucht Nietzsche psycho-physiologisch zu entschlüsseln: Die christliche *agape*, zumal in Gestalt Jesu, wird als letzte Lebensmöglichkeit einer hypersensiblen Existenz gefasst: „die Unfähigkeit zum Widerstand wird hier Moral" (AC 29, KSA 6, 200). Bezeichnenderweise an August Strindberg wird wiederum eine extreme Option der Geschlechterliebe adressiert: „mein eigner Begriff von der Liebe – in ihren Mitteln der Krieg, in ihrem Grunde der Todhaß der Geschlechter“ (Bf. vom 27.11.1888, KSB III 5, Nr. 1160, 493).

Anzusprechen sind darüber hinaus noch zahlreiche kulturspezifische Überlegungen zum Phänomen. Nietzsche hat gerade zu diesem Thema von den kulturwissenschaftlichen Arbeitern der Zukunft u.a. eine Geschichte der Liebesformen und aller „Arten Passionen“ eingefordert: „Bisher hat alles Das, was dem Dasein Farbe gegeben hat, noch keine Geschichte: oder wo gäbe es eine Geschichte der Liebe [...]? Sind die Erfahrungen über das Zusammenleben, [...] schon gesammelt? Ist die Dialektik der Ehe und Freundschaft schon dargestellt?“ (FW 7, KSA 3, 378 f.). Er hat auch selbst Beiträge zu einer derartigen Kulturgeschichte der Liebe geleistet. Dies erweist etwa die Feststellung, dass die „Liebe als Passion“ eine genuin europäische Erfindung sein könnte (vgl. JGB 260, KSA 5, 212) – Niklas Luhmann wird daran in Titel und Thesen anschließen –, oder die Beobachtung, dass die diskursive Form der Dialektik eine sublime Spielart des erotischen → Agons sei, wie Nietzsche mit Blick auf die platonischen Liebe festhält. Stellvertretend für die Verteidigung und Rehabilitierung des griechischen *eros* gegen den Zugriff und die Überformung durch die christliche *agape* ist etwa in *Jenseits von Gut und Böse* zu lesen: „Das Christenthum gab dem Eros Gift zu trinken: – er starb zwar nicht daran, aber entartete, zum Laster.“ (JGB 168, KSA 5, 102). Die spitze Sentenz hat erst kürzlich einen Papst dazu veranlasst, in einer Enzyklika eigens Nietzsche zu zitieren und zu diskutieren: Benedict XVI. in *DEUS CARITAS EST* (2014).

Umfassend im Hinblick auf die zuvor angeführten Aspekte, sprachlich durchkomponiert und performativ selbst als rauschhaftes Erleben inszeniert, ist ein Text des Nachlasses, von dessen Veröffentlichung Nietzsche abgesehen hat. Er ist von eigenwilliger Schönheit und Souveränität und wird im Folgenden, weil nur selten zitiert, als Ganzes wiedergegeben: „Liebe <.> Will man den erstaunlichsten Beweis dafür, wie weit die Transfigurationskraft des Rausches geht? Die ‚Liebe‘ ist dieser Beweis, das, was Liebe heißt, in allen Sprachen und Stummheiten der Welt. Der Rausch wird hier mit der Realität in einer Weise fertig, daß im Bewußtsein des Liebenden die Ursache ausgelöscht und etwas Andres sich an ihrer Stelle zu finden scheint – ein Zittern und Aufglänzen aller Zauberspiegel der Circe... Hier macht Mensch und Thier keinen Unterschied; noch weniger, Geist, Güte, Rechtschaffenheit... Man wird fein genarrt, wenn man fein ist, man wird grob genarrt, wenn man grob ist: aber die Liebe, und selbst die Liebe zu Gott, die Heiligen-Liebe ‚erlöster Seelen‘, bleibt in der Wurzel Eins: als ein Fieber, das Gründe <hat>, sich zu transfiguriren, ein Rausch, der gut thut, über sich zu lügen... Und jedenfalls lügt man gut, wenn man liebt, vor sich und über sich: man scheint sich transfigurirt, stärker, reicher, vollkommener, man ist vollkommener... Wir finden hier die Kunst als organische Funktion: wir finden sie eingelegt in den engelhaftesten Instinkt des Lebens: wir finden sie als größtes Stimulans des Lebens, – Kunst somit, sublim zweckmäßig auch noch darin, daß sie lügt... Aber wir würden irren, bei ihrer Kraft zu lügen stehen zu bleiben: sie thut mehr als bloß imaginiren, sie verschiebt selbst den Werth. Und nicht nur daß sie das Gefühl der Werthe verschiebt... Der Liebende ist mehr werth, ist stärker. Bei den Thieren treibt dieser Zustand neue Waffen, Zierarten, Farben und Formen heraus: vor allem neue Bewegungen, neue Rhythmen, neue Locktöne und Verführungen. Beim Menschen ist es nicht anders. Sein Gesammthaushalt ist reicher als je, mächtiger ganzer als im Nichtliebenden. Der Liebende wird Verschwender: er ist reich genug dazu. Er wagt jetzt, wird Abenteurer, wird ein Esel an Großmuth und Unschuld; er glaubt wieder an Gott, er glaubt an die Tugend weil er an die Liebe glaubt: und andrerseits wachsen diesem Idioten des Glücks Flügel und neue Fähigkeiten und selbst zur Kunst thut sich ihm die Thüre auf. Rechnen wir aus der Lyrik in Ton und Wort die Suggestion jenes intestinalen Fiebers ab: was bleibt von der Lyrik und Musik übrig? ... L'art pour l'art vielleicht: das virtuose Gequak kaltgestellter Frösche, die in ihrem Sumpfe desperiren... Den ganzen Rest schuf die Liebe..." (NL 1888, 14[120], KSA 13, 299 f.).

(**FW** 7, KSA 3, 378 f.; **FW** 249, 515; **FW** 351, 586 ff.; **Za I**, Vorrede 4, KSA 4, 16 ff.; **Za I**, Nächstenliebe, 77 ff.; **Za I**, Natter, 87 ff.; **Za II**, Nachtlied, 136 ff.; **JGB** 60, KSA 5, 79; **JGB** 153, 99; **JGB** 168, 102; **JGB** 260, 208-212; **AC** 29, KSA 6, 199 f.; **AC** 30, 200 f.; **NL 1875**, 9[1], KSA 8, 154-161;
NL 1882, 3[1], KSA 10, 70; **NL 1888**, 14[120], KSA 13, 299 f.)

Lust

Ein Nietzsches gesamtes Schaffen durchziehender Begriff, der zwar nur selten eingehender bestimmt wird, aber seinerseits als – oftmals strategisch eingesetztes – Kriterium für die Werthaftigkeit ästhetischer, ethischer und epistemischer Erscheinungen Anwendung findet. Nicht zu unterschätzen ist der Rückgriff auf die Traditionsbestände des antiken Hedonismus, v.a. auf die Ethik Epikurs. Deren lebensnahe und subtile Lehre von der *Eudaimonie* ragt für Nietzsche unter den logozentrischen Askeseformen der nachsokratischen Lebensphilosophien positiv heraus. Nicht zufällig wird die zwischen freundschaftlichem Engagement und öffentlicher Distanzierung, aufklärerischer Entmythologisierung und reduzierter, aber kultivierter Sinnlichkeit sich bewegende Lebensform Epikurs zu einem philosophischen *modus vivendi*, den Nietzsche nach Aufgabe seiner Basler Professur auch für sich selbst erwägt.

Die Reduktion moralischer und ästhetischer Qualitäten auf Formen und Quanten der Lust wird von da ab zur weitreichenden Interpretationsstrategie einer Philosophie, die dem Leben gerecht werden will und also den Transformationsaspekt des Geschehens herauszuarbeiten bestrebt ist. Bis in das Spätwerk hinein operiert Nietzsche, vorwiegend in der zugleich wertenden und umwertenden Rolle des ‚Arztes' oder ‚Physiologen' vor diesem Hintergrund mit dem Lustbegriff.

Dass „alle Lust" emphatische Bejahung des Augenblicks ist und dabei zugleich „Ewigkeit" will (Za III, Tanzlied 3, KSA 4, 286), ist der phänomenale Ausgangspunkt, an dem ihre Tragweite ersichtlich wird: Lust kann in ihrer Totalität – augenblicklich – sowohl bestehenden Sinn vernichten als auch neue Bedeutungen konstituieren. In dieser Weise unterscheidet bereits die *Geburt der Tragödie* die „aesthetische Lust" nach den Seiten apollinischer Illusionserzeugung und → dionysischer Lust des Daseins auch und gerade in dessen schmerzhaften, unter Umständen zerstörerischen Aspekten (GT 24, KSA 1, 152). Die Nähe zum Schmerz bis hin zur wechselseitigen Überführung beider Phänomene ist für Nietzsches hedonistisches Kalkül konstitutiv und vorzugsweise in die Figur der ‚Selbstüberwindung' eingezeichnet. Ebenso wird immer dort, wo das Interpretationsgeschehen des → Willens zur Macht mit Ansätzen einer Affektlehre korreliert, die Lust zum physiologischen Anzeichen gesteigerten, ausgreifenden Lebens. Sie tritt hier als das gute Gefühl, einen Widerstand überwunden zu haben, in Erscheinung und steht für die aktiven, aneignenden Momente im Auslegungsprozess. Im späten Nachlass wird Nietzsche dann im Zusammenhang seiner Entfaltung des → Nihilismus-Problems das Oppositionspaar Lust/Unlust endgültig als diagnostisches Hauptinstrument auszeichnen: „Lust oder Unlust – darauf reduzirt sich Alles –" (NL 1884 (1888), 32[22], KSA 11, 418).

(**GT** 4, KSA 1, 38-42; **GT** 24, 149-154; **UB II** 1, KSA 1, 248; **DW** 4, KSA 1, 572-577; **MA I** 18, KSA 2, 38 ff.; **MA I** 34, 53 ff.; **MA I** 75, 83 f.; **MA I** 97, 94; **MA I** 98, 95; **MA I** 99, 95 ff.; **MA I** 102, 99; **MA I** 103, 99 f.; **MA I** 104, 100 ff.; **MA I** 120, 120; **MA I** 252, 209 f.; **MA II**, WS 12, KSA 2, 547 f.; **MA II**, WS 15, 549; **M** 104, KSA 3, 92; **M** 339, 236; **FW** 12, KSA 3, 383 f.; **FW** 13, 384 ff.; **FW** 14, 386 f.; **Za II** Selbst-Überwindung, KSA 4, 146-149; **Za III**, Tanzlied 3, KSA 4, 285 f.; **Za IV**, Nachtwandler, KSA 4, 395-404; **AC** 11, KSA 6, 177 f.;

NL 1884 (1888), 32[22], KSA 11, 418; **NL 1873**, 29[16], KSA 7, 632; **NL 1873**, 29[218], 715 ff.)

M

Macht

Mit Nietzsche gewinnt eine nachhaltig produktive Anschauung der Lebensverhältnisse die Oberhand, welche sukzessive das eindimensionale Denken der Macht als einer im Modus der Gewalt auftretenden, nur restriktiven Größe verabschiedet. Unmittelbar damit verbunden ist die Abgrenzung von der bloßen Fokussierung auf institutionelle Herrschaftsverhältnisse. Dieses Denken ist, vor allem in der *Genealogie der Moral*, an den „moderne[n] Misarchismus" adressiert (GM II 12, KSA 5, 315), einen Haß auf die Macht von seiten einer sich als unbedingt gut glaubenden Moral. Nietzsche selbst entfernte sich mit dieser Sicht erst allmählich von seinem wichtigen Bezugspunkt der Basler Zeit, dem Kulturgeschichtler Jacob Burckhardt, in dessen Potenzenlehre Macht die einseitig ausgeübte Zwangsgewalt des Staates und insofern – ein berühmtes Diktum – ‚immer böse' war. Sie ist indessen ebenso wenig ‚gut'. Voraussetzung für ein produktives Denken der Macht ist ihre Entpolitisierung und ihre Entmoralisierung. Seit Nietzsche ist mit der Kategorie der Macht nicht mehr die Bewertung, sondern die Beschreibung gesellschaftlicher und menschlicher Beziehungen verbunden – die Figurationssoziologie von Norbert Elias, die machtanalytischen Deutungen Foucaults, aber auch die systemtheorische Machtkonzeption dürfen als prominenteste moderne Vertreter eines von ihm ausgehenden Umdenkens der Macht angesehen werden.

An Stelle statischer Macht im Sinne bereits institutionalisierter bzw. verfügbarer Gewalt ‚von oben nach unten' sichtet Nietzsche in seiner reifen Philosophie das Feld menschlicher und gesellschaftlicher Beziehungen ausgehend von Machtbalancen, Machtspielen, Machtgleich- und -ungleichgewichten, die sich notwendig verändern und jeglicher institutioneller Verfestigung vorgelagert sind. Darin sind Individuen immer schon in Machtbeziehungen eingelassen, gerade weil sie als Fühlende, Denkende und Handelnde stets auch auf andere Individuen ausgerichtet sind. Als Bestandteile von Verflechtungen, die sie als Ganze nicht durchschauen können, sind Menschen in wechselnden Konstellationen sowohl voneinander abhängig als auch aufeinander angewiesen. Jenseits des abstrakten Gegensatzes von Individuum und Gesellschaft, zeigen sich so Beziehungen, die ungleich flüssiger sind als normierte, hierarchisch organisierte Verhältnisse. Diese elementare wechselseitige Bezogenheit gibt insofern sowohl den Spielraum als auch die Grenze allen Handelns ab.

Ein gefährliches Missverständnis liegt dann vor, wenn man Nietzsches in polemischer Absicht vorgetragene Unterscheidung von → ‚Herrenmoral' und ‚Sklavenmoral' absolut setzt und als soziale oder politische Theorie der Macht rekonstruiert. Vielmehr ist sie eine genealogische Typologie von operativ gegeneinander gesetzten Wertungsweisen in moralkritischer Absicht. Hinter diesem Vorgehen steht kein affirmativer Machtpositivismus. In exemplarischer Vereinfachung und in Gestalt einer inszenierten Geschichte von Urteilsbildungen wird stattdessen die Funktionsweise von Machtzuschreibungen als solche gezeigt.

Auf der Ebene der individuellen Selbstorganisation operiert Nietzsche wiederum mit dem Konzept des ‚Machtgefühls'. Auch hier ist Macht nicht als verfügbarer Besitz bedeutsam, sondern auf ihren Erwerb und ihre Steigerung innerhalb eines Ringens gegen andere Mächte hin ausgelegt. Nietzsche hat den Begriff der Macht bekanntlich auch noch über die gesellschaftlichen Verhältnisse hinaus in die organisch-biologischen Kontexte und schließlich bis in die Verstehens- und Interpretationsprozesse hinein verlagert. Sein Umdenken der Macht erreicht seine reflektierteste Gestalt in der selbstbezüglich angelegten Hypothese vom bzw. von den → ‚Willen zur Macht'.

(**MA I** 450, KSA 2, 292 f.; **MA II**, WS 22, KSA 2, 555 ff.; **GM II** 12, KSA 5, 313-316; **NL 1880-81**, 10[D75], KSA 9, 429; **NL 1881**, 11[130], KSA 9, 487 f.; **NL 1881**, 11[284], 550; **NL 1884**, 27[24], KSA 11, 281 f.; **NL 1886-87**, 5[82], KSA 12, 221; **NL 1887**, 9[145], KSA 12, 419 f.; **NL 1888**, 14[137], KSA 13, 321 f.)

Maske

Nietzsche trägt maßgebliche Teile seines Philosophierens in Form eines literarischen und auktorialen Maskenspiels vor und entwickelt dabei eine eigenständige Philosophie der Maske: „Alles, was tief ist, liebt die Maske" (JGB 40, KSA 5, 57). Die hier angedachte Tiefe verweist nicht mehr auf ein essentielles Sein jenseits des maskenhaften Scheins, sondern steht für die Vielschichtigkeit jener Verhüllungen, mit der Nietzsche gegen die sprachliche, subjekttheoretische oder ontologische Konstitution eines Ichs als der vorgegebenen Einheit all unserer Erfahrungen und Begriffe andenkt. Der spekulativen Neuauslegung des Menschen als einer „Subjekts-Vielheit" (JGB 12, KSA 5, 27) will Nietzsche mithin gleichermaßen durch begriffliches Umdenken wie durch die schriftstellerische Umsetzung dieses Umdenkens entsprechen.

Vor allem die Annäherung seines Persönlichkeitsbegriffs an die Maskensemantik vollzieht sich dabei in Teilen unter Rückgriff auf das antike Personenverständnis. Der Ausgangssemantik nach ist *persona* in Entsprechung zum griechischen *prosopon* bekanntlich die Schauspielermaske und die mit ihr verbundene Aura artifiziellen und rituellen Scheins. Besonders drastisch ist hier Nietzsches bedeutsame und schwer verständliche These zur attischen → Tragödie, nach der „alle die berühmten Figuren der griechischen Bühne, Prometheus, Oedipus u.s.w. nur Masken jenes ursprünglichen Helden Dionysus sind" (GT 10, KSA 1, 71). Derjenige Gott also, der seinem Wesen nach nicht auf Begriffe gebracht werden kann, weil er scheinbar widersprüchliche Gegensätze in sich aufnimmt, kann gleichwohl in dieser konstitutiven Vielsinnigkeit in Masken gezeigt werden (→ Dionysos). Im Römischen erweitert sich das Verstehen der *persona* über den verkleideten Menschen und Betrüger hinaus bereits systematisch zum gesellschaftlichen Rolleninhaber: zu demjenigen, der einerseits innerhalb eines sozialen Ensembles eine Position innehat und insofern eine Rolle spielt, zum folgerichtigen Rechtstitel andererseits. In starker Annäherung an Ciceros *persona*-Konzeption aus *De officiis* (Über die Pflichten) heißt es in einem Notat des Nachlasses von 1884 mit dem Titel *Inwiefern der Mensch ein Schauspieler ist* im Hinblick auf den Menschen, dieser finde sich „nach und nach" in die Rolle hinein, die er jeweils zu spielen habe: „einmal als Kind, Jüngling, usw. dann die Rolle, die zum Geschlecht gehört, dann die der socialen Stellung, dann die des Amtes, dann die seiner Werke –" (NL 1884, 25[374], KSA 11, 109 f.).

Die demgegenüber heute bestimmenden Bedeutungen der Würde und Unveräußerlichkeit der Person wachsen dem *persona*-Begriff erst in der, anfänglich aus der Diskussion der göttlichen Hypostasen gewonnenen, christlichen Überformung zu. Vorrangig auf dieser Linie entwickeln sich jene Bedeutungen, die spätestens von der frühen Aufklärung an das Personenverständnis bis in die philosophischen Gegenwartsdiskurse hinein prägen: die der intellektuellen, emotionalen und moralischen Selbständigkeit und Identität des Individuums. Der Bedeutungswandel könnte mithin drastischer kaum ausfallen: Aus der Retrospektive bewegt sich das

Konzept der *persona* einerseits vom Akzidentellen auf das Substanzielle, andererseits von Vielheit auf Einheit zu. Von der rituellen, pragmatischen oder amoralischen Verstellung verändert es sich beinahe diametral hin zum Verbindlichen persönlicher Integrität, kurz: vom äußerlichen Schein bloßer Maskerade hin zur Authentizität eines wahren Selbst. Für Nietzsche wird die Brisanz der angezeigten semantischen Verschiebungen zum Ausgangspunkt eines nachmetaphysischen Persönlichkeitskonzepts. Die sich in Masken entfaltende Persönlichkeit bildet darin die vorgängige Einheit der Differenz von theatralischer Maskierung und persönlicher Authentizität. Es gibt unter solchen Voraussetzungen dann eben keine Person jenseits der *personae*, kein authentisches Individuum hinter den Masken, sondern vielmehr eine Persönlichkeit, die sich situations- und adressatenadäquat ihrer Masken zu bedienen weiß. Wird die Persönlichkeit dergestalt ins Zentrum der Reflexion gerückt, also von Vornherein dem wechselnden Rollenverhalten Rechnung getragen, dann wird eben damit aber auch das philosophische Feld, das in der europäischen Tradition als ein Wissen vom Allgemeinen bestimmt ist, selbst zum Problem. Wenn Philosophie selbst als „Kunst der → Transfiguration" gelten soll (FW Vorrede 3, KSA 3, 349), so ist sie damit wesentlich zugleich *ad rem* und *ad hominem* ausgerichtet. Mit der Denkfigur der Maske geht das Verständnis der Person als eines Rollenträgers dann in doppelter Hinsicht einher: Man agiert entweder histrionisch, passt sich also schauspielerisch den gesellschaftlichen Erwartungshaltungen und sozialen Konventionen an und wird zuletzt auch biographisch von seiner Rolle dominiert. Oder aber – und dies erwartet Nietzsche von der philosophischen Persönlichkeit in ihrer postsubjektivistischen Verfassung – man bildet sich zur Person durch die aktive Ausübung einer sich selbst reflektierenden und damit eben allmählich ‚vertiefenden' Maskenpraxis. Die Maske steht mithin sowohl für den ausgestellten Vordergrund als auch für die Möglichkeit des artifiziellen Rückzugs im Sinn einer Verweigerung von allgemein geltenden Zuschreibungen. Sie wirkt in dieser Form auch als schriftstellerische Figur erzieherisch, indem sie zur individuellen Selbstanwendung nötigt: „Jede Philosophie ist eine Vordergrunds-Philosophie – das ist ein Einsiedler-Urtheil: ‚es ist etwas Willkürliches daran, dass er hier stehen blieb, zurückblickte, sich umblickte, dass er hier nicht mehr tiefer grub und den Spaten weglegte, – es ist auch etwas Misstrauisches daran.' Jede Philosophie verbirgt auch eine Philosophie; jede Meinung ist auch ein Versteck, jedes Wort auch eine Maske." (JGB 289, KSA 5, 234). Insbesondere die ab dem Zeitraum von *Jenseits von Gut und Böse* entworfene Figur des ‚souveränen Individuums', das aus dem ‚Pathos der Distanz' lebt, ist als ein von ebensolchen Transformationserfahrungen geprägter, seinerseits in Masken inszenierter philosophischer Idealtyp gedacht.

(**GT** 10, KSA 1, 71-75; **MA II**, VM 240, KSA 2, 487; **MA II**, VM 310, 505; **MA II**, VM 383, 528; **MA II**, WS 175, KSA 3, 627; **M** 14, KSA 3, 26 ff.; **FW** 54, KSA 3, 416 f.; **FW** 356, 595 ff.; **FW** 361, 608 f.; **Za II**, Bildung, KSA 4, 153 ff.; **JGB** 25, KSA 5, 42 f.; **JGB** 40, 57 f.; **JGB** 230, 167-170; **JGB** 242, 182 f.; **JGB** 270, 225 f.; **JGB** 278, 229; **JGB** 289, KSA 5, 233 f.; **WA** 7, KSA 6, 26-29;

NL 1884, 25[374], KSA 11, 109 f.)

Moral, Moralkritik, „Immoralismus"

Knapp und grundlegend charakterisiert Nietzsche ein Hauptanliegen seines Denkens: „das Problem der Moral sehen und zeigen – das scheint mir die neue Aufgabe und Hauptsache. Ich leugne, daß dies in der bisherigen Moralphilosophie geschehn ist." (NL 1885, 35[30], KSA 11, 522). Die noch immer beunruhigende Radikalität seines Ansatzes verdankt sich einer Umkehrung der traditionellen Ausgangsperspektive: Während sich die ‚klassische' philosophische Ethik in Gestalt einer Reflexion der Moral, eines Nach-Denkens über die Moral entfaltet, setzt Nietzsche demgegenüber ein Denken voraus, das bereits in seinem Grund moralisch verfasst ist. Das immer schon in der Moral gründende Denken ist damit als unfrei ausgewiesen und kann darum seinerseits auch keine Moral begründen. So gesehen artikuliert sich in den bestehenden Ethiken – ebenso wie in den unterschiedlichen lebensweltlichen Ausprägungen der Moral – „auch nur eine Zeichensprache der Affekte" (JGB 187, KSA 5, 107). In den fortlaufenden Entschlüsselungen solcher „Zeichensprachen" liegt die aufklärerische Leistung von Nietzsches Moralkritik. An die Stelle eines normierenden Zugangs zu vermeintlich gegebener Moral, treten bei ihm zahlreiche → ‚Genealogien' der Moral. Ziel dieser, je nach Kontext verschieden ausgerichteten Sinnverschiebungen ist die sachliche Delegitimierung der Begriffe einer jeweils ‚herrschend gewordenen' Moral, der damit verbundene Distanzgewinn und letztlich die Freiheit für und zu andere(r) Moral.

M

Vor allem in den betont ‚immoralistischen' Ansätzen des Spätwerks verschärft Nietzsche das Problem nochmals. Auch sie verstehen sich zunächst als Entdeckung „der wirklich dagewesenen, wirklich gelebten Moral" (GM, Vorrede 7, KSA 5, 254), dann aber vor allem als Aufdeckung eines darin ersichtlichen Grundwiderspruchs: Dass Moral einerseits das Gute will und andererseits in diesem unbedingten Gut-sein-Wollen als Macht auftritt, lässt sie unter Umständen zu einer Gefahr für das Leben selbst werden. Die umformenden Wertsetzungen der Moral werden im Spätwerk Nietzsches als eine solche Lebensgefahr problematisiert und als einschränkende Deformationen des Menschen angesehen. In größtmöglicher Generalisierung verdeutlicht sich Nietzsche diese subkutane Allianz von Moral und Macht und die aus ihr resultierende Normierungsgewalt in einem späten Notat: „*Wessen* Wille zur Macht ist die Moral? Das Gemeinsame in der Geschichte Europas seit *Sokrates* ist der Versuch, die moralischen Werthe zur Herrschaft über alle anderen Werthe zu bringen: so daß sie nicht nur Führer und Richter des Lebens sein sollen, sondern auch 1. der Erkenntniß 2. der Künste 3. der staatlichen und gesellschaftlichen Bestrebungen ‚besser-werden' als einzige Aufgabe, alles Übrige dazu Mittel (oder Störung, Hemmung, Gefahr: folglich bis zur Vernichtung zu bekämpfen…) Eine ähnliche Bewegung in China. Eine ähnliche Bewegung in Indien." (NL 1887, 9[159], KSA 12, 429). Von der Bestandsaufnahme einer global ähnlichen Funktionsweise moralischer Machtentfaltung und Machtsicherung aus wird die Folgefrage nach den Antriebskräften gestellt:

„Was bedeutet dieser Wille zur Macht seitens der moralischen Mächte, der in drei ungeheuren Entwicklungen sich bisher auf der Erde abgespielt hat? Antwort: – *drei Werthe sind hinter ihm versteckt:* 1) der Instinkt der Heerde gegen die Starken Unabhängigen 2) der Instinkt der Leidenden und Schlechtweggekommenen gegen die Glücklichen 3) der Instinkt der Mittelmäßigen gegen die Ausnahmen." (ebd.). Die Selbstdressur eines Moralkollektivs gewinnt sowohl ihre Macht als auch ihre Plausibilität mithin aus der Zurückweisung und Ausgrenzung jener individuellen Ansprüche, die zu entdecken und auszuleben eigentliche Aufgabe des Menschen ist. Mit der entsprechenden Feststellung einer logischen Selbstaufhebung der Moral endet das Notat: „denn die Geschichte vom Kampf der Moral mit den Grundinstinkten des Lebens ist selbst die größte Immoralität, die bisher auf Erden dagewesen ist…" (ebd.). Es ist dieses Wissen um die Omnipräsenz der Moral, die gleichzeitig als Normierung durch allgemeine Werte und als Selbstlimitierung des Einzelnen wirkt, aus dem sich Nietzsches lebenslange und dabei aggressiver werdende ‚immoralistische' Grundhaltung speist.

In der *Geburt der Tragödie* ist Moralkritik zunächst kaum existent und bestenfalls ein Nebenprodukt der „aesthetischen Wissenschaft", die anstelle der Ontologie und der Erkenntnistheorie als *prima philosophia* auftritt (GT 1, KSA 1, 25). Sind „Dasein und die Welt" einzig als „aesthetisches Phänomen […] ewig gerechtfertigt" (GT 5, KSA 1, 47), so sind auch die Setzungen der Moral zunächst Wahrnehmungen, deren hermeneutische Kreativität von der „Optik des Künstlers" aus evaluiert wird (GT Selbstkritik 2, KSA 1, 14). Die Nähe zwischen Ethik und → Ästhetik, zwischen lebensnotwendiger Wertung und phänomenal vorgängiger Wahrnehmung, bleibt von da an leitende Orientierung Nietzsches.

In Nietzsches aphoristischem Werk (→ Aphorismus) wird Moral erstmals thematisch eigenständig und avanciert ab jetzt zum Hauptgegenstand seines Philosophierens. Die mit *Menschliches, Allzumenschliches* einsetzende Tendenz zur wissenschaftlichen Verortung und historischen Konkretisierung moralischer Phänomene verdankt sich v.a. Paul Rée, an dessen Arbeiten *Psychologische Beobachtungen* (1875) und *Der Ursprung der moralischen Empfindungen* (1877) sich Nietzsche zunächst in Stil und Methode orientiert. Nietzsches Umgang mit Moral vollzieht sich dabei in drei grundlegenden Gestalten: als Moralpsychologie, die in der Tradition der französischen Moralisten einer Heuristik des Verdachts folgt, um die egoistischen Motive vermeintlich altruistischen Handelns aufzudecken; als Moralgeschichte, die u.a. mit utilitaristischen und darwinistischen Argumenten den Nutzen gemeinschaftlichen moralischen Handelns und Empfindens betont und damit deren amoralische Herkunft erschließt; und als Metakritik moralphilosophischer Grundbegriffe im Widerspruch zu einer Tradition, in der die Konzepte des ‚Willens', des ‚Subjekts', des ‚Gewissens', der ‚Verantwortung' und nicht zuletzt der ‚Handlung' kategorisch gesetzt, definiert oder – im schlimmsten Fall – selbstverständlich sind, bevor die Sichtung moralischer Phänomene überhaupt beginnt. Fassbar wird die Radikalität solcher Destruktionen etwa in der Annahme von der „völlige[n] Unverantwortlichkeit des Menschen für sein Handeln" (MA I, 107, KSA 2, 103) und der sachlich zugehörigen These, dass „alle Handlungen [...] wesentlich unbekannt" (M 116, KSA 3, 109), d.h. dem Begriff nach eben keine Handlungen mehr, sondern Ereignisse jenseits epistemischer und intentionaler Vorbereitung sind.

Erst im Spätwerk weichen die teils unverbundenen, teils lose gruppierten Aphorismen zur Moral Abhandlungen mit höherer systematischer Dichte bzw. stärkeren Vereinheitlichungsbemühungen: Dem im V. Buch von *Jenseits von Gut und Böse* erarbeiteten, titelgebenden Programm einer *Naturgeschichte der Moral* folgt mit der *Genealogie der Moral* deren Kulturgeschichte, in der die christlich-asketisch bestimmte Moral → Europas in ihrem das Denken und Wahrnehmen prägenden Charakter sichtbar gemacht und scharf kritisiert wird. Die nun angestrebte „Typenlehre der Moral" agiert auf der Basis einer Kenntnisnahme und Anerkennung unterschiedlicher gelebter Wertungsweisen und stellt sich explizit jener philosophischen „Wissenschaft der Moral" gegenüber, die als „Begründung der Moral" auftritt (JGB 186, KSA 5, 105 f.). Für Nietzsche sind derartige Begründungsversuche begriffliche Legitimation eines bestimmten „Glaubens an die herrschende Moral", deren „eigentliche Probleme [...] erst bei einer Vergleichung vieler Moralen auftauchen" (JGB 186, KSA 5, 106).

Pragmatischer Ausgangspunkt für die *Genealogie der Moral* ist der Befund, dass zivilisatorische Dynamik in einer Gesellschaft nur dann einsetzt, wenn Menschen in ihrem Zusammenleben füreinander als berechenbare und verantwortungsfähige Agenten auftreten. Das Buch kreist demgemäß „um das ausserordentliche Privilegium der Verantwortlichkeit" und ist bestrebt, die entscheidenden Momente der „lange[n] Geschichte von der Herkunft der Verantwortlichkeit" freizulegen (GM II 2, KSA 5, 293 f.). Leitend ist jetzt der Gedanke, dass die zivilisationsdynamisch notwendige Berechenbarkeit des Menschen das Ergebnis einer Geschichte selbstauferlegter Strafprozeduren sei. Erst im Durchgang durch die lange „Mnemotechnik" praktizierter Grausamkeiten – als Quelle hierfür werden v.a. die frühen Rechtsordnungen aufgeführt – erlangte das Wesen Mensch „die Herrschaft über die Affekte" und kommt mit Hilfe des unter Qualen sich anerzogenen → Gedächtnisses „endlich ‚zur Vernunft'!" (GM II 3, KSA 5, 295 ff).

Im Hinblick auf die Frage nach der Möglichkeit der Verantwortung ist auch die ethische Leitunterscheidung von ‚gut' und ‚böse' in ihrer Tragweite neu ausgelotet (vgl. GM I): Diese wird nun unter Zuhilfenahme historischer, ethnologischer und etymologischer Argumente von zwei gegenläufigen moraltypologischen Wertungsweisen aus erschlossen. Die Differenz ‚gut' und ‚schlecht' hat hierbei ihren Ursprung in der Macht der ‚Vornehmen', einer als Klasse oder → Rasse besetzbaren Herrschergruppe, die sich in einem noch ‚naiven' Abgrenzungsakt gegenüber anderen ‚Güte' attestiert. Sie will als aktive Instanz Verantwortung für ihr Handeln übernehmen und deutet den von ihr ausgeschlossenen Rest als ‚schlecht'. Demgegenüber hat die Setzung der Differenz ‚gut' und ‚böse' ihren phänomena-

M

len Ursprung in der Ohnmacht gegenüber Herrschaft – nur insofern ist sie Produkt des → Ressentiments. In ihr gibt sich der Wille der Handlungsunfähigen zu erkennen, dem jetzt als ‚böse' interpretierten Gegenüber die Verantwortung für die als ungerecht empfundenen Verhältnisse zuzuschreiben. In der ‚passivischen' Reaktion dieser Umwertung sieht Nietzsche den eigentlichen Ursprung der Moral. Im Gegensatz zur unreflektierten Wertungsweise der Mächtigen ist die Verneinungsleistung der Unterlegenen und ihre Selbstbejahung im jetzt allein moralischen Begriff des Gut-Seins ein schöpferischer Akt, den nach Nietzsche zunächst die Religionen erbracht haben. Erst in ihm gewinnt der an sich „gefährliche" Mensch Tiefe und wird so auch „ein interessantes Thier" (GM I 6, KSA 5, 266). Die mitunter aggressive Verdeutlichung des Kräfteverhältnisses zwischen „ritterlich-aristokratische[r]" und „priesterliche[r] Werthungs-Weise" (GM I 7, KSA 5, 266), etwa in Form der Kontrastierung von → ‚Herrenmoral' und ‚Sklavenmoral', hat dem moralkritischen Anliegen Nietzsches eher geschadet und ihn bis heute zu Unrecht in die Nähe eines affirmativen Machtpositivismus gerückt. Entscheidend für ihr Verständnis ist dagegen „ein stilles Problem" (GM I 5, KSA 5, 262): dasjenige der zwiespältigen Moralkonstitution des modernen Menschen. Dieser ist in Begriffen Nietzsches sowohl ‚Herr' als auch ‚Sklave', sein bleibendes Problem besteht eben darin, „Kampfplatz für jene Gegensätze zu sein" (GM I 16, KSA 5, 286), d.h. je nach Situation und Handlungsspielraum Verantwortung entweder übernehmen zu wollen oder sie anderen als Schuld zuzuschreiben, um sich von ihr zu entlasten.

Aus der früh gewonnenen Einsicht in die Unverantwortlichkeit und Unschuld des Einzelnen, erwächst Nietzsches Ethos der „Vornehmheit". Diese erfüllt sich im Paradox, die Verantwortung dafür zu übernehmen, niemanden mehr für sein Handeln und Werten verantwortlich zu machen. Vornehmheit setzt die Ökonomie der goldenen Regel, mithin die Moral auf Gegenseitigkeit, gezielt außer Kraft. Sie vereinzelt, distanziert und distinguiert – und wird darin zum geistigen „Pathos der Distanz" (GM I 2, KSA 5, 259; vgl. auch JGB 257), zum Verzicht auf die Moral der anderen und zum Verzicht auf die eigene Moral im Umgang mit anderen. Als ‚Moral für Moralisten' bleibt sie der Hoffnung verpflichtet, ohne Ressentiment leben zu können. In der Selbstdistanzierung von der Allgegenwart moralischer Zuschreibungen hat Nietzsche offenbar die gegenüber allgemeiner Moralkritik ungleich schwierigere und insofern ‚vornehme' Aufgabe gesehen. Zur Haltung geworden, mündet sie in „jenes Verlangen nach immer neuer Distanz-Erweiterung innerhalb der Seele selbst, die Herausbildung immer höherer, seltnerer, fernerer, weitgespannterer, umfänglicherer Zustände, kurz eben die Erhöhung des Typus ‚Mensch', die fortgesetzte ‚Selbst-Überwindung des Menschen', um eine moralische Formel in einem übermoralischen Sinne zu nehmen." (JGB 257, KSA 5, 205).

(**MA I** 107, KSA 2, 103-106; **M** Vorrede, KSA 3, 11-17; **M** 9, 21-24; **M** 34, 43; **M** 116, 108 f.; **M** 132, 123 ff.; **M** 202, 176 ff.; **M** 333, 234; **FW** 114, KSA 3, 474; **FW** 289, 529 f.; **FW** 335, 560-564; **FW** 338, 565-568; **FW** 344, 574-577; **FW** 345,

577 ff.; **FW** 352, 588 f.; **FW** 380, 632 f.; **Za I**, Lehrstühlen, KSA 4, 32 ff.; **Za I**, Verbrecher, 45 ff.; **Za I**, Prediger, 55 ff.; **Za II**, Tugendhaften, KSA 4, 120-123; **Za III**, Tugend, KSA 4, 211-217; **JGB** 32, KSA 5, 50 f.; **JGB** 34, 52 ff.; **JGB** 108, 92; **JGB** 186, 105 ff.; **JGB** 187, 107; **JGB** 188, 108 ff.; **JGB**, Fünftes Hauptstück: 186-203, 105-128; **JGB** 219, 154; **JGB** 257, KSA 5, 205 f.; **GM** Vorrede 1-8, KSA 5, 247-256; **GM I** 2-7, KSA 5, 258-268; **GM I** 16, 285-288; **GM II** 1, KSA 5, 291 f.; **GM II** 2, 293 f.; **GM II** 3, 294-297 ff; **GD** Verbesserer 1-5, KSA 6, 98-102;

NL 1885, 35[30], KSA 11, 522; **NL 1885**, 37[4], 576-579; **NL 1885-86**, 2[127], KSA 12, 125 ff.; **NL 1885-86**, 2[165], 147 ff.; **NL 1886-87**, 5[71], KSA 12, 211-217; **NL 1886-87**, 7[6], 273-283; **NL 1887**, 9[159], KSA 12, 429; **NL 1887**, 10[21], 466 ff.; **NL 1887-88**, 11[54], KSA 13, 24-27; **NL 1888**, 14[116], KSA 13, 292 f.; **NL 1888**, 14[142], 325 ff.)

Mythos

Nietzsches Verständnis des Mythos gehört in den Kontext seiner kulturtypologischen Differenzierung zwischen einer ‚symbolischen' und einer ‚theoretischen' Kulturform. Mit ihr wird in historischer Hinsicht zunächst ein fundamentaler Kulturwandel reflektiert, der sich in der griechischen Klassik ereignet und auf dessen einer Seite das ‚tragische Zeitalter der Griechen' (vgl. PHG), mithin die griechische Archaik, auf der anderen die „alexandrinische" Kultur akademischer Gelehrsamkeit angesiedelt ist (GT 18, KSA 1, 116). Medientechnologisch ist damit der Übergang von inszenierter Mündlichkeit (Oralität) zu institutionalisierter Schriftlichkeit (Literalität) angezeigt.

Die Zeichenordnung des Mythos, der als „zusammengezogenes Weltbild" und „Abbreviatur der Erscheinung" gefasst wird, hat in symbolisch orientierten Kulturen fundierenden Charakter (GT 23, KSA 1, 145). Ein Mythos ist als Weltanschauung folglich nicht mit den Mitteln allegorischer, historischer oder funktionalistischer Mythenexegese zu deuten – er präsentiert eine exklusive, kohärente und verbindliche Form der Erfahrungsbewältigung. Anstelle rationalistischer Erklärung geht Nietzsche von der Geltung des Mythos aus und thematisiert diesen als eine → Kultur überhaupt erst ermöglichende holistische Sinnstiftung: „erst ein mit Mythen umstellter Horizont schliesst eine ganze Culturbewegung zur Einheit ab" (ebd.).

Die Ganzheitlichkeit der mythischen Ordnung gründet in einem auf Synchronie ausgerichteten Zeitbewusstsein. Gerade in der Verweigerung gegenüber historisch orientierter Selbstauslegung und in der permanenten Integration diachroner Elemente in eine synchrone Ordnung liegt das Charakteristikum mythischen Verstehens. Den Griechen wurde auf diese Weise möglich, „alles Erlebte sofort an ihre Mythen anzuknüpfen, ja es nur durch diese Anknüpfung zu begreifen: wodurch auch die nächste Gegenwart ihnen sofort sub specie aeterni und in gewissem Sinne als zeitlos erscheinen musste" (GT 23, KSA 1, 147).

Tragende Bedeutung für den Bestand derartig verfahrender Gesellschaften kommt der Kunst zu. Kunst leistet die Interpretation des Mythos in Form seiner sinnlichen Vermittlung, mithin durch eine sakral eingebundene, fortwährende ästhetische Reproduktion der symbolischen Ordnung, sei es in der plastischen Darstellung, sei es in den musischen Agonen. In dieser Befähigung zur unbewussten Versinnlichung besteht nach Nietzsche das Spezifikum der tragischen Kultur: „Die griechische Kunst und vornehmlich die griechische Tragödie hielt vor Allem die Vernichtung des Mythus auf" (GT 23, KSA 1, 148). Die ästhetische Tradierung und Aufrechterhaltung der mythischen Fundamente vollzieht sich ihrerseits in ritueller Form und steht im Zusammenhang mit einer elaborierten Festkultur, die ihren Sinn in einer Strukturierung der mythischen Zeit und einer periodischen Aufhebung der Zeit des Alltags hat. Nietzsche problematisiert diesen Zusammenhang ausdrücklich, der „festfeiernde Grieche" ist thematischer Ausgangspunkt der materialreichen Basler Vorlesungsschrift zum *Gottesdienst der Griechen* (GDG), einer Schrift, in der das „erfinderische Denken, Vereinigen, Ausdeuten, Umbilden" der kultfeiernden Hellenen als „die Grundlage ihrer *polis*, ihrer Kunst, ihrer ganzen bezaubernden und weltbeherrschenden Macht" (GDG, KGW II 5, 363) erscheint. Erst mittels der durch Feste, Opfer, Kulte und Agone geleisteten sinnlich-symbolischen Inszenierung der gesellschaftlichen Ordnung wird auch die Natur als das fremde „Draußen" zur natürlichen Ordnung, zum Kosmos gedeutet und durch die periodische, peinlich genaue Wiederholung jener Erfahrung im Kult gewissermaßen als Kosmos bestätigt. So besteht der „Sinn des religiösen Cultus" darin, der Natur „eine Gesetzlichkeit einzuprägen, die sie von vornherein nicht hat; während in der jetzigen Zeit man die Gesetzlichkeit der Natur erkennen will, um uns in sie zu schicken." (ebd. 369).

In einer theoretischen ‚Kulturform' vollzieht sich dagegen die Erfahrungsbewältigung nicht mehr in der ästhetischen Praxis, sondern mittels reflexiver Distanz. Die umgebende mythische Symbolik verliert ihren fundierenden Charakter und wird zur rationalen Rekonstruktion freigegeben, während von nun an der „kritisch-historische Geist" die Situierung im → Leben leistet (GT 23, KSA 1, 145). Die versinnlichende „mythenschaffende Kraft" wird nunmehr ersetzt durch den „rastlos vorwärtsdringenden Geist[] der Wissenschaft", an die Stelle der rituellen Selbstauslegung tritt die textuelle Hermeneutik, an die Stelle der ästhetischen Performanz die wissenschaftliche Praxis (GT 17, KSA 1, 111). Nietzsches Hauptaugenmerk aber ruht nicht auf der Unterscheidung der Kulturtypen als solcher, sondern auf der Asymmetrie dieser Unterscheidung: auf der funktionalen Überlegenheit der Theoria gegenüber mythischen Weltbildern. „Unsere ganze moderne Welt ist in dem Netz der alexandrinischen Cultur befangen und kennt als Ideal den [...] im Dienste der Wissenschaft arbeitenden theoretischen Menschen" (GT 18, KSA 1, 116). Das Gefährliche scheint mithin die Alternativlosigkeit zu sein, mit der sich die Wissenskultur innerhalb ihres Siegeszugs unbewusst selbst absolut gesetzt und globalisiert hat. Eine Kultur des textuellen, diskursiven → Bewusstseins zwingt ihre wechselnde, immer kleiner werdende Umwelt notwendig zur Bewusstwerdung nach ihren eigenen Vorgaben. Der allmähliche „Verlust des Mythus", den Nietzsche für das klassische Athen diagnostiziert, betrifft als Verlust alternativer Erfahrungsmöglichkeiten so gesehen auch die Gegenwart (GT 23, KSA 1, 146).

(**GT** 17, KSA 1, 109-115; **GT** 18, 115-120; **GT** 23, 145-149; **GDG**, KGW II 5, 363; **FW** 143, KSA 3, 490 f.;

NL 1872-73, 19[62], 439; **NL 1872-73**, 19[110] KSA 7, 455)

Nihilismus

In *Jenseits von Gut und* Böse findet sich eine traurig-schöne Sentenz zu den Implikationen des Vertrauensverlustes: „‚Nicht dass du mich belogst, sondern dass ich dir nicht mehr glaube, hat mich erschüttert.' –" (JGB 183, KSA 5, 104). Was hier als interindividuelle Verlusterfahrung auf die Konsequenz der persönlichen Erschütterung (sei es in der Liebe, sei es in der Freundschaft) hin ausgelegt wird, gilt im Hinblick auf den von Nietzsche diagnostizierten Nihilismus für die europäische → Kultur als solche. Konkret zielt er mit seinen, v.a. im Spätwerk immer entschiedener werdenden Ausführungen zu den Folgen dieser traumatischen Erfahrung offenbar auf „die Geschichte der nächsten zwei Jahrhunderte" ab (NL 1887-88, 11[411], KSA 13, 189). Ausgehend vom Verlust der Transzendenz macht Nietzsche deutlich, dass die europäische Kultur der näheren Zukunft eine Reihe unterschiedlicher Erfahrungen der Haltlosigkeit durchlaufen wird und durchlaufen muss: „Diese Geschichte kann jetzt schon erzählt werden: denn die Nothwendigkeit selbst ist hier am Werke. [...] Unsere ganze europäische Cultur bewegt sich seit langem schon mit einer Tortur der Spannung, die von Jahrzehnt zu Jahrzehnt wächst, wie auf eine Katastrophe los: unruhig, gewaltsam, überstürzt: wie ein Strom der ans Ende will, der sich nicht mehr besinnt, der Furcht davor hat, sich zu besinnen." (ebd.).

Der → ‚Tod Gottes' verbindet und verdichtet sich in dieser Bestandsaufnahme zu einem umgreifenden Trauma, welches nicht allein den im Begriff Gottes grundgelegten Zusammenhang der Einheit des Guten, Wahren und Schönen anbelangt. Es betrifft darüber hinaus den gelebten humanistischen Wertekanon insgesamt ebenso wie den Theorie überhaupt erst ermöglichenden Wahrheitsbezug in Wissenschaften und Metaphysik. Die Dramatik des Ereignisses besteht mithin weniger in der bloßen Aberkennung eines ehemals geltenden absoluten Maßstabs, als vielmehr in der dadurch bedingten und von da an einsetzenden kulturellen Umstellung von Sicherheit auf Unsicherheit. Der eigentlich phänomenale Ausgangspunkt Nietzsches ist folglich die Feststellung, „dass der Glaube an den christlichen Gott unglaubwürdig geworden ist" (FW 343, KSA 3, 573). Den daraus unvermeidlich resultierenden Zusammenbruch jener theoretischen und praktischen Maßstäbe, die auch die einzelnen Individuen noch als Teilnehmer eines gemeinsamen Traditionszusammenhangs ausgewiesen haben, versteht Nietzsche als das eigentliche Drama der Moderne. Er entwickelt dieses Drama nach verschiedenen Hinsichten. Vorherrschend sind in den entsprechenden Beschreibungsversuchen genealogisch-historische und soziologische Perspektiven einerseits, physiologische und psychologische Kostenrechnungen andererseits. Bei alledem kommt es Nietzsche darauf an, die entleerten etablierten Sinnformen in ihrer habitualisierten Gestalt, also als allmählich leerlaufende Lebensformen zu dechiffrieren. Verschärfend und kompromittierend für derartige Unternehmungen wirkt jedoch der Umstand, dass auch die Einsicht in die Dimension des gelebten Nihilismus noch nicht vor diesem schützt. Vielmehr vertieft die Selbstanwendung des Befunds auch die Orientierungsnot gerade für die Erkennenden, denn es gilt, „dass auch wir Erkennenden von heute, wir Gottlosen und Antimetaphysiker, auch unser Feuer noch von dem Brande nehmen, den ein Jahrtausende alter Glaube entzündet hat, jener Christen-Glaube, der auch der Glaube Plato's war, dass Gott die Wahrheit ist, dass die Wahrheit göttlich ist... Aber wie, wenn dies gerade immer mehr unglaubwürdig wird, wenn Nichts sich mehr als göttlich erweist, es sei denn der Irrthum, die Blindheit, die Lüge, – wenn Gott selbst sich als unsre längste Lüge erweist? –“ (FW 344, KSA 3, 577).

In der *Genealogie der Moral* wird diese Frage inhaltlich aufgenommen und sogar eigens zitiert. In ihr geht es um die Freilegung der asketischen Ideale, die in künstlerischer, philosophischer und wissenschaftlicher Hinsicht selbst Ausdruck eines nihilistischen Grundzugs sind. Gleichzeitig bildet asketische Idealität den Kulminations- und Umschlagpunkt der nihilistischen Erfahrung, ist in ihr doch die (selbst)kritische Haltung der Wahrhaftigkeit angelegt. Die sich im Anschluss daran in neuer Weise aufdrängende Frage nach dem Sinn des Leidens kann nun nicht mehr durch transzendente Sinnzentrierung beantwortet werden, sondern verweist stattdessen auf ein gefährliches Vakuum. Bezeichnend dafür ist die problematische Diagnose, mit der Nietzsche die dritte Abhandlung der *Genealogie der Moral* sowohl eröffnet als auch beschließt: „lieber will noch der Mensch das Nichts wollen, als nicht wollen ...“ (GM III 28, KSA 5, 412; vgl. GM III 1). Der Übergang in eine aktive Lebensverneinung als die Konsequenz einer falschen Verdinglichung und Hypostasierung des Nichts – verdeutlicht in Schopenhauers ‚Wille zum Nichts‘ und im kantischen Theorem des interesselosen Wohlgefallens am Schönen – wird dabei als diejenige Gefahr angezeigt, die droht, wenn der Mensch die nicht mehr abweisbare Verantwortung für die Sinnfrage nicht eigens übernimmt. Ideologische Substitutionsangebote in kollektiven innerweltlichen Erlösungsutopien, theoretische und praktische Lebensverneinung, politische Ersatzbefriedigungen und esoterische Narkotisierung der eigenen Existenz: Solche Gegenwartsdiagnosen werden im Spätwerk als falsche, fatale Strategien der Vermeidung und Invisibilisierung der nihilistischen Herausforderung angeführt. In ihnen sieht Nietzsche zugleich den Grund für jene kulturellen und politischen Katastrophen, die er hellsichtig für die nähere Zukunft prognostiziert.

Dabei ist darauf hinzuweisen, dass Nietzsche den Nihilismus nicht ausschließlich als Phänomen darstellt, das lediglich die europäische Kultur beim Eintritt in die Moderne kennzeichnet. Vielmehr gibt es verschiedenartige, sowohl synchron als auch diachron orientierte, gedankliche Erprobungen des Nihilismus-Theorems, die analoge Entwicklungen auch für andere Kulturen und Religionen geltend machen. Jenseits kulturspezifischer Gesichtspunkte wird hervorgehoben, dass es die Form der theoretischen Einstellung – unabhängig von ihrer Prägung – selbst ist, durch welche die Bedeutsamkeit und die Unmittelbarkeit lebendiger Erfahrung verlorenzugehen scheint. Das durch die Distanzierungsmechanismen der Theorie entwertete Dasein kann darum auch nicht durch die neuerliche theoretische Setzung von → Werten samt deren Begründung aus dem Nihilismus herausgeführt werden. Die Anerkennung der nihilistischen Situation wird unter solchen globalen Voraussetzungen als die anthropologische Grundfrage adressiert, die sich in ihrer intrinsischen Ablauflogik zwar zu verschiedenen Zeiten, aber letztlich überall in Gestalt einer menschlichen Schicksalsfrage einmal stellen muss.

Die Selbstbehauptung des Menschen im Nihilismus – und zu dieser beizutragen, ist der hohe philosophische Anspruch Nietzsches – erfordert demnach auch ein neues Bild des Menschen. Vor allem das der *Fröhlichen Wissenschaft* später hinzugefügte fünfte Buch *Wir Furchtlosen* darf in dieser Hinsicht als ein inhaltlich besonders dichtes und dabei durchaus menschenfreundliches reflexives Angebot Nietzsches verstanden werden. Es ist an furchtlose Einzelne adressiert, die sich vom Gedanken an den Nihilismus nicht mehr lähmen lassen, sondern den Versuch unternehmen, mit neuen Mitteln denkerisch bzw. künstlerisch Halt in der Haltlosigkeit zu gewinnen. Die alten, ehemals tragenden Semantiken werden dabei nicht einseitig entwertet, sondern vielmehr umgewertet (→ Umwertung der Werte). Anstelle eines hierarchisch organisierten Systems von Bedeutungen wird stattdessen ein netzartiger Zusammenhang wechselseitiger Verweisungen gestiftet, in denen der Mensch sich seinen Sinn nunmehr auf Zeit stiftet und dabei mit diesen beweglichen, temporären und bedingten Sinnkomplexen zu leben lernt.

Anders als es die durchgreifende und lange Zeit maßgebliche Deutung Heideggers nahegelegt hat, ging es Nietzsche nicht um die einmalige oder endgültige Überwindung des Nihilismus. Angedacht ist eher noch das Gegenteil: die sukzessive Einverleibung und Anerkennung jener nihilistischen Erfahrungen, denen man sich ohnehin nicht entziehen und nur auf reaktionäre Weise verweigern kann. In einem solchen Szenario ginge es dann um die postapokalyptische Aufgabe, mit dem Nihilismus leben zu lernen. Dieses Lernen ist freilich an ein Umlernen des Menschen über sich selbst geknüpft (→ Übermensch). Ein in der Forschung als „Lenzer-Heide-Fragment" bezeichneter Text mit dem Titel *Der europäische Nihilismus* ist in dieser Hinsicht von besonderer Bedeutung. Er verbindet in Form einer nach 16 kurzen Abschnitten untergliederten Abhandlung eine systematische Analyse der alten Wertungsweise mit einer Gegenwartsdiagnose. In dieser ist der Nihilismus als zukünftiger Zustand des Lebens so dargestellt, dass über die Katastrophenszenarien hinaus auch eine Entdramatisierung, ja Normalisierung der nihilistischen Situation denkbar wird. Die neuen Menschen, die für das Ende der „Crisis" in Aussicht gestellt werden, sind auffällig gelassen gezeichnet: „Welche werden sich als die Stärksten dabei erweisen? Die Mäßigsten, die, welche keine extremen Glaubenssätze nöthig haben, die, welche einen guten Theil Zufall, Unsinn nicht nur zugestehen, sondern lieben, die welche vom Menschen mit einer bedeutenden Ermäßigung seines Werthes denken können, ohne dadurch klein und schwach zu werden: die Reichsten an Gesundheit, die den meisten Malheurs gewachsen sind und deshalb sich vor den Malheurs nicht so fürchten – Menschen die ihrer Macht sicher sind, und die die erreichte Kraft des Menschen mit bewußtem Stolze repräsentiren." (NL 1886-87, 5[71], KSA 12, 217).

(**FW** 124, KSA 3, 480; **FW** 343, 573 f.; **FW** 344, 574-577; **FW** 345, 577 ff.; **FW** 346, 579 ff.; **FW** 370, 619-622; **GM III** 1, KSA 5, 339; **GM III** 24, 398-401; **GM III** 25, 402-405; **GM III** 26, 405-408; **GM III** 28, 412; **GD**, Streifzüge 32, KSA 6, 130 f.;
NL 1885, 35[82], KSA 11, 547; **NL 1885-86**, 2[127], KSA 12, 125 f.; **NL 1886-87**, 5[71], KSA 12, 211-217; **NL 1887**, 9[35], KSA 12, 350 ff.; **NL 1887**, 9[41], 354; **NL 1887**, 9[43], 355 ff.; **NL 1887-88**, 11[99], KSA 13, 46 ff.; **NL 1887-88**, 11[411], 189 f.)

Pathos

Im Werk Nietzsches ist *pathos* als Gegenbegriff zur Kultur der begrifflichen Bestimmung (*logos*) präsent. Als Ereignis steht es für die Vorgängigkeit von Lebensprozessen, die sich nur bedingt reflexiv einholen lassen. Dem semantischen Ursprung nach meint Pathos auf einer pragmatischen Ebene das unmittelbare Widerfahrnis bzw. Geschehen, dem man zunächst passiv ausgesetzt ist (1.) und von da ausgehend in einer Steigerung des angeführten Befunds die Leidens- und Schmerzerfahrung als solche (2.). Funktional bedeutet dies: Als ‚innerer', noch nicht bewusst gemachter Spannungszustand drängt das Pathos nach Ausdrucksformen und gewinnt in dieser Funktion einen heuristischen Sinn für die inhaltlichen Umwertungen von Nietzsches Philosophie zum einen und für die formale und schriftstellerische Umsetzung seines Denkens zum anderen. In diesem Sinn kennzeichnet Nietzsche in *Ecce homo* die Eigentümlichkeit seines „tragischen" Philosophieverständnisses als eine „Umsetzung des Dionysischen in ein philosophisches Pathos" (EH, GT 3, KSA 6, 312). Die „Umsetzung" ist hierbei eine zweifache: In ihr wird erstens die pathische Zustandswelt der dionysischen Erfahrung versprachlicht und insofern veräußert. Zweitens wird dadurch die dem Logos verhaftete Sprache der Philosophie auf jene Kontexte hin geöffnet, die sich dem rationalen Zugriff entziehen. Hat die metaphysische Tradition das Pathos vonseiten des Logos ein- und schließlich ausgrenzen wollen, so intendiert Nietzsche bei Betonung der Unterscheidung eine generelle Richtungsveränderung des philosophischen Zugangs. Diesem Ansinnen entspricht er auf der Darstellungsebene mit einer stilistischen Umgestaltung seiner Sprachmittel. In ihr geht es darum, das Pathos nicht mehr begrifflich zu subordinieren, sondern es mit einer gestischen Sprache in seiner Präsenz und Wirksamkeit zu zeigen: „Einen Zustand, eine innere Spannung von Pathos durch Zeichen, eingerechnet das tempo dieser Zeichen, mitzutheilen – das ist der Sinn jedes Stils." (EH, Bücher 4, KSA 6, 304).

In der klassischen griechischen Philosophie, die wir Logos-Philosophie nennen, wird nach Nietzsche das Pathos der Seele (das *epithymetikon*) in Gestalt des bloßen *Alogon*, zum Anderen der Vernunft, das es von sich abzugrenzen und zu beherrschen gilt. Eben damit ist der Übergang von der persönlichen ‚Sorge um die Seele' zur *Enkrateia*, der Selbstbeherrschung als notwendiger Voraussetzung aller epistemischen, ethischen und ästhetischen Lebensvollzüge ins Werk gesetzt. Erst im Niederhalten des Begehrens erfährt sich das autonome Vernunftwesen gleichermaßen als moralisch und glückselig. Mit dieser Ausgrenzungsoperation setzt für Nietzsche die gefährliche Verkennung der pathischen Fundierung des Menschen, seines Unbewussten, ein. Die mit Sokrates verbundene logische Hinwendung zur individuellen Lebensführung am Leitfaden der *Eudaimonia* wird bekanntlich schulbildend. Das Panorama der hellenistischen Lebensphilosophien ist, so betrachtet, ein Panoptikum der in Sokrates versammelten a-pathischen und anti-pathischen Ausübungsformen der → Vernunft. In den darin sich nur noch graduell unterscheidenden Herrschaftspraktiken gegenüber dem Pathos bildet sich für Nietzsche das „reaktive" Moment der Philosophie selbst heraus: „Der Fanatismus, mit dem sich das ganze griechische Nachdenken auf die Vernünftigkeit wirft, verräth eine Notlage [...] Der Moralismus der griechischen Philosophen von Plato ab ist pathologisch bedingt; ebenso ihre Schätzung der Dialektik. Vernunft = Tugend = Glück heisst bloss: man muss es dem Sokrates nachmachen und gegen die dunklen Begehrungen ein Tageslicht in Permanenz herstellen – das Tageslicht der Vernunft. Man muss klug, klar, hell um jeden Preis sein: jedes Nachgeben an die Instinkte, an's Unbewusste führt hinab..." (GD Sokrates 10, KSA 6, 72).

Nietzsches Gebrauch des Pathos ist darum seinerseits auch nicht – wie gelegentlich unterstellt wird – irrational oder bloß pathetisch, sondern das Resultat einer reflektierten Auseinandersetzung mit der pathos-Terminologie (1.) der griechischen Musiktheorie und Metrik, (2.) der antiken Rhetorik und (3.) der klassischen Tragödientheorie. Im Umkreis seiner Basler philologischen Studien hat Nietzsche Ansätze zu einer Musikologie vorgelegt, die dem medizinischen und therapeutischen Charakter der griechischen Musik Rechnung trägt, wie sie etwa im Umkreis orphischer und pythagoreischer Sekten proklamiert und praktiziert wurde. Im Anschluss entwickelt er mit Orientierung an der Rhythmustheorie des Aristoxenos ein sprachmusikalisches Verständnis, für das die Unterscheidung von akzentuierender und quantitativer Metrik leitend ist. Statt der Betonung tritt dabei die Silbenlänge als dasjenige Phänomen in Erscheinung, in dem die Griechen die *alogia* bzw. das Pathos angesiedelt haben. Die griechische Lyrik ist so gesehen nicht durch eine metrische Logik strukturiert, sondern eher pathisch fundiert. Im Pathos der gesungenen Längen und Kürzen operieren die Griechen mit musikalischen Krafteinheiten. Kritisch reflektiert Nietzsche die Nivellierung des Pathos zur bloß adressatenorientierten, manipulativen Affekterzeugung innerhalb der philosophischen Problematisierung der Rhetorik durch Platon und Aristoteles. Im Verhältnis zur sachbezogenen Argumentation (*pragma*) und einer aus charakterlicher Integrität erwachsenden Überzeugung (*ethos*) bezeichnet Pathos nur noch die strategische Fertigkeit des Redners, an die frei flottierende Emotionalität der Adressaten anzudocken (sei es durch figurale Rede, sei es durch emotive Sprechakte).

Dem Pathos kommt bekanntlich vor allem eine Schlüsselfunktion für Nietzsches Verständnis der → Tragödie zu. Es wird in seiner ‚tragischen' Bedeutung mit Vehemenz gegenüber Aristoteles rehabilitiert, der mit seiner Deutung „bereits das Lesedrama sanktionirt" (NF 1869, 3[66], KSA 7, 78). Anstelle einer im Zusammenwirken von Handlung, Wort und Charakter gründenden Tragödientheorie, wie sie in der aristotelischen *Poetik* vorliegt, betont Nietzsche die multimedialen Aspekte einer im Pathos fundierten Aufführungspraxis. Dabei stehen die choreutischen Szenen im Mittelpunkt: „Die Wirkung der Tragödie beruhte niemals auf der epischen Spannung, auf der anreizenden Ungewissheit, was sich jetzt und nachher ereignen werde: vielmehr auf jenen grossen rhetorisch-lyrischen Scenen, in denen die Leidenschaft und die Dialektik des Haupthelden zu einem breiten und mächtigen Strome anschwoll. Zum Pathos, nicht zur Handlung bereitete Alles vor: und was nicht zum Pathos vorbereitete, das galt als verwerflich." (GT 12, KSA 1, 85 f.).

Nietzsches vom Pathos aus entwickeltes Tragödienverständnis bildet auch den formalen Hintergrund für die Darstellungsform und die Kompositionsstruktur von *Also sprach Zarathustra*. Die Dramatisierung der Reden (Zarathustras ‚Lehren'), die szenische Konturierung der Handlung (Zarathustras Auf- und Untergänge) und die Zentrierung aller Lehren, Lieder und Szenen auf das Leiden Zarathustras (‚Überfülle', ‚Überfluss', ‚Überreichtum') prästrukturieren und fundieren als pathische Elemente sowohl die Gesamt-Erzählung als auch die in sie eingelassenen Reden. Zarathustra selbst ist seinem Lehrauftrag als einem fortwährenden Leiden ausgesetzt: Er ringt dabei um die Versprachlichung seiner überreichen Erfahrung einerseits und um die Vermittelbarkeit seiner meist metaphorischen Versprachlichungen andererseits. Durch die Inszenierung des pathischen Ausgesetzt-Seins zeigen sich exemplarisch die Schwierigkeiten jenes vollständig immanenten Weltbezugs, um den es Zarathustra mit der von ihm beschworenen Treue zur Erde geht.

(**GT** 12, KSA 1, 81-88; **UB IV** 9, KSA 1, 484-496; **SGT**, KSA 1, 624; **CV 1**, KSA 1, 755-760; **JGB** 257, KSA 5, 205 f.; **WA** 9, KSA 6, 32-35; **EH**, weise 7, KSA 6, 274 f.; **EH**, GT 3, 312 f.; **EH**, Bücher 4, 304 f.;

NL 1869, 1[49], KSA 7, 23 ff.; **NF 1869**, 3[66], 78; **NL 1875**, 11[15], KSA 8, 196-202; **NL 1880**, 6[353], KSA 9, 287; **NL 1885-86**, 2[13], KSA 12, 71-74)

Perspektive, das Perspektivische, Perspektivismus

I. Allgemeines

Der Gebrauch perspektivischer Denkformen zählt zu den maßgeblichen Eigentümlichkeiten von Nietzsches Philosophie. Die leitende Vorstellung, nach der jede Form der Weltaneignung unweigerlich standortgebunden und entsprechend veränderlich sei, wird dabei zunächst in moral- und erkenntniskritischer Absicht gegen metaphysische Dogmatisierungen und Absolutsetzungen mobilisiert. Unmittelbar zusammenhängend mit dem Konzept perspektivischer Weltaneignung sind die positive Aufladung des traditionellen Schein-Begriffs und die radikale Hermeneutik einer unabschließbaren → Interpretation. Der Begriff des ‚Perspektivismus' selbst – den Nietzsche vielleicht geprägt, sicher aber philosophisch nobilitiert hat – findet sich im veröffentlichten Werk indessen nur an einer Stelle und zudem drei weitere Male im Nachlass. Mit ihm ist keine epistemologische Position im Sinne einer theoriefähigen Lehre angezeigt. Stattdessen kann mit guten Gründen von einer für Nietzsche generell bezeichnenden perspektivischen Denk- und Schreibpraxis gesprochen werden, in der sich seine → Experimentalphilosophie mit entsprechenden schriftlichen Darstellungsformen, v.a. dem → Aphorismus, verbindet.

II. Zur Topik und Hermeneutik der Perspektive in Kunst und Philosophie

In der Malerei des 14. Jahrhunderts kommt die Perspektive als Darstellung dreidimensionaler Objekte auf einer zweidimensionalen Fläche in der Form zur Geltung, dass eine räumliche Tiefenwirkung entsteht. Als Erfinder bzw. Wiederentdecker der Perspektive in der italienischen Frührenaissance gilt Filippo Brunelleschi (1377-1446), insbesondere wegen seinen mathematisch konstruierten, mit Hilfe von Fadengittern erstellten Architekturkulissen auf Altarbildern. Thematisch bedeutsamer als die Praxis ist die zeitgleich einsetzende theoretische Einholung derselben. Von Leon Battista Albertis *De pictura* (1435) bis hin zu Piero della Francescas *De prospettiva pigendi* (1470) wird das Perspektivische als ein Zusammenspiel von ästhetischen und epistemologischen Fragestellungen relevant. Die Problematisierung der Perspektive vollzieht sich in diesem produktionsästhetischen Zusammenhang als Abwendung von den darzustellenden Gegenständen und Hinwendung zu einer neuen Theorie des Sehens. Dabei wird die antike Vorstellung einer statischen Sehpyramide zugunsten eines beweglichen Sichtzusammenhangs aufgegeben. Die Illusion zentralperspektivischer Malerei soll und will eigentlich nur den Sehvorgang des Auges wiederholen: Objekt und Auge sind nach dieser wegweisenden Modellierung in ein Abstandsverhältnis eingelassen und bilden somit ein gemeinsames Bezugssystem. Zwei für Nietzsches Gebrauch der Perspektivensemantik maßgebliche Momente sind in dieser Sichtweise bereits präsent, ist doch das künstlerische Darstellen konstitutiv perspektivisch in einem doppelten Sinn: Es bezieht sich zum einen immer nur auf Ausschnitte der Welt und geht zum anderen von der Annahme aus, dass diese Ausschnitte sich mit der Veränderung des Ausgangspunktes ihrerseits verändern. Für den Gewinn eines philosophischen Perspektivenbegriffs ist daher kennzeichnend, dass die Topik der visuellen Projektion zusammengeschlossen wird mit der Topik des Standpunkts und seiner Veränderung. Mit der skizzierten Verbindung von Projektivität und Positionalität lässt sich Perspektivismus im Sinne einer epistemischen Haltung fassen.

Bei Leibniz erhält der Begriff der Perspektive (sowohl in *Monadologie* als auch in *Theodizee*) erstmals in der Philosophiegeschichte terminologische Prägnanz: Für die Welt als Universum unendlich einfacher Substanzen qua fensterloser Monaden wird in einem berühmten Bild geltend gemacht, sie gleiche einer „Stadt, die aus unterschiedlichen Ansichten perspektivisch vervielfältigt wird" (multipliée perspectivement). Demnach existieren scheinbar unendlich unterschiedliche Perspektiven der Welt in den Substanzen, die jedoch nur als verschiedene Blickwinkel (points de vues) der einen Welt anzusehen sind. Eingeschränkt ist das durchgreifende und gern mit Nietzsche in Verbindung gebrachten Modell ferner durch eine außerweltliche Bedingung: Während Gott die isolierten Standpunkte aus einer überzeitlichen Zentralperspektive parallelisieren und harmonisieren kann, besteht die menschliche Aufgabe darin, die Unterschiedlichkeit der Standpunkte in endlicher Zeit zu vermitteln.

Auch die transzendentale Reflexion bei Kant lässt sich als Gestalt des philosophischen Perspektivismus ansehen und ist als eine solche von Nietzsche bereits im frühen Text *Ueber Wahrheit und Lüge im aussermoralischen Sinne* rezipiert worden. Wahrheit wird bei Kant von epistemologischen Bedingungen abhängig gemacht, die ihrerseits – wenngleich ohne explizite Verwendung der Semantik – als perspektivische zu bezeichnen sind. Die apriorischen Bedingungen aller Objektkonstitution (v.a. der transzendentalen Ästhetik) haben in dieser Rezeption den Charakter subjektiv verfasster Perspektiven, die einen Zugriff auf die Dinge an sich und damit auf Welt im Sinne einer realistischen Option prinzipiell verunmöglichen. Folgerichtig empfiehlt es sich, Nietzsche weniger als spontanen Neubeginn, sondern vielmehr als Fortsetzer und Radikalisierer eines neuzeitlichen philosophischen Großprojekts anzusehen.

III. Perspektivische Experimentalphilosophie: Formen und Einwände

Die denkerische Praxis, vermeintlich differente Gegenstandsbereiche aufeinander zu beziehen und damit voneinander abhängig zu machen, ist bereits für die *Geburt der Tragödie* kennzeichnend, hinsichtlich deren Verfahrensweise der Verfasser sich verpflichtet hat, die „Wissenschaft unter der Optik des Künstlers zu sehn, die Kunst aber unter der des Lebens" (GT 2, KSA 1, 14). Von Perspektiven macht Nietzsche zunächst Gebrauch, ohne den Begriff selbst zu verwenden. Die Relativierung der Wissenschaft durch die Kunst bzw. die später einsetzende Relativierung der Moral durch die Natur sind indessen nicht als destruktive Unternehmungen, sondern eher als Bemühungen um ein neues Verständnis anzusehen. Perspektiven sind in diesem Fall keine ästhetizistischen oder naturalistischen Reduktionen, sie dienen eher dem gezielten Aufbrechen antagonistischer Bestimmungen. Erst in der Mitte der 1880er Jahre kommt dem Begriffsfeld des Perspektivischen eine Schlüsselrolle bei der Reformulierung philosophischer Grundfragen zu. Im Anschluss an die Lektüre von Gustav Teichmüllers *Die wirkliche und die scheinbare Welt* (1882) beginnt sich die Verwendung des entsprechenden Vokabulars zu intensivieren und führt – in gezielter Aufwertung der von Teichmüller vorgenommenen Abwertungen – zur Erarbeitung einer radikalen Hermeneutik, die in einem erheblichen Ausmaß vom Gedanken der Perspektivität bestimmt ist. Das Perspektivische ist dabei stets auf zwei Ebenen wirksam: Es wird zum einen als neuartige Verfügbarmachung eines bisher unsichtbaren Phänomenkomplexes aufgeboten und wirkt zum anderen als notwendige und insofern unverfügbare Limitation aller Erkenntnisformen. So wird in Auseinandersetzung mit der kantischen → Vernunftkritik das positiv erscheinende Erkenntnisideal formuliert, „sein Für und Wider in der Gewalt zu haben und aus- und einzuhängen: so dass man sich gerade die Verschiedenheit der Perspektiven und der Affekt-Interpretationen für die Erkenntniss nutzbar zu machen weiss." (GM III 12, KSA 5, 364 f.). Den Ausgangspunkt dafür bildet die generelle Kritik an der „alten Begriffs-Fabelei, welche ein ‚reines, willenloses, schmerzloses, zeitloses Subjekt der Erkenntniss' angesetzt hat" (ebd.). Die neue Erkenntnis bewegt sich damit jenseits eines realistischen oder antirealistischen Positionsbezugs und nutzt das Perspektivische vielmehr als Zugang zur Welt als dem unüberschaubaren Gefüge von Interpretationsvollzügen: „Thatsachen giebt es nicht, nur Interpretationen. Wir können kein Factum ‚an sich' feststellen: […] die Welt […] hat keinen Sinn hinter sich, sondern unzählige Sinne ‚Perspektivismus'. Unsere Bedürfnisse sind es, die die Welt auslegen: unsre Triebe und deren Für und Wider. Jeder Trieb ist eine Art Herrschsucht, jeder hat seine Perspektive, welche er als Norm allen übrigen Trieben aufzwingen möchte." (NL 1886-87, 7[60], KSA 12, 315). Wenn Nietzsche also in diesem Sinn den Perspektivismus als eine Haltung der Erkenntnis proklamiert, dann nur unter der Bedingung, dass das Perspektivische als „Grundbedingung alles Lebens" anzusehen ist (JGB Vorrede, KSA 5, 12). Das denkende, fühlende und wollende Ego tritt insofern gleichermaßen als Subjekt und Objekt von Auslegungsprozessen auf. Vor allem darin wird die enorme Verschärfung des Perspektivenbegriffs im Hinblick auf Leibniz und Kant deutlich.

P

Nietzsche dient der Terminus der Perspektive dazu, den Gegensatz von wirklicher Welt und scheinbarer Welt und damit das traditionelle Verhältnis von Sein und Schein zu unterlaufen. In Perspektiven artikulieren sich demnach verschiedene Formen bzw. Stufen des Scheinbaren. Der Begriff des Scheins wird hierbei alternativlos und entsprechend aufgewertet: Einen realistischen, also wahren Gegenstandsbezug vermitteln weder die Sinne noch die vermeintlich reine Intellektualität. Damit ist folgerichtig ein weiterer kardinaler Gegensatz der Tradition außer Kraft gesetzt: derjenige eines spontanen, aktiven Verstandes im Kontrast zu einer rezeptiven, passiven Sinnlichkeit. Perspektivische Interpretationen sind in diesem Sinne zunächst ‚Wertschätzungen': Sie schließen die somatische Ebene, also den ‚Leib', ein und setzen diesen sogar voraus. Gleiches gilt für → Affekte, die ebenfalls bereits perspektivische Weltinterpretationen sind. Auch hier bezieht Nietzsche durch den Gebrauch der Wertsemantik nicht einseitig eine Gegenposition zur Tradition, denn Werte sind ihrerseits psycho-physische Komplexe, die ‚einverleibt', ‚einverseelt' oder sogar rationalisiert werden können.

Wenn Nietzsche schließlich von der Vielfalt und der jeweiligen relationalen Gebundenheit der Perspektiven an einen Standpunkt ausgeht, vermeidet er damit sowohl das von der Forschung an ihn adressierte ‚Paradox des Perspektivismus' als auch den häufig eingebrachten Vorwurf des Relativismus. Das Paradox tritt nur dann auf, wenn der Perspektivismus zu einer epistemologischen Position generalisiert wird und insofern außerhalb seiner eigenen Grundannahme operiert. Ebendies ist bei Nietzsche jedoch nicht der Fall: Die Welt „existirt nicht als Welt ‚an sich', sie ist essentiell Relations-Welt: sie hat, unter Umständen, von jedem Punkt aus ihr verschiedenes Gesicht" (NL 1888, 14[93], KSA 13, 271). Eine derartige Betrachtung denkt gar nicht mehr auf eine transzendente Einheit oder eine transzendentale Vereinheitlichung der Perspektiven in einer Zentralperspektive hin (in der Forschung von Friedrich Kaulbach und Volker Gerhardt als „Perspektive des Perspektivismus" diskutiert). Sie ersetzt Tatsachen durch ‚Interpretationen', Objekte durch relationale Bezüge und Subjekte (die sich intersubjektiv zueinander verhalten) durch Individuen (die durch ihre Differenz zueinander bestimmt sind). Die konstitutive Relationalität des Perspektivischen ist auch entscheidend, um von ihr aus den Vorwurf des Relativismus zu entkräften. Weil man im Entwurf und Gebrauch der Perspektive an einen jeweiligen Standort gebunden bleibt, kann es auch keinen beliebigen Gebrauch perspektivischer Argumente im Sinne eines relativistischen *anything goes* geben. Standpunkt und Horizont setzen jeder Perspektive ihre Grenze. Die Haltung des reifen Perspektivismus geht von diesem Wissen der Grenzen und von der Möglichkeit entsprechender, immer bedingter Grenzverschiebungen aus. Folgerichtig sollte diese Haltung auch weniger als Destruktion des Theorie-Begriffs rezipiert werden, sondern vielmehr als dessen (nicht zuletzt blickmetaphorische) Konkretisierung. Die Zurückweisung von ontologischen und epistemologischen Positionierungen ist eben nicht als Einwand gegen die Möglichkeit von Wissenschaft formuliert, sondern als – durchaus aktuelle – Aufforderung zu konsequent interdisziplinär organisierten Forschungspraktiken zu verstehen: „Es giebt nur ein perspektivisches Sehen, nur ein perspektivisches ‚Erkennen'; und je mehr Affekte wir über eine Sache zu Worte kommen lassen, je mehr Augen, verschiedne Augen wir uns für dieselbe Sache einzusetzen wissen, um so vollständiger wird unser ‚Begriff' dieser Sache, unsre ‚Objektivität' sein." (GM III 12, KSA 5, 365).

IV. Performanz und Inszenierung des Perspektivischen

Bezeichnend für die obige Darlegung ist Nietzsches literarische Umsetzung der perspektivischen Haltung in seinen Texten. In ihnen wird der Perspektivengebrauch nicht nur proklamiert, sondern in einer Weise praktiziert, die sowohl die Leistungsfähigkeit als auch die Grenze entsprechender Erkenntnisformen anzeigt. Vor allem das Medium des → Aphorismus erlaubt sowohl die scharfe und pointierte Perspektivierung eines Phänomens, ermöglicht aber zugleich die kontrastierende und konstellierende Neuperspektivierung innerhalb eines aphoristischen Gefüges. Verstärkend kommt hinzu, dass Nietzsche auch die Bildung von Perspektiven in Narrative einbindet, von spezifischen Sprecherrollen und auktorialen Fiktionen abhängig macht, mit anderen Worten: den Gebrauch der Perspektiven zeigt und mit hohem Aufwand literarisch in Szene setzt. Entsprechend haben die kontextuell ausgerichteten Forschungen der letzten Jahre (Werner Stegmaier, Jakob Dellinger) gerade hinsichtlich der entscheidenden Belegstellen für eine vermeintliche Theorie des Perspektivismus bei Nietzsche systematisch die paradoxen, performativen und selbstbezüglichen Effekte der jeweiligen Textgestaltung herausgearbeitet. So ist der berühmte Imperativ des → freien Geistes aus der Vorrede von *Menschliches, Allzumenschliches I* „Du solltest das Perspektivische in jeder Werthschätzung begreifen lernen" keine dogmatische Forderung in erkenntnistheoretischer Absicht, sondern als das spezifische Produkt eines stufenweisen Erfahrungsprozesses inszeniert, der lediglich für das auktoriale Subjekt der Vorrede gilt (MA I, Vorrede 6, KSA 2, 20). Ähnlich steht es um den gern zur Bewusstseinstheorie Nietzsches generalisierten Aphorismus 354 der *Fröhlichen Wissenschaft*, in dem der Verfasser explizit vom „Phänomenalismus und Perspektivismus, wie ich ihn verstehe", spricht (FW 354, KSA 3, 593). Die von der Kategorie eines evolutionären Nutzens ausgehende kommunikationstheoretische These zum Bewusstsein ist formal ihrerseits als ein perspektivisches Experiment formuliert und wird im letzten Teil des Textes gezielt paradoxiert, denn: „selbst, was hier ‚Nützlichkeit' genannt wird, ist zuletzt auch nur ein Glaube, eine Einbildung und vielleicht gerade jene verhängnissvollste Dummheit, an der wir einst zu Grunde gehn." (ebd.). So wird der ‚Perspektivismus' Nietzsches im Text einerseits als – durchaus leistungsfähiges – perspektivisches Denk-Experiment betrieben, andererseits die Generalisierung desselben zu jener epistemologischen Position, die ihm vonseiten der Forschung noch immer vielfach zugeschrieben wird, explizit als „Dummheit" ausgewiesen.

Auch die berühmten, bereits zitierten Ausführungen zur Ausschließlichkeit eines ‚perspektivischen Sehens' und ‚perspektivischen Erkennens' haben ihre Geltung textuell vorrangig als Bestandteil einer Untersuchung genau jener problematischen ‚asketischen Ideale', als deren letzte Konsequenz die Position des Verfassers selber erscheint. Gerade in der textuell inszenierten Selbstausstellung von Perspektiven kann einerseits eine nochmalige Verschärfung der inhaltlichen Problematik, andererseits die positiv fassbare Gestalt eines Perspektivismus gesehen werden. Literarische Performativität und reflexive Selbstbezüglichkeit sind in diesem Sinn die entscheidenden Merkmale einer produktiven Ästhetik des Perspektivischen im Werk Nietzsches.

(**GT** 2, KSA 1, 13 f.; **MA I**, Vorrede 6, KSA 2, 20 f.; **FW** 354, KSA 3, 590-593; **FW** 374, 626 f.; **JGB** Vorrede, KSA 5, 11 ff.; **JGB** 10, 22 ff.; **JGB** 188, 108 ff.; **JGB** 201, 121 ff.; **GM III** 12, KSA 5, 363 ff.;

NL 1881, 15[9], KSA 9, 636 f.; **NL 1885**, 40[39], KSA 11, 648 f.; **NL 1885**, 43[1], 699 f.; **NL 1885-86**, 2[193], KSA 12, 162; **NL 1886-87**, 7[2], KSA, 12, 251 ff.; **NL 1886-87**, 7[60], KSA 12, 315; **NL 1888**, 14[31], KSA 13, 234; **NL 1888**, 14[93], 270 f.)

Pessimismus

Nietzsche ist Fortsetzer und Überwinder des Pessimismus. Er setzt ihn von der *Geburt der Tragödie* an darin fort, dass er den Leidensaspekt des Daseins schonungslos herausarbeitet und die ästhetischen, religiösen und wissenschaftlichen Sinnangebote der → Kultur daraufhin betrachtet, ob und wie weit sie dieses Leiden anerkennen, problematisieren, verklären oder leugnen. Die ‚tragische' Form griechischer Daseinsbejahung, wie sie sich in der leidensbejahenden Verklärung der eigenen Existenz durch die → Tragödie manifestiert, wird Nietzsche in seiner späten Selbstkritik als einen „Pessimismus der Stärke", ein „Leiden an der Überfülle" beschreiben (GT, Selbstkritik 1, KSA 1, 12). Von hier aus wird deutlich, inwiefern Nietzsche zugleich als Überwinder des Pessimismus angesehen werden kann: Er lehnt den Gegenbegriff des Optimismus schlicht ab und kennzeichnet die entsprechende Option als logisch verkürzende, ästhetisch nivellierende Realitätsverzeichnung. Dem Menschen spricht Nietzsche dabei insgesamt die Fähigkeit ab, eine philosophische Gesamtbewertung des Daseins vornehmen und sich hiernach zwischen zwei Haltungen entscheiden zu können: „Urtheile, Werthurtheile über das Leben, für oder wider, können zuletzt niemals wahr sein: sie haben nur Werth als Symptome, sie kommen nur als Symptome in Betracht, – an sich sind solche Urtheile Dummheiten. [...] Von Seiten eines Philosophen im Werth *des* Lebens ein *Problem* sehn bleibt dergestalt sogar ein Einwurf gegen ihn, ein Fragezeichen an seiner Weisheit, eine Unweisheit. –" (GD, Sokrates 2, KSA 6, 68). Die Unterscheidung zwischen optimistischer und pessimistischer Option der Daseinsbewertung ist demnach die ideologische Verkürzung des philosophischen Umstands, dass man der Weltlichkeit der Welt zunächst einmal leidend und in diesem Sinn fremdbestimmt ausgesetzt ist. Der philosophische Pessimismus wäre demnach – verstanden als Anerkennungsleistung gegenüber dem Leiden, nicht aber als eine Bewertung des Lebens – alternativlos. Davon ausgehend, tritt Nietzsche in seinem Werk als Genealoge und Beobachter, als Psychologe und Bewerter der kulturellen Leidenspraxis, Leidensvermittlung oder Leidensverschleierung auf.

Dabei unterscheidet er offenbar zwischen jenen pessimistischen Denkfiguren, die als Formen der Desillusionierung eine nichtidealistische Haltung zum → Leben verkörpern und jenen bekenntnishaften Ausprägungen, die – seien sie religiös oder metaphysisch motiviert – eine dogmatische Verneinung des Lebens vornehmen und als Weltanschauung proklamieren. Schopenhauer hat hier ohne Zweifel in erstgenannter Hinsicht gewirkt. Obschon Nietzsche bereits früh dessen Metaphysik und v.a. den darin mobilisierten Willensbegriff als Rückfall hinter das transzendentalphilosophische Reflexionsniveau Kants ansah, war Schopenhauer ‚als Erzieher' dennoch von bleibender Wirkung, weil er als Philosoph und Stilist die Haltung einer entschlossenen und selbstständigen Illusionslosigkeit verkörperte. Entsprechend konnte Nietzsche auch später der Willensmetaphysik einerseits ihre Voraussetzungen absprechen – etwa: „Um an den Schopenhauerschen

Willen zu glauben – dazu gehört ein sehr guter Wille zum Glauben!" (NL 1883, 9[2], KSA 10, 346) – und sich andererseits als „ernsthafter Fortsetzer des Schopenhauerschen Pessimismus" interpretieren (NL 1884, 27[78], KSA 11, 294).

Gegenüber dem „ehrliche[n] Entsetzen" Schopenhauers spricht Nietzsche dagegen den populären oder eklektizistischen Aufbereitungsformen des Pessimismus bei Philipp Mainländer, Julius Bahnsen und Eduard von Hartmann von Vornherein den philosophischen Ernst ab und begegnet ihren Ansätzen mit starker, im Falle Mainländers zudem wenig stilsicherer Aggression (FW 357, KSA 3, 602). Sie gelten ihm als „Dilettanten" des Pessimismus, weil sie bereits die nachrangigen, pathogenen bzw. biederen Konsequenzen einer gesellschaftlich hoffähig gewordenen Weltanschauung repräsentieren. Wegweisend in ihrer eigenwilligen Binnendifferenzierung ist Nietzsches, in Abgrenzung davon vorgenommene, Unterscheidung zwischen dem „romantischen Pessimismus" Wagners und Schopenhauers und jenem „Pessimismus der Zukunft", den er den „dionysischen Pessimismus" nennt. Unter dem Titel *Was ist Romantik?* verhandelt Aphorismus 370 der *Fröhlichen Wissenschaft* eine Rekapitulation des Pessimismus-Themas, wie es sich für Nietzsche vor dem Hintergrund seiner noch tiefer angesetzten → Nihilismusproblematik stellt. Unterschieden werden die Pessimismen dabei nach der Quelle ihres Leidens am Leben. Das Leiden an der „Ueberfülle des Lebens" ist demnach gleichzeitig mit dessen umfassender Anerkennung verbunden und münde in eine „tragische Ansicht und Einsicht" in selbiges (FW 370, KSA 3, 620). Dem stehe das Leiden „an der Verarmung des Lebens" gegenüber, das sich in ästhetischer, epistemischer oder metaphysischer Suche nach Erlösung, Frieden und Ruhe kundgebe „oder aber den Rausch, den Krampf, die Betäubung, den Wahnsinn" suche (ebd.). Dieses artistisch-existentielle Doppelbedürfnis wird in Nietzsches Lesart durch die Kunst der Romantik befriedigt. Die entsprechenden Formen der Musik (Wagner), Literatur (Baudelaire) oder Philosophie (Schopenhauer) zelebrieren demnach die regressive, atavistische, retardierende und untergehende Dimension des Lebens. Dieser romantische Pessimismus, dessen Verführungen Nietzsche kennt, als Künstler anerkennt und denen er zeitweise auch gern erliegt, wird als die artifizielle Rache von Leidenden zugleich „das letzte grosse Ereigniss im Schicksal unsrer Cultur" genannt (FW 370, KSA 3, 622). Ihm stellt Nietzsche sich offenbar entgegen und formuliert „als mein proprium und ipsissimum" einer Alternative für die Zukunft: den „dionysischen Pessimismus", der sich am ergebnisoffenen Werde- und Transformationscharakter des Lebens orientiere und diesen ethisch und ästhetisch rückhaltlos bejahe (ebd.).

(**GT**, Selbstkritik 1, KSA 1, 11 ff.; **GT** 3, 34-38; **GT** 15, 97-102; **SGT** 1, KSA 1, 637 f.; **MA I** 28, KSA 2, 48 f.; **MA II**, Vorrede 1-7, KSA 2, 369-377; **M** 114, KSA 3, 104-107; **FW** 346, KSA 3, 579 ff.; **FW** 357, 597-602; **FW** 370, 619-622; **JGB** 56, KSA 5, 74 f.; **JGB** 225, 160 f.; **JGB** 254, 198 ff.; **EH** GT 1, KSA 6, 309 f.;

NL 1884, 27[78], KSA 11, 294; **NL 1887**, 9[126], KSA 12, 409 f.; **NL 1887**, 10[21], 466 ff.)

P

Physiologie (→ Leib)

Politik

Dass Nietzsche im historisch und ideengeschichtlich hochpolitisierten 19. Jahrhundert einen gewissen und durchaus auch betonten Abstand zu den politischen Problemen seiner Zeit gehalten hat, ist nur vordergründig als Apolitie anzusehen. Im Hintergrund dieses Befunds steht zunächst die philosophische Reserve eines der Individualität verpflichteten Denkens, das im tagespolitischen Engagement einen Verfallsmodus intellektueller Wahrhaftigkeit vermutet. Eine mit „Böse Weisheit" betitelte unveröffentlichte Spruchsammlung klärt die entsprechenden Bedenken in den beiden ersten Sentenzen: „1. Öffentliche Meinungen – private Faulheiten. 2. Überzeugungen sind gefährlichere Feinde der Wahrheit als Lügen." (NL 1883, 12[1], KSA 10, 383). Vor allem die realpolitische Imprägnierung der Philosophie verbittet sich Nietzsche schon früh mit aller Deutlichkeit: „Jede Philosophie, welche durch ein politisches Ereigniss das Problem des Daseins verrückt oder gar gelöst glaubt, ist eine Spaass- und Afterphilosophie." (UB III 4, KSA 1, 365). Anstelle des oft anzutreffenden Vorwurfs elitärer Apolitie empfiehlt es sich mit Blick auf dieses und vergleichbare Zitate, von Beginn an von einer überpolitischen Distanz auszugehen, die das Politische nicht preisgibt, sondern vom Primat der Philosophie aus reformuliert.

Innerhalb der politischen Geographie der Moderne ist Nietzsche vor allem darum schwer zu verorten, weil er die Kultur seiner Zeit insgesamt vor dem allumfassenden Hintergrund des → Nihilismus verhandelt. Der Zusammenbruch der christlich-humanistischen Moral ist für ihn das entscheidende Ereignis, von dem aus notwendig auch die politischen, soziologischen und ästhetischen Fragen neu gestellt werden müssen. Nietzsche unterscheidet hier zwischen einer langfristigen philosophischen Perspektive, in der die Erfahrung der Haltlosigkeit in zukunftsfähige Denk- und Lebensexperimente verwandelt wird und einer kurzfristigen Perspektive, in der der Verzicht auf letzte Sicherheit in gewaltigen ideologischen Ressentimentbewegungen kompensiert wird. Rassismus und → Antisemitismus, aber auch der Sozialismus und Nationalismus sind für Nietzsche paradigmatische Ausprägungen des → Ressentiments – in den Ideologien der → Rasse, der Klasse und der Nation wird das Bedürfnis nach Identität auf gefährliche, das Individuum deformierende Weise gestillt. Zeitgenössische politische Bewegungen werden von Nietzsche entgegen anderslautender Unterstellungen durchaus genau registriert, aber eben nur bedingt philosophisch ernst genommen. Stattdessen finden sie sich immer wieder – teils hellsichtig, teils provokant – wechselseitig kontrastiert und dabei gemeinsam als Verlustformen individueller Kultivierungsmöglichkeiten verbucht. Aus betonter Distanz wird in *Menschliches, Allzumenschliches* etwa „Neid und Trägheit in verschiedener Richtung" festgestellt: „Die beiden gegnerischen Parteien, die socialistische und die nationale – oder wie die Namen in den verschiedenen Ländern Europa's lauten mögen – sind einander würdig: Neid und Faulheit sind die bewegenden Mächte in ihnen beiden. In jenem Heerlager will man so wenig als möglich mit den Händen arbeiten, in diesem so wenig als möglich mit dem Kopf; in letzterem hasst und neidet man die hervorragenden, aus sich wachsenden Einzelnen, welche sich nicht gutwillig in Reih und Glied zum Zwecke einer Massenwirkung stellen lassen; in ersterem die bessere, äusserlich günstiger gestellte Kaste der Gesellschaft, deren eigentliche Aufgabe, die Erzeugung der höchsten Culturgüter, das Leben innerlich um so viel schwerer und schmerzensreicher macht." (MA I 480, KSA 2, 314).

Nietzsches Metapolitik denkt weniger von konkreten politischen Institutionalisierungsformen als von der kulturellen Dynamik her, zu der sich Realpolitik immer schon und auf immer neue Weise verhalten muss. Hierbei ist es insbesondere die wechselseitige Durchdringung der Lebensformen, die aus seiner Perspektive schon früh als der entscheidende Grundzug der Moderne geltend gemacht wird. Durch die bereits unübersehbaren Globalisierungstendenzen einer sich beschleunigenden Zeit tritt der Mensch, ob er will oder nicht, notwendig ein in das „Zeitalter der Vergleichung". Nietzsches diesbezügliche Analyse ist in ihrer Verknüpfung von anthropologischen, kulturellen und politischen Motiven hochaktuell: „Je weniger die Menschen durch das Herkommen gebunden sind, um so größer wird die innere Bewegung der Motive, um so größer wiederum, dem entsprechend, die äußere Unruhe, das Durcheinanderfluten der Menschen, die Polyphonie der Bestrebungen." (MA I 23, KSA 2, 44). Der Verlust alter Bindungen wird bereits nicht mehr kulturpessimistisch gedeutet, sondern als die eigentliche philosophische Aufgabe interpretiert, die darin besteht, neue Lebensformen für den Menschen ohne Rückgriff auf ideologische Erklärungsmuster zu entwerfen. Nietzsches → Kulturkonzept ist, anders als im Frühwerk, nicht auf organische Einheit, sondern eher auf die experimentelle Integration heterogener Einflüsse angelegt. Für die kommende Politik kann es nach Nietzsche nur noch bedingt eine Orientierung an der Vergangenheit geben, denn die Gebundenheit der kulturellen Sphäre an räumliche, zeitliche, ethnische oder sonstige Bedingungen verliert immer mehr an Bedeutung – die Vergesellschaftungsprozesse der Moderne implizieren eine bisher kaum möglich gewesene Gleichzeitigkeit und Gleichräumigkeit unterschiedlicher zivilisatorischer Formationen: „Ein solches Zeitalter bekommt seine Bedeutung dadurch, dass in ihm die verschiedenen Weltbetrachtungen, Sitten, Culturen verglichen und neben einander durchlebt werden können; was früher bei der immer localisirten Herrschaft jeder Cultur, nicht möglich war" (ebd.). Unterschiedliche Lebensformen nebeneinander zu ‚durchleben', ohne den Verlust einer ethnischen, lokalen oder ideologischen Heimat zu betrauern: ebendarin sieht Nietzsche die Aufgabe der → freien Geister. Nihilismus und Globalisierung sind dabei die zwei Seiten derselben Medaille. Die Herausforderung der Haltlosigkeit ist dabei zugleich „Stolz" und „Leiden" der neuen denkerischen Situation. Empfohlen wird folgerichtig: „Fürchten wir uns vor diesem Leiden nicht!" (ebd.).

P

In der nationalstaatlichen Neuorganisation Europas im 19. Jahrhundert sieht Nietzsche ein akutes realpolitisches Gegenmoment zur eigentlichen kulturellen Aufgabe, die freilich eine maßgeblich individuelle bleibt: „den Weg zu jener neuen Synthesis vorzubereiten und versuchsweise den Europäer der Zukunft vorwegzunehmen" (JGB 256, KSA 5, 201 f.). Vor allem die reichsdeutsche Politik seiner Zeit ist ihm Zeichen für die „krankhafte Entfremdung, welche der Nationalitäts-Wahnsinn zwischen die Völker Europa's gelegt hat" (ebd.). Nietzsche hat auf beklemmende Weise sowohl in *Jenseits von Gut und Böse* als auch in der *Genealogie der Moral* die Gefahr ideologisch motivierter Kriege als Konsequenz der nihilistischen Erfahrung angedeutet und diese Tendenzen gleichwohl insgesamt als „Rückfälle im Tempo" einer Gesamtbewegung interpretiert, die den kulturellen „Prozess des werdenden Europäers" langfristig nicht mehr aufhalten wird (JGB 242, KSA 5, 182). Zu den fortschrittsoptimistischen Konzeptionen des Liberalismus und des Kapitalismus, aber auch zur Demokratisierung hat das Denken Nietzsches in für uns irritierender Weise entschieden Abstand gehalten. Er sieht in ihnen temporäre Ersatzreligionen und Nivellierungsbewegungen, in denen das Postulat von der Gleichheit der Menschen vorzugsweise vom Primat des Ökonomischen her durchgesetzt werden soll.

Die wachsende gesamtgesellschaftliche Orientierung auf einen Begriff der Menschheit, der maßgeblich auf die Sicherstellung materieller Bedürfnisse abhebt, reduziert das Individuum sukzessive auf eine, ihn als Einzelnen aufhebende Doppelrolle: Als Produzent wird er „ein nützliches arbeitsames, vielfach brauchbares und anstelliges Heerdenthier Mensch" im Dienst wechselnder Interessen (JGB 242, KSA 5, 183). Und als Konsument, der jede seiner vermeintlich eigenen Neigungen marktkonform ausleben kann, wird er schließlich zu jenem blinzelnden ‚letzten Menschen', der glaubt, das Glück erfunden zu haben, wenn die Sicherheitsängste beruhigt und die materiellen und hedonistischen Bedürfnisse gestillt sind.

Nicht zufällig ist gerade dies die ihrerseits durchaus politisch zu nennende Ausgangserfahrung Zarathustras: Eine an das ‚Volk' adressierte ‚Lehre vom Übermenschen' kann das bereits erfolgreich missionierte, gleichermaßen befriedete und befriedigte Kollektiv nicht mehr erreichen. Entsprechend muss auch der missionsfreudige Zarathustra seine politische Agenda umstellen von der Belehrung der Menge hin zur Herauslösung des Einzelnen aus seiner kollektiven Überformung: „Ein Licht gieng mir auf: nicht zum Volke rede Zarathustra, sondern zu Gefährten! Nicht soll Zarathustra einer Heerde Hirt und Hund werden! Viele wegzulocken von der Heerde – dazu kam ich." (Za, Vorrede 9, KSA 4, 25).

In dieses vom Individuum her gedachte metapolitische Narrativ scheint sich auch der vieldiskutierte Motivkomplex einzuschreiben, der in den letzten Schriften gelegentlich als ‚grosse Politik' erscheint. Als explizit „kleine Politik" waren bisher die „dynastische wie demokratische Vielwollerei" einerseits (JGB 208, KSA 5, 140), „Nationalismus" und „Rassenhass" andererseits bezeichnet worden (FW 377, KSA 3, 630). Zugleich aber betont letzterer Aphorismus mit dem bezeichnenden Titel *Wir Heimatlosen* erneut eine überpolitische Perspektive, stellt dabei polemisch die moralische Imprägnierung auch der internationalen politischen Bewegungen heraus, um schließlich jede der gebotenen Optionen zu verwerfen: „Wir ‚conserviren' Nichts, wir wollen auch in keine Vergangenheit zurück, wir sind durchaus nicht ‚liberal', wir arbeiten nicht für den ‚Fortschritt', wir brauchen unser Ohr nicht erst gegen die Zukunfts-Sirenen des Marktes zu verstopfen – das, was sie singen, ‚gleiche Rechte', ‚freie Gesellschaft', ‚keine Herrn mehr und keine Knechte', das lockt uns nicht! – wir halten es schlechterdings nicht für wünschenswerth, dass das Reich der Gerechtigkeit und Eintracht auf Erden gegründet werde" (FW 377, KSA 3, 629). Werden die → ‚guten Europäer' noch als ein künftiges Wir imaginiert, so monopolisiert Nietzsche schlussendlich den Motivkomplex der ‚grossen Politik' in *Ecce homo* ganz für die eigene Agenda und deren Wirksamkeit. In *Warum ich ein Schicksal bin* stilisiert er sich zur exemplarischen „Krisis" und sein Werk als „einen Akt höchster Selbstbesinnung der Menschheit", um die politische Dimension beider in martialischer Form zu beschwören: „Ich bin kein Mensch, ich bin Dynamit." (EH, Schicksal 1, KSA 6, 365). Die Umwertungen der eigenen Philosophie werden hierbei in scheinbar maßloser Weise als die entscheidenden Interventionen einer großen Politik der Begriffe interpretiert: „Der Begriff Politik ist dann gänzlich in einen Geisterkrieg aufgegangen" (ebd. 366). In diesen „Geisterkrieg" will Nietzsche seine Leser einbeziehen. Wie der bekennend apolitische Sokrates sich inmitten des hochpolitischen Athens hyperbolisch als der einzig wahre Politiker bezeichnet hat, so schafft auch Nietzsche in seinen Texten eine Kommunikationssituation, die den anderen zur Entscheidung über die ganze Reichweite der Bedeutung des Gemeinten zwingt. Nietzsches Politik des Geistes will den Leser vor solche Entscheidungen stellen, ihn zur Aufbietung seiner eigenen Individualität nötigen und damit – in einem durchaus auch demokratischen Sinn – politisieren. Während alle kleine Politik auf die Organisation und Kultivierung von Kollektiven abzielt, will Nietzsche den Einzelnen im Zeitalter des Nihilismus zum selbstverantwortlichen und zukunftsfähigen Individuum erziehen. In dieser Rolle wollte er ein „Schicksal" sein – ob er dies war oder ist, kann nur der Einzelne entscheiden, der sich auf Nietzsche ‚als Erzieher' einlässt: „Erst von mir an giebt es auf Erden grosse Politik. –" (ebd.).

(**UB III** 4, KSA 1, 363-375; **HW**, KSA 1, 783-792; **MA I** 23, KSA 2, 44 f.; **MA I** 480, 314; **MA I** 481, 314 ff.; **MA II**, WS 287, KSA 2, 682; **FW** 356, KSA 3, 595 ff.; **FW** 377, 628-631; **JGB** 208, KSA 5, 137-140; **JGB** 242, 182; **JGB** 256, 201 f.; **JGB** Achtes Hauptstück: 240-256, 179-204; **GD** Deutschen 4, 106 f.; **EH**, Schicksal 1, KSA 6, 365 f.;

NL 1869-70, 2[6], KSA 7, 46; **NL 1883**, 12[1], KSA 10, 383)

Rasse

Rasse ist für Nietzsche vor allem ein Begriff zur Beschreibung kultureller Eigendynamik: Mit ihm beobachtet er menschliche Sozialisationsformen daraufhin, wie sie in Auseinandersetzung mit der Umwelt eine kulturelle Identität gewinnen.

Nietzsche operiert, wie beinahe alle seine Zeitgenossen, auf eine heutzutage irritierende und leichtfertige Weise mit dem Begriff der Rasse, gerade weil dessen begriffliche Grundlegung weitgehend ungeklärt war. Gleichwohl nimmt er andererseits immer wieder unmissverständliche Abgrenzungen zur aufkommenden Ideologie des Rassismus vor. Sein Rassenverständnis ist damit im Unterschied zu den in der zweiten Hälfte des 19. Jahrhunderts erstarkenden Rassentheorien als dezidiert antibiologistisch zu verstehen. Nietzsche betont in einer sprachlichen Verschärfung des klassischen Bildungsbegriffs und mit Rekurs auf das griechische Erziehungskonzept der *paideia* den Gedanken der ‚Züchtung', verstanden als die gesellschaftliche Erzeugung eines Ensembles von erwünschten Eigenschaften.

Unmittelbar damit zusammenhängend finden sich Kulturen bei Nietzsche gerade in ihrer formativen Phase als Mischungen interpretiert. Schon in den Griechen, die von klassizistischen und philhellenischen Interpreten zum Inbegriff der reinen Rasse stilisiert worden sind, sieht der junge Nietzsche eine ethnische Mischung, die sich erst zu einer → Kultur erzogen und nur in Gestalt dieses Erziehungsvorgangs, also durch Einübung in spezifische kulturelle Praktiken Rasse geworden ist. An jene Vorstellung, die Rasse aus ‚natürlicher' Reinheit hervorgehen lassen will, richtet er die rhetorische Frage: „Was sind ‚Rassegriechen'? Genügt es nicht anzunehmen, daß Italiker mit thrakischen und semitischen Elementen gepaart Griechen geworden sind?" (NL 1875, 5[198], KSA 8, 96).

Ähnliches wird Nietzsche im Spätwerk auch für die nach Selbstdefinition dürstenden und entsprechend ressentimentanfälligen Deutschen geltend machen, „ein Volk der ungeheuerlichsten Mischung und Zusammenrührung von Rassen", dessen slawische und jüdische Bestandteile er immer wieder mit provozierender Freude hervorgehoben und als kulturfördernd gepriesen hat (JGB 244, KSA 5, 184). Dass ausgerechnet in → Europa, einem Produkt zweitausendjähriger ethnischer Durchmischung, im ausklingenden 19. Jahrhundert mehr und mehr der Mythos der reinen Rasse bzw. des reinen Bluts grassiert, ist für Nietzsche schlicht eine intellektuelle Absurdität und zugleich Anzeichen immer aggressiver auftretender Ressentimentbewegungen. Entsprechende Distanzierungen dominieren nicht nur in seinen metapolitischen Konzeptionen zur ‚grossen Politik' und zum ‚guten Europäer', sie prägen auch seine persönliche, im Briefwechsel deutlich dokumentierte Einstellung. Dabei gilt die unmissverständliche „Maxime: mit keinem Menschen umgehn, der an dem verlognen Rassen-Schwindel Antheil hat. (Wieviel Verlogenheit und Sumpf gehört dazu, um im heutigen Mischmasch-E<uropa> Rassenfragen aufzurühren!)" (NL 1886-87, 5[52], KSA 12, 205).

Die fraglose Tatsache, dass Teile von Nietzsches Denken gleichwohl rassistisch vereinnahmt und noch größere Teile biologistisch missverstanden werden konnten, hat verschiedene Gründe. Sie ist einerseits Resultat der von massiven Entstellungen, Ideologisierungen und Verkürzungen geprägten Edition des vermeintlichen Hauptwerks *Vom Willen zur Macht* durch Elisabeth Förster-Nietzsche (→ Kap. V), zumal in Gestalt der als viertes Kapitel ausgegeben Textsammlung *Von Zucht und Züchtung* in der zweiten Ausgabe. Andererseits hat Nietzsche mit der metaphernfreudigen Ausübung seines physiologischen Sprachspiels, das geistige Prozesse immer wieder an den → Leib rückbindet, und dem Einsatz naturwissenschaftlich-medizinischen Vokabulars bei der Explikation kultureller und intellektueller Phänomene der Möglichkeit des Missverstehens zum Teil auch selbst Vorschub geleistet. Hinzu kommt, dass er die Bedeutung ‚züchtender' sozialer Erfahrungen und schmerzhafter biographischer Erlebnisse oftmals in einem evolutionären Kontext betont. Dabei ist er weniger an → Darwin selbst orientiert, sondern scheint vielmehr von Lamarcks Theorem einer intragenerationellen Weitergabe erworbener Eigenschaften auszugehen, wobei er diese oft vorschnell auf das kulturelle Feld überträgt. Schließlich bleibt anzumerken, dass es bei Nietzsche, etwa in *Also sprach Zarathustra*, durchaus auch ein problematisches, wenngleich überwiegend metaphorisch bleibendes Sprachspiel des Blutes gibt, das die Leser provoziert und auch provozieren soll. All dies sind jedoch nur (Vorder-)Gründe für Missverständnisse eines Denkens, das von einer fraglosen Einsicht geleitet ist: „Wer das fremde Blut haßt oder verachtet, ist noch kein Individuum, sondern eine Art menschliches Protoplasma." (NL 1881, 11[296], KSA 9, 555).

(**M** 272, KSA 3, 213 f.; **FW** 377, KSA 3, 628-631; **JGB** 48, KSA 5, 69 f.; **JGB** 244, 184 ff.; **JGB** Achtes Hauptstück: 240-256, 179-204;
NL 1875, 5[198], KSA 8, 96; **NL 1881**, 11[276], KSA 9, 547 f.; **NL 1881**, 11[296], 555; **NL 1886-87**, 5[52], KSA 12, 205)

Ressentiment

I. Allgemeines und Quellen

Das Lehnwort aus dem Französischen steht zunächst für einen ganzen Komplex von Rache- und Neidempfindungen. Konstitutiv für den negativen Empfindungskomplex ist zudem schon früh der Umstand der Unterdrückung und Verschleierung dieses Gefühls vor anderen bis hin zu Formen gänzlich unbewusster Abneigung. Erst durch diesen hinzutretenden Unterdrückungsmechanismus avanciert das Gefühl zur grundsätzlichen Haltung im Sinne eines reaktiven Minderwertigkeitsgefühls und wird als solches zur Quelle sozial-, individual-, und moralpsychologischer Untersuchungen. Nietzsche nimmt den Begriff meist im letztgenannten Sinn auf, macht ihn zu einer zentralen Kategorie seiner → Moralkritik und Moralgenealogie und ist durch die Eindringlichkeit seiner Analysen vor allem für die spätere psychologische und psychoanalytische Vertiefung des Ressentiment-Begriffs verantwortlich.

Hauptquelle für Nietzsches Beschäftigung mit dem → Ressentiment war die seinerzeit enorm wirkungsmächtige Arbeit von Eugen Dühring *Der Werth des Lebens* (1865). Ihrer naturalistisch-biologistischen Grundanlage nach leitete Dührings Ethik das Rechtsgefühl aus dem Ressentiment her. In Nietzsches umfassendem Exzerpt des Werks kommt der Begriff folgerichtig in diesem Sinn und erstmals überhaupt vor: „Das Rechtsgefühl ist ein Ressentiment, gehört mit der Rache zusammen: auch die Vorstellung einer jenseitigen Gerechtigkeit geht auf das Rachegefühl zurück." (NL 1875, 9[1], KSA 8, 176). Später wird sich Nietzsche in der *Genealogie der Moral*, in der das Ressentiment begrifflich erstmals im veröffentlichten Werk auftaucht und zudem von systematischer Relevanz ist, vom ersten Teil dieser These abgrenzen. Ihr zweiter Teil bleibt dagegen vor allem für die religionspsychologische Durchleuchtung christlicher Dogmatik von hoher Bedeutung. Als weiterer, jedoch erheblich späterer Einfluss darf die französische Ausgabe zu Dostojewskis *L'esprit souterrain* angesehen werden, die zur psychologischen Vertiefung und phänomenologischen Konkretisierung von Nietzsches Ressentimentverständnis beigetragen haben dürfte.

II. Moralkritik und Moralgenealogie

Innerhalb von Nietzsches Moralgenealogie wird das Konzept des Ressentiments zu einer Schlüsselbestimmung ausgebaut. Es bezeichnet im Gegensatz zur weitgehend unreflektierten, dafür ‚vornehmen' Selbstbejahung der → ‚Herrenmoral' eine abwartende, aus der Ohnmacht resultierende Grundhaltung. Doch die ‚reaktive' Unfähigkeit zur Tat angesichts eines übermächtigen Gegenübers ermöglicht einen Distanzierungsspielraum, von dem aus die Verhältnisse als solche umgewertet werden können – die moderne Moral ist in diesem Sinn das eigentliche Produkt des Ressentiments: „Der Sklavenaufstand in der Moral beginnt damit, dass das Ressentiment selbst schöpferisch wird und Werthe gebiert: das Ressentiment solcher Wesen, denen die eigentliche Reaktion, die der That versagt ist, die sich nur durch eine imaginäre Rache schadlos halten. Während alle vornehme Moral aus einem triumphirenden Ja-sagen zu sich selber herauswächst, sagt die Sklaven-Moral von vornherein Nein zu einem ‚Ausserhalb', zu einem ‚Anders', zu einem ‚Nicht-selbst': und dies Nein ist ihre schöpferische That." (GM I 10, KSA 5, 270 f.). Diese Verneinungsleistung wird als der eigentliche Setzungsakt des Ressentiments ausgewiesen und von Nietzsche in polemischer Überzeichnung als ‚Sklavenmoral' angesprochen. Während in einer zu einseitigen Lesart der *Genealogie der Moral* oft nur der imaginäre Rachecharakter der Ressentimentmoral herausgearbeitet wird, gilt es festzuhalten, dass Nietzsche gleichzeitig die kulturelle Selbstwahrnehmung, die Umwertung der Verhältnisse und die dianoetischen Tugenden als solche, v.a. die Klugheit, als Epiphänomene des Ressentiments auslegt. Die Zurückhaltung der Rachebedürfnisse, die Neuauslegung der Lebenswelt durch die Erschaffung ‚reaktiver' moralischer Realitäten und deren Verinnerlichung sind, v.a. im Hinblick auf die Internalisierung des Schuldbegriffs im → Christentum, insofern einerseits als „Vergiftung" adressiert (GM I 9, KSA 5, 270). Sie sind jedoch ebenso als Voraussetzungen jedweder kulturellen, intellektuellen und ästhetischen ‚Vertiefung' der Seele relevant. Nicht zufällig unterstreicht Nietzsche diesen Zusammenhang im Rahmen seiner Typologie des ‚asketischen Priesters', der das Ressentiment als „Krankheit" kultiviert und verwaltet, um den Menschen in Gestalt einer Moral von seinem Leiden zu erlösen: „mit einiger Billigkeit liesse sich allerdings auch hinzufügen, dass erst auf dem Boden dieser wesentlich gefährlichen Daseinsform des Menschen, der priesterlichen, der Mensch überhaupt ein interessantes Thier geworden ist, dass erst hier die menschliche Seele in einem höheren Sinne Tiefe bekommen hat und böse geworden ist – und das sind ja die beiden Grundformen der bisherigen Überlegenheit des Menschen über sonstiges Gethier!" (GM I 6, KSA 5, 266). Damit ist die produktive bzw. kreative Dimension des Ressentiments bei Nietzsche hinreichend verdeutlicht: Von ihm aus wird der Mensch, der sich durch Moralisierung, also Techniken der Selbstkontrolle, zu einem Kulturwesen erzieht, das nach ‚gut' und ‚böse' unterscheiden kann, überhaupt erst denkbar.

Auf der Ebene der Individualmoral ist Nietzsches Denken dagegen als der permanente Versuch anzusehen, dem Ressentiment als einer Verkennung und Verzeichnung der Realität zu entkommen. Vor allem seine Kritik am Christentum als einer universalisierten Moral der Ohnmächtigen, die nun ihrerseits als Macht auftritt, speist sich aus dieser Absicht: „Gegen die Formulierung der Realität zur Moral empöre ich mich: deshalb perhorrescire ich das Christenthum mit einem tödlichen Haß" (NL 1888, 14[123], KSA 13, 305). In den Empörungen und Polemiken seines Schreibens reaktiviert Nietzsche folgerichtig ebenso den Negativ-Impuls des Ressentiments wie er im Projekt einer → ‚Umwertung der Werte' von dessen produktivem Potential Gebrauch macht. Auch Zarathustra ist sich über seine Verstricktheit in die Moral im Klaren und wird in wechselnden dramatischen Episoden mit den Gefahren des Ressentiments konfrontiert, die dem Ethos seiner unbedingten Lebensbejahung entgegenstehen (Za I, Vom Biss der Natter; Za II, Von den Taranteln). Eine Moral von Nietzsches moralkritischem Denken gibt sich vor allem in den späten Formeln vom → *amor fati*, der ‚Vornehmheit' und dem ‚Pathos der Distanz' zu erkennen: Sie alle betonen und erstreben eine inter-individuelle moralische Distinktionskunst, die nicht nur die eigene Individualität wahrt, sondern auch die des Anderen zulassen kann und in genau dieser Enthaltung von Zuschreibungen gelebte Freiheit vom Ressentiment ist. Eine solche Disposition bleibt eher die Ausnahme als die Regel und muss, darin der Freiheit des Geistes ähnlich, immer wieder neu erworben werden (→ freier Geist).

R

In diesem Zusammenhang fällt auf, dass Nietzsche bei aller fundamentalen Religionskritik im Spätwerk ausgerechnet in den religiösen Ursprungsformen ein besonderes psychologisches Wissen um die Gefahr des Ressentiments erkennt und in ihnen jenes Ringen um Ressentimentfreiheit (wieder)entdeckt, das seinem eigenen lebensbejahenden Ethos des Nicht-anders-haben-Wollens nahekommt. Der → Buddhismus etwa ist dazu imstande, „weil er keine Gegnerschaft hat und von vornherein seine ganze Kraft <auf die> Ausrottung der feindseligen Gefühle richten darf. Der Kampf gegen das ressentiment erscheint fast als erste Aufgabe des Buddhisten: erst damit ist der Frieden der Seele verbürgt. Sich loslösen, aber ohne Rancune: das setzt allerdings eine erstaunlich gemilderte und süß gewordene Menschlichkeit voraus – Güte..." (NL 1887, 10[157], KSA 12, 548). Gelten für den Buddhismus und seine Lehre kulturelle Sonderbedingungen, so ist die entschiedene Herauslösung Jesu aus der christlichen Ressentimentstruktur mit einer noch erstaunlicheren Anerkennungsleistung verbunden. Auch wenn Jesus im Spätwerk eher als psychopathologischer Sonderfall einer „Unfähigkeit zum Widerstand“ verhandelt wird (AC 29, KSA 6, 200), so täuscht dies nicht darüber hinweg, dass der psychischen und phänomenalen Logik seiner Weltumdeutung ein expliziter Vorbildcharakter eingeräumt wird. Die Unterschiedsmarkierung zwischen Jesus und seinen Jüngern ist eindeutig: „Die Worte an den Schächer am Kreuz heißen nichts anderes: wenn du fühlst, daß das das Rechte ist, nicht-sich-wehren, nicht zürnen, nicht verantwortlich-machen, vielmehr leiden, mitleiden, vergeben, bitten für die, welche uns verfolgen und tödten: nun, so hast du das Eine, was noth thut, den Frieden der Seele – so bist du im Paradiese – Offenbar verstand man gerade die Hauptsache nicht: das Vorbild in dieser Freiheit von allem Ressentiment: wieder hat ja der Tod Christi keinen Sinn als das stärkste Vorbild und die stärkste Erprobung seiner Lehre zu sein... Seine Jünger waren alle ferne davon, diesen Tod zu verzeihen: das am meisten unevangelische Gefühl, die Rache kam obenauf...“ (NL 1887-88, 11[378], KSA 13, 176). Ähnlich wie einem Sokrates jenseits des logisch-optimistischen ‚Sokratismus‘, einem Platon jenseits des realitätsfeindlich-idealistischen Platonismus gesteht Nietzsche auch dem religiösen Umwerter Jesus zuletzt eine individuelle Reserve gegenüber der von ihm ausgehenden Bewegung zu. Umdeutungen und Anerkennungsleistungen wie diese zeigen einen Nietzsche, der innerhalb seines eigenen Kampfes gegen Platonismus und Christentum um Selbstkontrolle ringt und bestrebt ist, diesem Kampf den Charakter eines Ressentiments zu nehmen.

(**GM I** 10, KSA 5, 270-274; **GM I** 11, 274-277; **GM I** 14, 281 ff.; **GM II** 11, KSA 5, 309-313; **GM II** 17, 324 f.; **GM III** 11, KSA 5, 361 ff.; **GM III** 14, 367-372; **GM III** 15, 372-375; **AC** 20, KSA 6, 186 f.; **AC** 24, 191 ff.; **AC** 40, 13 f.; **AC** 43, 217 f.; **AC** 45, 221 ff.; **EH** weise 6, KSA 6, 272-275;

NL 1875, 9[1], KSA 8, 131-181; **NL 1888**, 14[29], KSA 13, 231 ff.; **NL 1888**, 14[182], 365-370; **NL 1888**, 24[1], 615-632)

Sklavenmoral (→ Herrenmoral – Sklavenmoral)

Sprache, Sprachkritik

Die Einsicht in die unaufhebbare Sprachbedingtheit aller Denkvollzüge gehört zu den Initiationserfahrungen von Nietzsches erwachendem philosophischen Selbstverständnis. Insbesondere die facettenreichen, wenngleich noch heterogenen sprachkritischen Ansätze des Frühwerks sind samt und sonders in Form eines Vorbehaltes gegen die Philosophie formuliert. Heißt es in einer geradezu programmatischen Vorwegnahme des *linguistic turn* noch, der Philosoph sei „in den Netzen der Sprache eingefangen“ (NL 1872, 19[135], KSA 7, 463), wird dieser Umstand später nochmals präzisiert: „Die Verführer der Philosophen sind die

Worte, sie zappeln in den Netzen der Sprache.“ (NL 1875, 6[39], KSA 8, 113). Entsprechend hat sich Nietzsche vorzugsweise im Gebrauch und der Kultivierung seiner eigenen Sprache in nahezu allen seinen Schriften als Alternative zur philosophischen Tradition verstanden. Diese schriftstellerische Positionierung wird im Werk immer wieder betont, mitunter auch überbetont und in stetig neuer Weise inszeniert. Beinahe jedes seiner Werke ist in impliziten sprachphilosophischen Grundlagenreflexionen fundiert und als das jeweilige stilistische oder formale Gegenangebot zu den vorgetragenen sprachkritischen Positionen anzusehen.

Nicht zu unterschätzen ist in diesem Zusammenhang die im Zeitraum der Basler Professur vorgenommene Auseinandersetzung mit der antiken Rhetorik, die sich etwa in den Lehrveranstaltungen zur *Darstellung der antiken Rhetorik*, zur *Geschichte der griechischen Beredsamkeit* sowie zur *Rhetorik* des Aristoteles manifestiert. Sie zielen in ihrer gemeinsamen Stoßrichtung auf das Projekt einer philosophischen Rehabilitation der Rhetorik ab. In ihrer Verteidigung eines rhetorischen Sprachbegriffs sind sie gegen die Systematisierung und Kritik rhetorischer Rede vonseiten einer logozentrisch organisierten Philosophie gerichtet. Im Gegensatz zur philosophischen Abwertung der rhetorischen Praxis als affektgeladener Manipulation des Gegenübers und bloß dekorativer Überformung eines begrifflich bereits gegebenen Sachzusammenhangs insistiert Nietzsche auf die ursprüngliche Rhetorizität der Sprache und den logoplastischen bzw. welterschließenden Charakter rhetorischer Formgebung. Die poetische Erschließungskraft und damit ästhetische Erkenntnisleistung der Metapher wird dabei gegen ein diskursives Gebaren verteidigt, in dem die Unterscheidung von Metapher und Begriff von Vornherein fälschlich absolut gesetzt ist. Nicht zuletzt darum bezeichnet Nietzsche das Auftreten der Logosphilosophie in Athen als ‚reaktiv‘, weil es sich in der begrifflichen Selbstlegitimierung immer wieder als reine Form entwerfen muss, die weder von der sinnlichen Wahrnehmung noch von poetischen oder rhetorischen Figuren imprägniert ist.

Sprachphilosophisch in einem engeren Sinn folgt Nietzsche wiederum einem von Johann Gottfried Herder, Johann Georg Hamann und Wilhelm von Humboldt markierten Traditionszusammenhang. Dieser betont – oft mit kritischer Attitüde gegen die vermeintliche Sprachlosigkeit des kantischen Vernunftbegriffs – die Offenheit und reproduktive Selbstorganisation einer als Organ verstandenen Sprache. Herausgehoben wird dabei insbesondere die Rolle der individuellen Sprachäußerung, die sich notwendig ihrer Aufhebung in einem allgemeinen Verstehen entzieht. Verpflichtet ist Nietzsche nicht minder den kommunikationsphilosophischen Prämissen der romantischen Sprachkonzeption Schleiermachers, die von einem irreduziblen Moment des Nicht-Verstehens innerhalb aller hermeneutischen Bemühungen ausgeht. Erst in der produktiven Auseinandersetzung zwischen Verstehen und Nicht-Verstehen innerhalb der kommunikativen Vollzüge schärfen sich die Nuanciertheit der Fremdwahrnehmung, die Präzision der sprachlichen Mitteilung und in bzw. mit ihnen der hermeneutische Verstehensbegriff (→ Stil). Unmittelbares und widerstandsloses Verstehen dagegen entprofiliert die jeweils zur Disposition stehende Sache und beendet die Kommunikation: Der pragmatische Vorteil eines durch Verallgemeinerung gleichsam abgekürzten Verstehens wird dabei erkauft um den Preis der Nivellierung von Differenzen und der Aufhebung individueller Ansprüche.

Die Überführung der philologisch bzw. poetologisch motivierten Sprachauffassung in eine Kritik an der epistemologisch-ontologischen Metaphysik wird schließlich in *Ueber Wahrheit und Lüge im aussermoralischen Sinne* vollzogen: Hier nimmt die Kritik an der Sprache der Philosophie erstmals selbst die Gestalt einer philosophischen Haltung an. Die menschliche Bewusstseinsbildung wird hierbei ironisch als experimenteller, evolutionär bedingter Sonderfall behandelt, der Spracherwerb folgerichtig als dafür erforderliches „Mittel zur Erhaltung des Individuums" in den Blick genommen (WL 1, KSA 1, 876). Vordergründig einer konventionalistischen Sprachauffassung verpflichtet, lässt Nietzsche aus der „Gesetzgebung der Sprache [...] auch die ersten Gesetze der Wahrheit" hervorgehen (ebd., 877). Zugleich sind Sprachkonventionen auf Sprechakte der Täuschung, Verstellung und Abkürzung zurückgenommen, um das leitende Konzept der ‚Täuschung' als alternativlosen Daseinsmodus zu nobilitieren. Die Oberflächenwelt des Bewusst-Gemachten wird in der Folge als minimaler Ausschnitt einer ungleich reicheren, das Leben eigentlich steuernden Welt des Unbewussten relativiert. Die Frage, ob „die Sprache der adäquate Ausdruck aller Realitäten" sei, wird folglich verneint und das Problem einer möglichen Abbildung von Welt durch Sprache hin zur Welterschließung durch die sprachlichen Modi verschoben (ebd., 878). Dabei schließt Nietzsche in einem antiidealistischen Grundzug zunächst noch an Kants transzendentale Ästhetik an, indem auch er die Formen der Gegenstandskonstitution von den subjektiven Bedingungen abhängen lässt. Nur wenig später jedoch findet sich das Subjekt-Objekt-Schema als solches unter gänzlich anderen Vorzeichen ästhetisch reformuliert. Der sprachliche Ausdruck wird jetzt unter Rückgriff auf Gustav Gerbers *Die Sprache als Kunst* als das Endprodukt einer dreifachen, jeweils arbiträren Übertragungsleistung angesetzt: vom „Nervenreiz" zum Bild, vom Bild zum Laut, vom Laut zum Wort. Zwischen „Subjekt und Objekt" kann es unter solchen Voraussetzungen „keine Causalität, keine Richtigkeit" mehr geben: stattdessen jedoch – und an diesem Punkt verbinden sich die Studien zur Rhetorik mit der neu formulierten Metaphysikkritik – „ein ästhetisches Verhalten" (WL 1, KSA 1, 884). Resultat dieses Zusammenschlusses ist die provozierende Neuauslegung der Wahrheitsfrage im Horizont einer welterschließenden Ästhetik der Sprache: „Was ist also Wahrheit? Ein bewegliches Heer von Metaphern, Metonymien, Anthropomorphismen kurz eine Summe von menschlichen Relationen, die, poetisch und rhetorisch gesteigert, übertragen, geschmückt wurden, und die nach langem Gebrauche einem Volke fest, canonisch und verbindlich dünken: die Wahrheiten sind Illusionen, von denen man vergessen hat, dass sie welche sind, Metaphern, die abgenutzt und sinnlich kraftlos geworden sind" (WL 1, KSA 1, 880 f.). Sowohl in ihren gedichteten, anschauungsbasierten Leitworten als auch in den Tropen als satzstrukturierenden Verbindungen ist die Sprache gerade durch ihre vorgelagerte rhetorische Verfasstheit eine die Weltlichkeit der Welt überhaupt erst hervorbringende.

Die entscheidende Verführung der Philosophen – so nimmt Nietzsche später sein frühes Sprachspiel auf – sei „eine Verführung von Seiten der Grammatik her" (JGB Vorrede, KSA 5, 11 f.). Generell lässt sich sagen, dass Nietzsches spekulative Freilegung des Zusammenhangs von Grammatik und Wahrheit eine systematische Zugkraft entfaltet, weil sie das Geschäft der philosophischen Begriffsbildung unmittelbar betrifft. Nicht umsonst steht dieses sprachkritische Argumentationsmuster auch seit dem Beginn der hermeneutisch-kritischen Nietzscheforschung im Zentrum der Aufmerksamkeit. In der Explikation der bisherigen Philosophiegeschichte als unbewusster Affirmation einer bestimmten grammatikalischen Sprachgestalt erreicht die vorgenommene Kritik einerseits ihre prinzipielle Dimension und andererseits ihren selbstreferentiellen Umschlagpunkt. „Gerade, wo Sprach-Verwandtschaft vorliegt, ist es gar nicht zu vermeiden, dass, Dank der gemeinsamen Philosophie der Grammatik – ich meine Dank der unbewussten Herrschaft und Führung durch gleiche grammatische Funktionen – von vornherein Alles für eine gleichartige Entwicklung und Reihenfolge der philosophischen Systeme vorbereitet liegt: ebenso wie zu gewissen andern Möglichkeiten der Welt-Ausdeutung der Weg wie abgesperrt erscheint." (JGB 20, KSA 5, 34) In der *Genealogie der Moral* hat Nietzsche die Bedingtheit unserer (sprach-)logischen Erschließungsformen mitsamt der Artikulation der Wahrnehmungsvorgänge durch die spezifische Prägung der indoeuropäischen Satzgrammatik an einem einfachen Beispiel veranschaulicht. Demnach kommt „das Volk" (dem auch die Philosophen zugehören) nicht umhin, das leuchtende Aufzucken am Himmel bei Unwetter einem Blitz zuzuordnen. Propositionales Resultat dieser durch die Sprache befangenen Wahrnehmung ist der vermeintlich unproblematische Satz: ‚Der Blitz leuchtet.' Philosophisch sind mit einer solchen Aussage bereits die entscheidenden Weichen gestellt, bzw. die sprachlich bedingten „versteinerten Grundirrthümer der → Vernunft" aktualisiert (GM I 13, KSA 5, 279). Wird der Blitz als wesenhaft genommen, seine Zuckungen und Leuchteffekte als dessen akzidentelle Bestimmungen gefasst, so bewegen wir uns bereits unweigerlich im Bereich der Substanzontologie. Wir konzedieren ein Wesen, das lediglich seine Eigenschaften wechselt. Interpretiert man in einem Folgeschritt den Blitz als Grund für seine Leuchtkraft, ist das Kausalschema von Ursache und Wirkung aktualisiert: „Das Volk verdoppelt im Grunde das Thun, wenn es den Blitz leuchten lässt [...]: es setzt dasselbe Geschehen einmal als Ursache und dann noch einmal als deren Wirkung." (ebd.). Personalisiert man den Blitz zum Täter eines Tuns, des Leuchtens, ist auf diesem Weg ein Subjekt unterstellt, dem es folgerichtig freisteht, zu leuchten oder nicht, und dem sich ebendarum Verantwortung zuschreiben oder absprechen lässt – dieser moralgenealogische Zusammenhang ist der eigentliche Kontext für die Angabe des Beispiels in der *Genealogie der Moral.* Aristotelische Substanzontologie, cartesische Subjektphilosophie, kantische Transzendentalphilosophie und nicht zuletzt die modernen Naturwissenschaften werden in dieser Weise als theoretische Paradigmen eines letztlich unzureichend rekonstruierten

Sprachgebrauchs gedeutet. Nietzsches pointiertestes Fazit im Hinblick auf die europäische Tendenz, logisch, ontologisch, epistemologisch und nicht zuletzt ethisch immer wieder ein „indifferentes Substrat" (GM I 13, KSA 5, 279) zu unterstellen, ist prominent: „Ich fürchte, wir werden Gott nicht los, weil wir noch an die Grammatik glauben..." (GD, Vernunft 5, KSA 6, 78).

Freilich ist es eine Sache, einen derartig fundamentalen Verstrickungszusammenhang lediglich zu konstatieren, und wiederum eine ganz andere Sache, die Konsequenzen dieser letztlich unvermeidlichen Verstrickungen als Denker auszutragen. Als ein Schlüsselzitat für das aus der radikalen Kritik gewonnene Selbstverständnis darf das folgende, nicht zufällig mit „Grundlösung" überschriebene Bekenntnis des Nachlasses gelten: „wir hören auf zu denken, wenn wir es nicht in dem sprachlichen Zwange thun wollen, wir langen gerade noch bei dem Zweifel an, hier eine Grenze als Grenze zu sehn. Das vernünftige Denken ist ein Interpretiren nach einem Schema, welches wir nicht abwerfen können." (NL 1886-87, 5[22], KSA 12, 193 f.). An diesem neuralgischen Punkt, die „Grenze als Grenze" zu sehen, hat der Sprachkritiker Nietzsche als philosophischer Schriftsteller weitreichende Konsequenzen für die Wahl und die Formen der Mitteilung gezogen. Er stellt nicht nur methodisch von definitorischer Festlegung des Sinns auf die Praxis permanenter Sinnverschiebung um, sondern setzt auch auf sprachliche Ausdrucksmöglichkeiten und Mitteilungstechniken jenseits des philosophischen und wissenschaftlichen Diskurses. Er perspektiviert auf diese Weise die in der Sprache unvermeidliche Aussagestruktur des apophantischen Satzes durch eine fortgesetzte Dramatisierung des sprachlich erzeugten Sinns. Mit seiner Wahl literarischer Darstellungsformen (→ Aphorismus, Sentenz, Erzählung, Fabel, Dialog etc.), seiner auf Leservereinzelung abzielenden Mitteilungsformen, seinen Praktiken der Entbegrifflichung und Metaphorisierung und nicht zuletzt der stilistischen Bandbreite seines performativen Schreibens operiert Nietzsche fortgesetzt mit den ästhetischen Möglichkeiten der Sprache, um im Sagen zugleich die Grenzen der Sagbarkeit hervortreten zu lassen. Die noch immer geläufigen Charakterisierungen Nietzsches als eines Dichter-Philosophen, Literaten und herausragenden Stilisten sind darum nicht falsch, aber entschieden vordergründig. Sie unterschätzen schlicht die Konsequenz, mit der er die eigenen sprachkritischen Reflexionen für die Suche nach neuen philosophischen Ausdrucksmöglichkeiten fruchtbar gemacht hat.

(**ZB** 2, KSA 1, 672-692; **WL** 1-2, KSA 1, 875-890; **MA I** 270, KSA 2, 223; **M** Vorrede 5, KSA 3, 17; **Za I** Lesen, KSA 4, 48 ff.; **JGB** Vorrede, KSA 5, 11 ff.; **JGB** 20, KSA 5, 34 f.; **JGB** 22, 37; **JGB** 28, 46 f.; **JGB** 34, 52 ff.; **JGB** 54, 73; **JGB** 247, 190 f.; **JGB** 268, 221 f.; **GM I** 13, KSA 5, 278-281; **GD**, Vernunft 5, KSA 6, 77 f.; **AC** 52, KSA 6, 232 ff.;

NL 1872, 19[135], KSA 7, 463; **NL 1875**, 6[39], KSA 8, 113; **NL 1885**, 35[35], KSA 11, 526; **NL 1885**, 40[16], 635 f.; **NL 1885**, 40[20], 637 f.; **NL 1885**, 40[23], 639 f.; **NL 1886-87**, 5[22], KSA 12, 193 f.; **NL 1886-87**, 6[13], 237 f.)

Stil

Der Versuch einer Bestimmung von Inhalten der Philosophie Nietzsches zwingt den Interpreten auch zur Auseinandersetzung mit der Sprache und den schriftstellerischen Formen, in denen diese Philosophie vorgebracht ist. Dies ist kein Zufall: Fragen des Stils sind für Nietzsche philosophische Kardinalfragen, hat dieser sich doch vor allem im Gebrauch seiner Sprache als Gegenangebot zur europäischen Tradition inszeniert. Die forcierte Suche nach einem eigenen Stil und dessen permanente Selbstüberprüfung ist dabei primär der prinzipiellen → Sprachkritik geschuldet, die Nietzsche in der Basler Zeit in metaphorologischer, narratologischer, grammatikalischer und epistemologischer Hinsicht vollzogen hat. Ausgehend von dieser Kritik sind mit dem Phänomen des Stils mehrere Ansprüche verknüpft, die Nietzsche alsbald auch schriftstellerisch umzusetzen bestrebt ist: Anstelle der Abbildung einer vorgegebenen Welt durch das Instrument der Sprache geht er von einer prinzipiell sprachlichen Welterschließung aus (1.). Die der Sprache immanente poetische Erschließungskraft manifestiert sich konstitutiv figural und metaphorisch. Die logische und definitorische Disziplinierung der Sprache zur Begriffssprache dagegen wird als nachrangiger und insofern abkünftiger Modus verstanden (2.). Die Unterscheidung von stilistischer Form und gedanklichem Inhalt ist folgerichtig nicht mehr haltbar (3.): „Den Stil verbessern – das heißt den Gedanken verbessern, und gar nichts weiter!" (MA II, WS 131, KSA 2, 610). In Fortsetzung und Radikalisierung romantischer (Schlegel) und hermeneutischer (Schleiermacher) Stildiskussionen fasst Nietzsche den Stil als dasjenige Moment, das eine Textgestalt in ihrer ästhetischen Eigensinnigkeit und Eigenwilligkeit auszeichnet und zuletzt auf eine individuelle Mitteilungskunst hinausläuft, der wiederum nur mit einer individuell zu verstehenden ‚Kunst des Lesens' entsprochen werden kann. Vornehmlich im Spätwerk hat Nietzsche seine stilistische Meisterschaft betont und mitunter wohl auch in unverhältnismäßiger Weise geradezu beschworen. Bedeutsam an diesem Umstand ist, dass es sich bei derartigen Betonungen nicht mehr um die Proklamation bestimmter ästhetischer Kriterien handelt, sondern um die Forderung, jeder gedanklichen Absicht mit der Entwicklung eines zugehörigen Stils zu entsprechen: „Nichts liegt mir ferner, als der Glaube an einen ‚allein selig machenden Stil' […] Hat nicht die Absicht einer Schrift nicht immer erst das Gesetz ihres Stils zu schaffen? Ich verlange, daß, wenn diese Absicht sich ändert, man auch unerbittlich das ganze Prozedurensystem des Stils ändert." (Brief an Josef Widmann, Nr. 985, KSB 8, 244).

Zwischen dem Aufgeben seiner Professur und dem Eintritt in die → aphoristische Schriftstellerei von *Menschliches, Allzumenschliches* vollzieht sich der vermutlich entscheidende Stilwandel Nietzsches. Für die damit einhergehende Veränderung des sprachlichen Formbegriffs und der adressatenorientierten Mitteilungsstruktur kann der Tautenburger Brief an Lou von Salomé, abgefasst 1882 in Gestalt einer „Lehre vom Stil", als das maßgebliche Dokument angesehen werden.

Zunächst jedoch führen Nietzsches prinzipielle stilistische Selbstreflexionen in die Leipziger Studienzeit zurück und setzen mit einem bezeichnenden Bekenntnis ein. Die allmählich erworbene Fähigkeit zur wissenschaftlichen Prosa in der betont nüchternen philologischen Tradition des Lehrers Friedrich Ritschl wird dabei zu einem schriftstellerischen Problem gewendet: „was mir die meiste Mühe und Sorge macht: mein deutscher Stil [...] Mir fallen die Schuppen von den Augen: ich lebte allzulange in einer stilistischen Unschuld. Der kategorische Imperativ ‚Du sollst und mußt schreiben' hat mich aufgeweckt." (Brief an Carl von Gersdorff, Nr. 540, KSB 2, 208). Die eingestandene Unfähigkeit, „gut zu schreiben" wird hier mit der Aufgabe verbunden, dass „einige munteren Geister in meinem Stile entfesselt werden": „ich muß darauf wie auf einer Klaviatur spielen lernen, aber nicht nur eingelernte Stücke, sondern freie Phantasieen, so frei wie möglich, aber doch immer logisch und schön." (ebd. 209). Was sich als teilweise Antizipation späterer Kardinalmotive liest, folgt andererseits noch einem konventionellen Stilbegriff, der von der vorgängigen logischen *claritas* ausgeht und diese um die sprachliche Schönheit (*pulchritudo*) erweitern will. Der selbstverordnete Stilgewinn führt paradoxerweise zunächst zu jener ausladenden, feierlichen und in Teilen verzückten Prosa der *Geburt der Tragödie* und damit zu einem Werk, dem Nietzsche später neben sachlicher Skepsis vor allem mit fundamentaler Stilkritik begegnen wird: „ich heisse es schlecht geschrieben, schwerfällig, peinlich, bilderwüthig und bilderwirrig, gefühlsam, [...] ungleich im Tempo, ohne Willen zur logischen Sauberkeit" (GT, Selbstkritik 3, KSA 1, 14). Auch die pedantische und ihrerseits wenig stilsichere Stilkritik an David Friedrich Strauß in der ersten *Unzeitgemäßen Betrachtung* folgt noch dem Schema eines eher an äußerlichen Vorgaben orientierten Stilbegriffs. In der dritten Betrachtung *Schopenhauer als Erzieher* vollzieht sich eine allmähliche Vertiefung der Stilreflexion. Schopenhauer wird zum Beispiel eines Denkers, der nicht mehr durch seine inhaltlichen Positionen wirkt, sondern eine erzieherische Wirkung durch seine schriftstellerische Haltung und damit die spezifische Charakteristik seines Stils entfaltet.

Die 1882 formulierte, zehn Punkte umfassende „Lehre vom Stil" (Brief an Lou von Salomé, Nr. 288, KSB 6, 243 f.) kann und will keine allgemeingültige Darstellung stilistischer Forderungen und Gesetzmäßigkeiten sein, sie ist vielmehr als eine Summe von Erfahrungen anzusehen, die Nietzsche an einem bestimmten Punkt seiner philosophischen Existenz für sich gezogen hat und die auf seine künftigen schriftstellerischen Projekte bezogen ist. Sie stellt in gleichen Anteilen eine kritische Selbstvergewisserung hinsichtlich der schon erschienenen aphoristischen Literatur – der Werke von *Menschliches, Allzumenschliches* bis hin zu *Fröhliche Wissenschaft* – dar. In ihr konvergieren drei wesentliche Momente:

1. Werkbiographisch ist sie als Antwort auf die Suche nach einer neuen, postakademischen Lebensform zu sehen. Nietzsche erhofft sich zu diesem Zeitpunkt, und dies mit Rückgriff auf die antike Tradition des Miteinander-Philosophierens (*symphilosophein*), durchaus noch gemeinschaftliche philosophische Lebensprojekte mit anderen → Freigeistern – seinerzeit etwa mit Paul

Rée und Lou von Salomé. Schon die Eingangsforderung des Traktates „der Stil soll leben" ist von daher in doppelter Weise kritisch gegen die Sprache der Wissenschaft gewendet (Brief an Lou von Salomé, Nr. 288, KSB 6, 243). Sie richtet sich gegen die Verbegrifflichung selbst, gelten ihm Begriffe mit ihrer Tendenz zur Zustandsreduktion und semantischen Fixierung doch als „Begräbnissstätte der Anschauung" und insofern als tot (WL 2, KSA 1, 886). Dem Leben und dem Geist dagegen dient die aktive Remetaphorisierung einer ursprünglich anschaulichen Sprache in weltbildnerischer Absicht.

2. Philologisch kann die „Lehre vom Stil" als weitreichende Konsequenz der im Zeitraum der Basler Professur formulierten sprachkritischen Ansätze (→ Sprache) verstanden werden. In ihr ist insofern auch eine philosophische Rehabilitation rhetorischer Verfahrensweisen beabsichtigt. Sie geht in den Folgeabschnitten (2. bis 6.) durchgehend vom Primat der gesprochenen Rede aus. Stil wird vor diesem Hintergrund als ein „Reichthum an Gebärden" gefasst: „Man muss Alles, Länge und Kürze der Sätze, die Interpunktionen, die Wahl der Worte, die Pausen, die Reihenfolge der Argumente – als Gebärden empfinden lernen." (Brief an Lou von Salomé, Nr. 288, KSB 6, 244, Abschnitt 5). Es empfiehlt sich, den Sprachbildner Nietzsche auch als Künstler im Setzen von Gedankenstrichen und Auslassungspunkten mit dieser Forderung im Hinterkopf gelegentlich laut zu lesen.

3. Von darstellungstheoretisch hoher Bedeutung ist die neuartige und prinzipielle Problematisierung des textuellen Mitteilungscharakters durch Nietzsche. Diese stellt die zwischen Absender und Adressat bestehende Mitteilungssituation ins Zentrum und postuliert eine Angemessenheit des Stils nicht nur im Hinblick auf die Mitteilung, sondern vor allem auf den vorgestellten Adressaten derselben. Das hierbei von Nietzsche in ungewohnter Thetik formulierte „Gesetz der doppelten Relation" (Abschnitt 2) ist von kaum zu unterschätzender Bedeutung (ebd.). Die Eigenart des philosophischen Wissens wird darin, ähnlich wie in der platonisch-sokratischen Dialogsituation, nicht als verfügbarer Besitz von Inhalten, Theoremen oder Dogmen bestimmt, sondern als kontext- und adressatensensibles Reflexionswissen. Das Offenhalten des Sinns für die Relationalität der Aussage soll ein interindividuelles Philosophieren im Medium des geschriebenen Textes ermöglichen. Sprache ist dabei zu gleichen Anteilen Vollzugsmedium der Reflexion und Ansprache an den Leser und die Leserin. Aufgabe des Stils ist es demnach, den Leser durch rhetorische, formale, polemische oder performative Strategien aus seiner Neutralität bzw. seiner distanzierten Grundhaltung zu locken, zur Urteilsbildung zu verführen und zum Teilnehmer eines Verstehensprozesses zu machen. Im Hinblick auf die stilistische Lenkung des idealtypischen Lesers formuliert Nietzsche schlussendlich die Maxime: „Es ist sehr artig und sehr klug, seinem Leser zu überlassen, die letzte Quintessenz unsrer Weisheit selber auszusprechen." (Brief an Lou von Salomé, Nr. 288, KSB 6, 244 f., Abschnitt 10).

S

(**ZB** 2, KSA 1, 672-692; **UB I** 11, KSA 1, 220-227; **MA I**, 203, KSA 2, 169; **MA II**, WS 88, KSA 2, 593; **MA II**, WS 120, 604; **MA II**, WS 131, 610; **MA II**, WS 136, 611; **MA II**, WS 144, KSA 2, 613; **FW** 226, KSA 3, 511; **FW** 290, 539 f.; **FW** 329, 556 f.; **JGB** 223, KSA 5, 157; **GD** Streifzüge 11, KSA 6, 118; **GD** Alten 1, 154 f.; **EH** Bücher 4, KSA 6, 304 f.

NL 1872-73, 21[2], KSA 7, 523 f.; **NL 1873**, 29[117], KSA 7, 684 f.; **NL 1882**, 1[109], KSA 10, 38 f.)

Tragödie, das Tragische

I. Das Tragische im Kontext der Tragödie
Das Verständnis des Tragischen, wie es in der *Geburt der Tragödie* entwickelt wird, ist zunächst spekulativ-ästhetischer Natur. Es basiert auf einer Neuauslegung der dramatischen Aufführungspraxis, räumt der sinnlichen Rezeption des Publikums am Bühnengeschehen eine entscheidende Bedeutung ein und kulminiert in der Herausarbeitung einer spezifisch ‚tragischen' Daseinserfahrung, die über die attische Tragödie hinausweist. Einerseits ist die *Geburt der Tragödie* mit dem kunsttheoretischen Schlüsselkonzept einer „Duplicität des Apollinischen und des Dionysischen" Beitrag zu einer „aesthetische[n] Wissenschaft" (GT 1, KSA 1, 25). Andererseits verlässt es sowohl den Boden der innerphilologischen Frage nach Ursprung und Entstehung der Tragödie als auch die in der deutschen Klassik und Philosophie omnipräsente Diskussion um das Wesen des Tragischen. Im Mittelpunkt steht bei Nietzsche mithin keine ideengeschichtliche Konstruktion einer ‚tragischen Schuld', eines ‚tragischen Schicksals' oder einer ‚tragischen Antinomie' mehr, sondern die multimediale Dimension: die Aufführung auf der attischen Bühne einerseits und das ästhetische Verhalten des Publikums andererseits. Programmatisch heißt es im Hinblick auf die eigenen Absichten: „Noch nie, seit Aristoteles, ist eine Erklärung der tragischen Wirkung gegeben worden, aus der auf künstlerische Zustände, auf eine aesthetische Thätigkeit der Zuhörer geschlossen werden dürfte." (GT 22, KSA 1, 142).

1. Die Abgrenzung von der aristotelischen Tragödientheorie: In weiten Teilen lässt sich die *Geburt der Tragödie* als geradezu systematisch antiaristotelische Tragödiendeutung beschreiben, wenngleich die Gegenpositionen zu *De arte poetica* eher im Nachlass und den Basler Vorlesungen explizit herausgearbeitet werden. Um Nietzsches Verständnis zu charakterisieren, empfiehlt es sich, zunächst die fünf Hauptkritikpunkte an Aristoteles anzuführen:

1. Die Stücke der drei großen attischen Dramatiker liegen Aristoteles lediglich in Form eines von der athenischen Polis autorisierten Leseexemplars vor. Der textuelle Ausgangspunkt wird als solcher bereits in der *Poetik* nicht mehr reflektiert.
2. Folgerichtig ignoriert Aristoteles die Aufführungsbedingungen der Tragödie fast vollständig – die sakrale und politische Dimension des attischen Dramas

sind zu seiner Zeit bereits marginalisiert. Der tragische Agon hatte sich von einer identitätsstiftenden, kultisch eingebetteten Inszenierung zu einer profanen Unterhaltungsveranstaltung, zum Theaterstück im modernen Sinne des Wortes gewandelt.

3. Die multimediale Einheit des Gesamtkunstwerks der Tragödie wird in der *Poetik* auf das funktionierende Zusammenwirken von Handlung (*praxis, dran*), Wort (*logos, lexis*) und Charakter (*ethos*) reduziert. Die tänzerischen, mimischen und gestischen Aspekte der Inszenierung gelten vor diesem Horizont als „das Kunstloseste" (*to atechnotaton*). Vor allem aber der gesamte Bereich der Musik wird ausgegrenzt beziehungsweise zum schmückenden Akzidenz abqualifiziert (vergl. dazu Aristoteles: *Poetik* 6, 1450b). Im Nachlass heißt es dementsprechend: „Gegen Aristoteles, der die *opsis* und das *melos* nur unter die *hedysmata* der Tragödie rechnet" (NL 1869-70, KSA 7, 3[66], 78; ähnlich: NL 1869-70, 5[124], KSA 7, 128).
4. Die *Poetik* kulminiert in einer Hypothese zur tragischen Wirkung, die den Zuschauer zum Objekt einer von der Tragödie bewirkten Katharsis macht. Im berühmten Diktum von der *katharsis pathemathon*, der „Reinigung der Leidenschaften" oder der „Reinigung von den Leidenschaften", zeigt sich nach Nietzsche die folgenreiche Vorstellung eines Prozesses, von dem auch „die Philologen nicht recht wissen", ob er „unter die medicinischen oder die moralischen Phänomene zu rechnen sei" (GT 22, KSA 1, 142). Vorzugsweise das um die Mitte des 19. Jahrhunderts innerphilologisch prominente pathologische Paradigma (Jacob Bernays) hat Nietzsche als Korrektiv gegen eine allzu schnelle Moralisierung der tragischen Wirkung zunächst beeindruckt. Sowohl die Option der medizinischen Reinigung als auch die der moralischen Läuterung verfehlen für ihn das Phänomen des Tragischen, sie weisen lediglich auf die „stellvertretenden Wirkungen aus ausseraesthetischen Sphären" (GT 22, KSA 1, 143).
5. Auch das rezeptionsgeschichtlich wirkungsvolle Paradigma der ‚tragischen Schuld' ist aus den aristotelischen Vorgaben gewonnen. Bereits in der Vorlesung des Sommersemesters 1870 in Basel stellt Nietzsche das Erklärungspotential der Schlüsselbestimmung der „großen Verfehlung" (*megale hamartia*) grundsätzlich in Frage. Vor dem Hintergrund der zeitgenössischen Schuld- und Schicksalskonzeptionen formuliert Nietzsche am gleichen Ort erstmals seine fundamentale Skepsis gegenüber ideengeschichtlich verfahrenden, auf das ‚Tragische' ausgerichtete Deutungen, indem er an seine Hörer die Frage richtet, „ob der Begriff des Tragischen nicht falsch gefaßt ist, wenn wir die griech. Tragödie nicht in ihm unterbringen können." (*Einleitung in die Tragödie des Sophokles,* KGW II 3, 8).

2. Das tragische Pathos des Chors: Dass die griechische Tragödie „uns freilich nur als Wortdrama entgegentritt" (GT 17, KSA 1, 110), ist der defizitäre Ausgangspunkt, an dem Nietzsche fundamental neu ansetzt. Den „interpretirenden Aesthetikern" (GT 22, KSA 1, 142) wird die Erfahrung eines multimedialen Gesamtkunstwerks

T

entgegengehalten, das sich, wie Nietzsche zum damaligen Zeitpunkt glaubt, durch vergleichende Bezüge zu Wagners Konzeption des modernen Musikdramas erhellen lässt. Aus der gewonnenen Distanz zu philologischen Dramentheorien entwirft Nietzsche eine am Dionysos-Mythos orientierte, dynamische Interpretation der Bühnenpraxis, die ganz von der Vorgängigkeit sinnlicher Daseinsbewältigung gegenüber bewusst konzipierten Handlungsfolgen und deren Versprachlichung lebt. Im Zentrum seiner Interpretation steht der Chor, in dessen Pathosszenen sich das Tragische der Tragödie exemplarisch manifestiert. Nietzsches Tragödiendeutung ist weitgehend spekulative Exegese der choreutischen Bühnenpraxis. Folgerichtig schreibt die *Geburt der Tragödie* auch eine zur aristotelischen Entelechie der Tragödie gegenläufige Entwicklungsgeschichte, in der die Marginalisierung des Chors mit der Agonie des Tragischen korreliert: Je mehr Handlung, Wort, vor allem Dialog auf Kosten der Präsenz des Chors – desto weniger tragisches Pathos. In den Dramen des Euripides vollzieht sich der „Todeskampf der Tragödie" (GT 11, KSA 1, 76), anstelle des tragischen Pathos beherrschen die kalkulierte Emotionsrhetorik („feurige Affecte") und Dialektik („kühle paradoxe Gedanken") die Bühne (GT 12, KSA 1, 84). In einer gewagten → Genealogie wird vom Ursprung der Tragödie auf deren eigentliche Funktion geschlossen: Die Tragödie war zunächst „nur Chor und nichts als Chor" (GT 7, KSA 1, 52). Als satyrischer Dithyrambenchor, so die verkürzte Abfolge der Argumente, hatte sie „in ihrer ältesten Gestalt nur die Leiden des Dionysus zum Gegenstand" (GT 10, KSA 1, 71). Die den Gott begleitenden und vertretenden Satyrn leben auf der Orchestra als dionysische Choreuten und wiederholen durch ihre ekstatische Praxis dessen Leiden der Zerstückelung. Das Aus-sich-Heraustreten der Choreuten ist für Nietzsche konstitutives Kriterium der Tragödie, der Satyr wird in ihr nicht geschauspielert, er lebt vielmehr „in einer religiös zugestandenen Wirklichkeit unter der Sanction des Mythus und des Cultus" als „fingirtes Naturwesen" (GT 7, KSA 1, 55). Die dionysischen Leiden zu wiederholen und auszuagieren, sei folglich einziger Gegenstand des tragischen Agons, der damit als Kultpraxis ausgewiesen wird. In Antigone und Philoktet, Orest und Ödipus realisiert sich stets das pathische Mysterium des einen Gottes. Alle Protagonisten sind funktional „nur Masken jenes ursprünglichen Helden Dionysus" (GT 10, KSA 1, 71). Die mythologischen Konstellationen des Dramas artikulieren und modifizieren lediglich das dionysische Leiden (→ Dionysos).

3. Performanz – die leibliche Symbolik: Von dieser monothematisch aufs Pathos abhebenden Funktionsbestimmung her erfolgt die Rehabilitierung des multimedialen Charakters der Tragödie, der mimischen, gestischen, tänzerischen und musikalischen Ausdruckswelt. Denn die exzessive Wiederholung der dionysischen Schmerzen kann vom Chor im stabilisierenden Korsett des dramatischen Agons nur ‚symbolisch' vollzogen werden. Für Nietzsche ist der Chor nicht wie in der deutschen Klassik als reflektierende oder moralisierende Instanz relevant, sondern vielmehr performativer *nucleus* des Bühnengeschehens. Nicht seine mitleidenden, erbauenden oder belehrenden Worte entscheiden, sondern die von ihm ausgelöste „Gesamtentfesselung aller symbolischen Kräfte" (GT 2, KSA 1, 34).

In den sprachlosen Klagelauten, in der „leiblichen Symbolik" des mimischen und gestischen Ausdrucks, in der „erschütternden Gewalt des Tones", im „Strom des Melos" und der „vollen, alle Glieder rhythmisch bewegenden Tanzgebärde" entsteht jener Erregungs- und Entgrenzungszustand, um den es Nietzsche geht und den er ‚dionysische Weisheit', also: ein nonverbales ‚tragisches' Wissen, nennt (GT 2, KSA 1, 33 f.). Wort und Handlung der Tragödie, mithin das eigentliche Drama, sind demgegenüber nachrangige „apollinische Objektivation[en]": Sie rhythmisieren und stabilisieren lediglich die Geworfenheit ins → Pathos, auf die allein es ankommt (NL 1871, 9 [13], KSA 7, 277).

4. Psychologie des Tragischen – das Publikum: Das Publikum entspricht der ekstatischen Auslegung der dionysischen Leiden mit einer analogen Ekstasis. Seine „aesthetische Leistung" ist die Bereitschaft zur ‚dionysischen' Wiederversinnlichung des bewussten Wahrnehmungsverhaltens, vorzustellen als synästhetische Entgrenzung. Für Nietzsche sind die Besucher des tragischen Agons keine Theaterzuschauer, sondern Teilnehmer eines Kultes. Sie rezipieren, kritisieren oder genießen kein Bühnenstück, sondern setzen sich einer affektiven Extremsituation und epistemischen Grenzerfahrung aus. Die symbolische Inszenierung des dionysischen Urschmerzes bewirkt auch beim Publikum als Teilnehmern des Kultes eine „Zerreissung des principii individuationis" (GT 2, KSA 1, 33) und lässt sie auf diese Weise vor allem den kulturell überbauten „Untergrunde des Leidens" empfinden (GT 4, KSA 1, 40). Tragisch ist mithin die Bereitschaft, sich einer gemeinschaftlichen Schmerzerfahrung so auszusetzen, dass die Grenzen des Subjekts einerseits als Grenzen erkannt und überschritten, andererseits aber wieder neu gezogen werden können. Die Athener leisteten sich nach Nietzsche in der Tragödie einen rituell eingebetteten Kontroll- und Selbstverlust, um sich die Fragilität der eigenen zivilisatorischen Errungenschaften immer wieder neu zu vergegenwärtigen. In der angezeigten Doppelbewegung der apollinischen „Objectivation eines dionysischen Zustandes" kristallisiert sich für Nietzsche das tragische Phänomen *sui generis* (GT 8, KSA 1, 62).

T

II. Tragische Erkenntnis

Bei Nietzsche gehen die Bestimmung des Tragischen und die Bestimmung des Philosophen als eines tragischen Denkers ineinander über. Noch in der Rückschau von *Ecce homo* entwickelt er aus seinem „Begriff ‚tragisch', die endliche Erkenntniss darüber, was die Psychologie der Tragödie ist", eine Philosophie, als deren Protagonist er sich sieht: „In diesem Sinne habe ich das Recht, mich selber als ersten t r a g i s c h e n P h i l o s o p h e n zu verstehn – […]. Vor mir giebt es diese Umsetzung des Dionysischen in ein philosophisches Pathos nicht: es fehlt die t r a g i s c h e W e i s h e i t" (EH, GT 3, KSA 6, 312).

Tragisches Denken stellt eine mit Gründen argumentierende Bewusstseinsphilosophie (→ Bewusstsein) in die Abgründigkeit des → Lebens zurück. Sie siedelt das Dasein in einem ästhetischen und das Erkennen in einem perspektivischen Horizont an. In der „aesthetischen Wissenschaft" der *Geburt der Tragödie* sah Nietzsche das

Programm einer neuen *prima philosophia* angelegt (GT 1, KSA 1, 25): Anstelle der Ontologie oder der subjektzentrierten Erkenntnistheorie ging es Nietzsche maßgeblich um eine künstlerische Hermeneutik der Welt (→ Kunst). Die Transformation existentieller Erfahrungen in ästhetische Phänomene wird von der „Optik [...] des Lebens" aus vorgenommen (GT, Selbstkritik 2, KSA 1, 14) und dient damit der ‚Rechtfertigung des Daseins'. Exemplarisch dafür sind die Griechen. Sie erzeugen aus dem existentiellen Pessimismus schönen Schein: „Der Grieche kannte und empfand die Schrecken und Entsetzlichkeiten des Daseins: um überhaupt leben zu können, musste er vor sie hin die glänzende Traumgeburt der Olympischen stellen." (GT 3, KSA 1, 35). Erst aus der Rückbindung bewusster Formgebung (in Wissenschaft, Politik, Religion) an unbewusste künstlerische Formungsprozesse entsteht das tragische Bewusstsein der Philosophie und ihre Distanz zur Wissenschaft: „denn das Problem der Wissenschaft kann nicht auf dem Boden der Wissenschaft erkannt werden" (GT, Selbstkritik 2, KSA 1, 13). Dem tragischen Denken steht folgerichtig seit Sokrates der ‚theoretische Mensch' gegenüber, der als distanzierter Beobachter in „unerhörter Hochschätzung des Wissens" verharrt (GT 13, KSA 1, 89) und glaubt, „dass das Denken, an dem Leitfaden der Causalität, bis in die tiefsten Abgründe des Seins reiche" und damit „das Sein nicht nur zu erkennen, sondern sogar zu corrigiren im Stande sei" (GT 15, KSA 1, 99). Mit der sokratischen Forderung nach permanenter Vergegenwärtigung (*logon didonai*) sieht Nietzsche einen Herrschaftsdiskurs eröffnet, der im Verlauf der europäischen Philosophie zur Selbstermächtigung der → Vernunft führt. Erst im Niederhalten des Begehrens (*pathos*) durch die Vernunft (*logos*) erfährt sich in der von Sokrates ausgehenden Tradition der Mensch als autonomes, gleichermaßen moral- wie glücksfähiges Vernunftwesen. Für Nietzsche setzt mit dieser Ausgrenzungsoperation die gefährliche Verkennung des Unbewussten ein. In Abgrenzung zum Vernunftoptimismus entfaltet Nietzsche seine Darstellung der vorsokratischen Denker in *Die Philosophie im tragischen Zeitalter der Griechen* als eine „Polyphonie" tragischer Philosophen (PHG Einleitung, KSA 1, 802). Diese kultivieren intuitiv-ästhetische Weltanschauungen, in der ihre Philosophie – mit der folgenreichen Ausnahme des Parmenides – jeweils den Erkenntnistrieb bändigt und die Reichweite logischer Operationen kritisch begrenzt. In eben dieser wissenskritischen Grenzziehung liegt nach Nietzsche die ihrem Wesen nach tragische Liebe zur Weisheit. Nur insofern kann und muss man als Philosoph auch die Frage nach dem ‚Wert der Wahrheit' aufwerfen. Davon ausgehend unterscheidet Nietzsche in einem frühen bemerkenswerten Notat auch für die Moderne zwischen dem „Philosoph der tragischen Erkenntniß" und dem „Philosoph der desperaten Erkenntniß". Letzterer wird „in blinder Wissenschaft aufgehen: Wissen um jeden Preis" (NL 1872-73, 19[35], KSA 7, 427 f.). Gegen unkritischen Positivismus und den Absolutheitsanspruch der Metaphysik entwirft Nietzsche ein Programm für den Philosophen, das für ihn selbst bis zuletzt verpflichtend bleiben wird: „Er empfindet den weggezogenen Boden der Metaphysik tragisch", er „bändigt den entfesselten Wissenstrieb" und „baut an einem neuen Leben: der Kunst giebt er ihre Rechte wieder zurück. [...] Hier ist ein Begriff zu schaffen:

denn Skepsis ist nicht das Ziel. Der Erkenntnißtrieb, an seine Grenzen gelangt, wendet sich gegen sich selbst, um nun zur Kritik des Wissens zu schreiten. Die Erkenntniß im Dienste des besten Lebens. Man muß selbst die Illusion wollen – darin liegt das Tragische." (ebd.).

(**GT** 1, KSA 1, 25-30; **GT** 2, 30-34; **GT** 3, 34-38; **GT** 4, 38-42; **GT** 7, 52-57; **GT** 8, 57-64; **GT** 10, 71-75; **GT** 11, 75-81; **GT** 12, 81-88; **GT** 17, 109-115; **GT** 22, 140-144; **PHG** Einleitung, KSA 1, 801 ff.; **JGB** 229, KSA 5, 165 ff.; **GD**, Streifzüge 10, KSA 6, 117 f.; **EH**, GT 3, KSA 6, 312 f.;

NL 1869-70, 3[66], KSA 7, 78; **NL 1869-70**, 5[124], 128; **NL 1871**, 9[13], KSA 7, 277; **NL 1872-73**, 19[35], KSA 7, 427 f.; **NL 1888**, 15[10], KSA, 409 ff.)

Transfiguration

Mit dem Begriff der Transfiguration (griechisch: *metamorphosis*, lateinisch: *transfiguratio*, deutsch: Verklärung) greift Nietzsche zunächst auf eine kardinale Szene des christlichen Mythos, die Verklärung des Herrn zurück (Lk 9, 28-36; Mk 9, 2-9, Mt 17, 1-8). Er entmythologisiert diese Szene, um ihr in der *Geburt der Tragödie* einen exemplarischen Charakter im Hinblick auf die ästhetische Bewältigung des Daseins zuzugestehen. Auf diese Weise gewinnt er einen anfangs noch kunstmetaphysisch eingegrenzten Leitbegriff. Im weiteren Verlauf des Werks wächst dem Begriff der Status eines leitenden Interpretaments zur Explikation der philosophischen Praxis zu. Er dient Nietzsche dann einerseits als Diagnoseinstrument zur Entschlüsselung unbewusster persönlicher Hintergründe für allgemeine Geltung beanspruchende Philosophiekonzeptionen, andererseits zur Beschreibung seines eigenen Philosophierens als einer um sich wissenden „Kunst der Transfiguration" (FW, Vorrede 3, KSA 3, 349).

In Auseinandersetzung mit Raffaels gleichnamigem Bild (Trasfigurazione), das seinerzeit als eines der bedeutendsten Kunstwerke überhaupt angesehen wurde, präzisiert Nietzsche sein Verständnis der künstlerischen Verfahrensweise im Allgemeinen und der tragischen → Kunst im Besonderen. Die Verklärung eines gleichzeitig als Leiden erkannten und in seinem Leidenscharakter bejahten Lebens bildet dabei den Hauptaspekt der künstlerischen Tätigkeit: es geht darum, die leidhafte, mitunter schreckliche Daseinserfahrung „in Vorstellungen umzubiegen, mit denen sich leben lässt" (GT 7, KSA 1, 57). Den beiden Teilen der Bildkomposition Raffaels gibt Nietzsche, ähnlich wie zuvor auch schon Goethe gegen Kritiker des Bildes, einen supplementären Sinn. Beide sind voneinander abhängig, um aufeinander zu verweisen: „In seiner Transfiguration zeigt uns die untere Hälfte, mit dem besessenen Knaben, den verzweifelnden Trägern, den rathlos geängstigten Jüngern, die Wiederspiegelung des ewigen Urschmerzes, des einzigen Grundes der Welt: der ‚Schein' ist hier Widerschein des ewigen Widerspruchs, des Vaters der Dinge. Aus diesem Schein steigt nun, […] eine visionsgleiche neue Scheinwelt empor, von der jene im ersten Schein Befangenen nichts sehen – ein leuchtendes Schweben in reinster Wonne und schmerzlosem, aus weiten Augen strahlenden Anschauen. Hier haben wir, in höchster Kunstsymbolik, jene apollinische Schönheitswelt und ihren Untergrund, die schreckliche Weisheit des Silen, vor unseren Blicken und begreifen, durch Intuition, ihre gegenseitige Nothwendigkeit." (GT 4, KSA 1, 39). Die in der *Morgenröthe* sichtbar werdende Distanzierung vom exemplarischen Charakter dieser früheren Deutung ist zugleich Anzeichen für die philosophische Umfunktionalisierung des Konzepts. In der Unterscheidung nach „Leidenden", „Träumenden" und „Entzückten" brachte Raffael lediglich die Wahrnehmungsweisen seiner Zeit in eine Form und in einen Zusammenhang: „So blicken wir nicht mehr in die Welt – und auch Raffael dürfte es jetzt nicht mehr: er würde eine neue Transfiguration mit Augen sehen." (M 8, KSA 3, 21). Im Umkreis zu seiner Fragment gebliebenen Geschichte der frühgriechischen Denker findet sich bereits der Philosoph als der eigentliche Transfigurator beschrieben – nicht zufällig wird hierbei das griechische Synonym gewählt: „Der Philosoph sucht nicht die Wahrheit, sondern die Metamorphose der Welt in den Menschen: er ringt nach einem Verstehen der Welt mit Selbstbewußtsein. Er ringt nach einer Assimilation: er ist befriedigt, wenn er irgend etwas anthropomorphisch zurechtgelegt hat." (NL 1872-73, 19[237], KSA 7, 494). Vor allem in den vorakademischen und vorbegrifflichen Denkformen und metaphorischen Fügungen der ersten Philosophen entdeckt Nietzsche beispielhaft eine „tugendhafte Energie [...], durch die sie alle Späteren übertreffen", in der Fähigkeit „ihre eigne Form zu finden und diese bis ins Feinste und Größte durch Metamorphose fortzubilden" (PHG 1, KSA 1, 807). An diesem in den Vorsokratikern exemplarisch gewordenen Ringen um eine „eigne Form" richtet Nietzsche schließlich auch sein eigenes Philosophieverständnis aus. Als denkerische Umsetzung der Existenzbedingungen soll diese einerseits dem → Leben gerecht werden, muss dafür andererseits aber auch den Begriff des Lebens aus der Kenntnisnahme der eigenen Lebendigkeit entwickeln. Philosophie wird dabei als Selbstauslegung des → Leibes entwickelt, welche die asymmetrischen Differenzen der Metaphysik wie die von ‚Vernunft' und ‚Sinnlichkeit' sowie von ‚Seele' und ‚Leib' gezielt subvertiert. Die existentielle und leibliche Dimension der Selbstwahrnehmung verweisen, wie Nietzsche vorzugsweise an seiner eigenen Krankheitsgeschichte herausarbeitet, notwendig aufeinander und führen in ihrer wechselseitigen Bestimmung schließlich zu einer psychophysischen Neuauslegung des philosophischen Erfahrungsgewinns insgesamt: „Ein Philosoph, der den Gang durch viele Gesundheiten gemacht hat und immer wieder macht, ist auch durch ebensoviele Philosophien hindurchgegangen: er kann eben nicht anders als seinen Zustand jedes Mal in die geistigste Form und Ferne umzusetzen, – diese Kunst der Transfiguration ist eben Philosophie." (FW, Vorrede 3, KSA 3, 349).

(**GT** 4, KSA 1, 39 f.; **PHG** 1, KSA 1, 807; **WL** 1, KSA 1, 880 ff.; **M** 8, KSA 3, 21; **FW** Vorrede 1-4, KSA 3, 345-352; **GM III** 8, KSA 5, 356; **EH** GT 4, KSA 6, 313 ff.; **NL 1872**, 19[237], KSA 8, 494; **NL 1884**, 25[241], KSA 11, 75; **NL 1888**, 14[120], KSA 13, 299 f.)

Übermensch

Mit der Figur des Übermenschen hat Nietzsche eine beispiellose Projektionsfläche geschaffen. Zionistischer Aufbruch und anarchistische Radikalität, nationalistische Erhebung und mystische Verklärung, kollektivistische Einschwörung und solitär genialische Künstlerexistenz, leibfixierte Kraftmeierei oder verkopfte Impotenz: Diese oft gegenläufigen und unzählige weitere Zuschreibungen sind dem Übermenschen im Verlauf der Rezeptionsgeschichte, die als Ganze noch nicht geschrieben ist, zuteil geworden. Wie stark sich indessen die aufgeführten Projektionen von Nietzsches einzigem Text abgelöst haben, in dem der Übermensch eine wirkliche Rolle spielt, ist eine der ersten Erfahrungen, die jeder aufmerksame Leser von *Also sprach Zarathustra* heutzutage machen wird. Denn der Übermensch wird in diesem Werk weder als Begriff noch als Idee wirklich verfügbar gemacht. Er wird stattdessen zwar von der Vorrede des Werks an als maßgebliche Lehre Zarathustras benannt, doch weist diese Lehre ihrerseits weder einen spezifischen Gehalt noch eine geeignete Form auf.

Die anfangs angeführten Vereinnahmungen bewegen sich zudem weitgehend außerhalb der Verständnishinweise, die Nietzsche selbst im Hinblick auf seine berühmteste Formel gegeben hat. An einer positiven Sozialbestimmung des Menschen etwa wird die zugrundeliegende Kollektivauffassung kritisiert, die den Menschen in einer wünschbaren Gemeinschaft seinesgleichen auf- und untergehen lässt: „Nicht ‚Menschheit', sondern Übermensch ist das Ziel! Mißverständniß bei Comte!" (NL 1884, 26[232], KSA 11, 210). In einem vergleichbaren Notat nennt Nietzsche die Orientierung auf den Übermenschen „meine" Gegenbewegung zu jener als „unbedingt" gekennzeichneten Bewegung, die auf eine „Nivellirung der Menschheit" abhebt. (NL 1883, 7[21], KSA 10, 244). Bedeutsamer als die Entgegensetzung ist die Konsequenz derselben, die schon Nietzsche typographisch hervorgehoben hat: „Jene erzeugt den letzten Menschen. Meine Bewegung den Übermenschen. Es ist durchaus *nicht* das Ziel, die letzteren als die Herren der Ersteren aufzufassen: sondern: es sollen zwei Arten neben einander bestehen – möglichst getrennt; die eine wie die epikurischen Götter, sich um die andere nicht kümmernd." (ebd.). Der Übermensch ist bei Nietzsche mithin weder als Beherrscher von anderen, noch als elitärer Herrenmensch konzipiert: Er hat keine Untermenschen unter sich und kennt nicht einmal dieses Wort. In seiner Unbekümmertheit ist er eher eine dezidiert antipolitische Konstruktion, die sich aber offenbar nicht gegen ihre nachträgliche Politisierung wehren konnte. In *Ecce homo* schließlich finden sich der Reihe nach idealistische, sakrale, heroische und genieästhetische Deutungsmuster abgelehnt, während die (sozial-)darwinistische Interpretation für „gelehrtes Hornvieh" reserviert bleibt. Die ideologische Reduktion auf eine „echte rechte Junker-Philosophie" durch die „Nationalzeitung" wird abschließend als bloße Groteske verhandelt (EH, Bücher 1, KSA 6, 300 f.), die keine weitere Kommentierung verdient.

Was aber bleibt jenseits politischer, martialischer, idealischer, heroischer, sakraler oder genialischer Bestimmungsmöglichkeiten eines neuen Menschentums? Zunächst merkt Nietzsche an, dass „das Wort ‚Übermensch'" über den „Gegensatz zu ‚modernen' Menschen, zu ‚guten' Menschen, zu Christen und andren Nihilisten" hinaus, „ein sehr nachdenkliches Wort" sei (ebd., 300). Und in dieser Nachdenklichkeit soll es in *Also sprach Zarathustra* seine Wirksamkeit entfalten. Als Bezugspunkt einer ‚Lehre' bündelt es von Beginn an die Aufmerksamkeit des Lesers. Da der Übermensch aber im Verlauf des Werks weder als Leitkonzept bestimmt, noch auch nur als exemplarische Figur eingehender beschrieben wird, muss er zugleich die Primärerwartungen des Lesers enttäuschen. Aus dieser, schon in der Vorrede entwickelten Ausgangsirritation bezieht *Also sprach Zarathustra* seinen eigentümlichen Reiz. Das „Wort ‚Übermensch'" erfährt seine Aufladung dabei vor allem durch die Kontexte, in die es innerhalb des Werks gestellt ist: Es lebt vom Drama seines zwischen Auf- und Untergängen umherwandelnden Lehrers Zarathustra einerseits und aus der bildsprachlichen Pathoshöhe des Textes andererseits.

Bereits in der ersten, schnell scheiternden Ansprache, erklärt Zarathustra den Übermenschen zum „Sinn der Erde", nimmt diese Seinsbestimmung aber sogleich auf eine Willensbestimmung des versammelten Volkes zurück: „Seht, ich lehre euch den Übermenschen! Der Übermensch ist der Sinn der Erde. Euer Wille sage: der Übermensch sei der Sinn der Erde! Ich beschwöre euch, meine Brüder, bleibt der Erde treu und glaubt Denen nicht, welche euch von überirdischen Hoffnungen reden!" (Za I, Vorrede 3, KSA 4, 14 f.). Das Volk aber versteht Zarathustras Ansprache nicht und hat ebenso wenig den von ihm eingeforderten Willen zum Übermenschen. Logisch und erzähltechnisch scheint erst mit der beschworenen ‚Treue zur Erde' eine nachträgliche Voraussetzung eingeführt zu werden, aus der das Bedürfnis nach dem Übermenschen überhaupt entstehen kann. Treue aber ist das Halten, Würdigen und Gestalten einer Verbindung. Die Verbindung zur Erde im Sinn einer Einrichtung des Lebens ohne gleichzeitige Ausrichtung auf externe bzw. transzendente Referenzen muss im Zeitalter nach dem Tod Gottes ihrerseits erst einmal herbeigeführt und lernend erworben werden. Der Übermensch kann also erst dann zum „Sinn der Erde" werden, wenn die Menschen denkend, fühlend und wertend in neuer Verbundenheit zur Erde leben. Folgerichtig ist der Übermensch im Werk durchgehend als Figur des Entzugs inszeniert: „Der *Übermensch*, der Einsam-Wandler, der Scheue, – – –" (NL 1882-83, 4[94], KSA 10, 143). Konsequenterweise spricht Zarathustra nach der Vorrede nicht mehr von ihm in einem eigenschaftlichen Sinn, sondern artikuliert Einstellungen und Bezugsverhältnisse: Wahlweise ist von der „Sehnsucht nach", der „Liebe zum" oder dem „Vorgefühl des" Übermenschen die Rede. Es ist diese permanente Ausrichtung auf etwas, das sich gleichzeitig einer deutlichen Bestimmtheit entzieht, die *Also sprach Zarathustra* in die Nähe religiöser Visionsliteratur rückt und dabei zugleich zur vorschnellen Projektion oder Identifikation einlädt.

Um die Herstellung eines Bezugs zum Übermenschen zu ermöglichen, muss der Mensch seine bisherige Selbstdeutung problematisieren, in ihrer Begrenzung erfahren – und aufgeben. Dies scheint das Programm der umwertenden Reden Zarathustras insgesamt zu sein. Erst durch die Überwindung feststehender Bilder und Begriffe vom Menschen kann demnach die Sicht auf den Übermenschen geöffnet werden: „Wahrlich, ein schmutziger Strom ist der Mensch. Man muss schon ein Meer sein, um einen schmutzigen Strom aufnehmen zu können, ohne unrein zu werden. Seht, ich lehre euch den Übermenschen: der ist diess Meer" (Za I, Vorrede 3, KSA 4, 15). Mit dem Bild vom Ozean, der schmutzige Flüsse in sich aufnehmen kann, ohne von ihnen nachhaltig verunreinigt zu werden, kann durchaus auch Nietzsches generelles Verhältnis zur philosophischen Anthropologie bezeichnet werden. Die Ausrichtung der metaphysischen Tradition auf eine Wesensbestimmung des Menschen, kulminierend in Kants berühmter vierter Frage, hat für Nietzsche eine ihrem Grundzug nach einschränkende Tendenz. Sie sieht zugunsten einer abstrakten Fassung menschlicher Substanzialität ab von der konkreten Verschiedenartigkeit individueller Ausprägungen. Sie generalisiert kulturelle Kontexte etwa in der Angabe einer politischen und besonderen religiösen Bestimmung des Menschen. Und sie verhindert durch die begriffliche Feststellung jene Öffnung des Menschen auf seine noch ungedachten Möglichkeiten, um die es Nietzsche in seiner Philosophie von Beginn an geht. Von *Menschliches, Allzumenschliches* an werden Handeln und Denken, Wahrnehmen und Fühlen des Menschen mit wachsender Vehemenz aus den humanistischen und subjekttheoretischen Vorgaben gelöst. In einem vergleichsweise frühen Nachlassnotat hat Nietzsche seine Stellung und seine allgemeine Vorgehensweise im Hinblick auf das Problem des Menschen zu fassen versucht: „Sobald wir den Zweck des Menschen bestimmen wollen, stellen wir einen Begriff vom Menschen voran. Aber es giebt nur Individuen, aus den bisher bekannten kann der Begriff nur so gewonnen sein, daß man das Individuelle abstreift, – also den Zweck des Menschen aufstellen hieße die Individuen in ihrem Individuellwerden verhindern und sie heißen, allgemein zu werden. Sollte nicht umgekehrt jedes Individuum der Versuch sein, eine höhere Gattung als den Menschen zu erreichen, vermöge seiner individuellsten Dinge? Meine Moral wäre die, dem Menschen seinen Allgemeincharakter immer mehr zu nehmen und ihn zu spezialisiren, bis zu einem Grade unverständlicher für die Anderen zu machen (und damit zum Gegenstand der Erlebnisse, des Staunens, der Belehrung für sie)" (NL 1880, 6[158], KSA 9, 237). Die letzte Passage intendiert offenbar bereits Darstellungsformen, die derjenigen des Übermenschen in *Also sprach Zarathustra* sehr nahe kommen.

Im Zug der Auflösung alter Einheitsvorstellungen wird der Mensch bei Nietzsche provozierend als „das noch nicht festgestellte Thier" charakterisiert (JGB 62, KSA 5, 81). Hierbei ist festzuhalten, dass der Rückgriff auf das Tierreich als Entgrenzung der humanistischen Bestimmung aufgeboten wird und eben nicht als zoologische Kategorie. Das ‚Thier' Mensch soll mithin nicht auf seine animalischen oder gar bestialischen Anteile hin festgelegt, sondern versuchsweise aus der Perspektive seiner Natürlichkeit ausgelegt werden. Im Rahmen dieses naturalisierenden Vorgehens hat Nietzsche insbesondere den → leiblichen Bestimmungen eine deutlich höhere Erschließungskraft eingeräumt als die Tradition. Ein betont anti-anthropologisches Denkexperiment führt den psychophysischen Dualismus auf die Figur eines Einverleibungsprozesses zurück: „Unsere Gier nach Erkenntniß der Natur ist ein Mittel, wodurch der Leib sich vervollkommnen will. Oder vielmehr: es werden hunderttausende von Experimenten gemacht, die Ernährung, Wohnart, Lebensweise des Leibes zu verändern [...]. Zuletzt handelt es sich gar nicht um den Menschen: er soll überwunden werden." (NL 1883-84, 24[16], KSA 10, 655 f.).

Die Überwindung des Menschen ist nicht als dessen Preisgabe zu verstehen. Leitender Gedanke ist dagegen vielmehr die Auslegung des Menschen als eines prinzipiell ergebnisoffenen → Experiments. Auch die metaphorische Dimension des Übermenschen-Begriffs weist in diese Richtung. Hier wiederum ist vor allem die Nähe zu den anderen Wortbildungen mit ‚*über-*' in *Also sprach Zarathustra* bezeichnend. Der Übermensch selbst ist das Produkt jenes in der zehnjährigen Einsamkeit angesammelten ‚Überreichtums' und ‚Überflusses', den Zarathustra nun mit den Menschen teilen will. Auch der Mensch, auf den Zarathustra mit seiner Lehre spekuliert, ist seinerseits als ein „gefährliches Hinüber, ein gefährliches Auf-dem-Wege" ausgezeichnet und was an ihm „geliebt werden kann", ist, „dass er ein Übergang und ein Untergang ist." (Za I, Vorrede 4, KSA 4, 16 f.). Der Sprachgebrauch des Transitorischen hebt ganz auf die Verwandlung des Menschen ab. Eine solche Verwandlung kann jedoch nicht von außen ins Werk gesetzt oder angeleitet werden. Sie kann und muss als eine in Teilen wohl auch destruktive Selbstverwandlung vollzogen werden. Die erste eigentliche Rede Zarathustras „Von den drei Verwandlungen" setzt mit einer berühmt gewordenen Gleichnis-Serie an diesem Punkt an. Sie ist sehr viel radikaler angelegt als der Bildungsgedanke der Klassik und geht von Vornherein nicht mehr von der Entfaltung einer ich-artigen Persönlichkeitsstruktur aus. Der über die Reihe „Kameel" –„Löwe" – „Kind" vollzogene Transformationsprozess läutet vielmehr das Motiv der Selbstüberwindung ein, das von da an zusammen mit dem Begriff des „Schaffens" im weiteren Verlauf des Werks zum Leitmotiv wird (vgl. Za I, Verwandlungen, KSA 4, 29 ff.). Die existentielle Verschärfung zum Gedanken der Selbstbildung besteht darin, dass die Freisetzung der „Unschuld" und des „Spiels" des Schaffens zugleich die Zerstörung und Überwindung dessen impliziert, was zuvor als das eigene Selbst erachtet wurde (ebd., 31). Das Übermenschliche zeigt sich demnach nur im jeweiligen Akt der Selbstüberwindung des Menschlichen – immer wieder wird im *Zarathustra* das Schaffen in diesem Sinn als ein Schaffen ‚über sich hinaus' angesprochen.

Im späteren Werk und Nachlass kehrt das Motiv des Übermenschen nur noch vereinzelt wieder und verliert durch seine Lösung aus den Kontexten von *Also sprach Zarathustra* viel von seiner dortigen Aufladung. Betont wird dann etwa die transhumane Überbietung des bisherigen Spektrums menschlicher Möglichkeiten, die wahlweise als Zuwachs an Furchtbarkeit oder Tiefe angesehen werden kann. Entscheidend dürfte auch hier die Betonung eines Zusammenhangs sein, nachdem jede Partial-Überwindung einer scheinbaren Grenze des Menschlichen zu Konsequenzen führt, die ihrerseits weder kontrollier- noch absehbar sind: „Der Mensch ist das Unthier und Überthier; der höhere Mensch ist der Unmensch und Übermensch: so gehört es zusammen. Mit jedem Wachsthum des Menschen in die Größe und Höhe wächst er auch in das Tiefe und Furchtbare: man soll das Eine nicht wollen, ohne das andere – oder vielmehr: je gründlicher man das Eine will, um so gründlicher erreicht man gerade das Andere.“ (NL 1887, 9[154], KSA 12, 426).

(**Za I**, Vorrede 1-10, KSA 4, 11-28; **Za I**, Verbrecher, 45; **Za I**, Nächstenliebe, 77 ff.; **Za I**, Tugend 2-3, 99-102; **Za II**, Inseln, KSA 4, 109; **Za II**, Klugheit, 183-186; **Za III**, Tafeln 3, KSA 4, 248; **Za IV**, Menschen 2-3; KSA 4, 257 f.; **GM I** 16, KSA 5, 288; **AC** 4, KSA 6, 171; **EH** Bücher 1, KSA 6, 298-301; **EH** Schicksal 5, 370; **EH** Za 6, 344;

NL 1880, 6[158], KSA 9, 237; **NL 1882-83**, 4[75], KSA 10, 134; **NL 1882-83**, 4[94], 142 f.; **NL 1883**, 7[21], KSA 10, 244 f.; **NL 1883**, 13[1], 415-444; **NL 1883-84**, 24[16], KSA 10, 655 f.; **NL 1884**, 26[232], KSA 11, 210; **NL 1887**, 9[154], KSA 12, 426)

Vernunft

Vernunft (*logos*, *ratio*) gilt allgemein als Grundbegriff und Bedingung der Möglichkeit der abendländischen Philosophie – Nietzsche dagegen nimmt sie vornehmlich als das philosophische Vorurteil schlechthin in den Blick (vgl. GD, *Die „Vernunft“ in der Philosophie*). Seine radikale Kritik an der Vernunft will zwar ebenso wie die kantische aufklärerisch wirken, kann dabei aber keine Kritik der Vernunft durch die Vernunft mehr sein. Vor allem im Spätwerk erscheint der Begriff folgerichtig oft mit typographischer Betonung seiner Uneigentlichkeit, mithin als „Vernunft“.

Philosophiegeschichtlich vollzieht sich für Nietzsche insbesondere durch Parmenides und seine „in ihren Folgen verhängnißvolle erste Kritik des Erkenntnißapparats“ die Gründung und Begründung des europäischen Vernunftbegriffs (PHG 10, KSA 1, 843). Im parmenideischen Lehrgedicht zeigt sich paradigmatisch die Exklusion und Subordination der als passiv und korrumpierbar gesetzten Sinnlichkeit von Seiten einer Vernunft, die in Gestalt des reinen Denkens (qua Logik) allein zur wahrheitstauglichen Seinserschließung (qua Ontologie) befähigt ist. Im Anspruch auf Universalität und normative zeitlose Geltung entzieht sich Vernunft einer angemessenen Reflexion auf die von permanenten Veränderungen gekennzeichneten Lebensvollzüge. Eben darin wird sie nach Nietzsche restriktiv und letztendlich auch für das Leben gefährlich – sie verliert seit Parmenides die „Theilnahme für die Phänomene“ (ebd., 844). Sokratische Dialektik, platonistische Ideenlehre sowie die Substanzontologie und Logik des Aristoteles folgen in Nietzsches Kritik der Logosphilosophie weitgehend den Grundunterscheidungen der Vernunftkonstruktion des Parmenides, die schließlich in Kants transzendentalphilosophischer Vernunftarchitektur ihre reflektierteste Gestalt annimmt.

Unter den zahlreichen, aber heterogenen vernunft- und erkenntnisskeptischen Ausführungen im Werk lassen sich ‚physiologisch' (1.) und sprachkritisch (2.) orientierte Destruktionsversuche destillieren:

1. Die physiologisch vollzogene Entgrenzung der Vernunft und ihres zentralen Instrumentariums, der Logik, argumentiert in einem evolutionären Kontext und folgt einer Heuristik der Not: Als abkürzende und vereinfachende „Formal-Wissenschaft" und „Zeichen-Convention" kommt in der Logik die „Wirklichkeit [...] nicht einmal als Problem" vor (GD, Vernunft 3, KSA 6, 76) – sie dient nicht der Wahrheit, sondern „der Erhaltung einer bestimmten Art von Leben" (JGB 3, KSA 5, 17). Die Sätze von der Identität, vom auszuschließenden Dritten und vom auszuschließenden Widerspruch werden in diesem Sinn von Nietzsche nicht mehr vorbehaltlos als Grundgesetze des Denkens akzeptiert, sondern als Postulate einer nützlichen Wirklichkeitsfälschung angesehen, kraft derer die dem Leben eigentümlichen Grundzüge der Veränderung und Zeitlichkeit aufgehoben werden.
2. Vernunft wird überdies in einer alternativen Genealogie als „Sprach-Metaphysik" rekonstruiert und erweist sich damit als ein – in Teilen bis heute – weitgehend unreflektierter ‚Glauben an die Grammatik' (GD, Vernunft 5, KSA 6, 77 f.). Das Problem der grammatischen Struktur indogermanischer Sprachen liegt in der Zentrierung auf Substantive und der damit einhergehenden Tendenz zur Verdinglichung und Zustandsreduktion allen Geschehens – Veränderungen werden in Form von Verben als bloß Zusätzliches ausgedrückt. In der *Genealogie der Moral* illustriert Nietzsche die „Verführung der Sprache (und der in ihr versteinerten Grundirrthümer der Vernunft)" (GM I 13, KSA 5, 279) exemplarisch (→ Sprachkritik). Die europäische Vernunft- und Wissenschaftskultur unterliegt nach Nietzsche sprachbedingt der unaufhebbaren Tendenz, logisch, ontologisch, epistemologisch, physikalisch und ethisch ein „indifferentes Substrat" (ebd.) zu unterstellen – und hat darin ihre Grenze: „wir hören auf zu denken, wenn wir es nicht in dem sprachlichen Zwange thun wollen, wir langen gerade noch bei dem Zweifel an, hier eine Grenze als Grenze zu sehn. Das vernünftige Denken ist ein Interpretiren nach einem Schema, welches wir nicht abwerfen können." (NL 1886-87, 5[22], KSA 12, 193 f.).

An diesem neuralgischen Punkt setzen folgerichtig auch Nietzsches philosophische Umwertungen an. Er hat die Vernunft nicht der Irrationalität preisgegeben, sondern als ein Verstehen ausgelegt, das bewusst jene Kontexte öffnet, die sich der vollständigen reflexiven Vereinnahmung entziehen, und das damit auch seiner eigenen Bedingtheit Rechnung trägt. Nietzsches gegen den Logozentrismus der Metaphysik gerichtetes Philosophieverständnis arbeitet notwendig auch mit Vernunftsubstituten: Es sind dies neben den pragmatischen Begriffen des ‚Denkens' und ‚Verstehens' insbesondere der emphatische Begriff des ‚Geistes' (1.) sowie die theoretisch orientierten Konzepte der genealogischen Interpretation (2.) und des ‚perspektivischen Erkennens' (3.).

1. Im *Zarathustra* überbrückt der Begriff des Geistes das Verhältnis zwischen der „großen Vernunft" des Leibs und der ihr nachgeordneten, drastisch abgewerteten „kleinen Vernunft" der Bewusstseinsoberfläche (Za I, Verächtern, KSA 4, 39). Nietzsche schließt gezielt an die physiologische Erstsemantik des Geist-Begriffs an: als *ruach*, *pneuma* bzw. *psyche* und *spiritus* bezeichnet „Geist" in der jüdischen, griechischen und lateinischen Tradition zunächst den Atemvorgang, der das organische Leben in Gang setzt, aufrechterhält und im Aushauchen beendet. Dieser vitale Ursprung bleibt trotz der maßgeblich gewordenen Übertragung zum beseelten Fühlen und Denken konstitutiv für den von Einverleibungsprozessen her gedachten Geist-Begriff: „Der Leib ist begeistert, lassen wir die ‚Seele' aus dem Spiele..." (EH, Za 4, KSA 6, 341). Mit ihm wird das Denken wieder zur lebendigen Bewegung in ihrerseits sich verschiebenden Begriffen. Als eine solche Bewegung drängt es ihn an und über seine Grenzen – „Geist ist das Leben, das selber ins Leben schneidet: an der eignen Qual mehrt sich das eigne Wissen" (Za II, Weisen, KSA 4, 134). Die Bewegung des Geistes führt nun nicht mehr, wie bei Hegel, zur begrifflichen Aufhebung in einem neuen Bewusstseinsniveau auf dem Weg zur eigenen Selbstvervollkommnung, sondern zu seiner fortgesetzten ‚Selbstüberwindung' im Gebrauch bestimmter Begriffe: „Und diess Geheimniss redete das Leben selber zu mir. ‚Siehe, sprach es, ich bin das, was sich immer selber überwinden muss." (Za II, Selbst-Ueberwindung, KSA 4, 148).
2. Nach Nietzsches Begriff der → Interpretation werden keine ‚Tatsachen', ‚Dinge' oder ‚Sachverhalte' gedeutet – auch diese sind bereits Interpretationen in einer Welt, die sich ausschließlich in Interpretationsprozessen ereignet. Ein solches Interpretationsdenken stellt sich v.a. mit den Mitteln der → Genealogie einer Ausgangslage, in der alle Phänomene nur als Zeichen oder Symptome fluktuieren, d.h., nur noch auf Zeit gegebene Sinnkonstellationen sind. Genealogisches Denken geht methodisch von diesem Immer-anders-Werden aus und versucht, den Phänomenen seiner Analyse keinen absoluten Sinn aufzuprägen, sondern diese als eine bewegliche „Synthesis von ‚Sinnen'" im Blick zu behalten (GM II, 13, KSA 5, 317). Synthesis steht nun nicht mehr, wie noch bei Kant, für eine einheitstiftende Verknüpfung nach allgemeinen Regeln, sondern für ein ungeregeltes Anlagern und Sich-Überlagern von Bedeutungen unter je wechselnden Bedingungen. Der spekulativ-rekonstruktive Nachvollzug solcher Bedingungen ist dann zugleich die kritische Destruktion des von diesen Bedingungen abhängigen ‚Dinges' oder Begriffs: Aus dieser doppelten Richtung bezieht die genealogische Methode ihre problematisierende und subversive Kraft. Begriffe sind unter solchen Voraussetzungen ihrerseits als etwas Vorläufiges gedacht, als Abkürzungszeichen, in denen sich stets „ein ganzer Prozess semiotisch zusammenfasst [...]; definirbar ist nur Das, was keine Geschichte hat" (ebd.).
3. Eine positive Fassung dessen, was in der Philosophie als Vernunft verhandelt wird, lässt sich vor allem in Nietzsches Perspektivenverständnis gewinnen.

V

Im Gegensatz zum Relativismus stellt ein in sich reflektierter → Perspektivismus zwar die Unendlichkeit und Unabschließbarkeit jeder Interpretation in Rechnung, zieht jeder Perspektive durch deren irreduzible Gebundenheit an einen Standpunkt aber auch eine jeweils bestimmte Grenze. Mit der Veränderung des Standpunktes ändert sich notwendig der Horizont. Oder in der Sprache der Perspektive: Mit der Verengung oder Weitung des Fokus verändert sich auch das Vordergrund-Hintergrund-Verhältnis im Ganzen. Das Wissen um diese relationale Selbstbegrenzung unterscheidet perspektivenlogisches Denken vom Relativismus. Umgestellt wird damit zugleich von einem absoluten Vernunftstandpunkt auf eine in der Bewegung des Denkens gewonnene Vielfalt einander bereichernder, aber auch miteinander konkurrierender Perspektiven. Verständig ist unter diesen Bedingungen, wer „sich gerade die Verschiedenheit der Perspektiven und Affekt-Interpretationen für die Erkenntnis nutzbar zu machen weiss“ (GM III 12, KSA 5, 364 f.). In Nietzsches Philosophie werden Wahrheit und Objektivität mithin auch nicht alternativlos aufgegeben, sondern nach erfolgter Kritik an ihrer beanspruchten Unbedingtheit als ein Wissen reformuliert, das seine Grenzziehungen aus der Kenntnis der eigenen Begrenztheit vornimmt: „Es giebt nur ein perspektivisches Sehen, nur ein perspektivisches ‚Erkennen‘; und je mehr Affekte wir über eine Sache zu Wort kommen lassen, je mehr Augen, verschiedne Augen wir uns für dieselbe Sache einzusetzen wissen, um so vollständiger wird unser ‚Begriff‘ dieser Sache, unsre ‚Objektivität‘ sein.“ (GM III 12, KSA 5, 365). Der Theorie-Begriff der klassischen Wissenschaftskultur ist damit weniger destruiert, als vielmehr perspektivistisch umgedeutet. Noch immer ist die visuelle Ausgangsmetaphorik der theoretischen Vernunft pragmatisch leitend, wird dabei aber zugleich konkretisiert und eingeschränkt. Mit dieser Einschränkung des Theoretischen durch das Perspektivische ist zugleich ein ausgesprochen modernes Programm entworfen. Denn von der Anerkennung des Perspektivischen über die gezielte Ausübung perspektivischer Denkformen führt der Weg zu jenem Ethos einer konsequent interdisziplinär verfahrenden Wissenschaftspraxis, die Nietzsche → ‚fröhliche Wissenschaft‘ genannt hat.

(**PHG** 9-11, KSA 1, 835-847; **WL** 1-2, KSA 1, 875-890; **M**, Vorrede 3, KSA 3, 12-15; **M**, Vorrede 4, 15 f.; **FW** 354, KSA 3, 590-593; **FW** 355, 593 ff.; **Za I**, Verächtern, KSA 4, 39 ff.; **Za II**, Weisen, KSA 4, 132-135; **Za II**, Selbst-Ueberwindung, 146-149; **JGB** 3, KSA 5, 17 f.; **JGB** 27, 45 f.; **JGB** 34, 52 ff.; **JGB** 191, 112 f.; **JGB** 230, 167-170; **GM I** 13, KSA 5, 278-281; **GM III** 12, KSA 5, 363 ff.; **GD**, Sokrates 1-12, KSA 6, 67-73; **GD**, Vernunft 1-6, 74-79; **EH**, Za 4, KSA 6, 340 f.;
NL 1886-87, 5[22], KSA 12, 193 f.; **NL 1887-88**, 11[145], KSA 13, 67 f.)

Wahrheit (→ Perspektive, das Perspektivische, Perspektivismus)

Wert, Wertschätzung, Kritik der Werte, „Umwerthung der Werthe"

Zu Beginn des 19. Jahrhunderts zeigen sich innerhalb der Ökonomie begriffliche Differenzierungen, in deren Folge der Begriff des Wertes in Teilen entmaterialisiert wird. Dadurch kann auch immateriellen Gütern ein Wert zuerkannt werden. Nur wenige Jahrzehnte später, also um die Jahrhundertmitte, zirkuliert bereits eine relativ breit angelegte philosophische und populärphilosophische Wertsemantik, die sich ihrerseits weitgehend von den ökonomischen Ausgangspunkten gelöst hat und Werte als geistige Urerlebnisse, prägende materiale Erfahrungskomplexe oder moralische Güter von besonderer Geltung ansetzt. In dieser vergleichsweise jungen, aber schnell an Dynamik gewinnenden Diskurslandschaft lässt sich anfangs auch Nietzsche verorten.

In seiner umgreifenden Gestalt, als Frage nach dem Wert des Daseins überhaupt, tritt das Wertproblem bereits im Frühwerk auf und wird dabei als genuin philosophisches Problem einerseits, als maximale individuelle Herausforderung andererseits begriffen. Gegenüber dem „Biedermann", der in den Kategorien der Zahl und des Nutzens denkt, wird formuliert: „Denn die Frage lautet doch so: wie erhält dein, des Einzelnen Leben den höchsten Werth, die tiefste Bedeutung?" (UB III 6, KSA 1, 384). Erst mit dieser Frage stellt man sich „in den Kreis der Kultur" (ebd., 385).

Entsprechend aufmerksam liest und exzerpiert Nietzsche Eugen Dührings Entwurf einer „Wirklichkeits-Philosophie" mit dem Titel *Der Werth des Lebens* (vgl. NL 1875, 9[1], KSA 8, 131-181; hier 136), grenzt sich aber strikt von dessen These ab, nach der die materiellen Bedingungen des Wertbegriffs systematisch erfasst und zu einem fortschrittsoptimistischen Lebensmodell entwickelt werden können. Von da an hat die ultimativ gestellte Frage nach dem Wert des Daseins bei Nietzsche eine doppelte und notwendig paradoxe Gestalt: Sie ist für den jeweils Einzelnen unabweisbar und führt dadurch zu jener Dialektik von Sinnsuche und Sinngebung, um der es der individuellen Existenz gehen muss. Sie ist jedoch maßlos und fehlgehend, wenn sie als Frage nach dem Gesamtwert des → Lebens überhaupt gestellt wird. Vor diesem Hintergrund gelten ihm optimistische und pessimistische Antwortversionen gleichermaßen als ideologische Weltanschauungen. Sie bewegen sich außerhalb eines Maßstabs und heben damit den immer bedingten Vollzugscharakter des Wertens in totalitärer Weise auf: „Urtheile, Werthurtheile über das Leben, für oder wider, können zuletzt niemals wahr sein: sie haben nur Werth als Symptome, sie kommen nur als Symptome in Betracht, – an sich sind solche Urtheile Dummheiten." (GD, Sokrates 2, KSA 6, 68).

Von weitreichender Bedeutung ist Nietzsches Verhandlung des Wertproblems innerhalb seiner → Moralkritik. Der ökonomische Sinn des Wertbegriffs wird dabei gezielt eingesetzt, um dessen moralische Verabsolutierung zu diskreditieren.

Moralische Werte sind in dieser Sichtweise genauso bedingt und genauso relativ zu ihren Bedingungen wie ökonomische Wertansetzungen. In der oft variierten Frage nach dem Wert der Moral wird diese ihrerseits als ein Kalkül des durchsetzungswilligen Lebens problematisiert und kann darum gerade nicht als transzendente ethische Bewertung des Lebens auftreten. Auch die genealogische Rückführung des Schuldbegriffs auf das ökonomische Gläubiger-Schuldner-Verhältnis folgt einer analogen Argumentationsstrategie.

Wenn Moral von diesem provozierenden Pragmatismus aus einerseits zur Überlebensstrategie entwertet wird, so ist der von ihr vollzogene Prozess der Wertsetzung andererseits das, was Nietzsche eigentlich freilegen will. Nicht der überzeitliche Geltungsanspruch eines Werts, sondern die zeitliche Bedingtheit des Wertens in einem Lebenszusammenhang werden also in einer derartigen Moralkritik fortwährend herausgearbeitet. Insofern unterscheidet Nietzsche innerhalb seiner Beobachtung der Moral auch zwischen expliziten oder affirmativen ‚Werthen' und ‚Werthurtheilen' und impliziten ‚Werthschätzungen' und ‚Werthgefühlen'. Das eigentliche Werten hat keine deliberative oder kritische Dimension. Es vollzieht sich, wie beispielsweise die schnelle Bildung von Sympathie und Antipathie zeigt, spontan und insofern präreflexiv: „Werthschätzungen entstehen aus dem, was wir als Existenzbedingungen glauben: wandeln sich unsere Existenzbedingungen oder unser Glaube darin, dann auch die Werthschätzungen." (NL 1884, 25[397], KSA 11, 116). Von dieser Differenz im Wertverständnis aus entwirft Nietzsche auch seine Moralkritik: Werte, die sich historisch zu normativer Macht verfestigt haben, werden durch → genealogische Operationen in ihren Wirkungen und in ihrer Genese aufgezeigt, dechiffriert und entsprechend delegitimiert. Die kritische Praxis der ‚Umwertung' von Werten zielt dagegen auf die Veränderung allgemeiner, d.h. ‚geglaubter', Wertmaßstäbe ab.

„Umwerthung der Werthe", auch verstanden als „Versuch einer neuen Auslegung alles Geschehens" (NL 1885, 40[50], KSA 11, 653), ist darum diejenige Formel, auf die Nietzsche im Spätwerk das eigene philosophische Projekt in seiner Ganzheit zuspitzt. Sie ist zunächst als Untertitel, dann als Titel des geplanten Hauptwerks gedacht, das Nietzsche 1888 aufgegeben hat.

Auch diese Formel ist ihrem Ursprung nach von einer ähnlichen Ambivalenz wie der Wertbegriff selbst. Sie weist nahezu wortgleich zurück in die mit Diogenes von Sinope verbundene kynische Traditionslinie der Philosophie: Das *paracharattein to nomisma* hat dabei primär einen numismatischen Hintergrund und kann entweder die Umprägung einer abgegriffenen und damit entwerteten Münze oder aber die gezielte Falschmünzerei meinen. Semantisch entscheidend für die Verwendung der Formel ist jedoch die begriffliche Nähe zwischen dem Geld (*nomisma*) und der geltenden Ordnung (*nomos*). Die in der Formel angezeigte Übertretungsfigur weist über die kynische Provokation auf eine weitere Eigenart der Wertproblematik: Umwertungen können nicht dekretiert werden, sondern bedürfen der zumindest partiellen Anerkennung. Die umgeprägte Münze muss im Geldkreislauf akzeptiert werden, und ebenso verhält es sich mit der Reformulierung von Werten: Diese funktionieren eher als situationsadäquate Beschreibung eines bereits im Vollzug befindlichen Wertewandels, denn als kontextfreie Einforderung neuer Werte. Entsprechend sind neue Wertungsweisen keine für die Zukunft konstruierte Agenda, sondern immer die semantische Entsprechung einer bereits einverleibten Umwertungserfahrung: „Unterschätzen wir dies nicht: wir selbst, wir freien Geister, sind bereits eine ‚Umwerthung aller Werthe', eine leibhafte Kriegs- und Siegs-Erklärung an alle alten Begriffe von ‚wahr' und ‚unwahr'. Die werthvollsten Einsichten werden am spätesten gefunden; aber die werthvollsten Einsichten sind die Methoden. Alle Methoden, alle Voraussetzungen unsrer jetzigen Wissenschaftlichkeit haben Jahrtausende lang die tiefste Verachtung gegen sich gehabt, auf sie hin war man aus dem Verkehre mit ‚honnetten' Menschen ausgeschlossen, – man galt als ‚Feind Gottes', als Verächter der Wahrheit, als ‚Besessener'." (AC 13, KSA 6, 179).

Wenn Nietzsche sein Spätwerk im Ganzen als Umwertungspraxis deutet, so kann dies unter den skizzierten Voraussetzungen jeweils verschiedene Operationen meinen: die Revitalisierung eines inzwischen entwerteten Werts (1.), die Neuperspektivierung einer Werthierarchie (2.), die Aufwertung des negativ konnotierten Werts innerhalb einer asymmetrischen Differenz (3.), die Einführung des von einer Wert Unterscheidung ausgeschlossenen Dritten (4.) oder die Denkbarmachung einer Alternative im Hinblick auf eine vermeintlich alternativlose Grundunterscheidung (5.). Für die angeführten Verfahrensweisen ist indessen ein grundsätzlicher und gemeinsamer Umstand kennzeichnend: Umwertungsoperationen bleiben strukturell immer auf die in einem Diskurs oder einer Gesellschaft schon gegebenen bzw. zirkulierenden Wertsetzungen bezogen.

In diesem Sinne problematisiert Nietzsche nicht nur sein eigenes Philosophieren, sondern auch die prägenden Projekte früherer Philosophen, Künstler oder Religionsstifter als Umwertungen. Die genealogische Rekonstruktion dieser kritisierten Projekte aus spezifischen Lebensbedingungen bildet – wie etwa für Wagner in der → Kunst, Sokrates in der Philosophie, Christus und Paulus in der Religion – jeweils die Vorbereitung für eigene Wertoperationen. Die demonstrative Umwertung dieser früheren Umwertungen ist deren anderes Moment. Vorzugsweise in den letzten Schriften Nietzsches vollziehen sich Umwertungsprozesse in der Form eines konstellativen Schreibens (→ Stil). In ihm setzt sich der Verfasser wertend ins Verhältnis zu den von ihm gleichermaßen anerkannten wie scharf kritisierten Vorgängern. Sei es der ‚Fall Wagner', sei es ‚das Problem des Sokrates', sei es die ‚Psychologie des Erlösers': stets werden maßgebliche Wertsetzungen in ihrer zweifelhaften Genese gezeigt, bevor sich der Autor als ein Umwerter dieser Werte unter fundamental neuen Lebensbedingungen anbietet. Nietzsche exponiert sich gezielt durch drastische Reevaluierungen: Er erzeugt einen semantischen Kriegszustand, um dem Leser die Möglichkeit der Neutralität zu nehmen und zum Teilnehmer am selbigen zu machen: „Meine Kriegs-Praxis ist in vier Sätze zu fassen. Erstens: ich greife nur Sachen an, die siegreich sind, – ich warte unter Umständen, bis sie siegreich sind. Zweitens: ich greife nur Sachen an, wo ich keine Bundesgenossen finden würde, wo ich allein stehe, – wo ich mich allein compromittire…“ (EH, weise 7, KSA 6, 274). Die starke Performanz dieses Vorgehens ist mithin kein polemischer Selbstzweck. Sie dient der Involvierung des Lesers in den jeweils ergebnisoffenen Umwertungsvollzug.

(**UB III**, 6, KSA 1, 383-404; **M** Vorrede, KSA 3, 11-17; **M** 35, 43 f.; **M** 44, 51 f.; **M** 104, 92; **M** 119, 111-114; **FW** 335, KSA 3, 560-564; **FW** 345, 577 ff.; **Za I**, Verwandlungen, KSA 4, 29 ff.; **Za I**, Ziele, 74 ff.; **JGB** 2, KSA 5, 16 f.; **JGB** 32, 50 f.; **GM**, Vorrede 1-8, KSA 5, 247-256; **GD**, Sokrates 2, KSA 6, 67 f.; **AC** 13, KSA 6, 179;

NL 1875, 9[1], KSA 8, 131-181; **NL 1880,** 1[100], KSA 9, 29; **NL 1880**, 3[36], 56; **NL 1880**, 3[54], 62; **NL 1883**, 7[126], KSA 10, 284 f.; **NL 1883**, 24[16], 653-656; **NL 1884**, 25[397], KSA 11, 116; **NL 1885**, 40[50], KSA 11, 653 f.; **NL 1886-87**, 7[2], KSA 12, 251 ff.; **NL 1886-87**, 7[6], 273-283; **NL 1888**, 14[103], KSA 13, 280 ff.; **NL 1888**, 14[116], 292 f.)

Wille zur Macht

I. Allgemeines

Ähnlich wie das ‚asketische Ideal‘ und das ‚Pathos der Distanz‘ ist auch das Kompositum ‚Wille zur Macht‘ als ein für Nietzsche charakteristischer Neologismus angelegt, in dem zwei prominente Begriffe in einen selbstbezüglichen Interpretationszusammenhang gebracht werden. Die Macht dient hierbei als vektorielle Größe eines Willens, der seinerseits wiederum erst im Machtbezug seinen eigentlichen Ausdruck gewinnt. Beide Phänomene sind dabei jeweils für sich einem isolierbaren essentialistischen Verständnis entzogen und erhalten ihr philosophisches Erklärungspotential erst in der direkten wechselseitigen Bezugnahme. Vergleichsweise spät im Gesamtwerk, etwa in der Mitte der 1880er Jahre, wächst dem Konzept im Denken Nietzsches der Status eines Leittheorems zu, mit dem er die Gesamtheit seiner Perspektivierungen und seiner Interpretationspraktiken auf eine möglichst griffige Formel zu bringen versucht. Den eigentlichen Anlass und sachlichen Ausgangspunkt für die Prägung derselben scheint zunächst die Auseinandersetzung mit der *conatus*-Lehre Spinozas (conatus in suo esse perseverandi) einerseits und die kritische Diskussion Darwins bzw. der zeitgenössischen Formen des Darwinismus andererseits gebildet zu haben. So ist in der *Fröhlichen Wissenschaft* dokumentiert: „Der Kampf um's Dasein ist nur eine Ausnahme, eine zeitweilige Restriktion des Lebenswillens; der grosse und kleine Kampf dreht sich allenthalben um's Uebergewicht, um Wachsthum und Ausbreitung, um Macht, gemäss dem Willen zur Macht, der eben der Wille des Lebens ist.“ (FW 349, KSA 3, 585 f.).

II. Rezeptionsprobleme

Dabei ist die lange Zeit irritierende und teils verstörende, vermeintliche Lehre vom ‚Willen zur Macht‘ vor allem das manipulativ verzerrte Resultat eines in seinen Folgen schwerwiegenden Publikationsmissverständnisses. Vonseiten Elisabeth Förster-Nietzsches und des von ihr eigens gegründeten Archivs ist mit *Der Wille zur Macht* aus den unveröffentlichten Notizen Nietzsches ein Buch kompiliert worden, das der Öffentlichkeit zugleich als systematisches Hauptwerk des Philosophen nahegelegt worden ist. Nietzsche selbst dagegen hat die Pläne zu einem entsprechenden Buch immer wieder verändert und zuletzt wohl auch das Projekt als Ganzes aufgegeben (vgl. dazu das Kapitel III.11.1). Neben den teils drastischen editionsphilologischen Manipulationen des sogenannten ‚Hauptwerks' ist vor allem der Umstand verheerend, dass die vorgenommenen methodischen und inhaltlichen Dogmatisierungen auf eine politisch reaktionäre Lesart hin finalisiert wurden. Eine weitere folgenreiche Verzeichnung der Formel wurde in der philosophisch zwar durchgreifenden, zugleich aber enorm einseitigen Deutung Martin Heideggers vorgenommen. Heidegger versteht den ‚Willen zur Macht' als die letzte und radikalste Konsequenz der neuzeitlichen spekulativen Subjektzentrierung, die von einer alles durchherrschenden Metaphysik der → Macht geprägt sei. So bildet Nietzsche gleichsam die Vollendungsgestalt eines abendländischen Machtdiskurses, der dann seinerseits – so die Konstruktion Heideggers – durch die eigene seinsgeschichtliche Neubesinnung überwunden werden konnte. Erst die kritische Neuedition des Werks (→ Kap. V) und die daran anschließenden Forschungen der letzten Jahrzehnte haben Nietzsches ‚Willen zur Macht'-Formel von den ideologischen Entstellungen und metaphysischen Vereinnahmungen gelöst und als methodologisch wegweisende Leithypothese einer Pluralität aufeinander angewiesener und gegeneinander agierender Machtquanten erschlossen.

III. Zur kritischen Funktion und dem produktiven Potential der Formel

Den Ausgangspunkt für ein Verständnis der Formel bilden wie so oft die kritischen Abgrenzungen Nietzsches. Dies betrifft zum einen die Abgrenzung von einem in allen Formen des Lebens gleichermaßen waltenden metaphysischen Willen, wie ihn die Philosophie seines ‚Erziehers' Schopenhauer noch unterstellte: demnach sei „der ‚Wille' Schopenhauer's […] durch die Philosophen-Wuth der Verallgemeinerung, zum Unheil für die Wissenschaft ausgeschlagen: denn dieser Wille ist zu einer poetischen Metapher gemacht, wenn behauptet wird, alle Dinge in der Natur hätten Willen; endlich ist er, zum Zwecke einer Verwendung bei allerhand mystischem Unfuge, zu einer falschen Verdinglichung gemissbraucht worden" (MA II, VM 5, KSA 2, 382 f.). In der Folge habe sich dies vor allem in den an Schopenhauer anschließenden Modephilosophien zu der Vorstellung verdichtet, „dass alle Dinge Einen Willen hätten", bzw. die Personen selbst „dieser Eine Wille wären" (ebd.). Es betrifft zum anderen – fassbar etwa im Hauptstück *Von den Vorurtheilen der Philosophen* in *Jenseits von Gut und Böse* – die zeitgenössischen mechanistischen Weltauslegungen, in denen vermeintliche Naturgesetze auch die Natur des Menschen in den Kausalitätszusammenhang von Ursache und Wirkung bringen. Gegen beide wird letztlich der gleiche Vorwurf einer unzulässigen Essentialisierung und Dogmatisierung erhoben. Folgerichtig wird der Wille zur

Macht in *Jenseits von Gut und Böse* 22 und 23 ausdrücklich als kritische Hypothese gegen falsche Verdinglichungen und Generalisierungen eingeführt: Leitend ist schon hier eine Vorstellung, die nicht vom Herrschen, sondern stattdessen vom Fehlen von Naturgesetzen ausgeht und demgegenüber unterstellt, dass „jede Macht in jedem Augenblicke ihre letzte Consequenz zieht" (JGB 22, KSA 5, 37).

Die vorgenommene Entideologisierung und Entdinglichung des Machtbegriffs entgrenzt diesen nach mehreren Richtungen und ermöglicht auf diesem Wege ein produktives Neuverständnis. Dieses führt weg von der *einen* Macht zur Pluralität der Mächte, vom Wunsch der Normierung der Macht zur Beschreibung ihrer permanenten Präsenz und vom stabilen Machtmonopol zum Nachweis einer Machtzirkulation von und zwischen konkurrierenden Mächten. Macht trifft innerhalb dieses Modells stets auf Gegenmacht und erzeugt in der Abstoßung, Abschwächung, Integration oder Überwindung derselben fortwährend neue Gebilde: demnach wird „alles irgendwie Zu-Stande-Gekommene[] immer wieder von einer ihm überlegenen Macht auf neue Ansichten ausgelegt" (GM II 12, KSA 5, 313). Spätestens für die *Genealogie der Moral* hat dieses umfassende Verständnis dann den Status einer generell wirksamen Interpretationsheuristik. Ausgehend von der Interdependenz, die keine Interpenetration von zuvor isolierten Einheiten mehr ist, sondern eine grundlegende Verflechtung, erfolgt die hermeneutische Arbeit in Form einer Entschlüsselung von Machtdifferentialen in sich wandelnden Ordnungen. Diese bilden als Ensemble von Mächten einen kulturellen Zusammenhang, eine Gesellschaft, eine Institution etc. Menschliche Beziehungen etwa folgen in einer solchen Betrachtungsart nicht mehr fixen Normen und Regeln, vielmehr ist es die spezifische Gestalt einer interdependenten Beziehung, die den Handlungsspielraum für die in ihr befindlichen Individuen überhaupt erst freigibt. Es sind mithin immer Machtbeziehungen, die aus sich Normierungen hervorbringen – bis hin zur Produktion jener scheinbar alternativlosen Normalität, die sich als stabile Ordnung auslegt und entsprechend scharf auf Abweichungen reagiert. Als eine solche Produktion exklusiver Normalität hat Nietzsche immer wieder die Moral entschlüsselt.

Für die Ausweitung und Ausformulierung der Konzeption von Machtwillen auf das organische und anorganische Leben hat Nietzsche sich überdies dezidiert von naturwissenschaftlichen Fragestellungen inspirieren lassen und dabei oft auf Positionen jenseits der *communis opinio* zurückgegriffen, die dann innerhalb seiner Rezeption nochmals deutliche Veränderungen und Radikalisierungen erfahren. Bei seiner Auseinandersetzung mit dem Atomismus etwa dient ihm die Kritik des seinerzeit kaum noch bekannten Naturphilosophen Ruggiero Giuseppe Boscovich an der Vorstellung in sich beharrender Subjekt-Atome als Ausgangspunkt für den Entwurf eines eigenen Koordinations-Modells. Besonders beeindruckt zeigt er sich vom entschiedenen Antimaterialismus der Kräftelehre Boscovichs, der darin (und zusammen mit Kopernikus) „der grösste und siegreichste Gegner des Augenscheins" gewesen sei (JGB 12, KSA 5, 26). Daran anknüpfend geht auch Nietzsche von der relativen Selbstorganisation plural verfasster Kraftpunkte aus, die sich je nach der ihnen zur Verfügung stehenden → Macht und Disposition ihre Umwelt perspektivisch konstruieren. Das kausalmechanische Schema von Ursache und Wirkung wird dabei zugunsten eines sich selbst permanent organisierenden und umorganisierenden Koordinationsgebildes aufgegeben. Für Nietzsches Fassung des Organismusbegriffs in Abgrenzung von harmonieorientierten Integrationsmodellen ist wiederum die Rezeption des Entwicklungsbiologen Wilhelm Roux, insbesondere seiner Arbeit *Der Kampf der Theile im Organismus* (1881) von Bedeutung. Das strukturelle, ganzheitliche Funktionieren des Körpers wurde dabei in Anverwandlung darwinistischer Interpretamente als fortwährend im Kampf befindliche Interaktion kleinster Einheiten, der Zellen, ausgelegt. Nietzsche weitet diese Konzeption zu einer dynamisch-agonalen Betrachtungsweise aus, nach der das organische Leben selbst als endogen zu bestimmende Kräfteorganisation ohne Zentrum angesehen wird: „Leben wäre zu definiren als eine dauernde Form von Prozeß der Kraftfeststellungen, wo die verschiedenen Kämpfenden ihrerseits ungleich wachsen." (NF 1885, 36[22], KSA 11, 560). Organisches → Leben stellt sich demnach über die Konstellierung partikularer Kräfte her, von denen jede einzelne zunächst nur die in ihrem Aktionsfeld mögliche letzte Konsequenz zieht. Entscheidend für den Wandel des Organismusmodells bleibt die Verabschiedung vom Vorstellungsraum der in sich zentrierten Ganzheitlichkeit, der exogenen Verursachung und der teleologischen Entfaltung.

In beiden Fällen der Rezeption ist freilich eher von einer reflexiven Selbstvergewisserung Nietzsches im Hinblick auf die Denkbarmachung und die Generalisierbarkeit der ‚Willen zur Macht'-Hypothese zu sprechen als von einem direkten Einfluss auf ihr Zustandekommen. Folgerichtig finden sich die entsprechenden Erwägungen, in zudem sehr unterschiedlichen Aufbereitungsformen, weitgehend im Nachlass.

Für das interpretationsphilosophisch gewendete Theorem eines „in allem Geschehn sich abspielenden Macht-Willens" (GM II 12, KSA 5, 315) ist wiederum der Grundgedanke leitend, dass „alle Zwecke, alle Nützlichkeiten", die in die Geschichte eines ‚Dings' eingetragen werden, zunächst nicht mehr sind als Zeichen. Sie geben sich zu erkennen als „Anzeichen davon, dass ein Wille zur Macht über etwas weniger Mächtiges Herr geworden ist und ihm von sich aus den Sinn einer Funktion aufgeprägt hat." (ebd., 314). Die damit verbundene Theorie des Funktionswandels unter veränderten Lebensbedingungen gilt ihrem Anspruch nach nicht nur für biologische und kulturelle Evolutionsprozesse, sondern schließt auch die Logik der Begriffsbildung selbst ein: Die „ganze Geschichte eines ‚Dings', eines Organs, eines Brauchs kann dergestalt eine fortgesetzte Zeichen-Kette von immer neuen Interpretationen und Zurechtmachungen sein, deren Ursachen selbst unter sich nicht im Zusammenhange zu sein brauchen, vielmehr unter Umständen sich bloss zufällig hinter einander folgen und ablösen. ‚Entwicklung' eines Dings, eines Brauchs, eines Organs ist demgemäss nichts weniger als sein progressus auf ein Ziel hin, noch weniger ein logischer und kürzester, mit dem kleinsten Aufwand von Kraft und Kosten erreichter progressus, – sondern die Aufeinanderfolge von mehr oder minder tiefgehenden, mehr oder minder von einander unabhängigen, an ihm sich abspielenden Überwältigungsprozessen, hinzugerechnet die dagegen jedes Mal aufgewendeten Widerstände, die versuchten Form-Verwandlungen zum Zweck der Vertheidigung und Reaktion, auch die Resultate gelungener Gegenaktionen. Die Form ist flüssig, der ‚Sinn' ist es aber noch mehr…" (GM II 12, KSA 5, 314 f.). Mit der letztlich zeichenphilosophischen Lehre von der Flüssigkeit jeglichen ‚Sinns' legt Nietzsche auch konsequent die impliziten Voraussetzungen seiner eigenen Sprache der Unbegrifflichkeit frei. Weil nur dasjenige „definirbar" ist, „was keine Geschichte hat", verzichtet er seinerseits auf die Feststellung eines Sinns und interveniert stattdessen in der Rolle des Umwerters in die immer schon zirkulierenden Sinnangebote (GM II 13, KSA 5, 317). Auch die eigenen → Interpretationen sind damit als Teilnahme an einem konstellativen machtlogischen Geschehenszusammenhang ausgewiesen, der sich zwar zeigen und beschreiben, nicht aber begrifflich aufheben lässt: „Giebt es denn einen Sinn im An-sich?? Ist nicht nothwendig Sinn aber Beziehungs-sinn und Perspektive? Aller Sinn ist Wille zur Macht (alle Beziehungs-Sinne lassen sich in ihn auflösen)." (NL 1885-86, 2[77], KSA 12, 97).

(**MA II**, VM 5, KSA 2, 382 f.; **FW** 349, KSA 3, 585 f.; **JGB** 22, KSA 5, 37; **JGB** 36, 54 f.; **GM II** 12, KSA 5, 313-316; **GM II** 13, 316 ff.; **GD** Alten 3, KSA 6, 157; **AC 2**, KSA 6, 170;

NL 1881, 11[130], KSA 9, 487 f.; **NL 1881**, 11[284], 550; **NL 1884**, 27[24], KSA 11, 281 f.; **NL 1885**, 34[247], KSA 11, 503 f.; **NF 1885**, 36[22], 560 f.; **NL 1885**, 38[12], 610 f.; **NL 1885-86**, 1[58], KSA 12, 25; **NL 1885-86**, 2[77], 97 f.; **NL 1885-86**, 2[108], 114; **NL 1886-87**, 5[82], KSA 12, 221; **NL 1887**, 9[145], KSA 12, 419 f.; **NL 1888**, 14[79], KSA 13, 257 ff.; **NL 1888**, 14[81], 260 f.; **NL 1888**, 14[137], 321 f.)

V. Zum Problem des Nachlasses

1. Zur Problemlage

Mit Nietzsches umfangreichem Nachlass, dem in der von Giorgio Colli und Mazzino Montinari herausgegebenen *Kritischen Studienausgabe* (KSA) die Bände 7 bis 13 entsprechen, verbinden sich eine Reihe editionsphilologischer, rezeptionsgeschichtlicher und hermeneutischer Grundsatzprobleme. Dieser Nachlass mit seinen etwa 4700 Seiten überwiegt nicht nur quantitativ den Umfang der veröffentlichten oder zur Veröffentlichung vorgesehenen Schriften von 3500 Seiten. Er hat sich vor allem in der Frühphase der akademischen Nietzsche-Rezeption zu einer Bezugsgröße von monumentalem Ausmaß verselbstständigt, die das eigentliche Werk mitunter auf den Rang eines bloßen Beiwerks zum Nachlass zurückstutzte. Paradigmatisch für diesen Zugriff und das damit verbundene Nietzsche-Bild ist Martin Heidegger, der den Zusammenhang von Lektürepraxis und Lesart unmissverständlich markiert hat: „Was Nietzsche zeit seines Schaffens selbst veröffentlicht hat, ist immer Vordergrund [...]. Die eigentliche Philosophie bleibt als ‚Nachlaß' zurück" (Heidegger, *Nietzsche* I, 6 f.). Eine derart eindeutige Bestimmung dessen, was Vordergrund und Hintergrund bei Nietzsche ist, darf heute mit guten Gründen als ihrerseits vordergründig zurückgewiesen werden. Und nicht zufällig deckt sich Heideggers spezifisches Erkenntnisinteresse mit einer von ihm praktizierten Deutungsweise, die den Darstellungsformen, in denen Nietzsche seine Gedanken präsentiert und prägt, kaum Bedeutung oder Aufmerksamkeit beimisst. Die vermeintlich größere Eindeutigkeit des Nachlasses beglaubigt und erhellt in Gestalt einer esoterischen Lehre demnach das in seinem Formenreichtum notorisch uneindeutige und insofern als eher exoterisch angesehene veröffentlichte Werk.

2. Die Editionen des Nachlasses

Zumindest in Teilen lässt sich Heideggers Zugriff jedoch auch als interpretative Entsprechung zur damaligen Veröffentlichungssituation von Nietzsches Gesamtwerk verstehen. Die editionsphilologisch naheliegende Grenzziehung zwischen autorisiertem Werk und den in Notizheften unterschiedlichen Formats überlieferten Notaten ist durch die Veröffentlichungspraxis des von Elisabeth Förster-Nietzsche gegründeten und geleiteten Nietzsche-Archivs willentlich verwischt und vor allem durch die Publikation von Nietzsches vermeintlichem Hauptwerk *Der Wille zur Macht* endgültig konterkariert worden. Das in zwei Editionsstufen – die erste Ausgabe (1901) versammelte noch 483 Aphorismen, die zweite Ausgabe

(1906) bereits 1067 – aus dem Nachlass kompilierte Konstrukt ist eine gezielte Verschleierung jener hyperkomplexen Kontexte, aus denen es ‚gewonnen' wurde. Das von Nietzsche aufgegebene Werkprojekt wird zur systematischen *ultima ratio* frisiert, die anspruchsvolle Reflexionsfigur des → Willens zur Macht auf den affirmativen Machtwillen im Sinne einer politischen Gebrauchsanweisung zurückgestutzt. Mittlerweile ist das, was hochmanipulativ als ideologisches Vermächtnis Nietzsches angelegt worden ist, als drastische Fälschung entlarvt. Gleichwohl kursieren entsprechende Ausgaben bis heute und werden, v.a. im angloamerikanischen Sprachraum, vorzugsweise dort auch weiterhin zitiert, wo die kritische Edition des Nachlasses noch immer nicht in Übersetzungen existiert. Insgesamt hat die Vereinnahmung Nietzsches durch den Nationalsozialismus, die angesichts zahlreicher gegenläufiger Aussagen aus dem zu seinen Lebzeiten veröffentlichten Werk freilich kaum durchzuhalten war, fatal und nachhaltig gewirkt. Sie wirft ihre Schatten bis ins Heute.

Erst durch die von Giorgio Colli und Mazzino Montinari ebenso mühe- wie verdienstvolle Erarbeitung der ab 1967 erschienenen *Kritischen Gesamtausgabe der Werke und Briefe* Nietzsches (KGW und KGB) wurde für die Forschung eine grundsätzlich neue Ausgangssituation geschaffen. Vor allem gewährt der nunmehr streng chronologisch aufbereitete Nachlass keinen Zugriff auf esoterische und eigens zurückgehaltene Wissensbestände, sondern den Einblick in Nietzsches „intellektuelles Tagebuch" (Mazzino Montinari) mit all den zugehörigen Kontingenzen einer solchen Unternehmung. Die Notizhefte zeigen eher ein Ringen um Selbstversicherung als einen etablierten Wissensstand. Sie belegen eher ein permanentes Umorganisieren, Revidieren und Neuansetzen als ein kumulatives Fortschreiten und weisen somit zuletzt in die eigentliche Tiefenstruktur von Nietzsches experimentellem Denken: Sie machen einen Denker ersichtlich, der sich die spezifische Eigenart seines Philosophierens immer wieder neu erschreiben musste (→ Experimentalphilosophie, → Stil).

Mit diesem Befund ist wiederum ein nochmals neues Verständnis der materialen Textverfassung von Nietzsches Nachlass verbunden. Auch Colli und Montinari haben in ihrer kritischen Aufbereitung desselben mit Kriterien gearbeitet, die das Material auf eine bestimmte Weise formen mussten. Bereits die Charakterisierung des Nachlasses als eines Bestandes von Fragmenten ist problematisch: Einerseits ist die Unterscheidung nach ‚Vorstufen', ‚Fragmenten' und ‚Gelegenheitsnotizen' von einem gewissen Grade an als willkürlich anzusehen, andererseits ist die Kennzeichnung eines Textes als Fragment seinerseits gattungskonstitutiv und weist, etwa in frühromantischer Tradition, auf ein abgebrochenes oder prinzipiell unabschließbares Werk. Mit der durchnummerierten, chronologisch exakten und textkritisch finalisierten Darbietung des Nachlasses haben auch die verdienstvollen Herausgeber der KGW bzw. KSA entgegen ihren eigenen Editionsprinzipien erneut – wenngleich auf einem grundsätzlich neuen Niveau – einen verfügbaren, umstandslos zitierbaren und entsprechend schnell kanonisch gewordenen Textbestand geschaffen. Ein Blick in die materiale Verfasstheit von Nietzsches Notizheften, speziell den späten Nachlass betreffend, macht die Probleme dieses Vorgehens schnell ersichtlich. Die Hefte präsentieren eine geradezu labyrinthische Werkstatt des Schreibens, in der sich Aufzeichnungsschichten aus verschiedenen Zeiträumen überlagern. Sie weisen Partial-Streichungen und Ergänzungen, scholienartige Kommentierungen, Überschreibungen und Unterstreichungen in unterschiedlichen Tinten und Schriftgrößen auf und erwecken insgesamt den Eindruck eines oftmals noch völlig ergebnisoffenen ‚work in progress', über dessen eigentlichen Stand nur der Schreiber selbst sich im Klaren sein konnte. Von diesem materialen Befund her empfiehlt es sich zunächst, den Begriff des ‚Fragments' aufzugeben und von der stärker am konkreten Schreibprozess Nietzsches orientierten Bezeichnung des ‚Notats' auszugehen.

Diesem hier nur skizzierten Umstand, dass v.a. Nietzsches späterer Nachlass keine fertigen Texte bietet, sondern eher Schreibprozesse im Vollzug zeigt, trägt wiederum die Neuedition des späten Nachlasses (1885-1888) Rechnung. Diese, seit 2001 laufende neunte Abteilung der Kritischen Gesamtausgabe ist als Manuskript-Edition angelegt und stellt das entsprechende Material in differenzierter Transkription dar. In einer partiellen Zurücknahme auch der Editionsprinzipien von Colli und Montinari folgt sie der Anordnung von Nietzsches Aufzeichnungen topologisch und verzichtet dabei nahezu vollständig auf kritische Eingriffe. Die an Textschichten und insofern ‚stratigraphisch' orientierte Aufbereitung des Materials vollzieht somit gleichsam den Prozesscharakter der Notate nach und versucht, diese soweit wie möglich in ihrer Textgenese einzuholen. Damit wird auch die verfälschende Eindeutigkeit der streng-chronologischen Darstellung des Nachlasses wieder zurückgenommen. Die angebotene Transkription operiert mit mehrfarbigen Differenzierungen, um die zu verschiedenen Zeiten erfolgten Korrekturvorgänge, Streichungen, Überschreibungen Nietzsches zu verdeutlichen. Die Arbeit mit Nietzsches Nachlass ist mit dieser Neuedition, was nicht jedem gefallen wird, erheblich komplizierter geworden. Sie ermöglicht dafür eine Arbeitsweise, die dem Prozesscharakter seines Philosophierens in gänzlich neuer Weise Rechnung trägt. Für jede deutende Erschließung des Nachlasses, die kontextsensibel und textnah zu sein beansprucht, ist sie schlechterdings unverzichtbar.

3. Die Textsorten und ihre Deutung

Sichtet man die Textsorten des Nachlasses, so reicht das Spektrum dessen, was die Notate bieten, von Grundsatzüberlegungen und sporadischen Einfällen über Lektürereflexe (die ihrerseits vom Zitat über das Kurz- oder Langexzerpt bis hin zur kritischen Rezeption oder Transformation des Angelesenen reichen), von Vor-, Zwischen- und Überarbeitungsstufen später publizierter Texte (also Text-Varianten im weitesten Sinne) bis hin zu Titeleien, Briefentwürfen, Programmen und mehrstufigen Projektausarbeitungen. Immer wieder eingestreut sind kalendarische Notizen, die Reisen, Besorgungen und Rezepte betreffen, und etwa das inzwischen berühmte, von Derrida traktierte rätselhafte Zitat „ich habe meinen Regenschirm vergessen" einschließen (NL 1881, 12[62], KSA 9, 587). Von besonderem Interesse sind dabei naturgemäß jene inhaltlich stärker ausgebauten oder theorieaffinen Passagen, die nur sehr bedingt oder gar nicht den Weg ins publizierte Werk finden. Bei ihnen stellt sich die Frage, ob und inwieweit sie als gezielt verworfene Textalternativen oder sporadische hermeneutische Selbstsituierungen anzusehen sind.

Ein fassbarer Unterschied innerhalb der Chronologie besteht dabei weniger in den oben skizzierten Textsorten des Nachlasses selbst. Bedeutend ist vielmehr die Tatsache, dass ab den frühen 80er Jahren ein immer stärkeres Auseinandertreten der spekulativen Gedankenpräsentationen, wissenschaftlichen Aufbereitungsformen und reflexionstheoretischen Selbstpositionierungen im Nachlass einerseits und der ästhetischen Komposition im Werk andererseits festzustellen ist. Mit anderen Worten: In der Basler Zeit ist nicht nur der Sachgehalt, sondern auch die Ausdrucksweise und narrative Struktur der Notate vergleichsweise nah am veröffentlichten Werk und kann vom Interpreten darum auch relativ unproblematisch für das Verständnis des veröffentlichten Werks herangezogen werden. Diese lassen sich entweder sachlich ins Werk integrieren oder können als bereichernder, bestenfalls ergänzender Hintergrund für selbiges aufgeboten werden. Dagegen haben wir es im Hinblick auf Nietzsches späteres Werk mit einer ebenso reizvollen wie erklärungsbedürftigen Kluft zwischen thetischen, mitunter quasidefinitorischen Spekulationsfragmenten im Nachlass und einer performativ hochorganisierten Textkomposition im veröffentlichten Werk zu tun.

Auf diese herausfordernde Situation hat die Forschung denkbar unterschiedlich reagiert. Das Verschweigen seiner eigenen Theorietauglichkeit zugunsten performativer Verdichtung im eigentlichen Werk löst naturgemäß bei den Forschern Frustration aus, die Nietzsche möglichst eindeutig an die klassischen philosophischen und wissenschaftlichen Diskurse der Tradition anbinden wollen. Folglich greifen jene Forschungsansätze, denen an einer Re-Systematisierung des bekennend antisystematisch operierenden Nietzsche liegt, mit Vorliebe auf die deutlich theoriefähigeren Formulierungen des Nachlasses zurück. Dabei ist das Bedürfnis nach rationaler Rekonstruktion seinerseits – wie etwa große Teile der anglo-amerikanischen, stärker analytisch geprägten Nietzscheforschung dokumentieren – selbst Ausdruck eines spezifischen Verständnisses von dem, was Philosophie ist.

Gleichwohl ist die Beobachtung, dass Nietzsche seine Gedanken im späteren Nachlass theoretischer anlegt, thetischer und mitunter auch geradezu szientistisch formuliert, ihrerseits erklärungsbedürftig. Plausibel ist hierbei die Annahme, dass Nietzsche sich v.a. im Kontext seines Umwertungsprojekts der Nach-Zarathustra-Zeit neue Formen reflexiver Selbstversicherung auferlegt hat. Das besagte Material des Nachlasses hätte dann die spezifische Funktion von Positionierungsversuchen innerhalb der metaphysischen oder nachmetaphysischen bewusstseinsphilosophischen Tradition. Erst von solchen scharf konturierten Positionsbestimmungen aus könnten dann die spezifisch ‚eigenen' Umwertungspraktiken vorgenommen werden. Für ein solches reflexives Umkreisen der klassischen Groß-Komplexe ‚Subjekt', ‚Objekt', ‚Logik', ‚Wille', ‚Kausalität' etc. nimmt Nietzsche als Autor seine ihm eigene Sprache maximal zurück und arbeitet sich sukzessive und gleichsam traditionell und puristisch in ein überwiegend transzendentalphilosophisch zu nennendes Argumentationsniveau hinein. Gerade diese verbegrifflichte Sprache, die etwa für Kant und Hegel genuines Medium und Instrument der philosophischen Darstellung ist, ist für Nietzsche wiederum etwas gänzlich Unselbstverständliches. Das sprachliche Agieren auf einer derartigen Theorieebene wäre dann als ein weiteres Formexperiment anzusehen, das man als solches zu behandeln und dann in der Konkurrenz zu anderen Formen zu betrachten hätte. Mit ihm wird eine Sprache etabliert, die Nietzsche weitgehend auf seine Notizhefte beschränkt, um für sich jene Punkte möglichst genau zu markieren, an denen er aus dem Problembewusstsein der Tradition heraustritt und zum „Umwerther" derselben wird.

Der Glaube, dem Philosophen Nietzsche in seinem Nachlass näher zu kommen, weil er dort, anders als im veröffentlichten Werk, oftmals selbst die thetische Sprache der klassischen Philosophie spricht, führt gleichwohl in die Irre. Jede Verständnisbemühung hat beim Werk anzusetzen, denn allein im Werk gelangen Form und Inhalt seines Philosophierens zur Deckung. Nietzsche hat „die Frage nach dem Verstanden- oder Nicht verstanden-werden" seines Denkens explizit als Anfrage an seine ‚guten Bücher' verstanden: „Das Eine bin ich, das Andre sind meine Schriften." (EH, Bücher 1, KSA 6, 298).

VI. Literaturverzeichnis

Das folgende Literaturverzeichnis ist für den Einstieg in die weitergehende Auseinandersetzung mit Nietzsche angelegt und soll insbesondere Studierenden als Hilfsmittel, etwa für die Anfertigung von Seminar- oder Abschlussarbeiten dienlich sein. Angesichts einer kaum noch zu überschauenden, erfreulich stark internationalisierten und in den letzten Jahren nochmals rasant angewachsenen Forschung zu Nietzsche scheint dies nötig. Das Verzeichnis bietet der Reihe nach zunächst Orientierungswerke, die den Zugriff auf bzw. den Umgang mit Nietzsches Werk erleichtern (etwa Hand- und Wörterbücher). Danach werden Biographien und Einführungen aufgelistet und anschließend zur Vertiefung erste ausgewählte Gesamtdarstellungen sowie die maßgeblichen Zeitschriften und Buchreihen der Nietzscheforschung angegeben.

Im nachfolgenden Teil wird die Bibliographie nach einigen Schwerpunktthemen der Forschung bzw. Grundproblemen der Philosophie Nietzsches untergliedert. Angestrebt ist hier eine knapper gehaltene Auswahl teils klassischer, teils aktueller Beiträge. Die Auswahl konzentriert sich zum einen (mit wenigen Ausnahmen) auf deutschsprachige und einige anglophone Beiträge und bleibt zum anderen auf Buchveröffentlichungen beschränkt. Maßgebliche Aufsätze der Forschung sind also nicht einzeln aufgeführt, sondern in den jeweils angegebenen Sammelbänden vertreten.

Zuletzt soll, was den Laien vermutlich verwundern wird, auch auf einige bedeutendere Quellen Nietzsches aufmerksam gemacht werden. Nietzsches Selbststilisierung als Feind der „Bücherwürmerei" (EH, MA 4, KSA 6, 326) darf nicht darüber hinwegtäuschen, dass Teile seines Denkens in aktiver, teils leidenschaftlicher Auseinandersetzung mit zeitgenössischer Wissenschaft und Literatur entstanden. Nietzsche war ausgebildeter Philologe, als Philosoph aber bekanntlich Autodidakt. Sein Zugriff auf die Traditionsbestände ist eher selektiv als umfänglich und darin für die Forschung von entsprechendem Interesse. Die Quellenforschung der letzten Jahrzehnte hat mit ihren Funden zur hermeneutischen Klärung mancher Ansätze Nietzsches beigetragen, sollte dabei aber nicht als eindimensionale Einflussforschung betrachtet werden. Auffällig für Nietzsches Lektürepraxis sind generell drei Momente:

1. Ein erstaunlich interdisziplinärer Zugriff auf die zeitgenössischen Wissenschaften; und dies nicht nur innerhalb der Geisteswissenschaften, sondern auch und gerade auf naturwissenschaftlichem Gebiet.
2. In der Wahl seiner Bücher beweist Nietzsche immer wieder Sinn für teils vergessene, teils unkonventionelle, teils noch nicht etablierte Autoren.

3. Was die Rezeption des Gelesenen anbelangt, so ist schnell ersichtlich, dass Nietzsche nur selten direkt rezipiert, Gedanken anderer also ohne Brechung übernimmt. Vielmehr ist meist das Gegenteil der Fall und seine Rezeption als entsprechend transformativ und transgressiv zu bezeichnen: er nimmt Gedankenkomplexe, Ideen und Theoriefragmente auf, um an ihnen eigene Denkmuster und Formeln zu erproben, sie zu reformulieren oder ihre spekulative Reichweite zu vergrößern. Dabei kommt es fast immer zu erheblichen Umformungs-, Überbietungs- und Verzerrungseffekten. Die Kenntnis entsprechender Quellen ist darum für eine kontextsensible Bestimmung gerade seines späteren Denkens ungemein hilfreich. Klar ist freilich auch, dass Quellenkenntnis die eigentliche Arbeit der Interpretation zwar bereichern, nicht aber ersetzen kann. Die Auswahl konzentriert sich naturgemäß auf einige für Nietzsche prägende Quellen. Philosophische (etwa Platon, Schopenhauer oder Kant) und literarische Klassiker (wie Goethe oder Shakespeare) sowie antike Texte werden hier nicht eigens aufgeführt.

1. Erschließungsmittel (Lexika, Handbücher, Kommentarwerke)

Astor, Dorian (Hg.): Dictionnaire Nietzsche. Paris 2017.

Campioni, Giuliano; D´Iorio, Paolo; Fornari, Maria Christina; Fronterotta, Francesco; Orsucci, Andrea: Nietzsches persönliche Bibliothek (SN 6). Berlin/ New York 2003.

Niemeyer, Christian (Hg.): Nietzsche-Lexikon. 2. Aufl. Darmstadt 2011.

Nietzsche-Kommentar. Historischer und kritischer Kommentar zu Friedrich Nietzsches Werken. Herausgegeben von der Heidelberger Akademie der Wissenschaften. Berlin/ Boston [2012 –].

Schmidt, Jochen: Kommentar zu Nietzsches *Geburt der Tragödie*. Berlin/ Boston 2012.

Sommer, Andreas Urs: Kommentar zu Nietzsches *Der Fall Wagner, Götzendämmerung*. Berlin/ Boston 2012.

Sommer, Andreas Urs: Kommentar zu Nietzsches *Der Antichrist, Ecce homo, Dionysos-Dithyramben, Nietzsche contra Wagner*. Berlin/ Boston 2013.

Schmidt, Jochen: Kommentar zu Nietzsches *Morgenröthe*. Kaufmann, Sebastian: Kommentar zu Nietzsches *Idyllen aus Messina*. Berlin/ Boston 2015.

Scheibenberger, Sarah: Kommentar zu Nietzsches *Über Wahrheit und Lüge im aussermoralischen Sinne*. Berlin/ Boston 2016.

Sommer, Andreas Urs: Kommentar zu Nietzsches *Jenseits von Gut und Böse*. Berlin/ Boston 2016.

Sommer, Andreas Urs: Kommentar zu Nietzsches *Zur Genealogie der Moral*. Berlin/ Boston 2019.

Ottmann, Henning: Nietzsche-Handbuch. Leben – Werk – Wirkung. Sonderausgabe, Stuttgart/ Weimar 2011.

Van Tongeren, Paul (Hg.): Nietzsche-Wörterbuch. Bd. 1: Abbreviatur – einfach. Berlin/ New York 2004.

2. Biographien und Biographisches

Althaus, Horst: Friedrich Nietzsche. Eine bürgerliche Tragödie. München 1985.

Appel, Sabine: Friedrich Nietzsche. Eine Biographie. München 2011.

Benders, Raymond J. (Hg.): Friedrich Nietzsche. Chronik in Bildern und Texten. München/ Wien 2000.

Borchmeyer, Dieter und Salaquarda, Jörg (Hg.): Nietzsche und Wagner. Stationen einer epochalen Begegnung. Frankfurt a. M. 1994.

Janz, Curt Paul: Friedrich Nietzsche. Biographie in 3 Bänden. (Bd. 1: Kindheit, Jugend, die Basler Jahre; Bd. 2: Die zehn Jahre des freien Philosophen; Bd. 3: Die Jahre des Siechtums). 2. Auflage. München/ Wien 1993.

Niemeyer, Christian: Friedrich Nietzsche. Frankfurt a. M. 2012.

Pfeiffer, Ernst (Hg.): Friedrich Nietzsche, Paul Rée, Lou von Salomé. Die Dokumente ihrer Begegnung. Frankfurt a. M. 1970.

Reich, Hauke: Nietzsche-Zeitgenossenlexikon. Verwandte und Vorfahren, Freunde und Feinde, Verehrer und Kritiker von Friedrich Nietzsche. (Mitarbeit: Stephan Oettermann). Basel 2004.

Ross, Werner: Der ängstliche Adler. Friedrich Nietzsches Leben. Stuttgart 1980.

Schmidt, Hermann Josef: Nietzsche absconditus oder Spurenlese bei Nietzsche. 4 Bde. Berlin/ Aschaffenburg 1991-94.

Volz, Pia Daniela: Nietzsche im Labyrinth seiner Krankheit. Eine medizinisch-biographische Untersuchung. Würzburg 1990.

3. Einführungen

Astor, Dorian: Nietzsche. Paris 2011.

Figal, Günter: Nietzsche. Eine philosophische Einführung. Stuttgart 1999.

Fink, Eugen: Nietzsches Philosophie. Stuttgart 1960.

Gerhardt, Volker: Friedrich Nietzsche. München 1992.

Himmelmann, Beatrix: Nietzsche. Stuttgart 2006.

Lou-Salomé, Andreas: Friedrich Nietzsche in seinen Werken [1894]. Frankfurt a. M. 1984.

Montinari, Mazzino: Nietzsche lesen. Berlin/ New York 1971.

Montinari, Mazzino: Friedrich Nietzsche. Eine Einführung. Übersetzt von Renate Müller-Buck. Berlin/ New York 1991.

Pütz, Peter: Friedrich Nietzsche. 2. Aufl. Stuttgart 1975.
Ries, Wiebrecht: Nietzsche zur Einführung. 8. Aufl. Hamburg 2009.
Safranski, Rüdiger: Nietzsche. Biographie seines Denkens. München/ Wien 2000.
Sloterdijk, Peter: Der Denker auf der Bühne. Nietzsches Materialismus. Frankfurt a. M. 1986.
Sommer, Andreas Urs: Nietzsche und die Folgen. Stuttgart 2017.
Stegmaier, Werner: Friedrich Nietzsche zur Einführung. 3. Aufl. Hamburg 2019.
Ulmer, Karl: Nietzsche. Einheit und Sinn seines Werkes. Bern 1962.
Vattimo, Gianni: Friedrich Nietzsche. Übersetzt von Klaus Laermann. Stuttgart 1992.

4. Werkübergreifende Darstellungen

Abel, Günther: Nietzsche. Die Dynamik der Willen zur Macht und die ewige Wiederkehr. (MTNF 15). Berlin/ New York 1984.
Ansell Pearson, Keith (Hg.): A Companion to Nietzsche. Oxford 2009.
Conant, James: Friedrich Nietzsche. Perfektionismus & Perspektivismus. Übersetzt von Joachim Schulte. Konstanz 2014.
Deleuze, Gilles: Nietzsche und die Philosophie. Übersetzt von Bernd Schwibs. München 1976.
Detering, Heinrich: Der Antichrist und der Gekreuzigte. Friedrich Nietzsches letzte Texte. Stuttgart 2012.
Gerhardt, Volker: Pathos und Distanz. Studien zur Philosophie Friedrich Nietzsches. Stuttgart 1988.
Heidegger, Martin: Nietzsche. 2 Bde. 3. Aufl. Pfullingen 1961.
Jaspers, Karl: Nietzsche. Einführung in das Verständnis seines Philosophierens. 3. Aufl. Berlin 1950.
Kaufmann, Walter: Nietzsche. Philosoph, Psychologe, Antichrist. Übersetzt von Jörg Salaquarda. Darmstadt 1982.
Kaulbach, Friedrich: Nietzsches Idee einer Experimentalphilosophie. Köln/ Wien 1980.
Klossowski, Pierre: Nietzsche und der Circulus vitiosus deus. (Orig.: Nietzsche et le cercle vicieux) Übersetzt von Ronald Vouillé. Mit einem Nachwort von Gerd Bergfleth. München 1986.
Löwith, Karl: Von Hegel zu Nietzsche. Der revolutionäre Bruch im Denken des neunzehnten Jahrhunderts. Hamburg 1995.
Müller-Lauter, Wolfgang: Nietzsche. Seine Philosophie der Gegensätze und die Gegensätze seiner Philosophie. Berlin/ Boston 1971.
Nehamas, Alexander: Nietzsche. Leben als Literatur (Orig.: Nietzsche. Life as Literature). Übersetzt von Brigitte Flickinger. Göttingen 1991.
Reschke, Renate: Denkumbrüche mit Nietzsche: Zur anspornenden Verachtung der Zeit. Berlin 2000.

Sedgwick, Peter R.: Nietzsche: A Critical Reader. Oxford 1995.
Simon, Josef: Philosophie als Verdeutlichung. Abhandlungen zu Erkennen, Sprache und Handlung. Berlin/ New York 2010.
Stegmaier, Werner: Philosophie der Fluktuanz. Dilthey und Nietzsche. Göttingen 1992.
Wotling, Patrick: Nietzsche et le problème de la civilisation. Paris 1995.

5. Zeitschriften und Buchreihen

Nietzsche-Studien. Internationales Jahrbuch der Nietzsche-Forschung [1972 ff.]
Nietzscheforschung. Jahrbuch der Nietzsche-Gesellschaft [1994 ff.]
The Journal of Nietzsche Studies [1991 ff.]
New Nietzsche Studies. The Journal of the Nietzsche Society [1997 ff.]
Monographien und Texte zur Nietzsche-Forschung = MTNF [1972 ff.]
Nietzsche in der Diskussion [1984 ff.]
Beiträge zu Friedrich Nietzsche = BFN [1999 ff.]

6. Themenspezifische Forschungsliteratur

6.1 Nietzsche und die Antike, Nietzsche als Philologe, Nietzsche in Basel

Benne, Christian: Nietzsche und die historisch-kritische Philologie (MTNF 49). Berlin/ New York 2005.
Bishop, Paul (Hg.): Nietzsche and Antiquity. His reaction and response to the classical tradition. Rochester/ New York 2004.
Böning, Thomas: Metaphysik, Kunst und Sprache beim frühen Nietzsche (MTNF 20). Berlin/ New York 1988.
Borsche, Tilmann; Gerratana, Frederico; Venturelli, Aldo (Hg.): „Centauren-Geburten". Wissenschaft, Kunst und Philosophie beim jungen Nietzsche (MTNF 28). Berlin/ New York 1994.
Cancik, Hubert: Nietzsches Antike. Stuttgart/ Weimar 1995.
Günther, Friederike: Rhythmus beim frühen Nietzsche (MTNF 55). Berlin/ New York 2008.
Heit, Helmut/ Jensen, Anthony K. (Hg.): Nietzsche as a Scholar of Antiquity. London/ New Delhi/ New York/ Sydney 2014.
Müller, Enrico: Die Griechen im Denken Nietzsches (MTNF 50). Berlin/ New York 2005.
Porter, James: Nietzsche and the Philology of the Future. Stanford 2001.
Riedel, Manfred (Hg.): „Jedes Wort ist ein Vorurteil". Philologie und Philosophie in Nietzsches Denken. Köln/ Weimar/ Wien 1999.

Sommer, Andreas Urs: Der Geist der Historie und das Ende des Christentums. Zur „Waffengenossenschaft“ von Friedrich Nietzsche und Franz Overbeck; mit einem Anhang unpublizierter Texte aus Overbecks „Kirchenlexicon“. Berlin 1997.

von Reibnitz, Barbara: Ein Kommentar zu Friedrich Nietzsche „Die Geburt der Tragödie aus dem Geiste der Musik“ (Cap. 1-12). Stuttgart 1992.

6.2 Nietzsches aphoristische Bücher – zur Philosophie des „freien Geistes“

Benne, Christian und Georg, Jutta (Hg.): Friedrich Nietzsche: Die fröhliche Wissenschaft (Klassiker Auslegen 57). Berlin/ Boston 2015.

Born, Marcus Andreas (Hg.): Friedrich Nietzsche: Jenseits von Gut und Böse (Klassiker Auslegen 48). Berlin/Boston 2014.

Burnham, Douglas: Reading Nietzsche. An Analysis of *Beyond Good and Evil*. Montreal 2007.

Brusotti, Marco: Die Leidenschaft der Erkenntnis. Philosophie und ästhetische Lebensgestaltung bei Nietzsche von Morgenröthe bis Also sprach Zarathustra (MTNF 37). Berlin/ New York 1997.

Heller, Peter: „Von den ersten und letzten Dingen“. Studien und Kommentar zu einer Aphorismenreihe von Friedrich Nietzsche (MTNF 1). Berlin/ New York 1972.

Schulte, Günter (Hg.): Nietzsches „Morgenröthe“ und „Fröhliche Wissenschaft“. Text und Interpretation von 50 ausgewählten Aphorismen. Würzburg 2002.

Stegmaier, Werner: Nietzsches Befreiung der Philosophie. Kontextuelle Interpretation des V. Buchs der Fröhlichen Wissenschaft. Berlin/ Boston 2012.

Strobel, Eva: Das „Pathos der Distanz“. Nietzsches Entscheidung für den Aphorismenstil. Würzburg 1998.

Vivarelli, Vivetta: Nietzsche und die Masken des freien Geistes: Montaigne, Pascal und Sterne. Würzburg 1998.

Westerdale, Joel: Nietzsche's Aphoristic Challenge (MTNF 64). Berlin/ Boston 2013.

6.3 Literatur zu *Also sprach Zarathustra* und den Dichtungen

Benne, Christian und Zittel, Claus (Hg.): Nietzsche und die Lyrik. Ein Kompendium. Stuttgart/ Weimar 2017.

Bennholdt-Thomsen, Anke: Nietzsches „Also sprach Zarathustra“ als literarisches Phänomen. Eine Revision. Frankfurt am Main 1974.

Gasser, Peter: Rhetorische Philosophie. Leseversuche zum metaphorischen Diskurs in Nietzsches „Also sprach Zarathustra“. Bern 1992.

Grätz, Katharina und Kaufmann, Sebastian (Hg.): Nietzsche als Dichter. Lyrik – Poetologie – Rezeption. Unter redaktioneller Mitarbeit von Armin Thomas Müller und Milan Wenner. Berlin/ Boston 2017.

Gerhardt, Volker (Hg.): Friedrich Nietzsche: Also sprach Zarathustra (Klassiker Auslegen 14). Berlin 2000.

Groddeck, Wolfram: Friedrich Nietzsche: „Dionysos-Dithyramben". Textgenetische Edition der Vorstufen und Reinschriften (Bd. 1). Bedeutung und Entstehung von Nietzsches letztem Werk (Bd. 2). MTNF Bd. 23/1 und 23/2. Berlin/ New York 1991.

Higgins, Kathleen Marie: Nietzsche's Zarathustra. Philadelphia 1987.

Lampert, Laurence: Nietzsche's Teaching. An Interpretation of *Thus spoke Zarathustra*. Dexter 1986.

Pelloni, Gabriella und Schiffermüller, Isolde (Hg.): Pathos, Parodie, Kryptomnesie. Das Gedächtnis der Literatur in Nietzsches „Also sprach Zarathustra". Heidelberg 2015.

Villwock, Peter (Hg.): Nietzsches „Also sprach Zarathustra". 20. Silser Nietzsche-Kolloquium 2000. Basel 2001.

Zittel, Claus: Das ästhetische Kalkül von Friedrich Nietzsches „Also sprach Zarathustra". 2. Aufl. Würzburg 2011.

6.4 Zu Nietzsches Geschichts-, Kultur- und Kunstverständnis

Bertino, Andrea: „Vernatürlichung". Ursprünge von Friedrich Nietzsches Entidealisierung des Menschen, seiner Sprache und seiner Geschichte bei Johann Gottfried Herder (MTNF 58). Berlin/ Boston 2011.

Böning, Thomas: Metaphysik, Kunst und Sprache beim frühen Nietzsche (MTNF 20). Berlin/ Boston 1988.

Borsche, Tilman (Hg.): Centauren-Geburten. Wissenschaft, Kunst und Philosophie beim jungen Nietzsche (MTNF 27). Berlin/ New York 1994.

Campioni, Giuliano: Der französische Nietzsche. (Orig.: Les lectures françaises de Nietzsche) Übersetzt von Renate Müller-Buck und Leonie Schröder. Berlin/ Boston 2009.

Gentili, Carlo: Nietzsches Kulturkritik zwischen Philologie und Philosophie. Übersetzt von Leonie Schröder. Basel 2010.

Gödde, Günter; Loukidelis, Nikolaos; Zirfas, Jörg (Hg.): Nietzsche und die Lebenskunst. Ein philosophisch-psychologisches Kompendium. Stuttgart 2016.

Görner, Rüdiger: Nietzsches Kunst. Annäherung an einen Denkartisten. Frankfurt am Main/ Leipzig 2000.

Lipperheide, Christian: Nietzsches Geschichtsstrategien. Die rhetorische Neuorganisation der Geschichte. Würzburg 1999.

Meyer, Katrin: Ästhetik der Historie. Friedrich Nietzsches „Vom Nutzen und Nachtheil der Historie für das Leben". Würzburg 1998.

Meyer, Theo: Nietzsche und die Kunst. Tübingen/ Basel 1993.

Orsucci, Andrea: Orient – Okzident. Nietzsches Versuch einer Loslösung vom europäischen Weltbild (MTNF 32). Berlin/ New York 1996.

Thüring, Hubert: Geschichte des Gedächtnisses. Friedrich Nietzsche und das 19. Jahrhundert. München 2000.

Simon, Josef und Djuric, Mihailo (Hg.): Kunst und Wissenschaft bei Nietzsche. Würzburg 1986.

Venturelli, Aldo: Kunst, Wissenschaft und Geschichte bei Nietzsche. Quellenkritische Untersuchungen. Übersetzt von Leonie Schröder (MTNF 47). Berlin/ New York 2003.

6.5 Moral, „Immoralismus" und Moralkritik bei Nietzsche

Acampora, Christa: Nietzsche's *On the Genealogy of Morals*. Critical Essays. Lanham/ New York/ Toronto/ Oxford 2006.

Braatz, Kurt: Friedrich Nietzsche – Eine Studie zur Theorie der Öffentlichen Meinung (MTNF 18). Berlin/ New York 1988.

Günther, Friederike/ Holzer, Angela/ Müller, Enrico (Hg.): Zur Genealogie des Zivilisationsprozesses. Friedrich Nietzsche und Norbert Elias. Berlin/ New York 2010.

Kerger, Henry: Autorität und Recht im Denken Nietzsches (Schriften zur Rechtstheorie 127). Berlin 1988.

Leiter, Brian: Nietzsche on Morality. London/ New York 2002.

Petersen, Jens: Nietzsches Genialität der Gerechtigkeit. Berlin/ New York 2008.

Pfeuffer, Silvio: Die Entgrenzung der Verantwortung. Nietzsche – Dostojewskij – Levinas (MTNF 56). Berlin/ New York 2008.

Poljakova, Ekaterina: Differente Plausibilitäten. Kant und Nietzsche, Tolstoi und Dostojewski über Vernunft, Moral und Kunst (MTNF 63). Berlin/ Boston 2013.

Schacht, Richard (Hg.): Nietzsche, Genealogy, Morality. Essays on Nietzsche's *Genealogy of Morals*. Berkeley/ Los Angeles/ London 1994.

Stegmaier, Werner: Nietzsches „Genealogie der Moral". Werkinterpretationen. Darmstadt 1994.

van Tongeren, Paul: Die Moral von Nietzsches Moralkritik. Studie zu „Jenseits von Gut und Böse". Bonn 1989.

6.6 Zu Nietzsches Denkformen: Interpretation, Das Perspektivische, Wille zur Macht, Genealogie

Conant, James: Friedrich Nietzsche. Perfektionismus & Perspektivismus. Übersetzt von Joachim Schulte. Konstanz 2014.

Dellinger, Jakob: „… auch nur ein Glaube, eine Einbildung, eine Dummheit?" FW 354 zwischen ‚Philosophie' und ‚Literatur.' In: Grätz, Katharina/ Kaufmann, Sebastian (Hg.): Nietzsche zwischen Philosophie und Literatur. Von der *Fröhlichen Wissenschaft* zu *Also sprach Zarathustra*. Heidelberg 2016. S. 255-322.

Dellinger, Jakob: Situationen der Selbstbezüglichkeit. Dissertation. Universität Wien 2015.

Djuric, Mihailo (Hg.): Nietzsches Begriff der Philosophie. Würzburg 1990.

Figl, Johann: Interpretation als philosophisches Prinzip. Friedrich Nietzsches universale Theorie der Auslegung im späten Nachlass (MTNF 7). Berlin/ New York 1982.

Foucault, Michel: Nietzsche, die Genealogie, die Historie (1971). In: Von der Subversion des Wissens. Hg. und übersetzt von W. Seitter. Frankfurt a. M./ Berlin/ Wien 1978. S. 88-109.

Heit, Helmut und Heller, Lisa: Handbuch Nietzsche und die Wissenschaften. Natur-, geistes-, und sozialwissenschaftliche Kontexte. Berlin/ Boston 2014.

Kaulbach, Friedrich: Philosophie des Perspektivismus. Teil 1: Wahrheit und Perspektive bei Kant, Hegel und Nietzsche. Tübingen 1990.

Riccardi, Mattia: „Der faule Fleck des Kantischen Criticismus". Erscheinung und Ding an sich bei Nietzsche. Basel 2009.

Saar, Martin: Genealogie als Kritik. Geschichte und Theorie des Subjekts nach Nietzsche und Foucault. Frankfurt am Main/ New York 2007.

Schrift, Alan D.: Nietzsche and the Question of Interpretation. Between Hermeneutics and Deconstruction. New York/ London 1990.

Schlimgen, Erwin: Nietzsches Theorie des Bewusstseins (MTNF 41). Berlin/ New York 1998.

6.7 Politik, das Politische

Ansell-Pearson, Keith: An Introduction to Nietzsche as political thinker: the perfect nihilist. Cambridge 1994.

Braatz, Kurt: Friedrich Nietzsche – Eine Studie zur Theorie der Öffentlichen Meinung (MTNF 18). Berlin/ New York 1988.

Hatab, Lawrence: A Nietzschean Defence of Democracy. An Experiment in Postmodern Politics. Chicago/ La Salle 1995.

Ottmann, Henning: Philosophie und Politik bei Nietzsche (MTNF 17). 2. Aufl. Berlin/ New York 1999.

Knoll, Manuel and Stocker, Barry (Hg.): Nietzsche as Political Philosopher (Nietzsche today 3). Berlin/ Boston 2014.

Roodt, Vasti/ Siemens, Herman (Hg.): Nietzsche, Power and Politics. Rethinking Nietzsche's legacy for political thought. Berlin/ New York 2008.

Schank, Gerd: „Rasse" und „Züchtung" bei Nietzsche (MTNF 44). Berlin/ New York 2000.

Siemens, Herman and Pearson, James (Hg.): Conflict and Contest in Nietzsche's Philosophy. London/ New York/ Oxford/ New Delhi 2019

6.8 Zu Sprache, Textualität und Stil bei Nietzsche

Benne, Christian und Müller, Enrico (Hg.): Ohnmacht des Subjekts – Macht der Persönlichkeit. Basel 2014.

Born, Marcus und Pichler, Axel (Hg.): Texturen des Denkens. Nietzsches Inszenierung der Philosophie in „Jenseits von Gut und Böse". Berlin/ Boston 2013.

Constâncio, João und Mayer Branco, Maria João (Hg.): Nietzsche on Instinct and Language. Berlin/ Boston 2011.

De Man, Paul: Allegories of Reading: Figural Language in Rousseau, Nietzsche, Rilke, and Proust. Yale 1979.

Derrida, Jacques: Sporen. Die Stile Nietzsches. Übersetzt von Richard Schwaderer. In: Hamacher, Werner (Hg.): Nietzsche aus Frankreich. Frankfurt am Main/ Berlin 1986. S. 129-168.

Duhamel, Roland und Oger, Erik (Hg.): Die Kunst der Sprache und die Sprache der Kunst. Würzburg 1994.

Grätz, Katharina und Kaufmann, Sebastian (Hg.): Nietzsche zwischen Philosophie und Literatur. Von der *Fröhlichen Wissenschaft* zu *Also sprach Zarathustra*. Heidelberg 2016.

Hödl, Hans Gerald: Nietzsches frühe Sprachkritik. Lektüren zu „Ueber Wahrheit und Luege im aussermoralischen Sinne". Wien 1997.

Kofman, Sarah: Nietzsche and Metaphor. Translated with an Introduction by Duncan Large. London 1993.

Langer, Daniela: Wie man wird, was man schreibt. Sprache, Subjekt und Autobiographie bei Nietzsche und Barthes. Paderborn/ München 2005.

Pichler, Axel: Philosophie als Text – Zur Darstellungsform der „Götzen-Dämmerung" (MTNF 67). Berlin/ Boston 2014.

Röllin, Beat: Nietzsches Werkpläne vom Sommer 1885: eine Nachlass-Lektüre: philologisch-chronologische Erschließung der Manuskripte (Zur Genealogie des Schreibens 15). München 2012.

Schubert, Corinna: Masken denken – in Masken denken. Bielefeld 2020.

Stingelin, Martin: „Unsere ganze Philosophie ist Berichtigung des Sprachgebrauchs." Friedrich Nietzsches Lichtenberg-Rezeption im Spannungsfeld zwischen Sprachkritik (Rhetorik) und historischer Kritik (Genealogie). München 1996.

Zittel, Claus: Selbstaufhebungsfiguren bei Nietzsche. Würzburg 1995.

6.9 Zur Nietzsche-Rezeption

Brock, Eike und Georg, Jutta (Hg.): „– ein Leser, wie ich ihn verdiene". Nietzsche-Lektüren in der deutschen Philosophie und Soziologie. Stuttgart 2019.

Guzzoni, Alfredo (Hg.): 100 Jahre philosophische Nietzsche-Rezeption. Neuausgabe. Frankfurt a. M. 1991.

Hamacher, Werner (Hg.): Nietzsche aus Frankreich. Frankfurt am Main/ Wien 1986.

Hillebrandt, Bruno: Nietzsche und die deutsche Literatur. Bd. 1: Texte zur Nietzsche-Rezeption 1873-1963. Bd. 2: Forschungsergebnisse. Tübingen 1978.

Hoffmann, David Marc: Zur Geschichte des Nietzsche-Archivs (SN 2). Berlin/ New York 1991.

Krochmalnik, Daniel/ Stegmaier, Werner (Hg.): Jüdischer Nietzscheanismus (MTNF 36). Berlin/ New York: 1997.

Kuttner, Heinz-Georg: Nietzsche-Rezeption in Frankreich. Essen 1984.

LeRider, Jacques: Nietzsche in Frankreich. (Orig.: Nietzsche en France de la fin du XIXe siècle au temps présent) Übersetzt von Heinz Jatho. Mit einem Nachwort von Ernst Behler. München 1997.

Reckermann, Alfons: Lesarten der Philosophie Nietzsches. Ihre Rezeption und Diskussion in Frankreich, Italien und der angelsächsischen Welt 1960 – 2000 (MTNF 45). Berlin/ New York 2003.

Reich, Hauke: Rezensionen und Reaktionen zu Nietzsches Werken – 1872-1889 (MTNF 60). Berlin/ Boston 2013.

7. Nietzsches Quellen

Bauer, Bruno: Zur Orientirung über die Bismarck'sche Ära. Chemnitz 1880.

Bernays, Jacob: Grundzüge der verlorenen Abhandlung des Aristoteles über Wirkung der Tragödie. In: Abhandlungen der Historisch-Philologischen Gesellschaft in Breslau. Bd. 1. S. 135-202.

Bilharz, Alfons: Der heliocentrische Standpunct der Weltbetrachtung. Grundlegungen zu einer wirklichen Naturphilosophie. Stuttgart 1879.

Bourget, Paul: Essais de psychologie contemporaine. Paris 1883.

Bourget, Paul: Nouveaux essais de psychologie contemporaine. M. Dumas fils. M. Leconte de Lisle. MM. de Goncourt. Tourguéniev. Amiel. Paris 1886.

Brochard, Victor: Les sceptiques grecs. Paris 1887.

Burckhardt, Jacob: Der Cicerone. Eine Anleitung zum Genuss der Kunstwerke Italiens. Zweite Auflage. Unter Mitwirkung von mehreren Fachgenossen bearbeitet von A. von Zahn. Bd. 1: Architektur. Bd. 2: Sculptur. Bd. 3: Malerei. Leipzig 1869.

Burckhardt, Jacob: Die Cultur der Renaissance in Italien. Ein Versuch. Zweite Auflage. Leipzig 1869.

Carlyle, Thomas: Über Helden, Heldenverehrung und das Heldenthümliche in der Geschichte. Sechs Vorlesungen. Übersetzt v. Joseph Neuberg. Berlin 1853.

Comte, Auguste: Einleitung in die positive Philosophie. Deutsch von G. H. Schneider. Leipzig 1880.

Creuzer, Friedrich: Symbolik und Mythologie der alten Völker, besonders der Griechen, 4 Theile. Dritte Auflage. Leipzig/ Darmstadt 1836-1843.

Deussen, Paul: Das System des Vedânta nach den Brahma-sûtra's des Bâdarâyana und dem Commentare des Çankara über dieselben als ein Compendium der Dogmatik des Brahmanismus vom Standpunkte des Çankara aus. Leipzig 1883.

Drossbach, Maximiliam: Ueber die scheinbaren und die wirklichen Ursachen des Geschehens in der Welt. Halle a. S. 1884.

Dühring, Eugen: Der Werth des Lebens populär dargestellt. Dritte Auflage. Leipzig 1881.

Emerson, Ralph Waldo: Versuche (Essays). Aus dem Englischen von G. Fabricius. Hannover 1858.

Espinas, Alfred: Die thierischen Gesellschaften. Eine vergleichend-psychologische Untersuchung. Deutsch hg. von W. Schloesser, Braunschweig 1879.

Féré, Charles: Sensation et mouvement. Études expérimentales de psycho-méchanique. Paris 1887.

Fischer, Kuno: Geschichte der neuern Philosophie. Bd. 1: Descartes und seine Schule. 1. Theil: Allgemeine Einleitung. René Descartes. 2. Theil: Descartes' Schule. Geulinx. Malebranche. Baruch Spinoza. Zweite Auflage. Mannheim 1865.

Gerber, Gustav: Die Sprache als Kunst. Bromberg 1871.

Haeckel, Ernst: Natürliche Schöpfungsgeschichte. Gemeinverständliche wissenschaftliche Vorträge über die Entwicklungslehre im Allgemeinen und diejenige von Darwin, Goethe, Lamarck im Besonderen. Siebente Auflage. Berlin 1879.

Hartmann, Eduard von: Philosophie des Unbewussten. Versuch einer Weltanschauung. Berlin 1869.

Helvetius, Claude Adrien: Discurs über den Geist des Menschen. Mit einer Vorrede Johann Christoph Gottscheds, Leipzig/ Liegnitz 1760.

Hillebrand, Karl: Frankreich und die Franzosen in der zweiten Hälfte des XIX. Jahrhunderts. Eindrücke und Erfahrungen von Karl Hillebrand. Zweite Auflage. Berlin 1874.

Hölderlin, Friedrich: Ausgewählte Werke. Hg. von Christoph Theodor Schwab. Stuttgart 1874.

Jhering, Rudolph von: Der Zweck im Recht. I. Band: Leipzig 1877; 2. Band: Leipzig 1883.

Jung-Stilling, Johann Heinrich: Lebensgeschichte, oder dessen Jugend, Jünglingsjahre, Wanderschaft, Lehrjahre, häusliches Leben und Alter. Eine wahrhafte Geschichte. Dritte Auflage. Stuttgart 1857.

Kohler, Joseph: Das Recht als Kulturerscheinung. Einleitung in die vergleichende Rechtswissenschaft, Würzburg 1885.

Lange, Friedrich Albert: Die Arbeiterfrage in ihrer Bedeutung für Gegenwart und Zukunft. Duisburg 1865.

Lange, Friedrich Albert: Geschichte des Materialismus und Kritik seiner Bedeutung in der Gegenwart. Iserlohn/ Leipzig 1866.

La Rochefoucauld, François de: Réflexions, sentences et maximes morales. Précédées d'une Notice par M. Sainte-Beuve. Paris o. J.

Lichtenberg, Georg Christoph: Vermischte Schriften. Neue Original-Ausgabe. 8 Bde. Göttingen 1867.

Liebmann, Otto: Gedanken und Thatsachen. Philosophische Abhandlungen, Aphorismen und Studien. Erstes Heft: Die Arten der Nothwendigkeit. Die mechanische Naturerklärung. Idee und Entelechie. Straßburg 1882.

Lotze, Hermann: Mikrokosmus. Ideen zur Naturgeschichte und Geschichte der Menschheit. Versuch einer Anthropologie. Zweiter Band: 4. Der Mensch. 5. Der Geist. 6. Der Welt Lauf. Zweite Auflage, Leipzig 1869.

Lotze, Hermann: Grundzüge der Aesthetik. Dictate aus den Vorlesungen. Leipzig 1884.

Mach, Ernst: Beiträge zur Analyse der Empfindungen. Jena 1886.

Mach, Ernst: Die Analyse der Empfindungen und das Verhältniss des Physischen zum Psychischen. Vierte Auflage. Jena 1903.

Mainländer, Philipp: Die Philosophie der Erlösung. Bd. 1. Berlin 1876.

Mill, John Stuart: Gesammelte Werke. Autorisirte Uebersetzung unter Redaction von Theodor Gomperz. 12 Bde. Leipzig 1869-80.

Montaigne, Michel de: Versuche, nebst des Verfassers Leben, nach der neuesten Ausgabe des Herrn Peter Coste ins Deutsche übersetzt. 3 Theile. Leipzig 1753-54.

Oldenberg, Hermann: Buddha. Sein Leben, seine Lehre, seine Gemeinde. Berlin 1881.

Overbeck, Franz: Ueber die Christlichkeit unserer heutigen Theologie. Streit- und Friedensschrift. Leipzig 1873.

Overbeck, Franz: Studien zur Geschichte der alten Kirche. Schloss Chemnitz 1875.

Rée, Paul: Der Ursprung der moralischen Empfindungen. Chemnitz 1877.

Rée, Paul: Die Entstehung des Gewissens. Berlin 1885.

Renan, Ernest: Vie de Jésus. Treizième édition. (= Histoire des origines du Christianisme, vol. 2) Paris 1867.

Roux, Wilhelm: Der Kampf der Theile im Organismus. Ein Beitrag zur Vervollständigung der mechanischen Zweckmässigkeitslehre. Leipzig 1881.

Schmidt, Leopold: Die Ethik der alten Griechen. 2 Bde. Berlin 1882.

Spencer, Herbert: Einleitung in das Studium der Sociologie. Zweite Auflage. Leipzig 1875.

Spencer, Herbert: Die Thatsachen der Ethik. Autorisirte deutsche Ausgabe. Nach der zweiten englischen Auflage übersetzt von B. Vetter. Stuttgart 1879.

Spir, Afrikan: Denken und Wirklichkeit. Versuch einer Erneuerung der kritischen Philosophie. 2 Bde. Leipzig 1877.

Spir, Afrikan: Recht und Unrecht. Eine Erörterung der Principien. Leipzig 1879.

Taine, Hippolyte: Philosophie der Kunst. Autorisirte deutsche Übersetzung. Paris/Leipzig 1866.

Taine, Hippolyte: Die Entstehung des modernen Frankreich. Autorisirte deutsche Bearbeitung von L. Katscher. Bd. 1: Das vorrevolutionäre Frankreich. Bd. 2: Das revolutionäre Frankreich. Leipzig 1877-78.

Teichmüller, Gustav: Studien zur Geschichte der Begriffe. Berlin 1874.

Teichmüller, Gustav: Die wirkliche und die scheinbare Welt. Neue Grundlegung der Metaphysik. Breslau 1882.

Vauvenargues, Luc de Clapiers: Œuvres choisies. Paris 1870.

Wackernagel, Jacob: Ueber den Ursprung des Brahmanismus. Vortrag, gehalten zu Basel am 17. November 1876. Basel 1877.

Welcker, Friedrich Gottlieb: Griechische Götterlehre. 2 Bde. Göttingen 1857 und 1862.

Wellhausen, Julius: Prolegomena zur Geschichte Israels. Zweite Ausgabe der Geschichte Israels. Bd. 1. Berlin 1883.

Wellhausen, Julius: Skizzen und Vorarbeiten. Erstes Heft: 1. Abriss der Geschichte Israels und Juda's, 2. Lieder der Hudhailiten, arabisch und deutsch. Berlin 1884.

Wundt, Wilhelm: Logik. Eine Untersuchung der Principien der Erkenntniss und der Methoden wissenschaftlicher Forschung. Erster Band: Erkenntnislehre. Stuttgart 1880.

Zöllner, Johann Carl Friedrich: Über die Natur der Cometen. Beiträge zur Geschichte und Theorie der Erkenntnis. Zweite Auflage. Leipzig 1872.